全国高等职业教育“十二五”规划教材　经济管理基础课

企业法律基础与实务

（第2版）

主　编　王赛芝

副主编　叶洁汝　高光照

電子工業出版社

Publishing House of Electronics Industry

北京 • BEIJING

内 容 简 介

本书以培养法律能力为主线，以企业实际职业岗位对工作人员的法律知识和能力要求为依据，精心选择与企业经营管理工作最为密切的主要法律，突出内容选择上的实用性。本书选择了企业法律基础知识、企业组织及运行法律制度与实务、企业交易与担保法律制度与实务、企业人力资源管理法律制度与实务、企业财税法律制度与实务、企业工业产权法律制度与实务、企业公平交易与权益保护法律制度与实务、企业经济纠纷解决法律制度与实务八个模块，基本上涵盖了企业主要部门法律实务及纠纷处理方法，结构合理。

本书可作为高职高专工商管理类、财经类等专业学生的专业基础课教材，同时也可作为其他专业学生了解企业法律知识与实务的参考用书。

图书在版编目（CIP）数据

企业法律基础与实务/王赛芝主编. —2 版. —北京：电子工业出版社，2015.8
ISBN 978-7-121-26175-6

Ⅰ. ①企… Ⅱ. ①王… Ⅲ. ①企业法－中国－高等学校－教材 Ⅳ. ①D922.291.91

中国版本图书馆 CIP 数据核字（2015）第 116087 号

策划编辑：张云怡
责任编辑：张云怡　特约编辑：尹杰康　朱　玲
印　　刷：三河市双峰印刷装订有限公司
装　　订：三河市双峰印刷装订有限公司
出版发行：电子工业出版社
　　　　　北京市海淀区万寿路 173 信箱　邮编 100036
开　　本：787×1 092　1/16　印张：19　字数：486.5 千字
版　　次：2010 年 8 月第 1 版
　　　　　2015 年 8 月第 2 版
印　　次：2015 年 8 月第 1 次印刷
印　　数：3 000 册　定价：38.90 元

凡所购买电子工业出版社图书有缺损问题，请向购买书店调换。若书店售缺，请与本社发行部联系，联系及邮购电话：（010）88254888。

质量投诉请发邮件至 zlts@phei.com.cn，盗版侵权举报请发邮件至 dbqq@phei.com.cn。

服务热线：（010）88258888。

前　言

市场经济是竞争经济，也是法治经济。在这种条件下，作为市场经济主体的企业，无论是设立、变更、终止还是开展各种经营管理活动，都必须遵守法律、法规。作为高职高专经济类专业的学生，将来主要从事企业的应用性工作，这就要求他们必须懂得企业法律的基础知识，具备运用所学知识从事和规范经济活动的能力，培养他们分析和妥善处理经济活动中各种法律问题的职业素养。正是如此，我们尝试编写了这本《企业法律基础与实务》（第 2 版）。

本书主要有以下三个特点：

1．内容实用。一方面，本书以培养法律能力为主线，以企业实际职业岗位对工作人员的法律知识和能力要求为依据，精心选择与企业经营管理工作最为密切的主要法律，突出内容选择上的实用性；另一方面，在每一模块安排上，都引用大量典型案例，将理论与案例分析、实践活动相结合，突出实用性。学生通过学习，能够增强法律意识，在今后的实际工作中做到依法办事。

2．结构合理。本书从企业法律基础知识着手，选择了企业法律基础知识、企业组织及运行法律制度与实务、企业交易与担保法律制度与实务、企业人力资源管理法律制度与实务、企业财税法律制度与实务、企业工业产权法律制度与实务、企业公平交易与权益保护法律制度与实务、企业经济纠纷解决法律制度与实务八个模块，基本上涵盖了企业主要部门法律实务及纠纷处理方法，结构合理。

3．体例新颖。本书的编写体例突出以学生为中心的教育理念。首先，本书在每一模块的开篇都有“案例导读”，突出相应法律知识的重要性，调动学生学习该模块知识的兴趣；其次，本书在每个任务之前设有“任务导入”，让学生带着问题进入法律知识的学习，然后通过这一任务结束的“案例分析”，来加深学生对本任务知识的理解；最后，为了巩固和检验学生的学习成果，在每一模块结束后都有相应的完成检验，尤其是案例分析和实践活动项目，增强了实践性。

本书由温州职业技术学院王赛芝担任主编，温州科技职业技术学院叶洁汝、高光照担任副主编，温州职业技术学院雷蔚青、李雨人、浙江联英律师事务所全克平律师参与编写工作。具体分工为：模块一全部和模块二的前三个任务由高光照编写；模块二的任务四及模块三、模块七由王赛芝编写；模块四、模块六由叶洁汝编写，模块五由雷蔚青编写，模块八由李雨人编写，部分案例由全克平提供。主编王赛芝设计全书编写框架和编写大纲，并最后负责全书统稿工作。

本书不仅可以作为高职高专工商管理类、财经类等专业学生的专业基础课教材，同时也可以作为其他专业学生了解企业法律知识与实务的参考用书。

本书的第 1 版问世于 2010 年，要感谢浙江省教育厅的大力资助和电子工业出版社的大力支持。近年来随着相关法律法规的不断修改，原教材的一些内容已经不能适用，本次主要就这些部分进行了修订。由于修订时间仓促，编者水平有限，书中存在的不足和错误之处，恳请学界同行和广大读者指正，以便再版时修订。

编　者

2015 年 7 月

目　录

模块一　企业法律基础知识

市场经济是法治经济，企业作为市场经济中最主要的主体，其从事经济活动、参与经济关系都必须知法、守法、用法。以确保经济活动的合法性。本模块内容主要是学习企业法律的一些基础知识，目的是为学习这门课程提供知识铺垫和理论基础，主要内容包括法的基础知识、企业法人制度、代理制度、诉讼时效制度等，通过本模块的学习，要达到以下目标：

知识目标

1. 了解法的基础知识；
2. 理解法律关系及其构成要素；
3. 掌握法人的概念和特征；
4. 掌握代理的概念和特征；
5. 掌握诉讼时效的概念；
6. 理解诉讼时效的中止和中断。

能力目标

通过本模块的学习，使学生掌握企业法律实务的基础知识；具备应用企业法律基础知识分析法律问题的能力；具备应用代理法律行为的能力；具备应用诉讼时效正确处理法律问题的能力。

案例导读

2011年12月，甲公司向乙公司提供价值20万元的货物，约定货到付款。乙公司收到货物后，经过对账，确认货款为20万元，但乙公司称资金周转不灵，要求甲公司宽限付款时间。甲公司于是让乙公司打了一张欠条，承诺2012年2月11日付款，但此后乙公司一直未还款，甲公司也没有向其主张。直至2014年2月20日甲公司在向乙公司索要无果的情况下，起诉了乙公司，但庭审中乙公司辩称，甲公司的请求已过诉讼时效。最终法院在查明事实的基础上，以甲公司的诉讼时效已过，判决驳回了甲公司的诉讼请求。

案例启示：我国《民法通则》规定了向人民法院请求保护民事权利的诉讼时效期间为2年，本案属于典型的因诉讼时效已过而丧失胜诉权的案例。本案中甲公司在乙公司出具欠条以后，一直没有向其主张债权，本案的诉讼时效就应当从2012年2月12日起算，到2014年2月11日止。但甲公司直到2014年2月底才向法院起诉乙公司来主张自己的债权，因超过诉讼时效，而丧失了胜诉权。该案中，作为权利人的甲公司在法定期间内不行使权利，就丧失请求人民法院予以保护的权利。所以任何主体都要及时地向对方主张自己的权利，以免诉讼时效超过而丧失胜诉权。

任务1　企业法律基础知识

【任务导入】

北京的刘某在2001年购买了位于天通苑68号的住房居住，在2003年6月办理了房产证，可是在2004年2月刘某却突然收到了法院的传票，有人起诉她占了别人的房子。起诉刘某的人是王某，正是将房子卖给刘某的彭某的妻子。在彭某和刘某签订的转让协议中可以看到，2003年5月彭某的房子转到了刘某的名下，6月刘某拿到了房产证，但是王某作为房屋的共有人，在协议中只有名字是正确的，身份证和工作单位都是伪造的。主要的原因是彭某和王某正准备离婚，彭某以自己的名义购置了经济适用房再转让给刘某，而这一切作为彭某妻子的王某却并不知情，直到2004年2月王某了解到真实情况后到法院起诉。（案例来源：最高人民法院办公厅，中央电视台经济频道合编《经济与法系列丛书——9》，中国画报出版社）

请问：法院应如何判处该案？

相关知识

一、法的概念和特征

（一）法的概念

法是由国家制定或认可，反映统治阶级的意志和利益，由国家强制力保证实施的行为规范的总和。

法的概念有狭义和广义两种理解。狭义的概念仅指由全国人民代表大会及其常务委员会制定的法律。广义的概念指我国的整个法律体系，包括全国人民代表大会及其常务委员会制定的法律，国务院制定的行政法规，地方国家权力机关制定的地方性法规，国务院各部委和省级人民政府制定的规章等。通常情况下使用的是法的广义概念。

目前我国的部门法主要有：宪法、民法、刑法、商法、经济法、劳动与社会保障法、诉讼法等。

（二）法的特征

1．法反映的是统治阶级的意志和利益

法在本质上反映的是统治阶级的整体意志，因为法是由国家制定或认可，而控制国家的是统治阶级。统治阶级意志的核心表现在通过立法维护该阶级的统治，并通过调整生产关系和社会关系获得其他政治、经济利益，当然统治阶级整体意志也决定于社会的物质生活条件。

2．法是由国家制定或认可的

法创立的方式主要有两种：一是制定“成文法”，即国家机关依照法定程序以文字形式表述，并于生效前公布的法律。二是认可“习惯法”，即国家机关赋予某些既存的社会规范以法律效力，或者赋予先前的判决所确认的规范以法律效力。

3．法是调整人的行为的社会规范

通过具体法律规范所设定的权利、义务，规定人们可以这样行为，必须这样行为和禁止这样行为，对人们的行为进行个别的和普遍的指引。法对行为的调整表现为一种规范性调整，而非个别性调整，它对每一个社会成员的行为进行评价，客观明确地表明：哪些行为是合法的可以做，哪些行为是违法的不能做，以及各种行为相应的法律后果。

4．法是由国家强制力保证实施的社会规范

任何一个国家的法律，都是由国家的强制力保证实施的，没有国家强制力保护合法行为、制裁违法行为，法的规范作用将难以实现。国家对违法行为给予强制性的制裁和惩罚，对合法行为给予肯定和保护，对维护整个社会的良好秩序具有重要意义。

二、法律关系及其构成要素

（一）法律关系的概念

法律关系是在法律规范调整社会关系的过程中所形成的人们之间的权利和义务关系。法律关系是法律规范中规定的社会主体之间的关系，它的调整对象是社会关系，是由国家通过立法程序所确认和保护的社会关系。法律关系是以权利和义务为内容，并由国家强制力保证实现的。

（二）法律关系的特征

1．法律关系是依据法律规范形成的社会关系

法律规范是法律关系产生的前提条件，没有法律规范的存在也就不会产生相应的法律关系。法律关系是法律规范在社会生活中的实现形式，是法律规范具体内容的实施，即法律主体按照法律规范的要求行使权利、履行义务的过程中所发生的法律上的联系。

2．法律关系是体现意志性的社会关系

一方面，法律关系是通过法律规范而建立的社会关系，所以像法律规范一样体现了国家意志。另一方面，法律关系是特定法律主体参与的社会关系，特定法律主体的意志对于法律关系的建立与实现也有一定作用。

3．法律关系是特定法律关系主体之间的权利和义务关系

法律关系是以权利和义务为内容而形成的社会关系，是法律规范在现实生活中的体现，没有特定法律关系主体的法律权利和法律义务，就不可能有法律关系的存在。

（三）法律关系的构成要素

法律关系是由法律关系的主体、法律关系的内容和法律关系的客体三个要素构成，缺少其中任何一个要素都不能构成法律关系。

1．法律关系的主体

法律关系主体是指法律关系的参加者，在法律关系中权利的享有者和义务的承担者。法律关系主体主要包括：

（1）国家机关。国家机关主要包括国家权力机关、国家行政机关、国家审判机关、国家检察机关等。国家权力机关指：中央和地方各级人民代表大会常务委员会和各专门委员会及其办事机构。国家行政机关指：国务院及其所属各部、委，各直属机构和办事机构；派驻国外的大使馆、代办处、领事馆和其他办事机构；地方各级人民政府及其所属的各工

作部门；地方各级人民政府的派出机构；其他国家行政机关。国家检察机关指：最高人民检察院，地方各级人民检察院，专门人民检察院和派出机关。国家金融机关指：中国人民银行。

（2）社会组织。社会组织是指具有一定可独立支配财产的实体，是合法从事各种社会活动的组织，有些具备法人资格，有些不具备法人资格。社会组织主要包括：企业、事业单位、农村集体组织、社会团体等。

（3）公民。公民既指中国公民，也指居住在中国境内或在境内活动的外国公民和无国籍人。

（4）内部组织。内部组织指社会组织的内部单位，并非所有的内部组织都可以成为法律关系的主体，只有拥有相对独立地位和利益的内部组织才能够成为法律关系的主体。

（5）国家。在特殊情况下，国家可以成为法律关系主体。国家作为法律关系主体的地位比较特殊，既不同于一般公民，也不同于法人。国家可以直接以自己的名义参与国内的法律关系，比如发行国债，但在多数情况下是通过国家机关、全民所有制企业、事业单位参与法律关系，而不是以国家名义直接参加法律关系的实现。

2．法律关系的内容

法律关系的内容是指法律关系主体所享有的权利和承担的义务，即法律权利和法律义务。法律权利与法律义务是法律规范的指示内容在实际社会生活中的具体落实，是法律规范在社会关系中实现的一种状态。

（1）法律权利。法律权利是指法律关系主体依法享有的某种权能或利益。即权利享有者依据法律规范可以自己做出一定的行为，也可以要求他人做出或不做出一定的行为。一切法律权利都受到国家法律的保护，当权利受到侵害时，权利享有者有权向人民法院或者有关主管机关申诉或请求保护。

（2）法律义务。法律义务是指法律关系主体依法承担的某种必须履行的责任。即义务承担者依据法律规范必须为一定行为或不为一定行为，以保证权利人的权利得以实现。当负有义务的主体不履行或不适当履行自己的义务时，要受到国家强制力的制裁，承担相应的责任。

3．法律关系的客体

法律关系客体是指法律关系主体之间权利和义务所指向的对象。法律关系客体主要有：

（1）物。物是指具有一定价值和使用价值、并可以由主体支配使用的财富或实物。物是法律关系中最普遍的客体，既包括天然存在的也包括人工制造的，但作为法律关系客体的物受国家法律的严格限制，有些物不能作为法律关系客体（如人类公共之物或国家专有之物、文物、军事设施和武器、危害人类之物等）。企业法律实务中所涉及的物主要指各种产品、生产资料、货币资金、有价证券等。

（2）行为。行为是指义务人完成一定行为所产生的能够满足权利人利益要求的结果，包括完成一定的工作或提供一定的劳务。完成一定的工作指义务人的行为凝结于一定的物体产品，如建筑物、工艺品等；提供一定的劳务指义务人的行为没有转化为物体，而仅表现为一定的行为过程，该行为本身就是权利人所期望的结果，如货物运输、咨询服务等。

（3）智力成果。智力成果是指人的脑力活动所创造的成果。主要包括商标、专利、著作权等。智力成果具有价值和使用价值，但一般不具备物质形态，是一种无形财产。

（四）法律关系的产生、变更和消灭

法律关系的产生，是指因一定的法律事实出现，使得法律主体之间形成权利、义务关系；法律关系的变更，是指因一定的法律事实出现，原有的法律关系发生了变化；法律关系的消灭，是指因一定的法律事实出现，原有的法律关系的终结。在现实的社会生活中，法律关系的产生、变更和消灭是经常发生的，但这些情况的发生并不是天然的、自发的，而是有一定原因的，我们把这种能够引起法律关系的产生、变更或消灭的客观情况，称为法律事实。

法律事实依照其发生与当事人的意志有无关系，可以分为事件和行为：

（1）事件。指与法律关系主体的意志无关的法律事实，即这些事实的出现与否，是当事人无法预见或者控制的。事件可能是由自然现象所引起的，如地震、洪水、风暴等自然灾害；也可能是由时间期限的届满所引起的；或者也可能是由社会现象所引起的。事件的主要特征表现为其发生是不依人们的意志为转移的，是不能避免也不能抗拒的客观情况。因而，通常在法律上又称为不可抗力。

（2）行为。指人的有意识的活动，有合法行为和违法行为之分。合法行为，又称法律行为，是指法律主体有意识进行的符合法律规定的行为，是法律关系产生、变更和消灭的主要原因。而违法行为是指法律主体违反法律规范的行为，违法行为往往会导致行为人承担法律责任的不利后果。

（五）法律关系的保护

法律关系的保护是指依照法律法规的有关规定，保证法律关系的主体正确地行使权利和履行义务，对不履行义务或违反法律规定的行为予以制裁，从而使法律关系得以全面实施。

1．法律关系的保护机构

国家对法律关系的保护主要是通过有关职能机关实现的，这些机关主要有：

（1）国家行政机关。国家行政机关包括政府的专业主管部门（如商业、机械、纺织、建筑等）和综合部门（如计划、财政、税务、工商、物价、规划等），这些机构均有权对企业的法律行为进行监督，有权责令企业整顿或关、停、并、转以及给予必要的行政制裁等。

（2）仲裁机关。根据我国《仲裁法》的规定，对于平等主体的公民、法人和其他组织之间发生的合同纠纷和其他财产权益纠纷，可以依据当事人的协议进行仲裁。

（3）司法机关。司法机关主要是指各级人民法院及一些专门法院。他们通过行使审判权，保护法律主体的合法权益。

2．法律关系的保护方式

（1）经济制裁。常用的经济制裁方式有支付违约金、支付赔偿金、罚款、强制收购、没收财产等。

（2）行政制裁。行政制裁的主要形式包括对违法企业采取通报批评、警告、限期停业整顿、吊销营业执照等。

（3）刑事制裁。刑事制裁的主要形式包括管制、拘役、有期徒刑、无期徒刑、死刑、罚金、剥夺政治权利、没收财产等。

案例分析

2002年10月17日，某村（原告）与某县供销合作社（被告）签订预购白菜合同规定：原告提供白菜170万斤，每百斤定价1.70元；每棵白菜质量要求重3.5斤以上，七成心，不带土和黄叶；11月7日至17日在当地火车站交货，违约按未履行合同部分的货款总价值处30%的罚金。合同经鉴证后有效，原告从11月7日起至11日交售被告白菜380 720斤，11日被告通知原告停止交售，理由是：货装不上车，决定由该乡各村抽调人装车，用哪个村的人装车就收购哪个村的菜，其他村即使有合同也一律停止收货。原告多次找被告协商履行合同，均遭拒绝。原告要求被告按合同支付违约金和赔偿损失，被告不予答复。故原告于12月18日以被告不履行合同，无故拒收白菜700 560斤，给其造成重大经济损失为由诉诸法院。经法院判决，被告按合同付给原告违约金3 515.33元，赔偿原告经济损失500元，误工工资42元。请分析该案中的法律关系及其三要素。

解析：该案属于合同法律关系。因为案中某村和某县供销社签订的白菜买卖合同，其内容和形式均属合法，是一份有效合同，受法律保护，从而形成了合同法律关系。该合同法律关系的主体是某村、某县供销合作社；客体为白菜；内容为买方与卖方的权利与义务。合同签订后，当事人应当认真履行合同各项义务，该案中由于一方违约，就需要承担相应的法律责任。

任务2 企业法人制度与实务

【任务导入】

2000年7月，恒通贸易公司等11家企业共同发起设立顺天服装有限责任公司。2000年8月25日，顺天服装有限责任公司经过工商登记，依法成立。2001年2月14日，顺天服装有限责任公司与苏州彩虹丝绸厂签订了一份丝绸销售合同。双方在合同中约定：丝绸厂向服装公司提供白色丝绸料2 000匹，单价120元/匹，价款共计人民币24万元，付款期限为2001年3月10日前。2001年2月16日，丝绸厂按照合同约定将货物运到服装公司原料仓库。但服装公司长期亏损，向丝绸厂表示没有能力按期支付货款。因为包括恒通贸易公司在内的11家企业作为股东经营状况良好，所以丝绸厂以恒通贸易公司等11家企业为被告向法院提起诉讼，请求11家企业承担偿付丝绸厂价款24万元的责任。（案例来源：李艳芳主编《以案说法——经济法篇》，中国人民大学出版社）

请问：丝绸厂的做法是否合法？

相关知识

一、法人的概念

法人是相对于自然人而言的一种享有民事主体资格的组织，它和自然人一样，同属于民事主体的范围，而且是民事主体中的重要组成部分，我国《民法通则》第36条规定：法人是具有民事权利能力和民事行为能力，依法独立享有民事权利和承担民事义务的组织。法人的民事权利能力和民事行为能力，从法人成立时产生，到法人终止时消灭。

二、法人成立应当具备的条件

1．依法成立

依法成立是指法人的设立必须有法律依据，设立目的和宗旨要符合国家和社会公共利益的要求，法人的设立方式、组织机构、经营范围、经营方式等要符合国家法律和政策的要求。不同种类的法人是分别依照相应的法律设立的，依法设立的法人其民事权利才受到法律的保护，比如公司是依照《公司法》设立的，行政机关是指按照《宪法》和有关组织法的规定设立的。

2．有必要的财产或者经费

有必要的财产或者经费是法人享有民事权利和承担民事义务的物质基础，也是其得以独立承担民事责任的财产保障。法人的财产或者经费是属于法人自有的，具有独立性，必须与其投资人的财产相分离。法人的财产或者经费必须与其性质相匹配，部分法人的财产和经费受法律规范的限定，比如《公司法》规定了有限责任公司和股份有限公司的注册资本最低限额。

3．有自己的名称、组织机构和场所

法人的名称可以将特定的法人与其他组织进行区分，也可以将法人与组成法人的成员区别开来。法人有自己的组织机构以进行管理和开展各种活动，是法人作为独立的权利义务主体所必须具备的组织基础。法人有自己固定的场所才能开展业务活动，同时对债务的履行、国家机关的监督管理等都有重要的意义。

4．能够独立承担民事责任

法人与组成法人的成员在法律人格上相对独立，各自以自己的名义参与民事活动，并承担相应的民事责任。法人以自己所有的或经营管理的财产，或以国家拨给的经费，承担民事责任。

三、企业法人

在《民法通则》上，法人被分为企业法人、机关法人、事业单位法人和社会团体法人。企业法人是指从事营利性经济活动，具备符合国家法律规定的设立条件，能够独立承担民事责任，经主管机关核准登记取得法人资格的社会经济组织。

1．申请企业法人登记的条件

申请企业法人登记，应当具备下列条件：①有符合规定的名称和章程；②有国家授予的企业经营管理的财产或者企业所有的财产，并能够以其财产独立承担民事责任；③有与生产经营规模相适应的经营管理机构、财务核算机构、劳动组织以及法律或者章程规定必须建立的其他机构；④有必要的并与经营范围相适应的经营场所和设施；⑤有与生产经营规模和业务相适应的从业人员，其中专职人员不得少于 8 人；⑥有健全的财会制度、能够实行独立核算，自负盈亏，独立编制资金平衡表或者资产负债表；⑦有符合规定数额并与经营范围相适应的注册资金；⑧有符合国家法律、法规和政策规定的经营范围；⑨法律、法规规定的其他条件。

2．企业法人设立登记申请

申请登记的企业向企业登记主管机关提出申请的内容：①申请人。企业办理企业法人登记，由该企业的组建负责人申请。②企业登记主管机关。企业登记主管机关是国家工商行政管理局和地方各级工商行政管理局。一般地说，企业办理设立登记，是由该企业的申请人向其住所地的工商行政管理局提出申请。③申请登记的期限。申请设立登记，应当在主管部门或者审批机关批准其设立后30日内提出。④申请登记应提交的文件。申请企业法人登记，应当提交下列文件：组建负责人签署的登记申请书；主管部门或者审批机关的批准文件；组织章程；资金信用证明、验资证明或者资金担保；企业主要负责人的身份证明；住所和经营场所使用证明；其他有关文件、证件。⑤登记注册事项。企业法人登记注册的主要事项为：企业法人名称、住所、经营场所、法定代表人、经济性质、经营范围、经营方式、注册资金、从业人数、经营期限、分支机构。需要说明的是，设立中外合资经营企业、中外合作经营企业和外资企业，具备法人条件的，其申请设立登记，还应在合同、章程审批之前，向企业登记主管机关申请企业名称登记。

企业登记主管机关进行审核：企业登记主管机关对企业提出的企业法人设立登记申请，依照法律的规定，认真进行审核。其具体步骤是：①受理。申请登记的企业应提交的文件、证件和填报的登记注册书齐备后，方可受理，否则不予受理。②审查。企业登记主管机关在受理申请后，对提交的文件、证件和填报的登记注册书的真实性、合法性、有效性进行审查，并核实有关登记事项和开办条件。③核准。企业登记主管机关应当在受理申请后30日内，做出核准登记或者不予核准登记的决定，并及时通知申请登记的企业。④发照。对核准登记具备企业法人条件的企业，颁发《企业法人营业执照》，及时通知法定代表人领取，并办理法定代表人签字备案手续。⑤公告。对核准登记注册的企业法人，发布公告。

四、企业法人的民事权利能力和民事行为能力

1．企业法人的民事权利能力

企业法人的民事权利能力是指企业法人作为民事权利主体，依法享有权利和承担义务的资格。企业法人的民事权利能力是作为民事主体参加民事活动的前提，企业法人取得权利能力始于登记注册，领取《企业法人营业执照》之时，终于企业法人办理注销登记，缴回《企业法人营业执照》之日。

2．企业法人的民事行为能力

企业法人的民事行为能力是指企业法人以自己的行为取得权利、承担义务的资格。企业法人的民事行为能力是作为民事主体以自己的意志，独立地从事民事活动，参与民事法律关系的资格。企业法人的民事行为能力与它的民事权利能力同时产生、同时终止。

案例分析

2008年×月×日，执法人员在××市××镇××村对位于该村的××公司进行安全生产检查，经出示行政执法证件后依法检查发现：现场堆有大量已加工的石子，石子堆放场停有五辆货车，一辆铲车正在向货车上装载石子。执法人员在该公司后山发现有四名工人正在山上进行采石作业，现场停有一辆挖掘机。在该公司办公室，发现公司营业执照上登记的经营范围为建筑石灰石加工、销售。当事人涉嫌构成超出核准登记的经营

范围、擅自从事应当取得许可证方可从事的经营活动的违法经营行为。经立案调查，××公司从2007年×月×日开始，至案发时止，开采建筑石灰石10 300吨，开采成本7.6元/吨，已按12元/吨的价格售出的建筑石灰石7 800吨，销售款93 600元，缴纳资源税等各类税金合计26 788元。获取违法所得7 532元。尚未售出的建筑石灰石现存××公司货场。（案例来源：http://www.gcgs.gov.cn/News.aspx?id=6822）

解析：建筑石灰石的开采应当取得许可证，该案中当事人未取得《采矿许可证》，擅自开采建筑石灰石，其行为超出核准登记的经营范围，应当根据有关法律规定予以处罚，除没收专门用于从事无照经营的工具、设备、原材料、产品（商品）等财物外，可根据情况并处5万元以上50万元以下的罚款。

任务3 代理制度与实务

【任务导入】

王某是某单位后勤处的负责人。2014年9月，其亲戚家的一头牛得了一种传染病，致使其他15头牛全部被传染，王某利便用职权之便以该单位食堂的名义买下其亲戚家中16头病牛，随后又找人将该16头病牛全部杀掉，并把牛皮送其亲戚，牛肉运回本单位食堂，其亲戚送给他1 000元作为酬谢。由于牛肉感染病毒，本单位职工食用后有9人中毒，食堂只好将剩余的牛肉倒掉，造成经济损失20 000余元。有人将此事向单位反映后，单位责令王某追回牛肉款。王某表示，牛肉是其亲戚的，他是代理单位购买牛肉，发生损失应当由单位负责，与其个人没有关系。其所在单位遂起诉至区人民法院，要求王某及其亲戚归还牛肉款。

请问：法院该如何判决？

相关知识

一、代理概述

1．代理的概念

代理是指代理人在授权范围内，以被代理人的名义独立地与第三人实施民事法律行为，由此产生的法律后果由被代理人承担的法律制度。

代理行为一般由三方当事人参加，即代理人、被代理人和第三人。代理人是依据代理权代替他人实施民事法律行为的人；被代理人是自己的事务由他人代理，并承担民事法律行为后果的人；同代理人为民事法律行为的人称为第三人或相对人。在代理关系中有三方当事人，涉及三方面的法律关系。被代理人与代理人之间的代理权关系，称为代理的内部关系；代理人与第三人之间的关系、被代理人与第三人之间的关系，称为代理的外部关系。

2．代理的特征

（1）代理行为是能够引起民事法律后果的民事法律行为。代理行为能够在代理人、被代理人与第三人之间产生、变更或消灭某种民事法律关系，如代签合同。

（2）代理是代理人以被代理人的名义实施的行为。在代理活动中，代理人依据代理权以被代理人的名义实施代理行为，代理行为的法律后果才由被代理人承担。若代理人以自己的名义实施民事行为，则由代理人承担法律后果，其行为是自己的行为而非代理行为。

（3）代理人的代理活动在代理权限范围内进行，并独立地表达自己的意志。代理人从事代理行为受代理权限的限制，代理权限是被代理人授予代理人的，也可以是法律规定的或有关机关制定的。代理人在代理权限的范围内根据实际情况自行决定如何向第三人进行意思表示，选择最有利于被代理人的条件，独立地决定民事法律行为的内容和形式。

（4）代理人代理行为产生的法律后果直接由被代理人承担。代理人在代理权限内以被代理人的名义实施的民事法律行为，在法律上视为被代理人自己的行为，产生法律后果由被代理人承担。因此代理行为虽然不是由被代理人亲自完成，但是该法律行为所产生的权利和义务都直接属于被代理人承受。

3．代理的适用范围

我国《民法通则》第63条规定：公民、法人可以通过代理人实施民事法律行为。依照法律规定或者按照双方当事人约定，应当由本人实施的民事法律行为，不得代理。

（1）适用代理的行为。代理广泛适用于我国公民之间、法人之间及公民和法人之间实施民事法律行为和其他具有法律意义的行为，主要适用于以下行为中：①代理民事法律行为。如买卖、租赁、加工承揽等行为均可以通过代理人完成。②代理向其他法律部门的申请、申报行为。如办理法人登记、专利申请、商标注册、缴纳税金、报关等行为。③代理诉讼行为。当事人无论是否有诉讼能力均可以委托代理人实施民事、经济诉讼行为。

（2）不适用代理的行为。代理仅不适用于具有人身性质的法律行为，以下行为根据法律规定不能适用代理：①具有人身性质的意思表示，如婚姻登记、收养子女、订立遗嘱等。②具有人身性质的债务，如预约演出、授课、完成书画作品等。这些行为和债务必须由特定人亲自完成，如果通过代理人完成则可能损害相关当事人的合法权益。

二、代理的种类

（一）委托代理

委托代理指代理人按照被代理人的委托行使代理权，是最广泛适用的一种代理形式。被代理人把委托的意思表示和具体内容，通过法定形式授予代理人代理权限，代理人即取得了代理权。民事法律行为的委托代理，可以用书面形式，也可以用口头形式。法律规定用书面形式的，应当用书面形式，以明确双方的权利义务。书面委托代理的授权委托书应当载明代理人的姓名或者名称、代理事项、权限和期间，并由委托人签名或者盖章。委托书授权不明的，被代理人应当向第三人承担民事责任，代理人负连带责任。授权委托书授权不明确容易使代理人做出违背被代理人本意的行为，既不符合被代理人的要求，又会损害第三人的利益，发生这种情况时，被代理人和代理人向第三人承担连带赔偿责任。

（二）法定代理

法定代理指代理人依照法律的规定行使代理权。在法定代理中，代理人的代理权是由法律直接规定授予的，无须被代理人的授权。法定代理主要适用于无民事行为能力人和限制民事行为能力人，产生的根据是代理人与被代理人之间存在的血缘关系、婚姻关系、组织关系等。如监护人是被监护人的法定代理人、精神病人所在单位或者住所地的居民委员会在特定情况下可以成为其法定代理人等。

（三）指定代理

指定代理指代理人按照人民法院或者指定单位的指定行使代理权。在指定代理中，代理人所享有的代理权是由人民法院或指定单位指定的，无须被代理人的授权。指定代理主要适用于在社会生活或民事诉讼过程中需要代理人代为法律行为，而没有代理人或无法确认代理人的特殊情况，人民法院或行政主管机关依据法律的授权指定公民或法人充当代理人。

三、代理权的终止

1．有下列情形之一的，委托代理终止：

（1）代理期间届满或者代理事务完成。代理期间届满的时间或代理事务完成的事实，以授权委托书的记载为准。

（2）被代理人取消委托或者代理人辞去委托。代理人和被代理人都有权单方面通知对方解除委托代理，不需征得对方的同意。但任何一方解除委托都要提前通知对方，使对方有所准备，以免遭受不必要的损失。

（3）代理人或被代理人死亡。代理人死亡则不能继续履行代理行为，代理权随之消灭。被代理人死亡则委托代理关系中止，但被代理人死亡后有下列情况之一的，委托代理人实施的代理行为有效：代理人不知道被代理人死亡的；被代理人的继承人给予承认的；被代理人与代理人约定到代理事项完成时代理权终止的；在被代理人死亡前已经进行、而在被代理人死亡后为了被代理人的继承人的利益继续完成的。

（4）代理人丧失民事行为能力。代理人丧失民事行为能力就不能代替他人完成法律行为，代理权也就随之消灭。

（5）作为被代理人或者代理人的法人终止。若代理人或被代理人是法人，法人的终止也就导致代理权的消灭。

2．有下列情形之一的，法定代理或者指定代理终止：

（1）被代理人取得或者恢复民事行为能力。

（2）被代理人或者代理人死亡。

（3）代理人丧失民事行为能力。

（4）指定代理的人民法院或者指定单位取消指定。

（5）由其他原因引起的被代理人和代理人之间的监护关系消灭。

四、代理权滥用和无权代理

（一）代理权滥用

代理权的滥用是指代理人行使代理权的过程中，为自己或第三人牟利，损害被代理人利益的行为。构成代理权的滥用应具备以下四个要件：代理人有代理权；代理人实施了行使代理权的行为；代理人的行为违背代理权的设立宗旨和代理的基本行为准则；代理人的行为有损于被代理人的利益。滥用代理权主要有以下三种情况：

1．代理人在代理权限内以被代理人名义为自己进行法律行为

这种行为称为自己代理，代理人既是代理关系中的代理人，又是第三人，交易行为实

际上只有代理人一人全部实施，容易发生代理人为了自己的利益而损害被代理人利益的行为，除非经过被代理人同意，否则不具备法律效力。如某人委托代理人购买一批货物，代理人以较高的价格将自己生产的产品卖给被代理人，从而获得高额利润。

2．代理人同时代理双方当事人，完成一项法律行为

这种行为称为双方代理，在法律行为中，当事人双方的利益往往是相互冲突的，比如合同签订过程中买方与卖方的讨价还价，如果代理人同时代理双方当事人，则难以平衡双方当事人的利益，最终倾向于某一方代理人，而损害另一方被代理人的利益，因此要禁止这种行为。

3．代理人与第三人恶意串通损害被代理人利益的行为

代理人违背诚信原则，为了实现自身利益而与第三人串通，导致被代理人的利益受损。我国《民法通则》第 66 条规定，“代理人和第三人恶意串通，损害被代理人利益的，由代理人和第三人负连带责任”，即代理人要和相对人一起赔偿被代理人的损失，承担法律责任。如被代理人委托代理人购买商品，代理人与第三人合谋抬高商品价格，事后双方平分多余利润的行为。

（二）无权代理

无权代理是指在没有代理权的情况下以他人名义实施的民事行为。无权代理有三种类型：

1．没有代理权的代理

当事人在实施代理行为时，根本未获得被代理人的授权，也没有法律的规定或国家主管机关的指定而擅自以他人名义所为的行为。

2．超越代理权的代理

代理人有被代理人的授权，但其实施的行为并不在被代理人的授权范围内，而是超越了被代理人的授权，完成了被代理人不需要的行为，其超越代理权所实施的代理行为构成无权代理。

3．代理权已终止后的代理

即代理人获得了被代理人的授权，但在被代理人撤销代理权、代理权有效期限届满、代理事务已完成、附解除条件的代理在解除条件出现代理权消灭等情况下，原代理人仍以原被代理人的名义实施民事行为。

无权代理行为的法律效果是不确定的，没有代理权、超越代理权或者代理权终止后的行为，只有经过被代理人的追认，被代理人才承担民事责任。未经追认的行为，由行为人承担民事责任。本人知道他人以本人名义实施民事行为而不作否认表示的，视为同意。如果第三人知道行为人无权代理还与行为人实施民事行为给他人造成损害的，由第三人和行为人负连带责任。

案例分析

××年 9 月 1 日，上海利民食品公司（简称“上利公司”）委托本单位两名采购员陈某和顾某持盖有上利公司的单位介绍信到福建和广东一带去采购干果，介绍信上写着：“兹介绍我单位陈某和顾某（系采购员）到贵单位采购干果，希接洽。”陈某和顾某到了福建后，发现这里的干果价格与上海相差无几，而香蕉却很便宜，他们就凭介绍信与福

建南方副食品贸易中心（简称“福南中心”）签订了一份购销合同。合同规定，由福南中心提供30吨香蕉给上利公司，每吨价格2 600元；于同年9月25日前由福南中心负责运至上海火车站；货到付款；货款总值78 000元；违约金为货款总值的20%。同年9月24日，福南中心将30吨香蕉运至上海火车站，车站通知上利公司提货。上利公司以本公司要购的是干果而不是香蕉为由拒绝提货，并出具了拒绝收货的书面说明，随即拍电报通知福南中心。福南中心迟迟不予受理，致使两车香蕉腐烂在火车站。同年10月26日，福南中心向人民法院起诉，要求上利公司支付货款并承担违约责任。

请问：该案中陈某和顾某的代理行为是否有效？为什么？

解析：该案中陈某和顾某的代理行为是无效的。因为上利公司委托他们购买的是干果，而他们却购买了香蕉，属于超越代理权；而且上利公司一接到提货通知，立即以要购的是干果而不是香蕉拒绝提货并以书面说明通知了福南中心，表明对陈某和顾某的无权代理行为进行了否认，所以代理行为无效。

任务4 时效制度与实务

【任务导入】

青海省都兰县兴都股份合作集团公司（以下简称“兴都公司”）因经营需要，于1997年9月16日、1998年3月31日、1998年8月17日先后向中国工商银行都兰支行借款三笔，借款期限为1年，合计借款金额70万元。中国工商银行都兰支行按照国家流动资金贷款管理规定及操作规程，经严格审查，并在兴都公司以财产作为抵押的前提下与其签订贷款合同并发放贷款。1998年9月16日、1999年3月31日、1999年8月17日借款分别到期，都兰支行多次上门催收贷款，但兴都公司并未归还本金。借款到期后，都兰支行分别于2000年3月16日、2000年6月19日、2001年6月7日向兴都公司发出催收借款通知书，兴都公司分别在上述催收通知书中签字认可。都兰支行于2003年1月30日、2003年12月5日分两次在《青海日报》上发出公告向所有的债务人清收借款本息。在多次催收未果后，都兰支行在2003年12月11日向法院提起诉讼，要求兴都公司归还贷款本金及利息。（案例来源：最高人民法院国家法官学院编《法律教学案例精选》，中国政法大学出版社）

请问：法院是否支持中国工商银行都兰支行的诉讼请求？

相关知识

一、时效概述

时效是指一定的事实状态持续一定的时间之后即导致一定的法律后果的制度。时效成立的要件有三：一是一定的事实状态的存在。二是一定事实状态在一定时间内持续存在。三是发生一定的法律后果。

二、诉讼时效的概念和特征

（一）诉讼时效的概念

诉讼时效是指权利人在法定期间内不行使其权利，请求保护其民事权利，法律规定消灭其胜诉权的一种制度。

（二）诉讼时效的特征

（1）诉讼时效属于消灭时效。诉讼时效期间届满，所消灭的是实体意义上的诉权即胜诉权，权利人丧失了获得法律救济的权利。此时权利人仍有程序意义上的诉权即起诉权，仍可以向人民法院提起诉讼。

（2）诉讼时效期间属于可变期间，在符合法定条件的情况下，可以中止、中断和延长。

（3）诉讼时效期间届满，虽消灭了权利人的胜诉权，但权利人的实体权利并不因此而消灭。义务人如自愿履行义务，权利人仍有权受领。债务人履行义务后则不得以不知时效届满为由要求返还。

（4）诉讼时效属于强制性的规定。诉讼时效及其具体内容必须由国家法律做出规定，当事人间关于诉讼时效期间的缩短、延长以及预先放弃时效利益的协议，均属无效。至于时效完成后当事人放弃时效利益的行为，与预先协议放弃时效利益的行为不同，属于一般弃权行为。

三、诉讼时效的种类和权利最长保护期限

（一）普通诉讼时效

普通诉讼时效，又称一般诉讼时效。通常由民法统一规定，适用于一般民事权利的诉讼时效。我国《民法通则》规定向人民法院请求保护民事权利的诉讼时效期间为 2 年，法律另有规定的除外。

（二）特别诉讼时效

特别诉讼时效是普通诉讼时效的对称。通常由单行法规或民法规定，适用于法律指定的某些民事权利的诉讼时效。特别诉讼时效虽无普通诉讼时效的普遍效力，但对某类民事权利而言它具有优先适用的效力，也就是说，对于各种民事法律关系，凡有特殊诉讼时效规定的，要适用特殊诉讼时效。

（1）短期诉讼时效。《民法通则》第 136 条明确规定了下列民事法律关系的诉讼时效期间为 1 年：①身体受到伤害要求赔偿的；②出售质量不合格的商品未声明的；③延付或拒付租金的；④寄存财物丢失或损毁的。

（2）长期诉讼时效。适用于法律有特别规定的民事法律关系，如《环境保护法》规定关于环境损害赔偿请求权的诉讼时效期间为 3 年；《保险法》规定人寿保险的被保险人或者受益人对保险人请求给付保险金的诉讼时效期间为 5 年等。

（三）权利最长保护期限

我国《民法通则》第 137 条规定："从权利被侵害之日起超过 20 年的，人民法院不予保护。"根据这一规定，权利最长保护期限为 20 年。诉讼时效期间是从知道或者应当知道权利被侵害时起开始计算，而权利最长保护期限则无论你是否知道权利被侵害，保护期限是从权利被侵害之日起开始计算，在 20 年内提供保护，凡超过 20 年的，人民法院不予保护。

四、诉讼时效期间的开始、中止、中断和延长

（一）诉讼时效期间的开始

诉讼时效期间的开始，其实讲的就是诉讼时效期间的起算点，即从何时起开始计算诉讼时效期间，我国《民法通则》第 137 条规定：“诉讼时效期间从知道或者应当知道权利被侵害时起计算。”根据《民法通则》的这一规定，我国诉讼时效的起算是从权利人知道或者应当知道其权利被侵害之日起开始计算诉讼时效期间。这里的应当知道，是一种法律上的推定，依通常标准来衡量只要客观上存在着知道的条件和可能，但由于权利人主观上存在过错而没有尽到应尽的注意，人民法院在这种情况下就可以起算诉讼时效期间。在实践中，由于民事案件千差万别，因此，具体到各个案件，其时效的起算点也不相同。

（二）诉讼时效期间的中止

诉讼时效期间的中止，指在诉讼时效期间进行过程中的最后 6 个月内，因不可抗力或者其他障碍不能行使请求权的，诉讼时效中止，暂停计算诉讼时效期间。从中止时效的原因消除之日起，时效期间继续计算。诉讼时效中止属于时效期间暂停，暂停前经过的时效期间仍然有效，导致时效暂停的原因消除后，时效期间继续计算，时效暂停前后的时间合计不能超过诉讼时效的法定期间。

（三）诉讼时效期间的中断

诉讼时效期间的中断，指在诉讼时效期间进行过程中，因起诉（权利人向法院提起诉讼）、请求（权利人向义务人提出履行义务的要求）、承认（义务人承认其义务或履行义务）而中断，诉讼时效期间中断后，原有诉讼时效期间停止计算，从中断时起，诉讼时效期间重新开始计算。

诉讼时效期间中断与中止的相同之处是二者都是在时效期间届满前因一定的法定事由发生而产生阻碍诉讼时效完成的效力。

诉讼时效中断与中止的区别是：

（1）发生的事由不同。中止的法定事由出自当事人的主观意志所不能决定的事实；中断的法定事由为当事人的主观意志所能左右的事实。

（2）发生的时间不同。中止只能发生在时效期间的最后 6 个月内；中断可发生于时效期间内的任何时间。

（3）法律效果不同。中止的法律效果为不将中止事由发生的时间计入时效期间，中止事由发生前后经过的时效期间合并计算为总的时效期间；而中断的法律效果为于中断事由发生后，已经经过的时效期间全部作废，重新开始起算时效期间。

（四）诉讼时效期间的延长

诉讼时效期间的延长，指权利人因特殊情况确实未在法定诉讼时效期间内行使权利，时效届满后，由法院延长诉讼时效期间。时效期间延长与时效中止、中断不同，只适用于时效已经完成的情况，且延长事由由法院认定而非法律规定。而时效中止、中断都只能发生在时效期间完成届满之前。

案例分析

甲市某钢材公司与乙市某建筑公司自2009年年初开始发生钢材业务往来，由钢材公司供给建筑公司各种规格型号的钢材，建筑公司收到货物后也陆续支付了部分货款。截至2012年1月31日，双方经对账，建筑公司确认尚欠钢材公司货款18万元。2013年8月20日，钢材公司由于周转资金紧张，于是便以特快专递的形式向建筑公司寄出正式催索18万元货款的函件（简称催款函），但迟迟未得到建筑公司的回音。2014年3月，钢材公司将建筑公司起诉到法院，要求建筑公司立即支付拖欠的18万元货款，并承担逾期付款的利息。在审理中，建筑公司否认曾收到钢材公司的催款函，认为钢材公司在2年诉讼时效期间内未向其主张过该笔货款的权利，丧失了胜诉权。法院到邮政部门调查后查明，钢材公司确实于2013年8月20日以特快专递的形式向建筑公司寄出了催款函来主张18万元货款的权利，但由于邮政部门的过失，该催款函邮件在投递途中不慎丢失。

解析：本案事实相当清楚，问题的关键在于钢材公司是否超过了诉讼时效，进一步讲，主要在于对钢材公司向建筑公司发出催款函邮件而被邮政部门丢失这一事实能否认定为诉讼时效中断的事由。诉讼时效的中断，是指在诉讼时效期限内，因发生法定事由，而使已经经过的时效期间统归无效，待中断的事由消除后，诉讼时效期间重新计算。根据我国《民法通则》及其司法解释的规定，引起诉讼时效中断的事由主要有提起诉讼、权利人主张权利和义务人认诺（承认）三种情形。本案主要涉及对权利人主张权利这一事由的认定。司法实践中把权利人通过积极行使权利中断时效的事由统称为“主张权利”，包括权利人以诉讼和诉讼外方式行使权利。这里所讲的主张权利仅指权利人以诉讼外方式主张权利。

本案中，钢材公司通过特快专递的形式向建筑公司（债务人）寄出了催讨18万元货款的催款函，便足以表明钢材公司并没有放弃这18万元的债权，而是积极主张了其权利，从诉讼时效中断制度设立的初衷来看，完全符合诉讼时效中断事由的规定。至于建筑公司由于邮政部门的过失而没有收到该催款函，并不影响对钢材公司积极主张权利的事实认定。不能说建筑公司未收到钢材公司的催款函，就推断或视为钢材公司没有主张权利或者没有主张权利的意思表示，这显然是违背客观事实的。因此，本案中钢材公司向建筑公司寄发催款函的行为就是其主动主张权利的行为，理应产生诉讼时效中断之后果，诉讼时效期间应重新计算，所以钢材公司并没有超过诉讼时效。

模块小结

法是由国家制定或认可，反映统治阶级意志和利益，由国家强制力保证实施的行为规范的总和；法律关系是在法律规范调整社会关系的过程中所形成的人们之间的权利和义务关系，由主体、客体和内容三个要素构成，缺少其中任何一个要素都不能构成法律关系；法人是具有民事权利能力和民事行为能力，依法独立享有民事权利和承担民事义务的组织，法人应当依法经营；代理是指代理人在授权范围内，以被代理人的名义独立地与第三人实施民事法律行为，由此产生的法律后果由被代理人承担的法律制度，有委托代理、法定代理和指定代理之分；诉讼时效是指权利人在法定期间内不行使其权利，请求保护他的民事权利，法律规定消灭其胜诉权的一种制度，诉讼时效可以中止、中断和延长。

完成检验

一、单项选择题

1．法律关系的构成要素是（　　）。

A．主体、客体和内容　　B．主体和客体

C．主体、客体和行为　　D．主体和内容

2．甲工厂购销员丙，通过乙企业购销员丁向该企业采购了一批原材料，这一法律关系的主体是（　　）。

A．甲工厂与乙企业　　B．丙与乙企业

C．丙和丁　　D．甲工厂与丁

3．法律关系主体所享有的权利和承担的义务是（　　）。

A．经济权利　　B．经济义务

C．经济法律关系的内容　　D．经济法律关系的客体

4．我国《民法通则》规定的普通诉讼时效为（　　）年。

A．1　　B．2　　C．3　　D．20

5．能够引起法律关系产生、变更和消灭的是（　　）。

A．法律规范　　B．法律行为　　C．法律事实　　D．法律事件

6．无权代理所产生的后果（　　）。

A．只能由行为人承担

B．由行为人和被代理人共同承担

C．由行为人和第三人共同承担

D．经被代理人追认后由被代理人承担

7．我国《民法通则》规定，身体受到伤害要求赔偿的诉讼时效期间为（　　）年。

A．1　　B．2　　C．3　　D．4

8．下列属于法人的是（　　）。

A．某啤酒厂的生产车间　　B．尚未领取营业执照的商场

C．个体工商户　　D．红草帽有限责任公司

9．我国《民法通则》规定，延付或者拒付租金的诉讼时效期间为（　　）年。

A．1　　B．2　　C．3　　D．4

10．下列各项中，属于事件性质的法律事实是（　　）。

A．设立公司　　B．逃税　　C．水灾　　D．订立合同

二、多项选择题

1．下列属于代理权滥用的是（　　）。

A．超越代理权的代理　　B．双方代理

C．代理权终止后的代理　　D．自己代理

2．下列属于无权代理的是（　　）。

A．超越代理权的代理　　B．双方代理

C．代理权终止后的代理　　D．自己代理

3．下列各项中，属于经济法律关系的有（　　）。

A．消费者因商品质量问题与商家发生的赔偿与被赔偿关系

B．税务局长与税务干部发生的领导与被领导关系

C．企业厂长与企业职工在生产经营管理活动中发生的经济关系

D．税务机关与纳税人之间发生的征纳关系

4．《民法通则》规定诉讼时效为1年的情形有（　　）。

A．专利侵权提起的诉讼

B．身体受到伤害要求赔偿提起的诉讼

C．延付或者拒付租金提起的诉讼

D．涉外合同纠纷提起的诉讼

5．下列各项中，属于经济制裁方式的有（　　）。

A．支付赔偿金　　B．支付违约金

C．罚款　　D．责令停业整顿

6．下列属于法律关系主体的是（　　）。

A．某上市公司　　B．某外国人

C．某个体工商户　　D．国家商务部

7．法人成立应具备的条件有（　　）。

A．依法成立　　B．有必要的财产或经费

C．有自己的名称、组织机构和场所　　D．能够独立承担民事责任

8．引起诉讼时效中止的原因有（　　）。

A．不可抗力　　B．其他障碍

C．权利人提起诉讼　　D．义务人同意履行义务

9．引起诉讼时效中断的原因有（　　）。

A．不可抗力　　B．其他障碍

C．权利人提起诉讼　　D．义务人同意履行义务

10．下列能成为我国《经济法》客体的有（　　）。

A．房屋　　B．人体

C．履行合同　　D．“娃哈哈”商标

三、判断题

1．法律关系的客体只能是有形物。（　　）

2．根据《民法通则》的规定，权利人提起诉讼是引起诉讼时效中断的事由之一。（　　）

3．《民法通则》规定的普通诉讼时效期间是2年。（　　）

4．无权代理就是表见代理。（　　）

5．法律关系的主体只能是企业。（　　）

6．只有合法行为才能引起相应的法律关系产生、变更和消灭。（　　）

7．法人的民事行为能力与其民事权利能力在范围上是一致的。（　　）

8．法人的分支机构或内部组织与法人一样，具有法人资格。（ ）
9．代理人的合法代理后果由被代理人承担。（ ）
10．法人的成立条件和程序都必须符合法律要求。（ ）

四、案例分析题

1．2013 年 7 月，某厂按合同将价值 8 300 元的电风扇零件供给某电扇厂，约定货到付款。可对方一直未付款，某厂多次派人催讨，该厂负责人总是避而不见。直到 2014 年 7 月才不得不出具了一张“在 2014 年年底前付清全部货款”的保证书，但事后仍不兑现。2015 年 1 月，某厂再次派人催款，对方却提出“欠款时间已超过 2 年，不再归还”，并说：“你们到法院告也没用了。”请问：某厂还能要回货款吗？为什么？

2．甲在其承包的商店里向乙出售一套价值 2 000 元的西服，恰好有人找甲，甲去隔壁接电话，甲嘱咐前来看望他的朋友丙说，“请帮我看管一下店，我马上回来”。甲出去以后，乙提出其有事不能久待，要求丙尽快将西服卖给他，丙提出要等甲回来。后来丙见乙要走，于是答应代替甲出售该西服。双方经过协商以 1 800 元的价格出售给乙。甲打电话回来以后，得知西服以 1 800 元的价格被出售，觉得卖亏了，立即找到乙要求退款并取回西服。乙以构成表见代理为由予以拒绝，双方为此发生争议。甲起诉到法院要求撤销该买卖合同。请问：该案中的丙代理是否有效？为什么？

实践活动

1．法人成立的条件和程序

活动名称	法人成立的条件和程序
活动目的	通过调查和访问，让学生初步了解法人成立的条件和程序
活动要求	通过访问当地一些网站和进行实地调查，初步掌握企业法人成立的条件和程序
活动安排	将学生进行分组，各组学生按照活动要求完成访问和调查，并形成一篇报告进行汇报
活动考核	教师根据各组学生的调查报告质量和汇报情况进行考核

2．收集和分析典型案例

活动名称	收集和分析典型案例
活动目的	通过让学生去收集现实生活中有关代理或诉讼时效的案例，使其明确代理权滥用和无权代理的区别；熟悉诉讼时效的中止、中断，培养学生分析问题和解决问题的能力
活动要求	要求每位学生收集的案例应尽量具有新颖性、典型性等特点；对收集到的案例要有个人的分析和体会
活动安排	给定时间，让学生利用课余时间借助报纸、网络等收集发生在身边的典型代理或诉讼时效案例，并按照活动要求完成案例的分析，写出自己的体会
活动考核	教师根据学生提交的案例材料和完成的案例分析及体会等给出评价

课外阅读

1．江平．民法学．北京：中国政法大学出版社，1999
2．葛洪义．法理学．北京：中国政法大学出版社，1999
3．牛克，张政．《经济与法——以案例说法》系列丛书．北京：中国画报出版社，2005
4．中国法院网：http://www.chinacourt.org/
5．中国民商法律网：http://www.civillaw.com.cn/
6．《民法通则》全文等

模块二　企业组织及运行法律制度与实务

企业是现代社会中最常见、最基本的经济组织形式。不同的企业组织形式隐藏着不同的法律风险，如何选择对自己最有利的企业形态，按法律规定设立和运行企业是每一个企业经营者都要面对的问题。公司是最符合现代企业制度的组织形式，但对于一些中小企业而言，也大量地采用个人独资企业或合伙企业形式。在市场经济条件下，为了实现利润的最大化，企业之间必然会产生各种竞争行为，一部分经营者就有可能失败，导致企业倒闭。当这些经营者的全部资产不能清偿到期债务时，就会产生偿还的顺序和偿还数额等问题，形成了破产法律制度。本模块的主要内容就包括了《个人独资企业法》、《合伙企业法》、《公司法》和《破产法》。通过本模块的学习，要达到以下目标：

知识目标

1. 了解个人独资企业的概念、掌握个人独资企业的设立条件及事务管理；
2. 了解合伙企业的概念及种类；
3. 理解合伙人对企业承担的责任及对合伙企业的管理、入伙和退伙；
4. 掌握有限责任公司的概念、设立、组织机构及特殊的有限责任公司；
5. 掌握股份有限公司的概念、设立、组织机构及股份发行与转让；
6. 理解公司的合并和分立、解散和清算，了解公司债券、公司财务会计；
7. 了解破产的概念及其界限、熟悉企业破产的程序及破产管理人的主要规定。

能力目标

通过本模块的学习，使学生具备运用企业运行相关法律知识设立相应类型企业的能力；培养学生起草合伙协议、公司章程等各种企业法律文书的能力；初步熟悉企业破产程序；培养学生运用企业运行相关法律知识防范法律风险的能力和职业素养。

案例导读

林某某诉常熟市凯莱实业有限公司、戴某某公司解散纠纷案

【基本案情】

原告林某某诉称：常熟市凯莱实业有限公司（简称“凯莱公司”）经营管理发生严重困难，公司陷入僵局且无法通过其他方法解决，其权益遭受重大损害，请求解散凯莱公司。

被告凯莱公司及戴某某辩称：凯莱公司及其下属分公司运营状态良好，不符合公司解散的条件，戴某某与林某某的矛盾有其他解决途径，不应通过司法程序强制解散公司。

法院经审理查明：凯莱公司成立于2002年1月，林某某与戴某某系该公司股东，各占50%的股份，戴某某任公司法定代表人及执行董事，林某某任公司总经理兼公司监事。凯莱公司章程明确规定：股东会的决议须经代表1/2以上表决权的股东通过，但对公司增加或减少注册资本、合并、解散、变更公司形式、修改公司章程做出决议时，必须经代表2/3以上表决权的股东通过。股东会会议由股东按照出资比例行使表决权。2006年后，林某某与戴某某两人之间的矛盾逐渐显现。同年5月9日，林某某提议并通知召开股东会，由于戴某某认为林某某没有召集会议的权利，会议未能召开。同年6月6日、8月8日、9月16日、10月10日、10月17日，林某某委托律师向凯莱公司和戴某某发函称，因股东权益受到严重侵害，林某某作为享有公司股东会1/2表决权的股东，已按公司章程规定的程序表决并通过了解散凯莱公司的决议，要求戴某某提供凯莱公司的财务账册等资料，并对凯莱公司进行清算。同年6月17日、9月7日、10月13日，戴某某回函称，林某某做出的股东会决议没有合法依据，戴某某不同意解散公司，并要求林某某交出公司财务资料。同年11月15日、25日，林某某再次向凯莱公司和戴某某发函，要求凯莱公司和戴某某提供公司财务账册等供其查阅、分配公司收入、解散公司。

江苏常熟服装城管理委员会（简称“服装城管委会”）证明凯莱公司目前经营正常，且愿意组织林某某和戴某某进行调解。

另查明，凯莱公司章程载明监事行使下列权利：（1）检查公司财务；（2）对执行董事、经理执行公司职务时违反法律、法规或者公司章程的行为进行监督；（3）当董事和经理的行为损害公司利益时，要求董事和经理予以纠正；（4）提议召开临时股东会。从2006年6月1日至今，凯莱公司未召开过股东会。服装城管委会调解委员会于2009年12月15日、16日两次组织双方进行调解，但均未成功。

【裁判要点】

《公司法》将“公司经营管理发生严重困难”作为股东提起解散公司之诉的条件之一。判断“公司经营管理是否发生严重困难”，应从公司组织机构的运行状态进行综合分析。公司虽处于盈利状态，但其股东会机制长期失灵，内部管理有严重障碍，已陷入僵局状态，可以认定为公司经营管理发生严重困难。对于符合公司法及相关司法解释规定的其他条件的，人民法院可以依法判决公司解散。

【裁判结果】

江苏省苏州市中级人民法院于2009年12月8日以（2006）苏中民二初字第0277号民事判决，驳回林某某的诉讼请求。宣判后，林某某提起上诉。江苏省高级人民法院于2010年10月19日以（2010）苏高终字第0043号民事判决，撤销一审判决，依法改判解散凯莱公司。

【裁判理由】

法院生效裁判认为：首先，凯莱公司的经营管理已发生严重困难。根据《公司法》和《最高人民法院关于适用〈中华人民共和国公司法〉若干问题的规定（二）》（以下简称《公司法解释（二）》）第一条的规定，判断公司的经营管理是否出现严重困难，应当从公司的股东会、董事会或执行董事及监事会或监事的运行现状进行综合分析。“公司经营管理发生严重困难”的侧重点在于公司管理方面存有严重内部障碍，如股东会机制失灵、无法就公司的经营管理进行决策等，不应片面理解为公司资金缺乏、严重亏损等经营性困难。本案中，凯莱公司仅有戴某某与林某某两名股东，两人各占50%的股份，凯莱公司章程规定“股东会的决议须经代表1/2以上表决权的股东通过”，且各方当事人一致认可该“1/2以上”不包括本数。因此，只要两名股东的意见存有分歧、互不配合，就无法形成有效表决，显然影响公司的运营。凯莱公司已持续4年未召开股东会，无法形成有效股东会决议，也就无法通过股东会决议的方式管理公司，股东会机制已经失灵。执行董事戴某某作为互有矛盾的两名股东之一，其管理公司的行为，已无法贯彻股东会的决议。林某某作为公司监事不能正常行使监事职权，无法发挥监督作用。由于凯莱公司的内部机制已无法正常运行、无法对公司的经营做出决策，即使尚未处于亏损状况，也不能改变该公司的经营管理已发生严重困难的事实。

其次，由于凯莱公司的内部运营机制早已失灵，林某某的股东权、监事权长期处于无法行使的状态，其投资凯莱公司的目的无法实现，利益受到重大损失，且凯莱公司的僵局通过其他途径长期无法解决。《公司法解释（二）》第5条明确规定了“当事人不能协商一致使公司存续的，人民法院应当及时判决”。本案中，林某某在提起公司解散诉讼之前，已通过其他途径试图化解与戴某某之间的矛盾，服装城管委会也曾组织双方当事人调解，但双方仍不能达成一致意见。两审法院也基于慎用司法手段强制解散公司的考虑，积极进行调解，但均未成功。

此外，林某某持有凯莱公司50%的股份，也符合公司法关于提起公司解散诉讼的股东须持有公司10%以上股份的条件。

综上所述，凯莱公司已符合公司法及《公司法解释（二）》所规定的股东提起解散公司之诉的条件。二审法院从充分保护股东合法权益，合理规范公司治理结构，促进市场经济健康有序发展的角度出发，依法做出了上述判决。

任务1 个人独资企业法律制度与实务

【任务导入】

1999年5月，无锡市居民王某在南长区大公桥3号设立了以生产男女内衣为主要经营范围的晓梦服装厂，企业性质为个人独资企业。2003年6月2日，王某正式向无锡市南长区工商行政管理局提出解散无锡市晓梦服装厂的申请，并于6月7日开始清算。王某聘请无锡市大公会计师事务所会计师吴某为清算人，并于2003年7月10日完成清算，王某遂向工商局申请注销登记。2003年7月20日，无锡市向阳纱厂向法院起诉，要求宣告王某的清算无效，理由是王某没有履行法定的通知公告义务。案件审理期间，上海市园东国际贸易公司又起诉王某，要求支付代理费15万元，并请求法院撤销王某于2003年6月4日向其妻弟刘某的工厂低价转让缝纫机100台的买卖合同。（案例来源：李艳芳主编《以案说法——经济法篇》，中国人民大学出版社）

请问：法院应如何判决？

相关知识

一、个人独资企业的概念和特征

（一）个人独资企业的概念

个人独资企业是指依法在中国境内设立，财产为投资人个人所有，投资人以其个人财产对企业债务承担无限责任的经营实体。

（二）个人独资企业的特征

1．个人独资企业的投资人为一个自然人

个人独资企业只有一个投资主体，且为自然人，该自然人对企业的财产依法享有所有权，并可以依法转让或继承。根据《个人独资企业法》的规定，国家机关、国家授权投资的机构或者国家授权的部门、企业、事业单位等都不能作为个人独资企业的投资主体。

2．个人独资企业的投资人对企业的债务承担无限责任

个人独资企业的投资人承担企业全部的责任和义务，当个人独资企业的财产不足以清偿到期债务时，投资人应以自己的全部财产用于清偿，个人独资企业的责任与投资人的责任实际上是连为一体的。《个人独资企业法》第 18 条规定，个人独资企业投资人在申请企业设立登记时明确以其家庭共有财产作为个人出资的，应当依法以家庭共有财产对企业债务承担无限责任。

3．个人独资企业为非法人企业

个人独资企业有自己的企业名称，并以企业名义从事生产经营行为和其他民事、法律行为，但其不具有独立的法人地位。

4．个人独资企业的内部机构设置简单，经营管理方式灵活

个人独资企业的财产为投资人个人所有，法律对其内部机构和经营管理方式无严格规定，使得投资人在内部管理方面具有较大的灵活性，投资者可以根据企业需要设置内部机构，可以自己经营也可以委托、聘任他人负责经营管理工作。

二、个人独资企业的设立

（一）个人独资企业的设立条件

根据《个人独资企业法》的规定，设立个人独资企业应当具备以下条件：

1．投资人为一个自然人

个人独资企业的投资人只能是一个具备完全民事行为能力的自然人，且只能是中国公民，法律排除了一个以上的投资者合伙或合作作为个人独资企业投资人的资格，也禁止国家机关、国家授权投资的机构或者国家授权的部门、企业、事业单位投资设立个人独资企业。《个人独资企业法》第 16 条规定，法律、行政法规禁止从事营利性活动的人，不得作为投资人申请设立个人独资企业。从现行法律法规的规定看，主要是指现役军人、法官、检察官、警察、国家公务人员等不能作为投资人设立个人独资企业。

2．有合法的企业名称

个人独资企业的名称应当与其责任形式和经营范围相符合，应遵守企业名称登记管理

规定，不得在名称中使用“有限”、“有限责任”、“股份有限”或者“公司”字样。

3. 有投资人申报的出资

个人独资企业投资人必须对企业投资，一定的资本是企业得以存在的物质基础。法律并未规定投资人对个人独资企业投资数额的限制，主要是考虑到个人独资企业的投资人承担的是无限责任，投资企业的财产和其他财产难以分立，可以随时增减变动，所以法律仅要求投资人有自己申报的出资即可。根据国家工商行政管理局《关于实施〈个人独资企业登记管理办法〉的有关问题的通知》的规定，设立个人独资企业可以用货币出资，也可以用实物、土地使用权、知识产权或者其他财产权利出资，采用实物、土地使用权、知识产权或者其他财产权利出资的，应当将其折算成货币数额。投资人可以个人财产出资，也可以家庭共有财产作为个人出资。以家庭共有财产作为个人出资的，投资人应当在设立（变更）登记申请书上予以注明。

4. 有固定的生产经营场所和必要的生产经营条件

个人独资企业要持续从事生产经营活动，就必须有一定的经营场所和必要的经营条件作为物质保障。

5. 有必要的从业人员

个人独资企业可以依法聘用职工开展经营活动，投资人可以自行管理企业事务，也可以聘用他人管理企业事务，法律对个人独资企业的人数没有特定限制。

（二）个人独资企业的设立程序

1. 提出申请

申请设立个人独资企业，应当由投资人或者其委托的代理人向个人独资企业所在地的工商行政管理机关提出设立申请。投资人申请设立个人独资企业，应向登记机关提交下列文件：投资人签署的个人独资企业设立申请书；投资人身份证明；企业住所证明和生产经营场所使用证明等文件。由委托代理人申请设立登记的，应当提交投资人的委托书和代理的身份证明或者资格证明。个人独资企业设立申请书应当载明下列事项：企业的名称和住所；投资人的姓名和居所；投资人的出资额和出资方式；经营范围。个人独资企业不得从事法律、行政法规禁止经营的业务；从事法律、行政法规规定须报经有关部门审批的业务，应当在申请设立登记时提交有关部门的批准文件。

2. 工商登记

登记机关应当在收到申请文件之日起 15 日内，对符合《个人独资企业法》规定条件的，予以登记，并发给营业执照；对不符合《个人独资企业法》登记条件的，不予登记，并给予书面答复，说明理由。个人独资企业的营业执照签发之日，为个人独资企业的成立日期。

个人独资企业设立分支机构的，应由投资人或者其委托的代理人向分支机构所在地的登记机关申请登记，领取营业执照。个人独资企业分支机构经核准登记后，应将登记情况报个人独资企业原登记机关备案。分支机构的民事责任由设立该分支机构的个人独资企业承担。

三、个人独资企业的事务管理

1. 个人独资企业事务管理的方式

投资人有权自主选择企业事务的管理形式。投资人可以自行管理企业事务，也可以委托或者聘用其他具有民事行为能力的人负责企业的事务管理。投资人委托或者聘用他人管理个人独资企业事务，应当与受托人或者被聘用的人签订书面合同。合同应订明委托的具体内容、授予的权利范围、受托人或者被聘用的人应履行的义务、报酬和责任等。

投资人对受托人或者被聘用的人员职权的限制，不得对抗善意第三人。第三人是指投资人对与受托人或者被聘用的人员以外与企业发生经济业务关系的人。所谓善意第三人是指第三人在有关经济业务事项交往中，没有与受托人或者被聘用的人员串通，故意损害投资人的利益的人。个人独资企业的投资人与受托人或者被聘用的人员之间的有关权利和义务的限制，只对受托人或者被聘用的人员有效，对善意第三人无约束力，受托人或者被聘用的人员超出投资人约定的限制与善意第三人进行的有关业务应当有效。

2．受托人或者被聘用的人的义务

受托人或者被聘用的人员应当履行诚信、勤勉义务，按照与投资人签订的合同负责个人独资企业的事务管理。不得从事下列行为：①利用职务上的便利，索取或者收受贿赂；②利用职务或者工作上的便利侵占企业财产；③挪用企业的资金归个人使用或者借贷给他人；④擅自将企业资金以个人名义或者以他人名义开立账户储存；⑤擅自以企业财产提供担保；⑥未经投资人同意，从事与本企业相竞争的业务；⑦未经投资人同意，同本企业订立合同或者进行交易；⑧未经投资人同意，擅自将企业商标或者其他知识产权转让给他人使用；⑨泄露本企业的商业秘密；⑩法律、行政法规禁止的其他行为。

四、个人独资企业的解散和清算

（一）个人独资企业的解散

个人独资企业是一个自然人投资设立的企业，企业财产和个人财产不分离，所以其解散具有一定的特殊性。根据《个人独资企业法》的规定，个人独资企业有下列情形之一时，应当解散：①投资人决定解散；②投资人死亡或者被宣告死亡，无继承人或者继承人放弃继承；③被依法吊销营业执照；④法律、行政法规规定的其他情形。

（二）个人独资企业的清算

个人独资企业因特定原因决定解散后，则需要进行清算法律程序。

1．确立清算人

个人独资企业解散时，应当由投资人自行清算，或者由债权人申请人民法院指定清算人进行清算。

2．通知和公告

投资人自行清算的，应当在清算前 15 日内书面通知债权人；无法通知的，应当予以公告。债权人应当在接到通知之日起 30 日内，未接到通知的应当在公告之日起 60 日内，向投资人申报其债权。

3．执行清算事务

清算人在清算期间执行清算事务，如清算个人独资企业的财产、清理企业债权债务、处理经营中的未完成事务等。在清算期间，个人独资企业不得开展与清算目的无关的经营活动。个人独资企业在清偿债务前，投资人不得转移、隐匿财产。

4．财产清偿顺序

个人独资企业的财产应当优先支付清算费用，之后按照下列顺序清偿：①所欠职工工资和社会保险费用；②所欠税款；③其他债务。当个人独资企业财产不足以清偿债务的，投资人应当以其个人的其他财产予以清偿。个人独资企业解散后，原投资人对个人独资企业存续期间的债务仍应承担偿还责任，但债权人在 5 年内未向债务人提出偿债请求的，该责任消灭。

5．注销登记程序

个人独资企业清算结束后，投资人或者人民法院指定的清算人应当编制清算报告，并于 15 日内到原登记机关办理注销登记。注销登记完成后个人独资企业即告消灭。

案例分析

2010 年 1 月 15 日，甲出资 5 万元设立 A 个人独资企业（简称 A）。甲聘请乙管理企业事务，同时规定，凡乙对外签订标的额超过 1 万元以上的合同，须经甲同意。2 月 10 日，乙未经甲同意，以 A 名义向善意第三人丙购入价值 2 万元的货物。2010 年 7 月 4 日，A 亏损，不能支付到期的丁的债务，甲决定解散 A，请求人民法院指定清算人。7 月 10 日，法院指定戊作为清算人进行清算。经查，A 和甲的资产及债权债务情况如下：①A 欠缴税款 2 000 元，欠乙工资 5 000 元，欠社会保险费 5 000 元，欠丁 10 万元；②A 的银行存款 1 万元，实物折价 8 万元；③甲在 B 合伙企业出资 6 万元，B 每年可向合伙人分配利润；④甲个人其他可执行财产价值 2 万元。

请问：

（1）乙于 2 月 10 日购买货物的行为是否有效？为什么？

（2）A 企业的财产清偿顺序如何？

（3）如何满足丁的债权请求？

解析：

（1）乙于 2 月 10 日以 A 企业名义向丙购买价值 2 万元货物的行为有效。因为根据《个人独资企业法》的规定，投资人对被聘用的人员职权的限制，不得对抗善意的第三人。尽管乙购买货物的行为超越职权，但丙为善意第三人，因此该行为有效。

（2）根据《个人独资企业法》的规定，A 企业的财产清偿顺序如下：①职工工资和社会保险费用；②税款；③其他债务。

（3）首先，用 A 企业的银行存款和实物折价共 9 万元偿还所欠乙的工资、社会保险费用及税款，剩余 78 000 元用于清偿所欠下的债务；其次，A 企业剩余财产全部用于清偿后，仍欠丁 22 000 元，可用甲个人财产清偿；最后，在用甲个人财产清偿时，可用甲个人其他可执行的财产 2 万元清偿，不足部分，可用甲从 B 合伙企业分取的收益予以清偿或由丁依法请求人民法院强制执行甲在 B 合伙企业中的财产份额用于清偿（或可用甲从 B 合伙企业分取的收益予以清偿，或由丁依法请求人民法院强制执行甲在 B 合伙企业中的财产份额用于清偿，如有不足部分，可用甲个人其他可执行财产 2 万元清偿）。

任务 2 合伙企业法律制度与实务

【任务导入】

刘某于 1998 年 10 月取得一项关于电子生产技术的专利，合法拥有专利权。1998 年 12 月，刘某以此专利出资，万某以其在城区的房屋所有权出资，张某出资 10 万元共同组建鸿希电子配件厂。经刘某和万某同意，张某于 1999 年 12 月将其在合伙企业中的权利和义务全部转让给杨某。在经营的过程中，此合伙企业于 2003 年年底获利 150 万元人民币，同时在账本中发现刘某曾于 2000 年 4 月以合伙企业的名义欠宏威电子信息有限责任公司 35 万元人民币。合伙人因 35 万元的债务产生不合，各合伙人主张解散合伙企业，但是对合伙企业的财产分割产生纠纷，诉至人民法院。经法院查明：刘某的专利技术并未办理产权过户手续，万某的房屋办理了所有权过户手续，张某的 10 万元出资也全部入了合伙企业的账目，合伙企业所欠宏威电子信息有限责任公司 35 万元的债务实际是刘某私自以合伙企业的名义与公司进行个人交易所发生的债务。（案例来源：李艳芳主编《以案说法——经济法篇》，中国人民大学出版社）

请问：刘某的出资是否有效？合伙人转让其合伙权利义务是否应经其他合伙人同意？刘某私自以合伙企业的名义与其他公司进行个人交易所发生的债务是否属于合伙企业的对外债务？

相关知识

一、合伙企业的概念

合伙企业是指自然人、法人或其他组织依照《合伙企业法》在中国境内设立的普通合伙企业和有限合伙企业。

普通合伙企业由普通合伙人组成，普通合伙人对合伙企业债务承担无限连带责任。

有限合伙企业由普通合伙人和有限合伙人组成，普通合伙人对合伙企业债务承担无限连带责任，有限合伙人以其认缴的出资额为限对合伙企业债务承担责任。

二、普通合伙企业的设立

（一）普通合伙企业的设立条件

1．有 2 个以上合伙人

合伙企业的合伙人至少为 2 人以上，对于合伙企业合伙人数的最高限额，我国《合伙企业法》未做出规定。关于合伙人的资格，《合伙企业法》做了一些限定：一是合伙人应当为具有完全民事行为能力的人；二是国有独资公司、国有企业、上市公司以及公益性的事业单位、社会团体不得成为普通合伙人；三是法律、行政法规规定禁止从事营利性活动的人，不得成为合伙企业的合伙人，如国家公务员、党政机关领导干部、人民警察、法官、检察官、商业银行工作人员等。

2．有书面合伙协议

合伙协议是由各合伙人通过协商，共同决定相互间的权利义务，达成的具有法律约束力的协议。合伙协议是合伙企业成立的基础，必须采取书面形式，经全体合伙人签名、盖章后方能生效。合伙协议应载明下列内容：合伙企业的名称和主要经营场所的地点；合伙的目的和合伙企业的经营范围；合伙人的姓名及其住所；合伙人的出资方式、数额和缴付出资的期限；利润分配和亏损分担的办法；合伙企业事务的执行；入伙与退伙；争议解决办法；合伙企业的解散与清算；违约责任。合伙协议未约定或者约定不明确的事项，由合伙人协商决定；协商不成的，依照《合伙企业法》和其他有关法律、行政法规的规定处理。

3．有合伙人认缴或者实际缴付的出资

合伙企业是营利性的经济组织，必须具备一定的经济基础，合伙协议生效后，合伙人应当按照合伙协议的规定缴纳出资，法律并未规定投资人对合伙企业投资数额的限制。合伙人可以用货币、实物、知识产权、土地使用权或其他财产权利出资，也可以用劳务出资。合伙人以货币、实物、知识产权、土地使用权或者其他财产权利出资，需要评估作价的，可以由全体合伙人协调确定，也可以由全体合伙人委托法定评估机构评估。普通合伙企业合伙人以劳务出资的，其评估办法由全体合伙人协商确定，并在合伙协议中载明。合伙人应当按照合伙协议约定的出资方式、数额和缴付期限，履行出资义务。以非货币财产出资的，依照法律、行政法规的规定，需要办理财产转移手续的，应当依法办理。

4．有合伙企业的名称和生产经营场所

合伙人在成立合伙企业时，必须确定其合伙企业的名称。普通合伙企业的名称中应当标明“普通合伙”字样，不得使用“有限”、“有限责任”、“股份有限”或“公司”字样。合伙企业名称在申请登记时，经核准注册登记后方可使用。同样，作为一个营利性的经济组织，合伙企业要经营，就必须要有一定的营业场所和其他经营条件。

5．法律、行政法规规定的其他条件

（二）合伙企业的设立程序

1．提出申请

申请设立合伙企业，应当向企业登记机关，即当地工商行政管理局提交以下文件：全体合伙人登记的合伙申请人、合伙协议、合伙人的身份证明、出资权属证明、经营场所证明及工商行政管理部门规定应提交的其他文件。此外，法律、行政法规规定设立合伙企业须报经有关部门审批的，还应当提交有关批准文件。

2．工商登记

申请人提交的登记申请材料齐全、符合法定形式，企业登记机关能够当场登记的，应予当场登记发给营业执照。此外，企业登记机关应当自受理申请之日起 20 日内，做出是否登记的决定。符合条件予以登记的，发给营业执照；不予登记的，应当给予书面答复，并说明理由。合伙企业的营业执照签发日期，为合伙企业成立日期。合伙企业领取营业执照前，合伙人不得以合伙企业名义从事合伙业务。

（三）普通合伙企业的财产

1．合伙企业财产的构成

合伙企业合伙人的出资、以合伙企业名义取得的收益和依法取得的其他财产，均为合伙企业的财产。需要注意的是，合伙企业的出资方式可以是货币、实物、知识产权、土地使用权、其他财产权利以及劳务，当合伙人认缴的出资转入合伙企业时，就构成了合伙企业的财产。

2．合伙企业财产的性质

合伙企业作为独立的民事主体，在其存续期间企业财产独立于合伙人个人财产，由全体合伙人共同持有，并由全体合伙人共同管理和使用。合伙人在合伙企业清算前，不得请求分割合伙企业的财产；但是，本法另有规定的除外。合伙人在合伙企业清算前私自转移或者处分合伙企业财产的，合伙企业不得以此对抗善意第三人。

3．合伙企业财产的转让

合伙企业财产的转让是指合伙人将自己在合伙企业中的财产份额转让于他人。由于普通合伙企业的合伙人对合伙企业共同出资、合伙经营、共享收益、共担风险，并对合伙企业债务承担无限连带责任，因此，《合伙企业法》对合伙企业财产份额的转让做了以下限制性规定：

（1）合伙人之间转让在合伙企业中的全部或者部分财产份额时，应当通知其他合伙人。

（2）除合伙协议另有约定外，合伙人向合伙人以外的人转让其在合伙企业中的全部或者部分财产份额时，须经其他合伙人一致同意。

（3）合伙人向合伙人以外的人转让其在合伙企业中的财产份额的，在同等条件下，其他合伙人有优先购买权；但是，合伙协议另有约定的除外。

（4）合伙人以外的人依法受让合伙人在合伙企业中的财产份额的，经修改合伙协议即成为合伙企业的合伙人，依照《合伙企业法》和修改后的合伙协议享有权利，履行义务。

4．合伙企业财产出质

根据《合伙企业法》的规定，合伙人以其在合伙企业中的财产份额出质的，须经其他合伙人一致同意；未经其他合伙人一致同意，其行为无效，由此给善意第三人造成损失的，由行为人依法承担赔偿责任。

三、普通合伙企业的事务管理

（一）合伙企业事务管理的方式

根据《合伙企业法》的规定，合伙人对执行合伙事务享有同等的权利；按照合伙协议的约定或者经全体合伙人决定，可以委托一个或者数个合伙人对外代表合伙企业，执行合伙事务。作为合伙人的法人、其他组织执行合伙事务的，由其委派的代表执行。

（二）合伙人在执行合伙企业事务中的权利和义务

1．合伙人的权利

根据《合伙企业法》的规定，合伙人的权利主要包括：①执行权。合伙人平等享有合伙企业事务执行权，可以共同执行合伙企业事务，也可以委托一个或者数个合伙人执行合伙事务，其他合伙人不再执行合伙事务。②监督权。不执行合伙事务的合伙人有权监督执行事务合伙人执行合伙事务的情况。③知情权。由一个或者数个合伙人执行合伙事务的，执行事务合伙人应当定期向其他合伙人报告事务执行情况以及合伙企业的经营和财务状况，其执行合伙事务所产生的收益归合伙企业，所产生的费用和亏损由合伙企业承担。合伙人为了解合伙企业的经营状况和财务状况，有权查阅合伙企业会计账簿等财务资料。④异议权。合伙人分别执行合伙事务的，执行事务合伙人可以对其他合伙人执行的事务提出异议。提出异议时，应当暂停该项事务的执行。如果发生争议，依照《合伙企业法》规定做出决定。受委托执行合伙事务的合伙人不按照合伙协议或者全体合伙人的决定执行事务的，其他合伙人可以决定撤销该委托。⑤表决权。合伙人对合伙企业有关事项做出决议，按照合伙协议约定的表决办法办理。

2．合伙人的义务

根据《合伙企业法》的规定，合伙人不得自营或者同他人合作经营与本合伙企业相竞争的业务；除合伙协议另有约定或者经全体合伙人一致同意外，合伙人不得同本合伙企业进行交易；合伙人不得从事损害本合伙企业利益的活动。

（三）合伙企业事务执行的决议

合伙人对合伙企业有关事项做出决议，按照合伙协议约定的表决办法办理。合伙协议未约定或者约定不明确的，实行合伙人一人一票并经全体合伙人过半数通过的表决办法。《合伙企业法》对合伙企业的表决办法另有规定的，从其规定。同时《合伙企业法》规定，除合伙协议另有约定外，合伙企业的下列事项应当经全体合伙人一致同意：①改变合伙企业的名称；②改变合伙企业的经营范围、主要经营场所的地点；③处分合伙企业的不动产；④转让或者处分合伙企业的知识产权和其他财产权利；⑤以合伙企业名义为他人提供担保；⑥聘任合伙人以外的人担任合伙企业的经营管理人员。

（四）合伙企业的损益分配

合伙企业的利润分配、亏损分担，按照合伙协议的约定办理；合伙协议未约定或者约定不明确的，由合伙人协商决定；协商不成的，由合伙人按照实缴出资比例分配、分担；无法确定出资比例的，由合伙人平均分配、分担。合伙协议不得约定将全部利润分配给部分合伙人或者由部分合伙人承担全部亏损。

合伙人对合伙企业债务承担无限连带责任。合伙企业对其债务，应先以其全部财产进行清偿。合伙企业不能清偿到期债务的，合伙人承担无限连带责任。合伙人由于承担无限连带责任，清偿数额超过合伙协议规定的其亏损分担比例的，有权向其他合伙人追偿。

（五）合伙企业与第三人的关系

1．对外代表权的效力

《合伙企业法》规定，合伙企业对合伙人执行合伙事务以及对外代表合伙企业权利的限制，不得对抗善意第三人。这里所指的合伙人是指在合伙企业中有合伙事务执行权与对外代表权的合伙人；这里所指的善意第三人是指本着合法交易的目的，诚实地通过合伙企业的事务执行人，与合伙企业间建立民事、商事法律关系的法人、非法人团体或自然人。如果第三人与合伙企业事务执行人恶意串通、损害合伙企业利益，则不属善意之情形。

2．合伙企业和合伙人的债务清偿

（1）合伙企业的债务清偿与合伙人的关系。合伙企业对其债务，应先以其全部财产进行清偿。合伙企业不能清偿到期债务的，各合伙人应当承担无限连带责任。以合伙企业财产清偿合伙企业债务时，其不足的部分，按照合伙协议的约定办理；合伙协议未约定或者约定不明确的，由合伙人协商决定；协商不成的，由合伙人按照实激出资比例分配、分担；无法确定出资比例的，由合伙人平均分配、分担。

合伙人之间的分担比例对债权人没有约束力，债权人可以从保障自身利益角度出发，向任意一名或数名合伙人追索债务，如果合伙人实际支付的清偿数额超过了其依照既定比例应该承担的数额，该合伙人有权就超出部分向其他合伙人追偿。

（2）合伙人的债务清偿与合伙企业的关系。对此，《合伙企业法》做了如下规定：①合伙人发生与合伙企业无关的债务，相关债权人不得以其债权抵消其对合伙企业的债务；也不得代位行使合伙人在合伙企业中的权利。②合伙人的自有财产不足清偿其与合伙企业无关的债务的，该合伙人可以以其从合伙企业中分取的收益用于清偿；债权人也可以依法请求人民法院强制执行该合伙人在合伙企业中的财产份额用于清偿。③人民法院强制执行合伙人的财产份额时，应当通知全体合伙人，其他合伙人有优先购买权；其他合伙人未购买，又不同意将该财产份额转让给他人的，依照《合伙企业法》的规定为该合伙人办理退伙结算，或者办理削减该合伙人相应财产份额的结算。

四、普通合伙企业的入伙和退伙

（一）入伙

入伙是指在合伙企业存续期间，现有合伙人以外的人加入合伙企业并取得合伙人资格的法律行为。

（1）入伙的条件和程序。新合伙人入伙，除合伙协议另有约定外，应当经全体合伙人一致同意，并依法订立书面入伙协议。订立入伙协议时，原合伙人应当向新合伙人如实告知原合伙企业的经营状况和财务状况。合伙企业发生入伙法律行为后需在15日内进行变更登记。

（2）新合伙人的权利和责任。入伙的新合伙人与原合伙人享有同等权利，承担同等责任。但入伙协议另有约定的，从其约定。新合伙人对入伙前合伙企业的债务承担无限连带责任。

（二）退伙

退伙是指在合伙企业存续期间，合伙人退出合伙企业，从而丧失合伙人资格的法律行为。

1．退伙的原因

（1）自愿退伙。指合伙人基于自愿的原因而退出合伙企业。合伙协议约定合伙期限的，在合伙企业存续期间，有下列情形之一的，合伙人可以退伙：合伙协议约定的退伙事由出现；经全体合伙人一致同意；发生合伙人难以继续参加合伙的事由；其他合伙人严重违反合伙协议约定的义务。合伙协议未约定合伙期限的，合伙人在不给合伙企业事务执行造成不利影响的情况下，可以退伙，但应当提前30日通知其他合伙人。

（2）当然退伙。指法律规定的特定事由出现而导致的合伙人必须退出合伙企业。导致当然退伙的法定情况有：作为合伙人的自然人死亡或者被依法宣告死亡；个人丧失偿债能力；作为合伙人的法人或者其他组织依法被吊销营业执照、责令关闭撤销，或者被宣告破产；法律规定或者合伙协议约定合伙人必须具有相关资格而丧失该资格；合伙人在合伙企业中的全部财产份额被人民法院强制执行。合伙人被依法认定为无民事行为能力人或者限制民事行为能力人的，经其他合伙人一致同意，可以依法转为有限合伙人，普通合伙企业依法转为有限合伙企业。其他合伙人未能一致同意的，该无民事行为能力或者限制民事行为能力的合伙人退伙。退伙事由实际发生之日为退伙生效日。

（3）除名退伙。指合伙人因特定原因被其他合伙人一致要求而退出合伙企业。导致除名退伙的原因有：未履行出资义务；因故意或者重大过失给合伙企业造成损失；执行合伙事务时有不正当行为；发生合伙协议约定的事由。对合伙人的除名决议应当书面通知被除名人。被除名人接到除名通知之日，除名生效，被除名人退伙。被除名人对除名决议有异议的，可以自接到除名通知之日起30日内，向人民法院起诉。

2．退伙的效果

（1）合伙人退伙，其他合伙人应当与该退伙人按照退伙时的合伙企业财产状况进行结算，退还退伙人的财产份额。退伙人对给合伙企业造成的损失负有赔偿责任的，相应扣减其应当赔偿的数额。但退伙时有未了结的合伙企业事务的，待该事务了结后进行结算。

（2）退伙人在合伙企业中财产份额的退还办法，由合伙协议约定或者由全体合伙人决定，可以退还货币，也可以退还实物。

（3）退伙人对基于其退伙前的原因发生的合伙企业债务，承担无限连带责任。合伙人退伙时，合伙企业财产少于合伙企业债务的，退伙人应当根据《合伙企业法》的规定分担亏损。

五、特殊的普通合伙企业

（一）特殊的普通合伙企业的设立

以专业知识和专门技能为客户提供有偿服务的专业服务机构，可以设立为特殊的普通合伙企业。如律师事务所、医生诊所、会计师事务所、设计师事务所等。

特殊的普通合伙企业名称中应当标明“特殊普通合伙”字样。

（二）特殊的普通合伙企业合伙人承担责任的形式

（1）一个合伙人或者数个合伙人在执业活动中因故意或者重大过失造成合伙企业债务的，应当承担无限责任或者无限连带责任，其他合伙人以其在合伙企业中的财产份额为限承担责任。

（2）合伙人在执业活动中非因故意或者重大过失造成的合伙企业债务以及合伙企业的其他债务，由全体合伙人承担无限连带责任。

（3）合伙人执业活动中因故意或者重大过失造成的合伙企业债务，以合伙企业财产对外承担责任后，该合伙人应当按照合伙协议的约定对给合伙企业造成的损失承担赔偿责任。

（三）特殊的普通合伙企业的保障措施

特殊的普通合伙企业应当建立执业风险基金、办理职业保险。执业风险基金用于偿付合伙人执业活动造成的债务。执业风险基金应当单独立户管理。具体管理办法由国务院规定。

六、有限合伙企业

（一）有限合伙企业的设立条件

1．由2个以上50个以下合伙人设立，但是，法律另有规定的除外

有限合伙企业至少应当有一个普通合伙人。

2．有书面合伙协议

合伙协议除载明普通合伙企业协议规定外，还应当载明下列事项：①普通合伙人和有限合伙人的姓名或者名称、住所；②执行事务合伙人应具备的条件和选择程序；③执行事务合伙人权限与违约处理办法；④执行事务合伙人的除名条件和更换程序；⑤有限合伙人

入伙、退伙的条件、程序以及相关责任；⑥有限合伙人和普通合伙人相互转变程序。

3．有限合伙人认缴或实际缴付的出资

有限合伙人可以用货币、实物、知识产权、土地使用权或者其他财产权利作价出资，但不得以劳务出资。有限合伙人应当按照合伙协议的约定按期足额缴纳出资；未按期足额缴纳的，应当承担补缴义务，并对其他合伙人承担违约责任。

4．有限合伙企业的名称和生产经营场所

有限合伙企业名称中应当标明“有限合伙”字样。有限合伙企业要有一定的经营场所以便开展经营活动。

5．法律、法规规定的其他条件

（二）有限合伙企业的事务执行

1．普通合伙人执行合伙企业事务

有限合伙企业由普通合伙人执行合伙事务。执行事务合伙人可以要求在合伙协议中确定执行事务的报酬及报酬提取方式。

2．有限合伙企业的利润分配

有限合伙企业不得将全部利润分配给部分合伙人；但是，合伙协议另有约定的除外。

3．有限合伙人的特殊法律规定

有限合伙人不执行合伙事务，不得对外代表有限合伙企业。有限合伙人的下列行为，不视为执行合伙事务：①参与决定普通合伙人入伙、退伙；②对企业的经营管理提出建议；③参与选择承办有限合伙企业审计业务的会计师事务所；④获取经审计的有限合伙企业财务会计报告；⑤对涉及自身利益的情况，查阅有限合伙企业财务会计账簿等财务资料；⑥在有限合伙企业中的利益受到侵害时，向有责任的合伙人主张权利或者提起诉讼；⑦执行事务合伙人怠于行使权利时，督促其行使权利或者为了本企业的利益以自己的名义提起诉讼；⑧依法为本企业提供担保。

有限合伙人可以同本有限合伙企业进行交易，也可以自营或者同他人合作经营与本有限合伙企业相竞争的业务，还可以将其在有限合伙企业中的财产份额出质；但是，合伙协议另有约定的除外。

有限合伙人可以按照合伙协议的约定向合伙人以外的人转让其在有限合伙企业中的财产份额，但应当提前30日通知其他合伙人。

4．有限合伙企业的入伙、退伙

（1）新入伙的有限合伙人对入伙前有限合伙企业的债务，以其认缴的出资额为限承担责任。

（2）作为有限合伙人的自然人在有限合伙企业存续期间丧失民事行为能力的，其他合伙人不得因此要求其退伙。

（3）作为有限合伙人的自然人死亡、被依法宣告死亡或者作为有限合伙人的法人及其他组织终止时，其继承人或者权利承受人可以依法取得该有限合伙人在有限合伙企业中的资格。

（4）有限合伙人退伙后，对基于其退伙前的原因发生的有限合伙企业债务，以其退伙时从有限合伙企业中取回的财产承担责任。

（5）有限合伙企业的其他入伙、退伙情况适用于普通合伙企业的入伙、退伙法律规定。

5．有限合伙人与普通合伙人的转变

（1）除合伙协议另有约定外，普通合伙人转变为有限合伙人，或者有限合伙人转变为普通合伙人，应当经全体合伙人一致同意。

（2）有限合伙人转变为普通合伙人的，对其作为有限合伙人期间有限合伙企业发生的债务承担无限连带责任。

（3）普通合伙人转变为有限合伙人的，对其作为普通合伙人期间合伙企业发生的债务承担无限连带责任。

七、合伙企业的解散和清算

（一）合伙企业的解散

合伙企业的解散，是指各合伙企业因特定法律事实的发生而导致其民事主体资格消灭的行为。合伙企业有下列情形之一的，应当解散：①合伙期限届满，合伙人决定不再经营；②合伙协议约定的解散事由出现；③全体合伙人决定解散；④合伙人已不具备法定人数满30天；⑤合伙协议约定的合伙目的已经实现或者无法实现；⑥依法被吊销营业执照、责令关闭或者被撤销；⑦法律、行政法规规定的其他原因。

（二）合伙企业的清算

1．清算人的确定

清算人由全体合伙人担任；经全体合伙人过半数同意，可以自合伙企业解散事由出现后15日内指定一个或者数个合伙人，或者委托第三人，担任清算人。自合伙企业解散事由出现之日起15日内未确定清算人的，合伙人或者其他利害关系人可以申请人民法院指定清算人。

2．通知和公告债权人

清算人自被确定之日起10日内将合伙企业解散事项通知债权人，并于60日内在报纸上公告。债权人应当自接到通知书之日起30日内，未接到通知书的自公告之日起45日内，向清算人申报债权。债权人申报债权，应当说明债权的有关事项，并提供证明材料。清算人应当对债权进行登记。清算期间，合伙企业存续，但不得开展与清算无关的经营活动。

3．清算人的职责

清算人在清算期间执行下列事务：①清理合伙企业财产，分别编制资产负债表和财产清单；②处理与清算有关的合伙企业未了结事务；③清缴所欠税款；④清理债权、债务；⑤处理合伙企业清偿债务后的剩余财产；⑥代表合伙企业参加诉讼或者仲裁活动。

4．清偿顺序

合伙企业财产在支付清算费用和职工工资、社会保险费用、法定补偿金以及缴纳所欠税款、清偿债务后的剩余财产，依照《合伙企业法》的相关规定进行分配。

5．清算结束

清算人应当编制清算报告，经全体合伙人签名、盖章后，在15日内向企业登记机关报送清算报告，申请办理合伙企业注销登记。合伙企业注销后，原普通合伙人对合伙企业存续期间的债务仍应承担无限连带责任。

案例分析

甲、乙、丙、丁四人出资设立A有限合伙企业，其中甲、乙为普通合伙人，丙、丁为有限合伙人。合伙企业存续期间，发生以下事项：①7月，A合伙企业向B银行贷款100万元；②8月，经全体合伙人一致同意，普通合伙人乙转变为有限合伙人，有限合伙人丙转变为普通合伙人；③9月，甲、丁提出退伙。经结算，甲从合伙企业分回10万元，丁从合伙企业分回20万元；④12月，B银行100万元的贷款到期，A合伙企业的全部财产只有40万元。

请问：

（1）对于不足的60万元，债权人B银行能否要求合伙人甲清偿全部的60万元？并说明理由。

（2）对于不足的60万元，债权人B银行能否要求合伙人乙清偿全部的60万元？并说明理由。

（3）对于不足的60万元，债权人B银行能否要求合伙人丙清偿全部的60万元？并说明理由。

（4）对于不足的60万元，债权人B银行能否要求退伙人丁清偿全部的60万元？并说明理由。

解析：

（1）债权人B银行可以要求甲清偿全部的60万元。根据规定，普通退伙人对基于其退伙前的原因发生的合伙企业债务承担无限连带责任。

（2）债权人B银行可以要求乙清偿全部的60万元。根据规定，普通合伙人转变为有限合伙人的，对其作为普通合伙人期间合伙企业发生的债务承担无限连带责任。在本题中，乙应当对其作为普通合伙人期间合伙企业发生的债务承担无限连带责任。

（3）债权人B银行可以要求丙清偿全部的60万元。根据规定，有限合伙人转变为普通合伙人的，对其作为有限合伙人期间有限合伙企业发生的债务承担无限连带责任。

（4）债权人B银行不能要求丁清偿全部的60万元。根据规定，有限合伙人退伙后，对基于其退伙前的原因发生的有限合伙企业债务，以其退伙时从有限合伙企业中取回的财产承担责任。在本题中，由于有限合伙人丁在退伙时，从合伙企业分回20万元，因此，债权人B银行只能要求丁清偿20万元。

任务3　公司法律制度与实务

【任务导入】

2000年5月，张某、李某和王某各出资人民币50万元成立了A纯净水有限责任公司，注册资本150万元。到2002年年底，公司由于经营良好，实有资产达到300万元，其中现金、存料、厂房、设备等价值约260万元，公司拥有的“A”商标专用权价值40万元。2003年1月初，该公司引进一条纯净水过滤生产线，价值200万元，为此于2003年1月5日向某商业银行贷款150万元，贷款期1年。引进生产线后，市场发生较大变化，本地又出现两家实力更强的纯净水生产企业，市场竞争日益激烈。A公司三位股东于2003年10月1日召开股东会并做出决议，一致同意减少注册资本90万元，分给每位股东30万元，公司注册资本减少至60万元。对此，A公司分别于10月8日、10日、15日在某日报上进行了三次公告，但并未就此专门通知该商业银行。10月18日，A公司向工商部门申请办理减少注册资本登记，并于10月25日获核准登记。

2004年1月5日，A公司贷款到期，因经营亏损，不能还贷。该商业银行向法院提起诉讼，要求A公司按照约定还贷，并请求法院判令A公司的减资违反《公司法》的规定，应属于无效行为，其三位股东应该在其抽回的90万元范围内连带承担还贷责任。（案例来源：李艳芳主编《以案说法——经济法篇》，中国人民大学出版社）

请问：法院应如何审理？

相关知识

一、公司的概念、特征及其分类

（一）公司的概念

公司是依照法定的条件与程序设立，能够独立承担民事责任、享受民事权利，以营利为目的的企业法人。根据我国《公司法》的规定，公司包括有限责任公司和股份有限公司两种类型，属于企业法人。有限责任公司分为一般的有限责任公司、一人有限责任公司和国有独资公司三种类型。股份有限公司分为上市股份有限公司和非上市股份有限公司两种类型。

有限责任公司，是指由50个以下股东投资设立的，股东以其认缴的出资额为限对公司承担责任，公司以其全部资产对公司的债务承担责任的企业法人。

股份有限公司，是指依照《公司法》的有关规定设立的，其全部资本分为等额股份，股东以其所持股份为限对公司承担责任，公司则以其全部资产对公司的债务承担责任的企业法人。

（二）公司的特征

1．公司是依法设立的经济组织

依法设立指公司设立的程序和条件、利润分配和亏损承担方式、股东和公司的责任形式、组织机构的设置等都有明确的法律规定。公司设立应当依法向公司登记机关申请设立登记，法律、行政法规规定设立前必须经批准的公司，应当在公司登记前依法办理批准手续。

2．公司是以营利为目的的企业法人

公司是企业法人，有独立的法人财产，享有法人财产权，能够独立承担民事责任、享受民事权利。公司以营利为目的指设立公司并经营运作的目的是获得经济利益。公司只有通过经营活动实现利润最大化，才能实现股东设立公司的目的，公司是股东获取商业利益的载体。

3．公司由法定数额的股东组成

《公司法》规定有限责任公司由50个以下股东出资设立，股份有限公司应当由2人以上200人以下作为发起人，其中半数以上的发起人在中国境内有住所。

4．公司和股东承当有限责任

公司以其全部资产对其债务承担有限责任，有限责任公司股东以其认缴的出资额为限对公司承担有限责任，股份有限公司股东以其所持有的股份为限对公司承担有限责任。

（三）公司的分类

1．根据公司股东承担责任的方式不同，将公司分为有限责任公司和股份有限公司。

有限责任公司的股东以其认缴的出资额为限对公司承担责任。

股份有限公司的股东以其认购的股份为限对公司承担责任。

2．以公司的信用基础不同，将公司分为人合公司、资合公司、人合兼资合公司

人合公司，是指以股东个人的能力和信用作为信用基础的公司。公司的股东间有特殊的人身信任关系，比如无限责任公司。

资合公司，是以公司的资本规模作为信用基础的公司。公司的股东彼此承担独立、有限的责任，比如股份有限公司。

人合兼资合公司，是指在公司既依赖股东个人信用又依赖公司资本信用的公司，比如有限责任公司。

3．按照股份转让方式不同，分为封闭式公司和开放式公司

封闭式公司，是指公司股本全部由相对固定的股东拥有，股东不得公开募集公司股份并上市流通的公司，比如有限责任公司。

开放式公司，是指公司股东人数变动频繁，公司可以公开募集股份，股东可以在证券市场上公开自由转让股份的公司，比如股份有限公司中的上市公司

4．按照公司的国籍不同，分为本国公司、外国公司。

本国公司，是指依照中国法律在中国境内登记注册的公司，包括外商投资企业中的有限责任公司。

外国公司，是指依照外国法律在中国境外登记成立的公司。

5．按照公司间的控制关系，分为母公司和子公司

母公司，是指能够对其他公司进行实际控制、支配的公司。

子公司，是指母公司实际控制、支配的公司。

母公司和子公司都具有独立的法人资格，在法律地位上，母公司与子公司均是独立的企业法人，母公司可以有若干个子公司。

6．按照公司之间管理与被管理的关系，分为总公司与分公司

总公司，是指依法设立并具有企业法人资格的公司本身。

分公司，是指总公司因经营的需要而设立的不具有法人资格的分支机构。分公司的经营后果由总公司承担。

二、有限责任公司

（一）有限责任公司的设立

1．有限责任公司的设立条件

（1）股东符合法定人数。有限责任公司由50个以下股东出资设立，允许设立一人有限责任公司。除国有独资公司外，有限责任公司的股东可以是自然人，也可以是法人。此外，

没有法人资格的集体企业或者合伙企业也可以投资成为公司的股东。

（2）有符合公司章程规定的全体股东认缴的出资额。有限责任公司的注册资本为在公司登记机关登记的全体股东认缴的出资额。法律、行政法规以及国务院决定对有限责任公司注册资本实缴、注册资本最低限额另有规定的，从其规定。有限责任公司成立后，发现作为设立公司出资的非货币财产的实际价额显著低于公司章程所定价额的，应当由交付该出资的股东补足其差额；公司设立时的其他股东承担连带责任。

（3）股东共同制定公司章程。公司章程是指公司股东依法订立的，规范公司组织与行为，规定公司与股东之间、股东与股东之间权利和义务关系的书面文件。公司章程是公司最重要的法律文件，它是公司内部组织与行为的基本准则，是政府在干预社会经济活动中对公司进行管理的依据之一。

（4）有公司名称，建立符合有限责任公司要求的组织机构。有限责任公司名称应当由行政区划名称、字号（或者商号）、行业或者经营特点、组织形式四个基本要素依次构成，并应当在公司登记机关作相应登记。同时，依法确立符合一般有限责任公司要求的股东会、董事会和监事会等组织机构。

（5）有公司住所。公司以其主要办事机构所在地为住所。

2．有限责任公司的设立程序

根据《公司法》的规定，设立有限责任公司的程序为：

（1）确定股东，签订投资协议。在法律规定的股东人数限制范围内，确定股东的人数，并就设立公司事项签订有关权利义务关系的书面协议。协议应包括拟建公司的规模、股东人数、注册资本数额与各自认缴的出资额、出资时间、公司成立后的经营范围、发起人的分工以及公司设立不成时各发起人的责任分担等内容。

（2）全体股东共同制定公司章程。有限责任公司章程应当载明下列事项：①公司名称和住所；②公司经营范围；③公司注册资本；④股东的姓名或者名称；⑤股东的出资方式、出资额和出资时间；⑥公司的机构及其产生办法、职权、议事规则；⑦公司法定代表人；⑧股东会会议认为需要规定的其他事项。全体股东应当在公司章程上签名、盖章。公司章程对公司、股东、董事、监事、高级管理人员具有约束力。

（3）名称预先核准。公司必须办理名称预先核准手续，预先核准的公司名称保留期为6个月，此时公司虽未成立，但名称已享有专用权，“公司”可以该名称办理前置审批等手续，但不得用于经营活动，也不得转让。

（4）必要的行政审批。一般的有限责任公司可直接向登记机关申请设立登记注册；法律、行政法规规定必须报经有关部门审批才能设立的公司，登记前则应依法办理行政审批手续，领取行业的许可证件，如《药业生产（销售）许可证》、《食品经营许可证》等。

（5）股东应当缴纳公司章程中规定的各自认缴的出资额。股东可以用货币出资，也可以用实物、知识产权、土地使用权等可以用货币估价并可以依法转让的非货币财产作价出资。但是，法律、行政法规规定不得作为出资的财产除外。对作为出资的非货币财产应当评估作价，核实财产，不得高估或者低估作价。法律、行政法规对评估作价有规定的，从其规定。

（6）向公司登记机关申请设立登记。发起人代表或者共同委托的代理人应提交公司登记申请书、公司章程、验资证明、批准文件等资料向登记机关办理公司登记手续。登记机关对符合《公司法》规定条件的，予以登记，发给《企业法人营业执照》；对不符合规定条件的，不予登记。《企业法人营业执照》签发日期为公司成立日期。

（7）公告，签发出资证明书。公司成立后，应当在当地最有影响的报纸上至少公告三天；同时向股东签发出资证明书。出资证明书，是证明投资人已经依法履行缴付出资义务，成为有限责任公司股东的法律文件，是股东对公司享有权利、承担责任的重要凭证。出资证明书中应当载明下列事项：公司名称；公司成立日期；公司注册资本；股东的姓名或者名称、缴纳的出资额和出资日期；出资证明书的编号和核发日期。出资证明书由公司盖章后才能生效。

在设立有限责任公司的同时设立分公司的，应当就所设分公司向公司登记机关申请登记，领取营业执照。公司成立后设立分公司的，应当由公司法定代表人向登记机关申请登记，领取营业执照。

3．股东的权利与义务

股东是指向公司出资，享有股东权利和承担股东义务的出资人。股东是公司出资人特有的称谓。股东可以是自然人，也可以是法人。

（1）股东的权利

关于股东权利的规定散见于《公司法》的各个条文之中，归纳起来，主要可分为以下14个方面：①表决权。由全体股东组成的股东（大）会是公司的权力机构，股东有权在股东（大）会上按照出资比例行使表决权，出资越多，表决权越大。②股票或其他股权证明的请求权。③股份转让权。有限责任公司的股东之间可以相互转让其全部或部分出资，股东向股东以外的人转让股权，应当经其他股东过半数同意。股份有限公司的股东则可以自由转让自己所持有的股份。④股息与红利的分配请求权。股东按照实缴的出资比例分取红利。股息则是公司章程中规定的分配权。⑤股东会临时召集请求权或自行召集权。首次股东会会议由出资最多的股东召集和主持，依照本法规定行使职权。公司成立后，在特定情况下持有一定数额股份或占有出资总额一定比例的股东，也可以请求召集股东临时会议。⑥选举权和被选举权。股东有权选举和更换公司的董事、监事，由此参与重大决策权和选择管理者权；同时股东也有被选举为公司董事、监事的权利。股东选举权和被选举权行使的具体形式往往由公司章程规定。⑦对公司财务的监督检查权和对会计账簿的查阅权。⑧对公司章程、股东（大）会会议记录、董事会决议、监事会决议和财务会计报告的查阅权与复制权。股东有权查阅、复制公司章程、股东会会议记录、董事会会议决议、监事会会议决议和财务会计报告。⑨优先认股权。公司新增资本时，股东有权优先按照实缴的出资比例认缴出资。有限责任公司股东向外转让股份时，在同等条件下，公司股东有优先认购的权利。⑩剩余财产分配权。⑪权利损害救济权和股东代表诉讼权。所谓股东代表诉讼，是指当公司的合法权益受到不法侵害，公司却怠于起诉时，公司的股东以自己的名义起诉，所获赔偿归于公司的一种诉讼制度。又称为股东代位诉讼。⑫公司重整申请权。⑬对公司经营的建议与质询权。⑭公司章程规定的其他权利。

（2）股东的义务

公司股东根据出资协议、公司章程、法律、法规的规定，应当履行的义务主要包括：①缴纳出资的义务。股东应按时、足额履行交纳出资的义务；并按规定办理财产权利转移手续。②参加股东会会议的义务。参加股东会会议既是股东的权利也是股东的义务，不能亲自参加时，可委托其他股东或代理人出席股东会会议并代理行使其表决权。③依出资额或所持股份对公司债务承担有限责任的义务。④逾期缴纳出资向其他股东承担违约责任的义务。⑤公司成立后不得抽回出资的义务。⑥公司发起人（股东），在公司成立后，发现股东的实际出资款额与认缴的出资不符时，其不足部分该股东应当补足，其他股东负有连带填补的义务。⑦不干涉公司正常经营的义务。股东虽然是公司的投资者，但一般并不直接负责公司的具体业务和日常经营管理，不得干涉董事、监事、经理的正常工作。⑧不得滥用股东权利的义务。一切利用股东身份，违反《公司法》的规定，损害公司、其他股东以及第三方利益，或以合法形式掩盖非法目的的行为，都可被视为股东权利的滥用。⑨公司章程规定的其他义务。

（二）有限责任公司的组织机构

1．股东会

（1）股东会的性质和职权。有限责任公司股东会由全体股东组成，是公司的权力机关。除法律的特别规定之外，有限责任公司必须设立股东会。但股东会是非常设机关，只有召开股东会会议时，才作为公司权力机关行使职权。

股东会作为公司的权力机关，依法行使下列职权：①决定公司的经营方针和投资计划；②选举和更换非由职工代表担任的董事、监事，决定有关董事报酬的事项；③审议批准董事会报告；④审议批准监事会或者监事的报告；⑤审议批准公司的年度财务预算、决算方案；⑥审议批准公司的利润分配方案和弥补亏损方案；⑦对公司增加或减少注册资本做出决议；⑧对发行公司债券做出决议；⑨对公司合并、分立、解散、清算或变更公司形式做出决议；⑩修改公司章程；⑪公司章程规定的其他职权。对所列事项股东以书面形式一致表示同意的，可以不召开股东会会议，直接做出决定，并由全体股东在决定文件上签名、盖章。

（2）股东会会议的种类。股东会会议分为定期会议和临时会议两种。定期会议的召开由公司章程确定，一般一年至少召开一次。临时会议则需要代表 1/10 以上表决权的股东、1/3 以上的董事、监事会或者不设监事会的公司的监事提议，方可召开。

（3）股东会的召集和主持。首次股东会会议由出资最多的股东召集和主持。成立董事会后，股东会会议由董事会召集、董事长主持。董事长不能或者不履行职务的，由副董事长主持；副董事长不能或者不履行职务的，由半数以上董事共同推举一名董事主持。不设董事会的有限责任公司，股东会会议由执行董事召集和主持。董事会或者执行董事不能或者不履行召集股东会会议职责的，由监事会或者不设监事会的公司的执行监事召集和主持；监事会或者监事不召集和主持的，代表 1/10 以上表决权的股东可以自行召集和主持。

召开股东会议，应当于会议召开 15 日以前通知全体股东。但是，公司章程另有规定或者全体股东另有约定的除外。

（4）股东会的表决和决议。股东会会议由股东按照出资比例行使表决权，但《公司法》或公司章程对表决方式另有规定的，从其规定。普通决议事项须经代表 1/2 以上表决权的股东通过。股东会会议做出的修改公司章程、增加或者减少注册资本的决议，以及公司合并、分立、解散或者变更公司形式的决议，必须经代表 2/3 以上表决权的股东通过。股东会决议，一般应采取书面形式，并对所议事项的决定做成会议记录，出席会议的股东应当在会议记录上签名。

2．董事会

（1）董事会的性质和组成。董事会是有限责任公司的业务执行机关，负责日常经营的决策和具体业务的执行。

有限责任公司董事会的成员为3～13人，设董事长1人，可以设副董事长，董事长和副董事长的产生办法由公司章程决定。股东人数较少或者规模较小的有限责任公司，可以不设立董事会，只设1名执行董事。

董事的任期由公司章程规定，但每届不得超过3年，任期届满连选可以连任。董事任职期间，股东会不得无故解除其职务。

（2）董事会的职权。《公司法》第47条规定，董事会对股东会负责，依法行使下列职权：①召集股东会会议，并向股东会报告工作；②执行股东会的决议；③决定公司的经营计划和投资方案；④制定公司的年度财务预算方案、决算方案；⑤制定公司的利润分配方案和弥补亏损方案；⑥制定公司增加或者减少注册资本以及发行公司债券的方案；⑦制定公司合并、分立、变更公司形式、解散的方案；⑧决定公司内部管理机构的设置；⑨决定聘任或者解聘公司经理及其报酬事项，并根据经理的提名决定聘任或者解聘公司副经理、财务负责人及其报酬事项；⑩制定公司的基本管理制度；⑪公司章程规定的其他职权。执行董事的职权由公司章程规定。

（3）董事会的召开。董事会会议由董事长召集和主持；董事长不能履行职务或者不履行职务的，由副董事长召集和主持；副董事长不能履行职务或者不履行职务的，由半数以上的董事共同推举一名董事召集和主持。该规则同样适用于股份有限公司。

（4）董事会的议事方式和表决程序。董事会的议事方式和表决程序，除《公司法》有规定的外，由公司章程规定。董事会决议的表决，实行一人一票。董事会应当对所议事项的决定做成会议记录，出席会议的董事应当在会议记录上签名。

3．公司经理

有限责任公司可以设经理。经理是负责公司日常经营管理工作的高级管理人员，由董事会聘任或者解聘，对董事会负责。

公司经理行使下列职权：①主持公司的生产经营管理工作，组织实施董事会决议；②组织实施公司年度经营计划和投资方案；③拟订公司内部管理机构设置方案；④拟订公司的基本管理制度；⑤制定公司的具体规章；⑥提请聘任或者解聘公司副经理、财务负责人；⑦决定聘任或者解聘除应由董事会决定聘任或者解聘以外的负责管理人员；⑧董事会授予的其他职权。公司章程对经理职权另有规定的，从其规定。公司经理列席董事会会议。

4．监事会

（1）监事会的性质、组成及任期。监事会是有限责任公司的内部监督机构，监事会对股东会负责，并向其报告工作。

有限责任公司设立监事会，其成员不得少于3人；股东人数较少或者规模较小的有限责任公司，可以只设1～2名监事，不设立监事会。

监事会应当由股东代表和适当比例的公司职工代表组成，其中职工代表的比例不得少于1/3，具体比例由公司章程规定。监事会中的职工代表由公司职工通过职工代表大会、职工大会或者其他民主形式选举产生。董事、高级管理人员不得兼任监事。

监事会设主席1人，由全体监事过半数选举产生。监事会主席召集和主持监事会会议；

监事会主席不能或者不履行职务的，由半数以上的监事共同推举 1 名监事召集和主持监事会会议。

监事的任期是法定的，每届为 3 年，任期届满，连选可以连任。监事任期届满未及时改选，或者监事在任期内辞职导致监事会成员低于法定人数的，在改选出的监事就任前，原监事仍应当依照法律、行政法规和公司章程的规定，履行监事职务。

（2）监事会的职权。监事会、不设监事会的公司的执行监事行使下列职权：①检查公司财务；②对董事、高级管理人员执行公司职务的行为进行监督，对违反法律、行政法规、公司章程或者股东会决议的董事、高级管理人员提出罢免的建议；③当董事、高级管理人员的行为损害公司的利益时，要求董事、高级管理人员予以纠正；④提议召开临时股东会会议，在董事会不履行本法规定的召集和主持股东会会议职责时召集和主持股东会会议；⑤向股东会会议提出提案；⑥依照《公司法》第 152 条的规定，对董事、高级管理人员提起诉讼；⑦公司章程规定的其他职权。监事可以列席董事会会议，并对董事会决议事项提出质询或者建议。监事会、不设监事会的公司的监事行使职权所必需的费用，由公司承担。

监事会、不设监事会的公司的执行监事发现公司经营情况异常，可以进行调查；必要时，可以聘请会计师事务所等协助其工作，费用也由公司承担。

（3）监事会的召开和决议。监事会会议每年至少召开 1 次，监事可以提议召开临时监事会会议。监事会的议事方式和表决程序，除《公司法》有规定外，由公司章程规定。监事会决议应当经半数以上的监事通过。监事会应当对所议事项的决定做成会议记录，出席会议的监事应当在会议记录上签名。

（三）有限责任公司的股权转让

1．有限责任公司股权转让的条件

我国《公司法》第 72 条规定：“有限责任公司的股东之间可以相互转让其全部或者部分股权。股东向股东以外的人转让股权，应当经其他股东过半数同意。”

由于有限责任公司兼具人合和资合的因素，因而对有限责任公司来说，内部转让不涉及公司与股东以外的第三人的利益，股东之间的相互信任关系也没有发生变化，而向外转让会吸收新股东而影响股东之间的信任基础。因此，法律对内部转让限制较松，而对外部转让限制则较为严格。

2．股权转让的程序

根据《公司法》的规定，股东向股东以外的人转让股权，应当就其股权转让事项书面通知其他股东征求意见，其他股东自接到书面通知之日起满 30 日未答复的，视为同意转让。其他股东半数以上不同意转让的，不同意的股东应当购买该转让的股权；不购买的，视为同意转让。

3．股东的优先购买权

经股东同意转让的股权，在同等条件下，其他股东有优先购买权。2 个以上股东主张行使优先购买权的，协商确定各自的购买比例；协商不成的，按照转让时各自的出资比例行使优先购买权。公司章程对股权转让另有规定的，从其规定。

4．特殊情况下的股权转让问题

人民法院依照法律规定强制执行程序转让股东的股权时，应当通知公司及全体股东；其他股东在同等条件下有优先购买权。其他股东自人民法院通知之日起满 20 日不行使优先购买权的，视为放弃优先购买权。自然人股东死亡后，其合法继承人可以继承股东资格，但公司章程另有规定的除外。

《公司法》规定，股东转让股权后，公司应当注销原股东的出资证明书，向新股东签发出资证明书，并相应修改公司章程和股东名册中有关股东及其出资额的记载。对公司章程的该项修改不需再由股东会表决。

（四）一人有限责任公司

1．一人有限责任公司的概念和特征

一人有限责任公司，是指只有一个自然人股东或者一个法人股东的有限责任公司。它具有如下法律特征：

（1）股东为一人，可以是自然人，也可以是法人。这是其与一般有限责任公司的重要区别，一般的有限责任公司的股东必须在 2 人以上；这也是其与个人独资企业的不同，个人独资企业的投资人只能是自然人。

（2）股东对公司债务承担有限责任。一人有限责任公司本质上是企业法人。因此，股东仅以其出资额为限对公司承担责任，公司则以其全部资产对公司债务承担责任。公司资产不足以清偿其债务时，股东也不负连带责任，这是其与个人独资企业的根本区别。

（3）组织机构的简化。由于只有一个股东，一人有限责任公司不但可以不设董事会、监事会，也不需要设置股东会。显然，这是组织机构最简单的公司形式。

2．一人有限责任公司的特别规定

为了发挥一人有限责任公司存在的有利方面，防止其可能产生的种种弊端，《公司法》在允许设立一人有限责任公司的同时，设立了一系列的防范性规定：

（1）严格的投资控制规定。一个自然人只能投资设立一个一人有限责任公司。该一人有限责任公司不能投资设立新的一人有限责任公司。但法人投资设立的一人有限责任公司，则不受此限制。

（2）公司管理和组织机构的规定。公司章程由股东制定。一人有限责任公司不设股东会，决定公司经营方针和投资计划时，应当采用书面形式，并由股东签名后置备于公司。

（3）投资主体公示的规定。一人有限责任公司应当在公司登记中注明自然人独资或者法人独资，并在公司营业执照中载明，予以公示。

（4）严格的财务会计审计规定。一人有限责任公司应当在每一个会计年度终了时编制财务会计报告，并经依法设立的会计师事务所审计。

（5）债务承担证明的规定。一人有限责任公司发生债务纠纷时，即当公司股东不能证明公司财产独立于股东自己的财产的，使公司财产与股东个人财产混同，进而发生公司法人人格与股东个人人格的混同时，股东必须对公司债务承担连带责任，公司债权人可以将公司和公司股东作为共同债务人追索。

一人有限责任公司的设立程序与一般有限责任公司的设立程序基本相同。

（五）国有独资公司

1．国有独资公司的概念与特征

国有独资公司，是指国家单独出资、由国务院或者地方人民政府授权本级人民政府国有资产监督管理机构履行出资人职责的有限责任公司。国有独资公司主要有以下法律特征：

（1）国有独资公司为有限责任公司，适用有限责任公司的一般原则。

（2）国家是公司的唯一股东。国有独资公司的全部财产都属于国家所有。这是国有独资公司与其他有限责任公司的最根本区别。

（3）国有资产监督管理机构履行出资人职责，代行股东权利。无论是国务院还是地方人民政府的投资，都是授权给本级政府的国有资产监督管理机构履行出资人职责，同时代行股东的权利。

（4）国有独资公司章程由国有资产监督管理机构制定，或者由董事会制定报国有资产监督管理机构批准。

2．国有独资公司的组织机构

（1）国有独资公司的权力机关。国有独资公司不设股东会，由国有资产监督管理机构以唯一股东的身份行使股东会职权。国有资产监督管理机构可以授权公司董事会行使股东会的部分职权，决定公司的重大事项。但公司的合并、分立、解散、增减资本和发行公司债券，必须由国有资产监督管理机构决定；其中，重要的国有独资公司合并、分立、解散、申请破产的，应当由国有资产监督管理机构审核后，报本级人民政府批准。

（2）国有独资公司的董事会。国有独资公司设立董事会，在国有资产监督管理机构的授权范围内行使公司股东会的部分职权，同时依法执行有限责任公司董事会的职权。

董事会成员有：国有资产监督管理机构委派的人员；公司职工代表大会民主选举产生的职工代表。董事会设董事长 1 人，可以设副董事长。董事长、副董事长由国有资产监督管理机构从董事会成员中指定。董事每届任期不得超过 3 年。

（3）国有独资公司的经理。国有独资公司设经理，由董事会聘任或者解聘。经国有资产监督管理机构同意，董事会成员可以兼任经理。经理的职权与一般有限责任公司经理的职权基本相同。经理列席董事会会议。

（4）国有独资公司的监事会。国有独资公司设监事会，作为公司的监督机关。国有独资公司监事会成员不得少于 5 人，其中职工代表比例不得少于 1/3，具体比例由公司章程规定。监事会成员由国有资产监督管理机构委派；但监事会成员中的职工代表由公司职工代表大会或职工大会选举产生。监事会主席由国有资产监督管理机构从监事会成员中指定。监事列席董事会会议。董事、高级管理人员及财务负责人不得担任监事。

国有独资公司的董事长、副董事长、董事、高级管理人员，未经国有资产监督管理机构同意，不得在其他有限责任公司、股份有限公司或者其他经济组织兼职。

国有独资公司监事会行使《公司法》第 54 条第（1）项至第（3）项规定的职权和国务院规定的其他职权。

国有独资公司的设立程序与一般有限责任公司的设立程序基本相同。

三、股份有限公司

（一）股份有限公司的设立

1．股份有限公司的设立方式

股份有限公司的设立方式有发起设立和募集设立两种。

发起设立，是指由发起人认购公司应发行的全部股份而设立公司。其注册资本为在公司登记机关登记的全体发起人认购的股本总额。在注册资本缴足前，不得向他人募集股份。

募集设立，是指由发起人认购公司应发行股份的一部分，其余部分向社会公开募集或者向特定对象募集而设立公司。其中，发起人认购的股份不得少于公司股份总数的 35%。公司的注册资本为在公司登记的实收股本总额。股份有限公司发起人或认购者的出资方式与有限责任公司的出资方式相同。

设立股份有限公司采用何种方式，除法律另有规定的，由发起人自行选择。

2．股份有限公司的设立条件

（1）发起人符合法定人数。设立股份有限公司，应当有 2 人以上 200 人以下为发起人，其中须有半数以上的发起人在中国境内有住所。发起人可以是自然人，也可以是法人。

（2）有符合公司章程规定的全体发起人认购的股本总额或者募集的实收股本总额。股份有限公司采取发起设立方式设立的，注册资本为在公司登记机关登记的全体发起人认购的股本总额。在发起人认购的股份缴足前，不得向他人募集股份。股份有限公司采取募集方式设立的，注册资本为在公司登记机关登记的实收股本总额。法律、行政法规以及国务院决定对股份有限公司注册资本实缴、注册资本最低限额另有规定的，从其规定。

（3）股份发行、筹办事项符合法律规定。

（4）发起人制定公司章程，采用募集方式设立的经创立大会通过。

（5）有公司名称。建立符合股份有限公司要求的组织机构。

（6）有公司住所。公司以其主要办事机构所在地为住所。

3．股份有限公司的设立程序

股份有限公司的设立程序主要包括：

（1）发起人订立协议。发起人为 2 人以上 200 人以下，其中须有半数以上的发起人在中国境内有住所。发起人承担公司筹办事务。发起人应当订立发起人协议，明确各自在公司设立过程中的权利和义务。

（2）发起人共同制定公司章程。公司章程应载明下列事项：公司名称和住所；公司经营范围；公司设立方式；公司股份总数。每股金额和注册资本；发起人的姓名或者名称、认购的股份数、出资方式和出资时间；董事会的组成、职权、任期和议事规则；公司法定代表；监事会的组成、职权、任期和议事规则；公司利润分配办法；公司的解散事由与清算办法；公司的通知和公告办法；股东大会会议认为需要规定的其他事项。采用募集设立方式设立公司的，其公司章程应当经公司创立大会通过。

（3）认购股份和缴纳股款。以发起设立方式设立股份有限公司的，发起人应当书面认足公司章程规定其认购的股份，并按照公司章程规定缴纳出资。以非货币财产出资的，应当依法办理其财产权的转移手续。发起人不依照前款规定缴纳出资的，应当按照发起人协议承担违约责任。

募集设立中，首先由发起人认购不少于公司股份总数 35%的股份；募股申请经国务院证券管理部门批准后，向社会公告招股说明书，并制作认股书；因发起人依法不能自行销售股份和收取股款，募集股份时应当与依法设立的证券公司签订承销协议，并与银行签订代收股款的协议；认股人在填写认股书后，应依认股书中所认购的股份数及金额向代收股款的银行缴纳股款。

（4）依法验资。即发起设立的发起人的全部出资或首次出资缴纳后，或者募集设立的应发行股份的股款募足后，应当委托依法设定的验资机构对发起人或认购人以非货币出资的实物、知识产权等进行验资，领取相应的验资证明。发起人、认股人缴纳股款或者交付抵作股款的出资后，除未按期募足股份、发起人未按期召开创立大会或者创立大会决议不设立公司的情形外，不得抽回其出资。

（5）建立公司的组织机构。发起设立的股份有限公司，应当由出资最多的股东主持首次股东大会，选举公司董事会和监事会，并由董事会和监事会的组成人员选举董事长和副董事长以及监事会主席、副主席。

募集设立的股份有限公司，应当在发行股份的股款缴足后30日内，主持召开创立大会，创立大会由发起人、认股人组成。发起人应当在创立大会召开15日前将会议日期通知各认股人或者予以公告。创立大会应有代表股份总数过半数的发起人、认股人出席，方可举行。创立大会的职权包括：审议发起人关于公司筹办情况的报告；通过公司章程；选举董事会成员；选举监事会成员；对公司的设立费用进行审核；对发起人用于抵作股款的财产的作价进行审核；发生不可抗力或者经营条件发生重大变化直接影响公司设立的，可以做出不设立公司的决议。创立大会对上述事项做出决议，必须经出席会议的认股人所持表决权过半数通过。

（6）申请设立登记。在前几项筹办公司事务完成后，不论采用发起设立还是募集设立方式的发起人，都应由选举产生的董事会向公司登记机关报送下列文件：公司登记申请书；公司章程；验资证明；法定代表人、董事、监事的任职文件及其身份证明；发起人的法人资格证明或者自然人身份证明；公司住所证明；股东大会或者创立大会的会议记录；以及经国务院证券监督管理机构核准的公开募集股份的申请书等文件，申请设立登记。

公司登记机关自接到设立登记申请之日起30日内应当做出是否予以登记的决定。对符合《公司法》规定条件的，予以登记；对不符合《公司法》规定条件的，不予登记。

（7）依法进行登记，颁发营业执照。根据《公司登记管理条例》的规定，股份有限公司设立的登记，在依次经过受理、审查、核准的法定环节后，公司登记机关应当自核准登记之日起15日内通知申请人，由申请人领取《企业法人营业执照》及其副本，并在之后的30日内依法向税务机关申请纳税登记，领取《企业法人税务登记证》。

在设立股份有限公司的同时设立分公司的，应当就所设分公司向公司登记机关申请登记，领取营业执照。公司成立后设立分公司的，应当由公司法定代表人向登记机关申请登记，领取营业执照。

公司成立后，发起人未按照公司章程的规定缴足出资的，应当补缴；其他发起人承担连带责任。公司成立后，发现作为设立公司出资的非货币财产的实际价额显著低于公司章程所定价额的，应当由缴付该投资的发起人补足其差额；其他发起人承担连带责任。

（8）公告备案并交付股票。股份有限公司应当在领取了《企业法人营业执照》后的30日内发布公告，公告的内容应当与公司登记机关核准登记的内容一致。采取募集设立方式的，公司成立后还应当将募集股份情况报公开募股的批准机关——国务院证券管理部门备案。股份有限公司成立后，即向股东正式交付股票。公司成立前，不得向股东交付股票。公司成立前发起人或认股人认购股份时，只能向其给予相应的收款凭证，待公司成立后，则以此凭证换取股票。

4．发起人应承担的责任

股份有限公司的发起人应当承担下列责任：①公司不能成立时，对设立行为所产生的债务和各种费用负连带责任；②公司不能成立时，对认股人已缴纳的股款，负返还股款并加算银行同期存款利息的连带责任；③在公司设立过程中，由于发起人的过失致使公司利益受到损害的，应当对公司承担赔偿责任。

5．有限责任公司变更为股份有限公司的法律规定

有限责任公司变更为股份有限公司，应当符合《公司法》规定的股份有限公司的条件，并依照《公司法》有关设立股份有限公司的程序办理。

有限责任公司变更为股份有限公司时，折合的实收股本总额不得高于公司净资产额（净资产=总资产－总负债－资产自然损耗）。有限责任公司依法经批准变更为股份有限公司，为增加资本公开发行股份时，应当依照《公司法》有关向社会公开募集股份的规定办理。

（二）股份有限公司的组织机构

1．股东大会

（1）股东大会的性质、组成和职权。股东大会是股份有限公司的最高权力机构，由全体股东组成，股份有限公司必须设立这一机关。股东大会的职权与有限责任公司股东会的职权基本相同（具体职权内容参见《公司法》第38条第1款规定的有限责任公司股东会职权）。

（2）股东大会的召开。股东大会分为年会和临时会议两种。股东大会应当每年召开一次年会，通常在会计年度终了后的6个月之内召开。如果出现了下列情形，应当在2个月内召开临时股东大会：①董事人数不足《公司法》规定的人数或者公司章程所定人数的2/3时；②公司未弥补的亏损达实收股本总额的1/3时；③单独或者合计持有公司10%以上股份的股东请求时；④董事会认为必要时；⑤监事会提议召开时；⑥公司章程规定的其他情形。

股东大会会议由董事会召集，董事长主持；董事长不能履行职务或者不履行职务的，由副董事长主持；副董事长不能履行职务或者不履行职务的，由半数以上董事共同推举一名董事主持。

董事会不能履行或者不履行召集股东大会会议职责的，监事会应当及时召集和主持；监事会不召集和主持的，连续90日以上单独或者合计持有公司10%以上股份的股东可以自行召集和主持。

召开股东大会会议，应当将会议召开的时间、地点和审议的事项于会议召开20日前通知各股东；发行无记名股票的，应当于会议召开30日前公告会议召开的时间、地点和审议事项。单独或者合计持有公司3%以上股份的股东，可以在股东大会召开10日前提出临时提案并书面提交董事会；董事会应当在收到提案后2日通知其他股东，并将该提案提交股东大会审议。临时提案的内容应当属于股东大会职权范围，并有明确议题和具体决议事项。股东大会不得对前两款通知中未列明的事项做出决议。

无记名股票持有人出席股东大会会议的，应当于会议召开5日前至股东大会闭会时将股票交存于公司，否则不得出席会议。

（3）股东大会的决议。股东大会决议的事项分为普通事项与特别事项两类。股东大会对普通事项做出决议，必须经出席会议的股东所持表决权过半数通过。但是，股东大会对修改公司章程、增加或者减少注册资本的决议，以及公司合并、分立、解散或者变更公司形式的特别事项做出决议，必须经出席会议的股东所持表决权的2/3以上通过。

《公司法》和公司章程规定公司转让、受让重大资产或者对外提供担保等事项必须经股

东大会做出决议的，董事会应当及时召集股东大会会议，由股东大会就上述事项进行表决。

股东大会应当对所议事项的决定做成会议记录，主持人、出席会议的董事应当在会议记录上签名。会议记录应当与出席股东的签名册及代理出席的委托书一并保存。

（4）股东大会的决议方式。股东出席股东大会会议，所持每一股份有一表决权。股东可以委托代理人出席股东大会会议，代理人应当向公司提交股东授权委托书，并在授权范围内行使表决权。公司持有的本公司股份没有表决权。

股东大会选举董事、监事，可以根据公司章程的规定或者股东大会的决议，实行累积投票制。所谓“累积投票制，是指股东大会选举董事或者监事时，每一股份拥有与应选董事或者监事人数相同的表决权，股东拥有的表决权可以集中使用”。（《公司法》第106条）依照累积投票制，每一股份拥有与可当选人数相等的投票权，每个股东手里的投票权等于他所持有的股份数与待选人数之积，股东可以集中选举一人，也可以分别选举数人，最终按照得票多少依次确定当选人。

2．董事会

（1）董事会的性质和组成。董事会是股份有限公司必设的业务执行和经营意思决定机关，对股东大会负责。

股份有限公司董事会的成员为5～19人。发起设立的公司，董事由发起人选举产生；募集设立的公司，董事由创立大会选举产生；公司成立后，董事由股东大会选举产生。

董事会设董事长1人，可以设副董事长。董事长和副董事长由董事会以全体董事的过半数选举产生。董事长为公司的法定代表人，召集和主持董事会会议，检查董事会决议的实施情况。副董事长协助董事长工作，董事长不能履行职务或者不履行职务的，由副董事长履行职务；副董事长不能履行职务或者不履行职务的，由半数以上董事共同推举1名董事履行职务。

董事的任期由公司章程规定，但每届不得超过3年，任期届满连选可以连任。董事任职期间，股东会不得无故解除其职务。

（2）董事会的职权。根据《公司法》的规定，有限责任公司董事会职权的规定，适用于股份有限公司。此外，董事会还要负责申请设立登记；申办新股发行的手续；备置公司章程、股东名册、财务会计报告等供股东查阅。

（3）董事会议的召开和决议。股份有限公司的董事会会议分为定期会议和临时会议两种。定期会议每年度至少召开2次，每次应当于会议召开10日以前通知全体董事和监事。临时会议，由代表1/10以上表决权的股东、1/3以上董事或者监事会提议召开。董事长应当自接到提议后10日内，召集和主持董事会会议。召开临时会议的通知方式和通知时限，可由公司章程做出规定。

股份有限公司的董事会会议应由1/2以上的董事出席方可举行。董事会会议，应由董事本人出席；董事因故不能出席，可以书面委托其他董事代为出席，委托书中应载明授权范围。

董事会决议的表决，实行一人一票。董事会做出决议，必须经出席会议全体董事过半数通过。

董事会应当对所议事项的决定做成会议记录，出席会议的董事和记录员应当在会议记录上签名。董事应对董事会决议承担责任。董事会的决议违反法律、行政法规或者公司章程，致使公司遭受严重损失的，参与决议的董事对公司负赔偿责任。但经证明在表决时曾表明异议并记载于会议记录的，该董事可以免除责任。

3．公司经理

《公司法》第 113 条规定，股份有限公司设经理，由董事会决定聘任或者解聘，对董事会负责。作为负责管理股份有限公司的高级管理人员，公司经理的职权与有限责任公司经理相同。即依照《公司法》第 49 条的规定，依法行使主持公司的生产经营管理工作，组织实施董事会决议等 8 项职权，并列席董事会会议。公司董事会可以决定由董事会成员兼任经理。

4．监事会

监事会是股份有限公司必设的监督机构，负责监督公司的财务及业务执行情况。《公司法》第 117 条规定，股份有限公司设立监事会，其成员不得少于 3 人。监事会应当包括股东代表和适当比例的公司职工代表，其中职工代表的比例不得低于 1/3，具体比例由公司章程规定。监事会中的职工代表由公司职工通过职工代表大会、职工大会或者其他形式民主选举产生。董事、高级管理人员不得兼任监事。

监事会设主席 1 人，可以设副主席。监事会主席和副主席由全体监事过半数选举产生。监事会主席召集和主持监事会会议；监事会主席不能履行职务或者不履行职务的，由监事会副主席召集和主持监事会会议；监事会副主席不能履行职务或者不履行职务的，由半数以上监事共同推举 1 名监事召集和主持监事会会议。

股份有限公司的监事的任期、监事会的职权与有限责任公司相同。监事会行使职权所必需的费用，由公司承担。

监事会每 6 个月至少召开一次会议。监事可以提议召开临时监事会会议。监事会的议事方式和表决程序，除《公司法》另有规定外，由公司章程规定。监事会决议应当经半数以上监事通过。监事会应当对所议事项的决定做成会议记录，出席会议的监事应当在会议记录上签名。

（三）股份发行与转让

1．股份与股票

股份，是指按等额划分的、构成股份有限公司的资本，代表股东的地位和权益，而以股票为表现形式的最小金额单位。与有限责任公司股东出资相比较，股份有限公司的股份具有以下特征：①股份具有平等性。股份所代表的资本金额一律平等，每一股份代表一个独立存在的股东权。股东权的大小与持有股份数的多少呈同一比例，同类股份代表同质同量的股东权。同股同权，同股同利。②股份具有不可分性。股份作为公司资本的最小金额单位，依法不可以再分，但一个股份却可以为数人共有。共有人对股份利益的分享，不是对股份本身的分割。③股份具有证券性。股份有限公司的股份以股票为表现形式，而股票则是一种有价证券，因此股份就具有证券性。④股份具有可转让性。除法律对特定股份的转让有限制外，股份可以通过股票交易进行转让和流通，股票上市之后，股份则可以在股票交易所通过卖出股票，使投资者获得现金。

股票是公司签发的证明股东所持股份的凭证。股份公司的股票既可以采用纸面形式，也可以采用国务院证券监督管理部门规定的其他形式。在我国，目前无纸化股票已经基本上取代了纸面形式的股票。所谓无纸化股票，是一种以电子计算机储存的有关信息替代纸面形式的股票，通过证券交易所的联网电脑进行股权交易的无形凭证。

股票应当载明的主要事项包括：公司名称；公司登记成立的日期；股票种类、票面金额及代表的股份数；股票的编号。股票由法定代表人签名，公司盖章。发起人的股票，应当标明发起人股票字样。

2．股份的发行

（1）股份发行原则。我国《公司法》第126条规定，股份发行实行公平、公正的原则。具体应该做到：①信息公开。即公司向社会公开募集股份时，应就有关股份发行的信息依法公开披露。②同股同价。同次发行的股份，每股的发行条件和价格应当相同。③同股同权。发行同种股份，股东所享有的权益相同。

（2）股份发行的方式。根据股份发行的阶段不同，可分为设立发行和新股发行。①设立发行。设立发行是指为了设立新的股份有限公司而发行股票。发起设立的公司，由发起人一次全部认购发行的股份，不向外公开招募股票。募集设立的公司则是先由发起人认购发行股份的一部分，其余部分向社会招募，由社会公众自愿认购。不论是发起设立还是募集设立，在股份有限公司登记成立之前，不得向股东交付股票，只有在公司成立后，才能向股东正式交付股票。②新股发行。新股发行是指已设立的股份有限公司为增加资本而发行股票。公司发行新股，股东大会应当对下列事项做出决议：新股种类及数额；新股发行价格；新股发行的起止日期；向原有股东发行新股的种类及数额。公司经国务院证券监督管理机构核准公开发行新股时，必须公告新股招股说明书和财务会计报告，并制作认股书。公司可以根据其经营情况和财务状况，确定发行新股的作价方案。公司发行新股募足后，必须向公司登记机关办理变更登记，并公告。

3．股份的转让

（1）股份转让的概念。股份转让是指股份有限公司的股东依照法定条件和程序把自己的股份让与他人，使他人取得该股份的法律行为。

（2）股份转让的场所。根据《公司法》的规定，股东转让其股份，应当在依法设立的证券交易所进行或者按照国务院规定的其他方式进行。上市公司的股票，依照有关法律、行政法规及证券交易所规则上市交易。

（3）股份转让的方式。《公司法》第139条规定：“记名股票，由股东以背书方式或者法律、行政法规规定的其他方式转让；转让后由公司将受让人的姓名或者名称及住所记载于股东名册。股东大会召开前20日内或者公司决定分配股利的基准日前5日内，不得进行记名股票转让后股东名册的变更登记。但是，法律对上市公司股东名册变更登记另有规定的，从其规定。”《公司法》第140条规定：“无记名股票的转让，由股东将该股票交付给受让人后即发生转让的效力。”

（4）股份转让的原则与限制。股份有限公司的股份以自由转让为原则，以法律限制为例外。《公司法》规定，对发起人持有的本公司股份，自公司成立之日起1年内不得转让。公司公开发行股份前已发行的股份，自公司股票在证券交易所上市交易之日起1年内不得转让。

公司董事、监事和高级管理人员应当向公司申报所持有的本公司的股份及其变动情况，在任职期间每年转让的股份不得超过其所持有本公司股份总数的25%；所持本公司股份自公司股票上市交易之日起1年内不得转让。上述人员离职后半年内，不得转让其所持有的本公司股份。公司章程可以对公司董事、监事和高级管理人员转让其所持有的本公司股份做出其他限制性规定。

公司收购本公司股票的规定。《公司法》第142条第1款规定：公司不得收购本公司股份。但是，有下列情形之一的除外：一是减少公司注册资本；二是与持有本公司股份的其他公司合并；三是将股份奖励给本公司职工；四是股东因对股东大会做出的公司合并、分立决议持异议，要求公司收购其股份的。

公司因前三种情形的原因收购本公司股份的，应当经股东大会决议。公司依照规定收购本公司股份后，属于第一种情形的，应当自收购之日起10日内注销；属于第二种或第三种情形的，应当在6个月内转让或者注销。公司依照第三种情形收购的本公司股份，不得超过本公司已发行股份总额的5%；用于收购的资金应当从公司的税后利润中支出；所收购的股份应当在1年内转让给职工。公司不得接受本公司的股票作为质押权的标的。

（5）记名股票的失效和补发。记名股票被盗、遗失或者灭失，股东可以依照《民事诉讼法》规定的公示催告程序，请求法院宣告该股票失效。法院宣告该股票失效后，股东可以向公司申请补发股票。

（四）上市公司

上市公司，是指所发行的股票经国务院或者国务院授权证券管理部门批准在证券交易所上市交易的股份有限公司。

1．上市公司组织机构的特别规定

（1）上市公司在1年内购买、出售重大资产或者担保金额超过公司资产总额30%的，应当由股东大会做出决议，并经出席会议的股东所持表决权的2/3以上通过。

（2）上市公司设立独立董事。

（3）上市公司设董事会秘书，负责公司股东大会和董事会会议的筹备、文件保管以及公司股东资料的管理，办理信息披露事务等事宜。

（4）上市公司董事与董事会会议决议事项所涉及的企业有关联关系的，不得对该项决议行使表决权，也不得代理其他董事行使表决权。该董事会会议的出席与表决均以无关联关系董事的人数为基数。出席董事会的无关联关系董事不足3人的，应将该事项提交上市公司股东大会审议。所谓关联关系，是指公司控股股东、实际控制人、董事、监事和高级管理人员与其直接或者间接控制的企业之间的关系，以及可能导致公司利益转移的其他关系。但是，国家控股的企业之间不仅仅因为同受国家控股而具有关联关系。所谓控股股东，是指其出资额占有限责任公司资本总额50%以上或者其持有的股份占股份有限公司股本总额50%以上的股东；出资额或者持有股份的比例虽然不足50%，但依其出资额或者持有的股份所享有的表决权已足以对股东会、股东大会的决议产生重大影响的股东。所谓实际控制人，是指虽不是公司的股东，但通过投资关系、协议或者其他安排，能够实际支配公司行为的人。

2．独立董事制度

（1）独立董事概述。上市公司独立董事是指不在公司担任除董事外的其他职务，并与其所受聘的上市公司及其主要股东不存在可能妨碍其进行独立客观判断的关系的董事。

独立董事应当按照相关法律、法规、证监会于2001年颁布的《关于在上市公司建立独立董事制度的指导意见》（以下简称《指导意见》）以及公司章程的要求，诚信、勤勉、独立的履行职责，维护公司整体利益，尤其要关注中小股东的合法权益不受侵害。

独立董事原则上最多在5家上市公司任职，并确保有足够的时间和精力有效地履行独立董事的职责。上市公司董事会中至少包括 1/3 的独立董事，其中至少包括 1 名会计专业人士（具有相关高级职称或注册会计师资格）。《指导意见》对独立董事的任职资格做出了具体规定。

（2）独立董事的职权。独立董事除了行使公司董事的一般职权外，还被赋予以下特别职权：①重大关联交易（指公司拟与关联人达成的总额高于 300 万元或高于公司最近经审计净资产值的 5%的关联交易）应由独立董事认可后，提交董事会讨论；独立董事做出判断前，可以聘请中介机构出具独立财务顾问报告，作为其判断的依据；②向董事会提议聘用或解聘会计师事务所；③向董事会提请召开临时股东大会；④提议召开董事会；⑤独立聘请外部审计机构和咨询机构；⑥可以在股东大会召开前公开向股东征集投票权。

除上述职权外，独立董事还应当对提名或任免董事，聘任或解聘高级管理人员，董事和高级管理人员的薪酬等事项发表独立意见。

四、公司的董事、监事和高级管理人员

（一）公司董事、监事和高级管理人员的资格

公司董事，是指有限责任公司、股份有限公司董事会的全体董事或执行董事。公司监事，是指公司监事会的全体成员或者不设监事会的有限责任公司的监事。公司高级管理人员，是指公司的经理、副经理、财务负责人、上市公司董事会秘书和公司章程规定的其他人员。

根据《公司法》的规定，有下列情形之一的，不得担任公司的董事、监事和高级管理人员：

（1）无民事行为能力或者限制民事行为能力。

（2）因犯有贪污、贿赂、侵占财产、挪用财产罪或者破坏社会经济秩序罪，被判处刑罚，执行期满未逾 5 年，或者因犯罪被剥夺政治权利，执行期满未逾 5 年。

（3）担任破产清算的公司、企业的董事或者厂长、经理，并对该公司、企业的破产负有个人责任的，自该公司、企业破产清算完结之日起未逾 3 年。

（4）担任因违法被吊销营业执照、责令关闭的公司、企业的法定代表人，并负有个人责任的，自该公司、企业被吊销营业执照之日起未逾 3 年。

（5）个人所负数额较大的债务到期未清偿。

公司违反上述规定委派、选举董事、监事或者聘任高级管理人员，则该委派行为、选举行为和聘任行为无效；董事和监事和高级管理人员如果在任职期间出现上述情形，公司应当解除其职务。

（二）董事、监事和高级管理人员的义务

（1）董事、监事和高级管理人员的共同义务有：①遵守法律、行政法规，遵守公司章程，忠实履行职务，维护公司利益；②不得利用在公司的地位和职权为自己谋取私利；③不得利用职权收受贿赂或其他违法收入；④不得侵占公司的财产；⑤不得泄露公司的秘密。

（2）董事、高级管理人员的特定性义务：由于董事、高级管理人员负责公司的经营决策和日常管理，其行为直接关系公司和股东利益，所以法律对他们有更多特定的要求，禁止他们为下列行为：①挪用公司资金；②将公司资金以其个人名义或者以其他个人名义开立账户存储；③违反公司章程的规定，未经股东（大）会或者董事会同意，将公司资金借

贷给他人或者以公司资产名义为他人提供担保；④违反公司章程的规定或者未经股东（大）会同意，与本公司订立合同或者进行交易；⑤未经股东（大）会同意，利用职务之便为自己或者他人谋取属于公司的商业机会，自营或者为他人经营与所任职公司同类的业务；⑥接受他人与公司交易的佣金归为己有；⑦擅自披露公司秘密；⑧违反对公司忠实义务的其他行为。董事、高级管理人员违反上述规定所得的收入归公司所有。董事、监事和高级管理人员执行公司职务时违反法律、行政法规或者公司章程的规定，给公司造成损失的，应当承担赔偿责任。

有限责任公司的股东、股份有限公司连续180日以上单独或者合计持有公司1%以上股份的股东，可以书面请求监事会或者不设监事会的有限责任公司的执行监事向人民法院提起诉讼。董事、高级管理人员违反法律、行政法规或者公司章程的规定，损害股东利益的，股东可以向人民法院提起诉讼。

监事执行公司职务时违反法律、行政法规或者公司章程的规定，给公司造成损失的，有限责任公司的股东、股份有限公司连续180日以上单独或者合计持有公司1%以上股份的股东，可以书面请求董事会或者不设董事会的有限责任公司的执行董事向法院提起诉讼。

董事会、执行董事收到股东的书面请求后拒绝提起诉讼，或者自收到请求之日起30日内未提起诉讼，或者情况紧急、不立即提起诉讼将会使公司利益受到难以弥补的损害的，股东有权为了公司的利益以自己的名义直接向法院提起诉讼。

五、公司债券

（一）公司债券的概念及与股票的异同点

公司债券是指公司依照法定程序发行、约定在一定期限还本付息的有价证券。

公司债券与股票相比，两者既有联系又有区别，其共同点为：都是有价证券、文义证券、要式证券、证权证券；都具有流通性、风险性；发行人都是法律许可的公司；发行对象都是社会公众；都是投资人的投资工具。但两者在许多方面也存在着本质的不同，其区别主要有以下几点：

（1）发行的主体范围不同。公司债券的发行主体有股份有限公司和有限责任公司；而股票的发行主体只限于股份有限公司，有限责任公司不得发行股票。

（2）获得权利的对价形式不同。公司债券仅限于货币认购；而股票的认购除货币外，还可以用实物、工业产权、非专利技术、土地使用权等有形财产与无形财产评估作价，折合成股份，确定股票数额，也可以用股息与红利配股，折合成股票。

（3）主体的法律地位不同。公司债券的持有人与公司之间是一种债权债务关系，只享有债权，无权参与公司的经营决策；而股票的持有者为公司的股东，享有股东的一系列权利，有权参与公司的经营决策及其他重大问题的决策。

（4）获利机制不同。公司债券的利率是固定的，不受公司经营所取得的经济效益的影响；而股票所能取得的股息和红利则是不固定的，通常要根据公司的经营所取得的经济效益决定。经济效益好时，获利可能高于公司债券。

（5）风险负担不同。公司破产或解散时，公司债券持有人属公司的债权人，有权优先于股东就公司财产获得清偿；而股票的持有者则须在公司债权人获得清偿后，才能对公司的剩余财产进行分割。

（6）收回的条件不同。公司债券持有人依约定的期限收回投资。除破产外，约定期满后，公司应当按时归还公司债券持有人的投资本金及利息；而股票持有者在公司解散或破产前，无权要求公司退回投资，收回投资的一般条件是在公司上市后到证券交易所依法转让股票，或者在公司解散、破产时，分割公司清偿债务后的剩余财产。如公司剩余财产不足以清偿完全部债务的情况下，认购股票的投资将无法收回，股票则成为一张白纸。

（二）公司债券的种类

（1）根据公司债券上是否记载债权人的姓名或名称，公司债券分为记名债券和无记名债券。在公司债券上记载持券人姓名或名称的为记名债券；在公司债券上未记载持券人姓名或名称的为无记名债券。

（2）根据公司债券是否可以转换为股票，公司债券分为可转换公司债券和非转换公司债券。上市公司依照法定条件和程序发行的、在一定期间内依据约定的条件可以转换为股票的为可转换公司债券。上市公司发行可转换为股票的公司债券，应当报国务院证券监督管理机构核准。可转换公司债券到期时，债权人可以选择收回本金、取得利息；也可以选择以期享有的债权抵缴认股而取得公司股票，从而成为公司股东；凡在发行债券时未做出转换股票约定的，均为非转换公司债券。

根据《公司法》的规定，我国发行的公司债券只限于记名公司债券与无记名公司债券、可转换公司债券与非转换公司债券两类公司债券。

（三）公司债券的发行

1．发行公司债券的条件

《证券法》规定：公开发行公司债券，必须符合下列条件：①股份有限公司的净资产额不低于人民币 3000 万元，有限责任公司的净资产额不低于人民币 6000 万元；②累计债券余额不超过公司净资产额的 40%；③最近 3 年平均可分配利润足以支付公司债券 1 年的利息；④筹集的资金投向符合国家产业政策；⑤债券的利率不超过国务院限定的利率水平；⑥国务院规定的其他条件。公开发行公司债券筹集的资金，必须用于核准的用途，不得用于弥补亏损和非生产性支出。上市公司发行可转换为股票的公司债券，除应当符合上述规定的条件外，还应当符合《证券法》关于公开发行股票的条件，并报国务院授权的部门或者国务院证券监督管理机构核准。

2．公司债券发行的程序

公司债券的发行，主要经过以下程序：

（1）做出决议或决定。股份有限公司、有限责任公司发行公司债券，要由董事会制定方案，股东会或股东大会审议做出决议；国有独资公司发行公司债券，由国家授权投资的机构或者国家授权的部门做出决定。

（2）提出申请。发行公司应向国务院证券管理部门提出发行公司债券的申请，并提交公司营业执照、公司章程、公司债券募集办法、资产评估报告和验资报告、国务院授权的部门规定的其他文件。聘请保荐人的，还应当报送保荐人出具的发行保荐书。

（3）经主管部门核准。国务院证券管理部门对发行公司债券的申请进行审查，对符合法定条件的予以核准，反之则不予核准。对已做出核准的，如发现不符合规定的，应予撤销；尚未发行公司债券的，停止发行；已经发行公司债券的，发行的公司应当向认购人退还所缴款项并加算银行同期存款利息。

（4）与证券商签订承销协议。我国法律规定，发行公司债券，必须由证券经营机构承销。

（5）公告公司债券募集办法。发行公司债券的申请经批准后，应当公告债券的募集办法。公司债券募集办法中应当载明下列主要事项：公司名称；债券募集资金的用途；债券总额和债券的票面金额；债券利率的确定方式；还本付息的期限和方式；债券担保情况；债券的发行价格、发行的起止日期；公司净资产；已发行的尚未到期的公司债券总额；公司债券的承销机构。上市公司发行可转换债券的，还应当在募集办法中载明具体的转换方法。公司以实物券方式发行公司债券的，必须在债券上载明公司名称、债券票面金额、利率、偿还期限等事项，并由法定代表人签名，公司盖章。

（6）认购公司债券。社会公众认购公司债券的行为称为应募，应募既可以先填写应募书，而后缴清价款，也可以当场以现金支付购买。认购人缴足价款时，发行人即应该交付公司债券。

此外，公司发行公司债券应当备置公司债券存根簿，分别对发行的记名公司债券、无记名公司债券、可转换公司债券依法给予明确的记载。

（四）公司债券的转让

公司债券的转让，是指通过法定手续，使公司债券由持有人一方转让给受让方的法律行为。根据我国《公司法》第 159 条的规定，公司债券可以转让，转让价格由转让人与受让人约定。公司债券的转让价格，既可以等于债券标明的价格，也可以高于债券标明的价格，还可以低于公司债券标明的价格。公司债券在证券交易所上市交易的，按照证券交易所的交易规则转让。

记名公司债券，由债券持有人以背书方式或者法律、行政法规规定的其他方式转让；转让后由公司将受让人的姓名或者名称及住所记载于公司的债券存根簿。

无记名公司债券的转让，由债券持有人在依法设立的证券交易所将该债券交付给受让人后即发生转让的效力。

六、公司财务、会计

（一）公司财务会计报告

公司应当在每一会计年度终了时编制财务会计报告，并依法经会计师事务所审计。财务会计报告应当依照法律、行政法规和国务院财政部门的规定制作。有限责任公司应当依照公司章程规定的期限将财务会计报告送交各股东。股份有限公司的财务会计报告应当在召开股东大会年会的 20 日前置备于本公司，供股东查阅；公开发行股票的股份有限公司必须公告其财务会计报告。公司应当向聘用的会计师事务所提供真实、完整的会计凭证、会计账簿、财务会计报告及其他会计资料，不得拒绝、隐匿、谎报，除法定的会计账簿外，不得另立会计账簿。

（二）公积金

公司分配当年税后利润时，应当提取利润的 10%列入公司法定公积金。公司法定公积金累计额为公司注册资本的 50%以上的，可以不再提取。公司的法定公积金不足以弥补以前年度亏损的，在依照前款规定提取法定公积金之前，应当先用当年利润弥补亏损。公司从税后利润中提取法定公积金后，经股东会或者股东大会决议，还可以从税后利润中提取任意公积金。股份有限公司以超过股票票面金额的发行价格发行股份所得的溢价款以及国务院财政部门规定列入资本公积金的其他收入，应当列为公司资本公积金。公司的公积金用于弥补公司的亏损、扩大公司生产经营或者转为增加公司资本。但是，资本公积金不得用于弥补公司的亏损。法定公积金转为资本时，所留存的该项公积金不得少于转增前公司注册资本的25%。

七、公司的合并和分立

（一）公司合并的形式和程序

公司合并是指依照《公司法》及有关法律、行政法规的规定，两个或两个以上的公司通过签订协议合并为一个公司的法律行为。公司合并的原因可以是资产重组、产业结构调整、收购、兼并等。公司合并须经股东会或股东大会决议通过。

1．公司合并的形式

公司合并可以采取吸收合并或新设合并两种方式。吸收合并是指一个公司吸收其他公司，被吸收的公司解散，原公司法人资格被注销的一种形式。接受方的法人资格保留，并到公司登记机关办理变更登记手续。新设合并是指两个以上公司合并设立一个新的公司。合并时，合并各方的公司法人资格被注销，新公司经登记而设立。

2．公司合并的程序

公司合并，应当由合并各方签订合并协议，并编制资产负债表及财产清单。公司应当自做出合并决议之日起10日内通知债权人，并于30日内在报纸上公告。报纸发行地应与债权人所在地一致。债权人自接到通知书之日起 30 日内，未接到通知书的自公告之日起45日内有权要求公司清偿债务或者提供相应的担保。不清偿债务或者不提供相应担保的，公司不得合并。

公司合并时，合并各方的债权、债务，应当由合并后存续的公司或者新设的公司享有和承担。

（二）公司分立的形式和程序

公司分立，是指依照《公司法》及有关法律、行政法规的规定，通过协议，一个公司分成两个或两个以上公司的法律行为。

1．公司分立的形式

公司分立可以采取新设分立和派生分立两种形式。新设分立是指原有的一个公司分立成两个以上的公司。原有公司的法人资格消灭，新分出的两个以上公司各自均取得独立法人资格。原有公司的注销与新公司设立均应到公司登记机关办理登记手续。派生分立是指将原来的一个公司的部分资产划出去成立为一个新的公司的形式。原有公司名称继续保留，并办理相应的变更手续，新设立的公司办理设立登记手续。

2. 公司分立的程序

公司分立，应当编制资产负债表及财产清单。公司应当自做出分立决议之日起10日内通知债权人，并于30日内在报纸上公告。

公司分立前的债务由分立后的公司承担连带责任。但是，公司在分立前与债权人就债务清偿达成书面协议另有约定的除外。

八、公司的减资和增资

（一）公司的减资

公司减资，是指公司依法减少注册资本的行为。公司成立后，或因原定资本过高而形成资本闲置、或因经营不善而严重亏损时，都可通过减资而解决相应问题。公司需要减少注册资本时，必须编制资产负债表及财产清单。

公司应当自做出减少注册资本决议之日起 10 日内通知债权人，并于 30 日内在报纸上公告。登有公告的报纸的发行地区应及于债权人住所。债权人自接到通知书之日起 30 日内，未接到通知书的自公告之日起 45 日内，有权要求公司清偿债务或者提供相应的担保，否则公司不得减少注册资本。

（二）公司的增资

公司增资，是指公司依法增加注册资本的行为。有限责任公司增加注册资本时，股东认缴新增资本的出资，依照《公司法》设立有限责任公司缴纳出资的有关规定执行。股份有限公司为增加注册资本发行新股时，股东认购新股，依照《公司法》设立股份有限公司缴纳股款的有关规定执行。

公司增加或者减少注册资本，应当依法向公司登记机关办理变更登记。

九、公司的解散与清算

（一）公司的解散

《公司法》第 181 条规定："公司因下列原因解散：①公司章程规定的营业期限届满或者公司章程规定的其他解散事由出现；②股东会或者股东大会决议解散；③因公司合并或者分立需要解散；④依法被吊销营业执照、责令关闭或者被撤销；⑤人民法院依照本法第一百八十三条的规定予以解散。"

有上述第①项情形的，可以通过修改公司章程而存续。依照规定修改公司章程，有限责任公司须经持有 2/3 以上表决权的股东通过，股份有限公司须经出席股东大会会议的股东所持有表决权的 2/3 以上通过。

《公司法》第 183 条规定，公司经营管理发生严重困难，继续存续会使股东利益受到重大损失，通过其他途径不能解决的，持有公司全部股东表决权 10%以上的股东，可以请求人民法院解散公司。

此外，公司因不能清偿到期债务，也会被依法宣告破产（实际上这是公司解散的特殊原因）。我国《企业破产法》和《民事诉讼法》对此有具体规定，但《公司法》没有将其列入公司解散原因。

（二）公司的清算

根据《公司法》的规定，公司解散后清算的程序主要有以下几个方面：

1．成立清算组

清算组，是指公司解散后为进行清算而依法成立的对内执行清算事务、对外代表清算中的公司法人意思表示的专门机构。

解散的公司，应当自解散之日起 15 日内成立清算组。有限责任公司的清算组由股东组成，股份有限公司的清算组由董事或者股东大会确定的人员组成。逾期不成立清算组的，人民法院可以依债权人申请指定有关人员组成清算组进行清算。

清算组在清算期间行使下列职权：①清理公司财产，分别编制资产负债表和财产清单；②通知、公告债权人；③处理与清算有关的公司未了结的业务；④清缴所欠税款以及清算过程中产生的税款；⑤清理债权、债务；⑥处理公司清偿债务后的剩余财产；⑦代表公司参与民事诉讼活动。

2．通知债权人申报债权

清算组应当自成立之日起 10 日内通知债权人，并于 60 日内在报纸上公告。债权人应当自接到通知书之日起 30 内，未接到通知书的自公告之日起 45 日内，向清算组申报其债权，并且应当说明债权的有关事项，提供证明材料。

3．清理财产，清偿债务

清算组在编制资产负债表和财产清单后，应当制定清算方案，并报股东会、股东大会或者人民法院确认。清算期间，公司不得开展新的经营活动，任何人未经清算组批准不得处分公司财产。

清算组应按下列顺序清偿公司债务：①支付清算费用；②拖欠的职工的工资或薪金；③拖欠的社会保险费用和法定补偿金；④所欠税款；⑤公司债务。

公司非因破产而清算，清算组在清理公司财产、编制资产负债表和财产清单后，发现公司财产不足清偿债务的，应当立即向人民法院申请宣告破产。人民法院裁定公司宣告破产后，清算组应当将清算事务移交给人民法院，由人民法院按照《破产法》的规定进行处理。

4．分配剩余财产

按前述顺序清偿公司债务完成后，如还有剩余财产，清算组应将剩余财产分配给股东。有限责任公司按照股东的出资比例分配，股份有限公司按照股东持有的股份比例分配。

5．制作清算报告

公司清算结束后，清算组应当制作清算报告，报股东会、股东大会或者人民法院确认。

6．办理注销登记并公告公司终止

公司清算结束后，清算组应当将清算报告报送公司登记机关，申请注销公司登记。注销登记后，即公告公司终止。不申请注销公司登记的，由公司登记机关吊销其公司营业执照，并予以公告。

清算组成员应当忠于职守，依法履行清算义务。清算组成员不得利用职权收受贿赂或者其他非法收入，不得侵占公司财产。清算组成员因故意或者重大过失给公司或者债权人造成损失的，应当承担赔偿责任。

公司被依法宣告破产的，依照有关企业破产法的规定实施破产清算。

案例分析

某有限责任公司董事会议拟增加注册资本，公司监事会全部（七名）成员坚决反对，但董事会坚持决议。于是，监事会中的三名成员联名通知全体股东召开监时股东会议。除两名股东因故未参加股东会以外，其他股东全部参加。与会股东最终以 2/3 人数通过了公司增加注册资本的董事会决议。监事会认为会议的表决未到法定人数，因而决议无效。董事会认为，监事越权召开股东会，会后又对会议通过的决议横加指责，纯属无理之举。

请问：

（1）公司董事会是否有权做出增加注册资本的决议？

（2）临时股东大会的召集程序是否合法？

（3）临时股东大会通过的决议是否有效？

解析：

（1）该公司董事会无权做出增加注册资本的决议。我国《公司法》规定，对增加注册资本等重大事项的决议应当由股东会做出。

（2）临时股东会的召集程序合法。《公司法》规定，1/3 以上的监事可以提议召开临时股东会，本次临时股东会由三名监事召集，该公司共有监事七人，达到 1/3 以上。

（3）股东会通过增加注册资本的决议无效。《公司法》规定，股东会通过增加注册资本的决议应当由代表 2/3 以上表决权的股东通过。而此次临时股东会的表决只是参加本次股东会的 2/3 股东通过。

任务 4　企业破产法律制度与实务

【任务导入】

高飞公司原是广东一家投资规模超 3000 万元人民币、从事农副产品深加工的中外合资企业，始建于 1988 年，由当时高州县供销合作联社与美国飞达公司合资经营。在合营过程中，双方发生纠纷致成诉讼，公司因故停产停业。2000 年 5 月 28 日，高飞公司与台湾金内冠冷冻食品公司签订租赁经营合同，由台商公司租赁高飞公司的房屋及机械设备进行经营。2000 年 11 月 27 日，中国银行茂名分行和中国银行高州支行以高飞公司不能清偿到期债务为由，向茂名中级法院申请其破产。2003 年 4 月 18 日，法院裁定宣告高飞公司破产还债，并依法指定清算组接管。该公司被裁定宣告破产转入清算程序后，根据合营合同的约定，高飞公司租用高州供销合作联社的土地进行经营，土地不列入破产财产进行处置，只卖房不卖地，公司财产几经公开拍卖一直未能顺利处置变现。另外，高飞公司破产前除拖欠银行等 44 家债权人债务 2100 多万元外，还拖欠在册数十名职工和数百名临时工工资、社保、经济补偿金 63 万多元。由于高飞公司的主要财产为厂区内的房屋和机械设备，这些财产在破产前大部分已经抵押给债权人，对职工的“历史欠账”太多，即使财产顺利变现，职工安置问题也难以解决。各种矛盾相交缠绕，悬而未决，整体破产清算工作一度搁浅。2008 年，该案转交茂名中级法院民四庭审理后，承办法官及清算组多次与涉案各方沟通、协商，最终由高州供销合作联社下属企业竞得破产资产，企业拖欠职工的各项债权全部得到清偿，其他 44 家债权人对破产财产分配方案也无异议，台商公司顺利迁离，双方租赁合同依法终止。2010 年 4 月 7 日，经过 10 年“马拉松”式清算、审理，当地首例中外合资企业破产案总算终结。（案例来源：http://news.163.com）

请问：企业破产的程序分为哪几步？

相关知识

一、破产和破产法

（一）破产

“破产”一词，源于拉丁语“Falletux”，即“失败”的意思。在我国，“破产”也总是与“倾家荡产”紧密联系的。然而在现代破产法上，企业破产作为一种经济现象是市场经济条件下竞争的必然产物；作为一种法律制度，则是对这种社会现象的特殊调节手段，是在体现对债务人救济的同时，为贯彻债权人平等原则而设定的一种司法上的特殊偿债程序。根据《企业破产法》第 2 条的规定：企业法人不能清偿到期债务，并且资产不足以清偿全部债务或者明显缺乏清偿能力的，依照本法规定清理债务。破产法律制度正是规范企业破产程序，公平清理债权债务，保护债权人和债务人的合法权益，维护社会主义市场经济秩序的一项重要法律制度。

（二）破产法

破产法是调整破产关系的法律规范的总称，具体来说，是规定企业法人不能清偿到期债务，并且资产不足以清偿全部债务或者明显缺乏清偿能力时，人民法院强制对其全部财产清算分配、公平清偿债权人，或通过和解、重整延缓清偿债务，避免企业法人破产的法律规范的总称。现代意义上的破产法通常由破产清算与和解整顿两方面的法律构成。我国现行的《企业破产法》于 2006 年 8 月 26 日由十届全国人大常委会第二十三次会议通过，并于 2007 年 6 月 1 日起施行。该法颁布实施之前，我国一直适用《企业破产法（试行）》和《民事诉讼法》中关于企业破产还债程序的相关规定。

二、企业破产的程序

（一）企业破产申请和案件受理

1．破产申请

破产申请是破产申请人请求法院受理破产案件的意思表示。破产申请的提出，是人民法院受理破产案件的前提。根据我国《破产法》第 7 条的规定：债务人有本法第 2 条规定的情形，可以向人民法院提出重整、和解或者破产清算申请；债务人不能清偿到期债务，债权人可以向人民法院提出对债务人进行重整或者破产清算的申请；企业法人已解散但未清算或者未清算完毕，资产不足以清偿债务的，依法负有清算责任的人应当向人民法院申请破产清算。破产申请应当采用书面形式向有管辖权的人民法院提出，提出破产申请时应当提交破产申请书和有关证据。破产申请书应当载明下列事项：①申请人、被申请人的基本情况；②申请目的；③申请的事实和理由；④人民法院认为应当载明的其他事项。债务人提出申请的，还应当向人民法院提交财产状况说明、债务清册、债权清册、有关财务会计报告、职工安置预案以及职工工资的支付和社会保险费用的缴纳情况。在人民法院受理破产申请前，申请人可以请求撤回申请。

2．破产案件的受理

企业破产案件由债务人住所地人民法院管辖。债权人提出破产申请的，人民法院应当自收到申请之日起 5 日内通知债务人。债务人对申请有异议的，应当自收到人民法院的通知之日起 7 日内向人民法院提出。人民法院应当自异议期满之日起 10 日内裁定是否受理。除上述规定的情形外，人民法院应当自收到破产申请之日起 15 日内裁定是否受理，有特殊情况需要延长的，经上一级人民法院批准，可以延长 15 日。人民法院受理破产申请的，应当自裁定做出之日起 5 日内送达申请人；人民法院裁定不受理破产申请的，应当自裁定做出之日起 5 日内送达申请人并说明理由。申请人对裁定不服的，可以自裁定送达之日起 10 日内向上一级人民法院提起上诉。人民法院裁定受理破产申请的，人民法院应当自裁定受理破产申请之日起 25 日内通知已知债权人，并予以公告，同时应当指定管理人。

3．管理人

管理人由人民法院指定。管理人依法向人民法院报告工作，应当列席债权人会议，并接受债权人会议和债权人委员会的监督。管理人可以由有关部门、机构的人员组成的清算组或者依法设立的律师事务所、会计师事务所、破产清算事务所等社会中介机构担任。人民法院根据债务人的实际情况，可以在征询有关社会中介机构的意见后，指定该机构具备相关专业知识并取得执业资格的人员担任管理人。但有下列情形之一的，不得担任管理人：①因故意犯罪受过刑事处罚；②曾被吊销相关专业执业证书；③与本案有利害关系；④人民法院认为不宜担任管理人的其他情形。管理人应当勤勉尽责，忠实执行职务，经人民法院许可，管理人可以聘用必要的工作人员。管理人的职责有：

（1）接管债务人的财产、印章和账簿、文书等资料。

（2）调查债务人的财产状况，制作财产状况报告。

（3）决定债务人的内部管理事务。

（4）决定债务人的日常开支和其他必要开支。

（5）在第一次债权人会议召开之前，决定继续或者停止债务人的营业。

（6）管理和处分债务人的财产。

（7）代表债务人参加诉讼、仲裁或者其他法律程序。

（8）提议召开债权人会议。

（9）人民法院认为管理人应当履行的其他职责。

（二）债权申报

人民法院受理破产申请后，应当确定债权人申报债权的期限。债权申报期限自人民法院发布受理破产申请公告之日起计算，最短不得少于 30 日，最长不得超过 3 个月。未到期的债权，在破产申请受理时视为到期。债权人应当在人民法院确定的债权申报期限内向管理人申报债权。债权人申报债权时，应当书面说明债权的数额和有无财产担保，并提交有关证据。申报的债权是连带债权的，应当说明。债权人未依法申报债权的，不得行使权利。管理人在收到债权申报材料后，应当登记造册，对申报的债权进行审查，并编制债权表。

（三）债权人会议

债权人会议是由申报债权的全体债权人组成的自治性组织，是表达债权人意志的机构。依法申报债权的债权人为债权人会议的成员，有权参加债权人会议，享有表决权。债权尚未确定的债权人，除人民法院能够为其行使表决权而临时确定债权额的外，不得行使表决权。对债务人的特定财产享有担保权的债权人，未放弃优先受偿权利的，其对通过和解协议和破产财产的分配方案的事项不享有表决权。债权人会议设主席一人，由人民法院从有表决权的债权人中指定；债权人会议主席主持债权人会议。第一次债权人会议由人民法院召集，自债权申报期限届满之日起 15 日内召开。以后的债权人会议，在人民法院认为必要时，或者管理人、债权人委员会、占债权总额 1/4 以上的债权人向债权人会议主席提议时召开。召开债权人会议，管理人应当提前 15 日通知已知的债权人。债权人会议的决议，由出席会议的有表决权的债权人过半数通过，并且其所代表的债权额占无财产担保债权总额的 1/2 以上。债权人会议的决议，对于全体债权人均有约束力。

债权人会议可以决定设立债权人委员会。债权人委员会由债权人会议选任的债权人代表和一名债务人的职工代表或者工会代表组成。债权人委员会成员不得超过九人。债权人委员会成员应当经人民法院书面决定认可。

（四）重整与和解

1．重整

重整是指当企业法人不能清偿到期债务时，应当事人的申请，在人民法院的主持下，由债务人与债权人达成协议，制定债务人重整计划，债务人继续营业，并在一定期限内清偿债务的制度。债务人或者债权人可以依照《破产法》直接向人民法院申请对债务人进行重整。债权人申请对债务人进行破产清算的，在人民法院受理破产申请后、宣告债务人破产前，债务人或者出资额占债务人注册资本 1/10 以上的出资人，可以向人民法院申请重整。人民法院经审查认为重整申请符合《破产法》规定的，应当裁定债务人重整，并予以公告。

债务人或者管理人应当自人民法院裁定债务人重整之日起六个月内，同时向人民法院和债权人会议提交重整计划草案。规定的期限届满，经债务人或者管理人请求，有正当理由的，人民法院可以裁定延期三个月。但债务人或者管理人未按期提出重整计划草案的，人民法院应当裁定终止重整程序，并宣告债务人破产。

重整计划由债务人负责执行。人民法院裁定批准重整计划后，已接管财产和营业事务的管理人应当向债务人移交财产和营业事务。自人民法院裁定批准重整计划之日起，在重整计划规定的监督期内，由管理人监督重整计划的执行。经人民法院裁定批准的重整计划，对债务人和全体债权人均有约束力。债务人不能执行或者不执行重整计划的，人民法院经管理人或者利害关系人请求，应当裁定终止重整计划的执行，并宣告债务人破产。人民法院裁定终止重整计划执行的，债权人在重整计划中做出的债权调整的承诺失去效力。债权人因执行重整计划所受的清偿仍然有效，债权未受清偿的部分作为破产债权。按照重整计划减免的债务，自重整计划执行完毕时起，债务人不再承担清偿责任。

2．和解

债务人可以依照《破产法》规定，直接向人民法院申请和解；也可以在人民法院受理破产申请后、宣告债务人破产前，向人民法院申请和解。债务人申请和解，应当提出和解协议草案。人民法院经审查认为和解申请符合《破产法》规定的，应当裁定和解，予以公告，并召集债权人会议讨论和解协议草案。债权人会议通过和解协议的决议，由出席会议的有表决权的债权人过半数同意，并且其所代表的债权额占无财产担保债权总额的 2/3 以上。和解协议草案经债权人会议表决未获得通过，或者已经债权人会议通过的和解协议未获得人民法院认可的，人民法院应当裁定终止和解程序，并宣告债务人破产。经人民法院裁定认可的和解协议，对债务人和全体和解债权人均有约束力。因债务人的欺诈或者其他违法行为而成立的和解协议，人民法院应当裁定无效，并宣告债务人破产。债务人不能执行或者不执行和解协议的，人民法院经和解债权人请求，应当裁定终止和解协议的执行，并宣告债务人破产。人民法院受理破产申请后，债务人与全体债权人就债权债务的处理自行达成协议的，可以请求人民法院裁定认可，并终结破产程序。按照和解协议减免的债务，自和解协议执行完毕时起，债务人不再承担清偿责任。

（五）破产清算

1．破产宣告

人民法院依照《破产法》规定宣告债务人破产的，应当自裁定做出之日起 5 日内送达债务人和管理人，自裁定做出之日起 10 日内通知已知债权人，并予以公告。

2．变价和分配

变价是将破产财产中的实物财产和无形财产以变卖或拍卖的方式转变为金钱，以便分配。管理人应当及时拟订破产财产变价方案，提交债权人会议讨论。管理人应当按照债权人会议通过的或者人民法院依《破产法》规定裁定的破产财产变价方案，适时变价出售破产财产。

破产财产在优先清偿破产费用和共益债务后，依照下列顺序清偿：①破产人所欠职工的工资和医疗、伤残补助、抚恤费用，所欠的应当划入职工个人账户的基本养老保险、基本医疗保险费用，以及法律、行政法规规定应当支付给职工的补偿金；②破产人欠缴的除前项规定以外的社会保险费用和破产人所欠税款；③普通破产债权。破产财产不足以清偿同一顺序的清偿要求的，按照比例分配。破产企业的董事、监事和高级管理人员的工资按照该企业职工的平均工资计算。

破产财产的分配应当以货币分配方式进行。但是，债权人会议另有决议的除外。债权人未受领的破产财产分配额，管理人应当提存。债权人自最后分配公告之日起满 2 个月仍不领取的，视为放弃受领分配的权利，管理人或者人民法院应当将提存的分配额分配给其他债权人。破产财产分配时，对于诉讼或者仲裁未决的债权，管理人应当将其分配额提存。自破产程序终结之日起满 2 年仍不能受领分配的，人民法院应当将提存的分配额分配给其他债权人。

3．破产程序的终结

破产人无财产可供分配的，管理人应当请求人民法院裁定终结破产程序。管理人在最后分配完结后，应当及时向人民法院提交破产财产分配报告，并提请人民法院裁定终结破产程序。人民法院应当自收到管理人终结破产程序的请求之日起 15 日内做出是否终结破产程序的裁定。裁定终结的，应当予以公告。管理人应当自破产程序终结之日起 10 日内，持人民法院终结破产程序的裁定，向破产人的原登记机关办理注销登记。

案例分析

某厂系国有企业，因经营管理不善严重亏损，不能清偿到期债务，经上级主管部门同意，于 2008 年 10 月向人民法院申请宣告破产。法院当日受理了此案。经调查查明有下列情况：①某建筑设备公司租赁该厂铲车两辆，租金 12 万元；②破产案件受理前，顺成商贸公司对该厂有 20 万元债权，但同时又负有 15 万元债务，该 15 万元债务尚未到清偿期；③该厂欠某工商银行 600 万元，用自建仓库作为抵押，该仓库现值 400 万元，工商银行未放弃优先受偿权；④某啤酒厂对该厂有 50 万元债权，于 2009 年 1 月到期，但该厂已于 2007 年 12 月提前清偿该债务。

请问：

（1）建筑公司租赁的设备应该如何处理？为什么？

（2）顺成商贸公司对该厂的债务尚未到期，可否主张抵销权？为什么？

（3）工商银行可否就 600 万元债权在债权人会议的重整计划的表决中享有全部的表决权？为什么？

（4）该厂对某啤酒厂的提前清偿行为是否可以撤销？为什么？

解析：

（1）建筑公司租赁的设备，应该由建筑公司交付给破产企业的管理人。根据规定，人民法院受理破产申请后，债务人的财产持有人应当向管理人交付财产。

（2）顺成商贸公司可以主张抵消。根据《企业破产法》规定，债权人在破产申请受理前对债务人负有债务的，可以向管理人主张抵消。

（3）工商银行可以就 600 万元债权享有全部的表决权。根据规定，对债务人的特定财产享有担保权的债权人，未放弃优先受偿权的，其对通过和解协议和破产财产的分配方案的事项不享有表决权。另外，对重整计划是分组表决，出席会议的同一表决组的债权人过半数同意重整计划草案，并且其所代表的债权额占该组“债权总额”的 2/3 以上的，即为该组通过重整计划草案。因此，在“重整计划”的表决中，工商银行享有的债权 600 万元享有表决权。

（4）该厂对某啤酒厂的提前清偿行为可以撤销。根据规定，人民法院受理破产申请前 1 年内，涉及债务人对未到期的债务提前清偿的行为，管理人有权请求人民法院予以撤销。由于其在 2007 年 12 月提前清偿该债务，是在人民法院受理其破产案件前 1 年以内，因此，该厂对某啤酒厂的提前清偿行为可以撤销。管理人可申请人民法院将提前清偿的财产追回，并入破产财产。

模块小结

个人独资企业是指依法在中国境内外设立，财产为投资人个人所有，投资人以其个人财产对企业债务承担无限责任的经营实体；《个人独资企业法》从其设立、变更、权利和义务、解散和清算等方面做出了较为详细的规定。合伙企业是指自然人、法人或其他组织依照《合伙企业法》在中国境内设立的普通合伙企业和有限合伙企业，普通合伙企业由普通合伙人组成，普通合伙人对合伙企业债务承担无限连带责任；《合伙企业法》分别对合伙企业的设立、变更、入伙和退伙等做出了规定。《公司法》规定的公司包括有限责任公司和股份有限公司，本模块内容主要对公司的设立条件、程序、组织机构、合并和分立、解散和清算都作了介绍。企业破产是造成企业终止的原因之一，破产要严格按法律规定的程序进行，并依法进行清算。

完成检验

一、单项选择题

1．个人独资企业解散后，按照《个人独资企业法》的规定，原投资人对企业存续期间的债务是否承担责任？（　　）。

A．仍应承担责任

B．不再承担责任

C．仍应承担责任，但债权人在 5 年内未向债务人提出偿债请求的，该责任消灭

D．仍应承担责任，但债权人在 2 年内未向债务人提出偿债请求的，该责任消灭

2．根据《合伙企业法》的规定，下列各项中，不属于合伙人当然退伙的情形的是（　　）。

A．作为合伙人的法人被宣告破产

B．合伙人未履行出资义务

C．合伙人个人丧失偿债能力

D．合伙人在合伙企业中的全部财产份额被人民法院强制执行

3．《公司法》中规定的有限责任公司股东人数为（　　）。

A．2～50 人　　B．25 人以内　　C．1～50 人　　D．没有限制人数

4．根据我国《公司法》的规定，下列人员中，能够兼任监事的有（　　）。

A．董事长　　B．职工代表　　C．总会计师　　D．总经理

5．有限责任公司的最高权力机构是（　　）。

A．股东会　　B．董事会　　C．监事会　　D．经理

6．某有限责任公司依照法定程序设立，根据法律规定，该公司的成立日期以（　　）为准。

A．公司成立公告发布之日　　B．公司创立大会召开之日

C．公司批准书下达之日　　D．公司营业执照签发之日

7．根据《公司法》的规定，股份有限公司的发起人所持有的本公司的股份，自公司成立之日起（　　）年内不得转让。

A．1　　B．2　　C．3　　D．5

8．根据《企业破产法》的规定，自人民法院裁定批准重整计划之日起，在重整计划规定的监督期内，负责监督重整计划执行的主体为（　　）。

A．人民法院　　B．债权人会议

C．管理人　　D．债权人委员会

9．林某以个人财产出资设立个人独资企业，聘请张某管理该企业事务。后因生产经营困难，该企业解散。根据《个人独资企业法》的规定，关于该企业清算人的下列表述中，正确的是（　　）。

A．由张某进行清算　　B．由林某的家人进行清算

C．由债权人进行清算　　D．由林某进行清算

10．甲、乙、丙、丁拟设立一普通合伙企业，四人签订的合伙协议的下列条款中，不符合合伙企业法律制度规定的是（　　）。

A．甲、乙、丙、丁的出资比例为 4∶3∶2∶1
B．合伙企业事务委托甲、乙两人执行
C．乙、丙只以其各自的出资额为限对企业债务承担责任
D．对合伙企业事项做出决议实行全体合伙人一致通过的表决办法

二、多项选择题

1．根据《企业破产法》的规定，向债务人住所地人民法院提出破产清算申请的当事人有（　　）。

A．债务人　　B．债权人
C．人民法院　　D．对债务人负有清算责任的人

2．根据企业破产法律制度的规定，债权人申请对债务人进行破产清算的，在人民法院受理破产申请后、宣告债务人破产前，可以向人民法院申请重整的是（　　）。

A．债务人
B．占债权总额 10%以上的债权人
C．占无财产担保债权总额 10%以上的债权人
D．出资额占债务人注册资本 10%以上的出资人

3．根据《企业破产法》的规定，下列关于债权人会议的表述中，正确的是（　　）。

A．未放弃优先受偿权的有财产担保的债权人对通过和解协议的事项无表决权
B．债权人不得委托代理人出席债权人会议并行使表决权
C．依法申报债权的债权人为债权人会议成员
D．有表决权的债权人经人民法院指定可担任债权人会议主席

4．根据个人独资企业法律制度的规定，下列关于个人独资企业法律特征的表述中，正确的有（　　）。

A．个人独资企业虽然不具有法人资格，但具有独立承担民事责任的能力
B．个人独资企业是由一个自然人投资的企业，并且自然人只能是中国公民
C．个人独资企业的投资人对企业的债务承担无限责任
D．个人独资企业是独立的民事主体，可以自己的名义从事民事活动

5．下列有关普通合伙企业及其合伙人债务清偿的表述中，符合《合伙企业法》规定的有（　　）。

A．合伙企业对其债务，应先以其全部财产进行清偿
B．合伙企业不能清偿到期债务的，合伙人承担无限连带责任
C．合伙人发生与合伙企业无关的债务，债权人可代位行使该合伙人在合伙企业中的权利
D．人民法院强制执行合伙人的财产份额时，应经全体合伙人同意

6．公司的公积金应按照《公司法》的规定提取和使用。公司的公积金主要可用于（　　）。

A．弥补公司的亏损　　B．扩大公司的生产经营
C．转为增加公司资本　　D．改善职工集体福利

7．下列各项中，属于股份有限公司出资方式的有（　　）。

A．货币　　B．土地所有权　　C．实物　　D．专利权

8．下列关于国有独资公司的论述中，正确的是（　　）。

A．股东只有一个

B．不设股东会和董事会

C．董事长可由国家委派

D．其董事长可以兼任其他有限责任公司的负责人

9．根据《公司法》的规定，股份有限公司在发生下列事项时，可以收购本公司股份的有（　　）。

A．减少公司注册资本

B．与持有本公司股份的其他公司合并

C．将股份奖励给本公司职工

D．股东因对股东大会做出的公司合并、分立决议持异议，要求公司收购其股份

10．根据《合伙企业法》的规定，在有限合伙企业中，当有限合伙企业的财产不足以清偿其债务时，下列人员中，应对有限合伙企业的债务承担无限连带责任的有（　　）。

A．有限合伙企业债务发生后新入伙的有限合伙人

B．有限合伙企业债务发生后退伙的普通合伙人

C．有限合伙企业债务发生后新入伙的普通合伙人

D．不参加执行有限合伙企业事务的普通合伙人

三、判断题

1. 个人独资企业人在申请企业设立登记时，未明确以其家庭共有财产作为个人出资的，在个人独资企业财产不足以清偿债务时，可不以其家庭共有财产对企业债务承担无限责任。（　　）

2．有限合同人转变为普通合伙人的，对其作为有限合伙人有限合伙企业发生的债务，以其认缴的出资额为限承担责任。（　　）

3．破产费用和共益债务由债务人的财产清偿，债务人的财产不足以清偿所有破产费用和共益债务的，应先行清偿破产费用。（　　）

4．在有限合伙企业中，有限合伙人可以按照合伙协议的约定自营与本企业相竞争的业务，但是须经其他合伙人一致同意。（　　）

5．募集设立的股份有限公司，发起人认购的股份不得少于公司股份总数的25%。（　　）

6．根据《公司法》规定，股份有限公司的注册资本最低限额为人民币3000万元。（　　）

7.《公司法》规定，公司的法定代表人只能是公司总经理。（　　）

8．股东人数较少或规模较小的有限责任公司，可以设一名执行董事，不设董事会。（　　）

9．根据我国《公司法》的规定，分公司具有法人资格，子公司不具有法人资格。（　　）

10．一个自然人只能投资设立一个一人有限责任公司，且该一人有限责任公司不能投资设立新的一人有限责任公司。（　　）

四、案例分析题

1．张某拟设立个人独资企业。2014年3月2日，张某将设立申请书等申请设立登记

文件提交到拟定设立的个人独资企业所在地工商行政管理机关，设立申请书的有关内容如下：张某以其房产、劳务和现金 3 万元出资；企业名称为 A 贸易有限公司。3 月 10 日，该工商行政管理机关发给张某“企业登记驳回通知书”。3 月 15 日，张某将修改后的登记文件交到该工商行政管理机关。3 月 25 日，张某领取了该工商行政管理机关于 3 月 20 日签发的个人独资企业营业执照。

该个人独资企业（以下简称“A 企业”）成立后，张某委托王某管理 A 企业事务，并书面约定，凡金额在 5000 元以上的业务均须取得张某同意后执行。B 企业明知张某与王某的约定，仍与代表 A 企业的王某签订了标的额为 2 万元的买卖合同。张某知道后以王某超出授权范围为由主张合同无效，但 B 企业以个人独资企业的投资人对受托人职权的限制不得对抗善意第三人为由主张合同有效。

请根据上述情况和个人独资企业法律制度的有关规定，回答下列问题：

（1）张某 2014 年 3 月 2 日提交的设立申请书中有哪些内容不符合法律规定？

（2）A 企业的成立日期是哪一天？简要说明理由。

（3）B 企业主张合同有效的理由是否成立？简要说明理由。

2．甲、乙、丙拟设 A 有限合伙企业（以下简称“A 企业”），合伙协议约定：甲为普通合伙人，以实物作价出资 3 万元；乙、丙为有限合伙人，各以 5 万元现金出资，丙自企业成立之日起 2 年内缴纳出资；甲执行 A 企业事务，并由 A 企业每月支付报酬 3000 元；A 企业定期接受审计，由甲和乙共同选定承办审计业务的会计师事务所；A 企业的盈利在丙未缴纳 5 万元出资前全部分配给甲和乙。

请根据上述情况和《合伙企业法》的有关规定，回答下列问题：

（1）合伙协议可否约定每月支付甲 3000 元报酬？简要说明理由。

（2）合伙协议有关乙参与承办审计的会计师事务所的约定可否被视为乙在执行合伙企业事务？简要说明理由。

（3）合伙协议可否约定 A 企业的利润全部分配给甲和乙？简要说明理由。

3．A 公司注册资本为人民币 1.8 亿元，因经营不善，公司在 2014 年年底亏损总额为人民币 7000 万元。某股东据此请求召开临时股东大会。公司决定于次年 5 月 10 日召开临时股东大会，并于 4 月 20 日在报纸上刊登了向所有的股东发出的会议通知。通知确定的会议议程包括以下事项：①选举更换部分董事，选举更换董事长；②选举更换全部监事；③更换公司总经理；④就发行公司债券做出决议；⑤就 A 公司与 B 公司合并做出决议。 在股东大会上，上述各事项均经出席大会的股东所持表决权的半数通过。

根据上述材料，回答以下问题：

（1）公司发生亏损后，在股东请求时，应否召开股东大会？为什么？

（2）公司在临时股东大会的召集、召开过程中，有无与法律规定不相符的地方？如有，请指出，并说明理由？

4．晚霞贸易有限公司（以下简称“贸易公司”）因经营管理不善，长期亏损，不能清偿到期债务，该贸易公司于 2014 年 7 月 16 日向人民法院提出破产申请。人民法院 2014 年 7 月 20 日裁定受理此案，并于 7 月 22 日将裁定书面通知该厂，同时指定甲会计师事务所为管理人。

人民法院于 2014 年 8 月 1 日通知了所有已知债权人，并进行了公告，确定的债权申报期限为 2014 年 8 月 1 日至 2014 年 9 月 15 日。

甲会计师事务所接管该企业后，在 2014 年 9 月 25 日召开的第一次债权人会议上，管理人将该厂的财产、债务等情况汇报如下：

（1）2014 年 7 月 1 日与乙企业签订一份买卖合同，按照合同约定，乙企业应先向贸易公司发出 100 万元的货物，发货后 10 日内由贸易公司付款，管理人决定继续履行该合同，介于贸易公司临近破产的事实，乙企业要求管理人提供一定的担保后才予以发货，管理人向其出具了某担保公司的担保函件，保证到期支付款项后合同遂继续履行。该货物收回后，变现价款为 150 万元。

（2）2014 年 7 月 5 日与丙服装厂签订了一份加工承揽合同，按照合同约定，贸易公司向丙厂提供一批牛仔布，由丙厂为其加工牛仔裤，约定的违约金为 10 万元，管理人决定解除该合同，解除该合同给丙厂造成了 5 万元的损失，该批牛仔布由管理人组织全部运回后变现，变现价值为 132 万元。

（3）2014 年 6 月，贸易公司因有逃避纳税的行为，其库房的一批价值为 120 万元的货物被当地主管税务机关依法采取了税收保全措施，予以扣押。

（4）贸易公司为购置办公楼于 2013 年 5 月向工商银行信用贷款 1200 万元，借款期限为 1 年，由丁公司为其借款提供连带责任保证，2014 年 5 月，贸易公司不能清偿工商银行的贷款，人民法院受理了贸易公司的破产案件后，工商银行向管理人申报了全部债权，同时，丁公司也以自己将来的求偿权申报了债权。

（5）管理人发现贸易公司于 2013 年 11 月 1 日无偿转让 150 万元的财产，遂向人民法院申请予以撤销、追回财产，并于 2014 年 10 月 1 日将该财产全部追回。

除以上事项外，管理人清查的其他财产和负债情况如下：

（1）变现财产。①贸易公司以上用工商银行贷款购置的办公楼变现价值为 1500 万元，其中用于对所欠招商银行 1000 万元贷款的抵押担保，已经办理了抵押登记，该贷款尚未清偿。②库存商品变现价值 500 万元。③租用某公司复印机一台，价值 5000 元。

（2）负债。①欠供应商货款共计 1530 万元，其中欠 A 企业 525 万元。②欠发职工工资社会保险费用 200 万元、欠交税款 100 万元。③破产案件的受理费、文件送达费、律师费等费用 15 万元；需要支付甲会计师事务所报酬 30 万元；受无因管理而须支付的费用 12 万元。④管理人执行职务时，贸易公司的库房货物堆积不合理而倒塌，砸中其中一位工作人员造成其人身伤害，需要支付的医药费等相关费用为 20 万元。

根据以上情况，结合《企业破产法》的规定回答下列问题：

（1）人民法院裁定受理该破产案件的时间、裁定送达的时间以及通知债权人和公告的时间是否符合规定？分别说明理由。

（2）人民法院确定的债权申报期限是否符合规定？并说明理由。

（3）第一次债权人会议的召开时间是否符合规定？并说明理由。

（4）乙企业是否有权要求管理人提供担保？并说明理由。

（5）管理人决定解除与丙服装厂的合同后，对于造成的违约金和损失应如何处理？并说明理由。

（6）人民法院受理了贸易公司的破产案件后，税务机关扣押的该批货物应如何处理？并说明理由。

（7）工商银行和丁公司共同申报债权的方式是否符合规定？并说明理由。
（8）对于甲公司无偿转让的 150 万元财产，管理人的做法是否符合规定？并说明理由。
（9）破产企业的破产费用的数额为多少？共益债务的数额为多少？
（10）请说明贸易公司财产的清偿顺序。
（11）A 企业可以获得的清偿额为多少？（小数点后保留两位）

实践活动

1．起草合伙协议书或有限责任公司章程

活动名称	起草合伙协议书或有限责任公司章程
活动目的	通过模拟起草合伙协议书或有限责任公司章程，熟悉这些法律文书要包括的内容等，获得拟订这些文书的技能
活动要求	起草的合伙协议书或有限责任公司章程必须完全仿真，而且填写的各项内容必须准确规范
活动安排	将学生进行分组，然后每位学生模拟合伙人或有限责任公司发起人，按照活动要求完成合伙协议书或有限责任公司章程
活动考核	各组学生汇报起草思路和过程，由教师根据各组提供的合伙协议书或有限责任公司章程的正确性和规范性进行综合考核

2．模拟设立个人独资企业、合伙企业或有限责任公司

活动名称	模拟设立个人独资企业、合伙企业或有限责任公司
活动目的	通过本实践活动，让学生获得模拟设立个人独资企业、合伙企业或者有限责任公司的能力
活动要求	要求能正确下载和填写有关企业设立的申请表格，准备好设立登记的相关文件，熟悉工商登记的程序
活动安排	让学生模拟个人独资企业的投资人、合伙企业的合伙人或有限责任公司的发起人，准备设立相应企业的所有文件，并按规定程序办理
活动考核	教师根据学生在实践过程中的表现及准备的资料的完整性和规范性进行综合考核

3．收集和分析典型案例

活动名称	收集和分析典型案例
活动目的	通过让学生去收集现实生活中有关企业设立或破产等的典型案例，使学生体会不同形态企业的法律风险，培养其分析问题和解决问题的能力
活动要求	要求每位学生收集的案例应尽量具有新颖性、典型性等特点；对搜集到的案例要有个人的分析和体会
活动安排	给定时间，让学生利用课余时间借助报纸、网络等收集发生在身边的典型企业法案例或破产案例，并按照活动要求完成案例的分析，写出自己的体会
活动考核	教师根据学生提交的案例材料和完成的案例分析及体会等给出评价

课外阅读

1．赵旭东. 新公司法案例解读. 北京：人民法院出版社，2005
2．齐树洁. 破产法. 厦门：厦门大学出版社，2007
3．吴家曦. 中小企业创业经营法律风险与防范策略. 北京：法律出版社，2008
4．史际春. 企业和公司法. 北京：中国人民大学出版社，2008
5．中国法院网：http://www.chinacourt.org
6．中国民商法律网：http://www.civillaw.com.cn
7．《个人独资企业法》、《合伙企业法》、《公司法》、《破产法》全文等
8．110 法律咨询网：http://www.110.com

模块三　企业交易与担保法律制度与实务

企业交易中涉及的法律知识很多，但以合同法律制度最为重要。合同作为市场交易的主要规则，是连接购销，沟通生产与消费的纽带，合同制度也成了维系经济关系正常发展必不可少的法律制度。企业作为最主要的市场主体，其生产经营，从资金筹措，原材料购进，零部件加工，到产成品的销售，售后服务，以及科技开发与成果转让，对外经济贸易往来等无不与合同相联系。这一模块的主要内容包括《合同法》、《物权法》和《担保法》，通过本模块的学习，要达到以下目标：

知识目标

1. 熟悉合同的含义及其分类；
2. 掌握合同订立的形式、程序和内容；
3. 正确理解合同的各种效力状态；
4. 熟悉合同履行中的抗辩权、代位权和撤销权；
5. 了解合同变更和转让的条件；
6. 掌握合同解除条件和后果及违约责任；
7. 理解担保的种类及各自特点。

能力目标

通过本模块的学习，使学生具备运用合同法知识分析相关案例的能力；培养学生起草、审核简单合同文书的能力；初步具备分析合同的效力、解除合同和对合同违约进行正确处理的能力，真正做到学以致用，具备维护公司和自身的合法权益的职业素质。

案例导读

2004 年，宁波 A 有限公司（以下简称“A 公司”）与浙江 B 建设有限公司（以下简称“B 公司”）签订《建设工程合同》一份，约定由 A 公司出资，B 公司承建沿海码头一座（合同标的 1 000 多万元），合同中对码头建设的精确地点未作明确约定，只约定了按 A 公司的设计图纸施工。签订合同前，A 公司的工作人员曾用手指的方式指定过建设地点，结果 B 公司对图纸所示码头的位置未作深入调查研究，就签订了《建设工程合同》，并约定违约金为 300 万元。当 B 公司一进入实际施工，发现 A 公司图纸要求的码头位置比其工作人员原指定的位置外延了十余米，这十余米的外延距离将使码头不能按常规方式施工，需按深海施工的方式施工，将增加成本1 000余万元。本身就薄利的这一建设工程，再增加1 000万元成本将导致严重亏损，于是B公司找A公司协商，未果的情况下，B公司拒绝施工，A公司于是向人民法院起诉要求B公司支付300万元的违约金。

该案一审的争议焦点是：合同是否有效，以及B公司不接受图纸所示的位置的施工是否属于违约。

一审法院认为双方合同合法有效，支持了原告A公司主张支付违约金的请求。二审法院进一步审理发现B公司不具有工程业务承接的资质等级，双方都有过错，因此确认了双方签订的合同无效，并根据双方的过错和实际损失做出了新的判决。（案例来源：吴家曦主编《中小企业创业经营法律风险与防范策略》，法律出版社）

【案例启示】 本案中，一方面，当事人B公司对建设合同中工程具体位置未进行认真审核和书面约定，造成双方发生争议，付出了一定的代价。所以在合同签订中要对条款进行认真审核，有时候合同条款中的一字之差，可能会产生截然不同的结果，正所谓“失之毫厘，谬以千里”。另一方面，当事人A公司由于在订立合同前没有对B公司的资质进行审查，最终导致合同被判无效，同样会遭受一定的损失。所以该案告诉我们，在签订合同之前对当事人进行资格审查也是必不可少的，正所谓“害人之心不可有，防人之心不可无”。当然，如果真发生了纠纷，则事后的救济对挽回损失也是非常重要的。所以必须要重视和学习企业交易中的合同法律风险。

任务1 订立合同

【任务导入】

2005年年底，浙江A房产集团有限公司（以下简称“A公司”）联合杭州市上城区B局（以下简称“B局”）等三家单位共同建设某商业中心，商业中心建设需要价值数百万元的空调设备，于是A公司向几家单位邀请招标，其中山东烟台C有限公司（以下简称“C公司”）也接到了邀请，参加了投标，并缴纳了25万元的投标保证金。2006年3月，A公司等建设单位自行开标，做出了C公司中标的决议，但主要设备的价格要下调，并口头要求C公司一周内来公司签订正式采购合同。C公司无法接受新的下调价格，因此未签合同，经数周协商未果。A公司于是与其他空调设备公司以高出给C公司数十万元的价格另购设备。C公司得知已无法合作的情况下，要求返还25万元的投标保证金，A公司、B局等三家建设单位以C公司主动放弃签约导致建设单位另寻供货商损失数十万元为由拒绝返还投标保证金，C公司于是向杭州上城区人民法院起诉要求返还25万元投标保证金并要求赔偿相应损失。（案例来源：吴家曦主编《中小企业创业经营法律风险与防范策略》，法律出版社）

请问：法院应如何判处该案？

相关知识

一、合同的概念、特征及其分类

（一）合同的概念、特征

合同也称契约，是平等主体的自然人、法人、其他组织之间设立、变更、终止民事权利义务关系的协议。合同具有以下特征：

（1）合同当事人在法律上的地位是平等的。合同的各方当事人，不论是公民还是法人，不论其经济实力和所有制形式如何，其法律地位都是平等的。

（2）合同是一种民事法律行为。合同以意思表示为要素，并且按意思表示的内容赋予法律效果，故为民事法律行为，而非事实行为。

（3）合同是双方或多方的民事法律行为。合同是两个或两个以上当事人之间自愿协商所达成的协议，而不是单方的民事行为。

（4）合同是当事人意思表示一致的民事法律行为。合同关系的本质特征是当事人自愿协商一致，又称“合意”，其目的是设立、变更和终止民事关系。而其他种类财产关系基本是依法律规定直接产生的，如侵权关系、物权关系等。

（二）合同的分类

合同按不同的标准，可以做不同的分类。我国常见的合同分类有：

1．要式合同和不要式合同

这是根据合同的成立、生效是否需要特定的形式来划分的。要式合同是指法律规定必须具备一定的形式或手续才能生效的合同；而不要式合同是指不需要法定或约定的形式即能生效的合同。但不要式合同并非排斥合同采取书面、公证等形式，只不过法律不强求特定的形式，允许当事人合意选择合同的形式。

2．诺成合同和实践合同

这是根据合同的成立是否以交付标的物或完成其他给付为条件进行的分类。所谓诺成合同，是指当事人一方的意思表示一旦经对方同意即可成立的合同；实践合同，又称要物合同，是指除当事人意思表示一致外，还须交付标的物或完成其他给付才能成立的合同。

3．双务合同和单务合同

这是以给付义务是否由当事人互负为标准来划分的。所谓双务合同是指当事人双方互负对等给付义务的合同，如买卖、租赁、承揽等合同；而单务合同是指合同当事人仅有一方负担给付义务的合同，如赠予、借用等合同。

4．有偿合同和无偿合同

这是根据当事人获得利益是否给付相应代价来划分。有偿合同是指一方通过履行合同规定的义务而给对方某种利益，对方要得到该利益必须支付相应代价的合同，如买卖、租赁、保险等合同；无偿合同是指一方给付某种利益，对方取得该利益时并不给付任何代价的合同，如赠予、借用等合同。一般说来双务合同都是有偿合同，而单务合同却并非皆为无偿合同。

5．有名合同和无名合同

根据法律是否规定了一定合同的名称，可以将合同分为有名合同与无名合同。有名合同，又称为典型合同，是指法律上已经确定了一定的名称及规则的合同。有名合同首先是指《合同法》分则部分规定的15类基本的合同类型，其次根据《合同法》第123条“其他法律对合同另有规定的，依照其规定”的要求，它还包括其他法律中所确定的有名合同，如《保险法》中的保险合同、《海商法》中的海上运输合同等；无名合同，又称非典型合同，是指法律上尚无一定的名称与规则的合同。

6．主合同和从合同

根据合同相互间的主从关系，可以将合同分为主合同与从合同。主合同是指不需要其他合同的存在即可独立存在的合同；而从合同，是以其他合同的存在而为存在前提的合同。

二、合同的内容和形式

（一）合同的内容

当事人依程序订立合同，形成合同条款，确定了各方当事人的权利和义务，从而构成了合同的内容。根据《合同法》的有关规定，合同的内容由当事人约定。合同一般应包括以下条款：

1．当事人的名称或姓名及住所

这是合同必备的首要条款。当事人是合同权利义务的承受者，并由其名称或姓名及住所加以特定化、固定化，具体合同条款必须写清当事人名称或姓名及住所，这样才能明确合同主体和联络方法。

2．标的

标的是合同权利义务指向的对象，是一切合同的主要条款。合同标的既可以是物，也可以是行为，还可以是智力成果，标的条款必须清楚地写明标的名称，以使标的特定化，能够界定权利义务。

3．数量

合同标的物的具体数量，是以数字和计量单位对合同标的进行的量度确定，即衡量标的的大小、多少、轻重等，是确定当事人权利义务的标准。

4．质量

合同标的的质量要求，是指以某种物质的成分、含量、尺寸、性能等表示的合同标的内在素质和外在形象的状况。由于许多产品和服务等质量涉及人身和财产安全，国家制定了质量的一些强制性标准。当事人在订立合同时如果有这些标准的，不得低于国家或行业的强制性标准。除此之外，当事人可以自由协商确定质量标准。

5．价款或者报酬

价款，通常是指当事人一方为取得对方出让标的物，而支付给对方一定数额的货币；报酬，通常是指当事人一方为对方提供劳务、服务等，从而向对方收取一定数额的货币报酬。

6．履行期限、地点和方式

履行期限是指合同履行的起始时间和终止时间，它直接关系到合同义务完成的时间，涉及当事人的期限利益，也是确定违约与否的因素之一。履行地点是确定验收地点的依据，是确定运输费用由谁负担、风险由谁承受的依据，有时是确定标的物所有权是否转移、何时转移的依据，还是确定诉讼管辖的依据之一。履行方式指当事人履行自己承担义务的方式方法，同样事关当事人的物质利益，合同应写明，但对于大多数合同来说，它不是主要条款。

7．违约责任

违约责任是促使当事人履行债务，使守约方免受或少受损失的法律措施，对当事人的利益关系重大，合同应予以明确。但由于违约责任是法律责任，即使合同中没有违约责任条款，只要未依法免除违约责任，违约方仍应负责。

8．解决争议的方法

解决争议的方法是指在履行合同过程中发生违约后，通过什么样的方法来处理，通常涉及解决争议的程序、法律适用、检验或鉴定机构的选择等。如仲裁条款、选择诉讼法院的条款、涉外合同中的法律适用条款等，均属解决争议的条款。

（二）合同的形式

合同的形式是合同内容的外部表现，是合同内容的载体。根据我国《合同法》第10条规定，当事人可以采取以下形式：

1．口头形式

是指当事人只用语言为意思表示而订立合同。合同采取口头形式，不须当事人特别指明。凡当事人无约定、法律未规定须采用特定形式的合同，均可采用口头形式。口头形式适合于标的金额较小的、能即时结清的合同，但其缺点是发生纠纷时，举证较为困难。所以对于不能即时结清和标的数额较大的合同，不宜采用这种形式。

2．书面形式

是指以文字表现当事人所订合同的形式。《合同法》第11条规定，书面形式是指合同书、信件以及数据电文（包括电报、电传、传真、电子数据交换和电子邮件）等可以有形地表现所载内容的形式。书面形式的优点在于合同有据可查，发生纠纷时容易举证，便于分清责任。因此，对于关系复杂的合同、重要的合同，最好采取书面形式。

3．其他形式

主要是指行为推定形式。当事人未用语言、文字表达其意思表示，仅用行为向对方发出要约，对方接受该要约，做出一定或指定的行为作为承诺，合同成立。

三、合同订立的程序

《合同法》第13条规定："当事人订立合同，采取要约、承诺方式。"要约和承诺是合同成立的基本规则，也是合同成立必经的两个阶段。

（一）要约

要约又称发盘、出盘、报价或发价等。《合同法》第14条规定："要约是希望和他人订立合同的意思表示。"即要约是一方当事人以缔结合同为目的，向对方当事人所作的意思表示。发出要约的人称为要约人，接受要约的人称为受要约人、承诺人。

1．要约的有效条件

要约的意思表示必须表明经受要约人承诺，要约人即受该意思表示拘束。而一项要约要发生法律效力，必须具备以下构成要件：

（1）要约是由具有订约能力的特定人做出的含有合同条件的意思表示。只有要约人是特定的人，受要约人才能对之承诺。此外，《合同法》第9条规定："当事人订立合同，应当具有相应的民事权利能力和民事行为能力。"无行为能力人或依法不能独立实施某种行为的限制行为能力人发出欲订立合同的要约，不应产生行为人预期的效果。

（2）要约必须具有订立合同的意图。由于要约具有订约意图，要约人必须向受要约人表明，要约一经承诺，合同即告成立，要约人要受到要约的拘束。

（3）要约原则上应向一个或数个特定人发出，除非法律有特别规定。如对悬赏广告可明确规定为要约。

（4）要约的内容必须具体确定。要约的内容必须具有足以使合同成立的主要条款，且内容必须确定，不能含混不清，以便受要约人做出承诺。

2．要约邀请

又称为引诱要约，指希望他人向自己发出要约的意思表示。要约邀请只是引诱他人发出要约，其目的不是订立合同，它不能因相对人的承诺而成立合同。根据《合同法》第15条的规定，寄送的价目表、拍卖公告、招标公告、招股说明书等为要约邀请，但商业广告内容符合要约规定的，视为要约。

3．要约的生效时间

《合同法》第16条规定："要约到达受要约人时生效。"采用数据电文形式订立合同，收件人指定特定系统接收数据电文的，该数据电文进入该特定系统的时间，视为到达时间；未指定特定系统的，该数据电文进入收件人的任何系统的首次时间，视为到达时间。

4．要约的撤回与撤销

要约的撤回是指要约人在发出要约以后，未到达受要约人之前，有权宣告取消要约。根据《合同法》的规定，只要撤回的通知先于或同时与要约到达受要约人，便能产生撤回的效力。要约的撤回是针对尚未生效的要约，是尊重要约人的意志和利益的体现，也不损害受要约人的利益。

要约的撤销是指要约人在要约到达受要约人并生效以后，将该项要约取消，从而使要约的效力归于消灭。要约可以撤销，但撤销要约的通知应当在受要约人发出承诺通知之前到达受要约人。由于撤销要约时要约已经生效，因此对要约的撤销必须要有严格的限制：

（1）要约人确定了承诺期限或以其他形式明示要约不可撤销。

（2）受要约人有理由认为要约是不可撤销的，并为履行合同做了准备工作。

5．要约的失效

要约的失效是指要约丧失其法律效力，要约人和受要约人均不受其约束。要约失效的原因主要有以下几种：

（1）要约存续期间届满。要约中规定了承诺期间的，受要约人未于此期间承诺，该期间届满时要约即失去效力。要约中未规定承诺期间的，以对话形式做出要约的，受要约人未立即承诺，要约即失去效力；非以对话形式为要约的，依通常能收到承诺所需的合理期间内未受到承诺时，要约即失去效力。

（2）受要约人拒绝要约。其方式可以明示拒绝，也可以在承诺期间不作答复而拒绝。

（3）要约人依法撤销要约。

（4）对要约的实质性变更。承诺对要约的内容做出实质性变更的，视为新要约。

（二）承诺

承诺是指受要约人同意接受要约的条件以缔结合同的意思表示。承诺一旦生效，合同即告成立。

1．承诺的有效条件

（1）承诺必须由受要约人向要约人做出。只有接受要约的特定人即受要约人才有权做出承诺，第三人因不是受要约人，当然无资格向要约人做出承诺，否则视为发出要约。

（2）承诺必须在规定的期限内到达要约人。如果要约规定了承诺期限，则应当在规定的承诺期限内到达；在没有规定期限时，如果要约是以对话方式做出的，承诺人应当即时做出承诺，如果要约是非对话方式做出的，应当在合理的期限内做出并到达要约人。

（3）承诺的内容必须与要约的内容一致。受要约人必须同意要约的实质内容，不得对要约的内容做出实质性变更；否则不构成承诺，应视为对原要约的拒绝并做出一项新要约，或称为反要约。按照《合同法》第 30 条，有关合同的标的、数量、质量、价款或报酬、履行期限、履行地点和方式、违约责任和解决争议的方法等条款属于实质性内容。对非实质性内容做出更改，不应影响合同成立。

（4）承诺的方式符合要约的要求。承诺原则上应采取通知方式，但根据交易习惯或要约表明可以通过行为做出承诺的除外。如果要约规定承诺必须以一定的方式做出，否则承诺无效，在此情况下，承诺的方式成为承诺生效的特殊要件。

2．承诺的生效时间

承诺通知到达要约人时生效。承诺不需要通知的，根据交易习惯或要约的要求做出承诺的行为时生效。采用数据电文形式订立合同的，承诺到达的时间的确定，如同要约到达时间的确定。承诺生效时合同成立。

3．承诺迟延和承诺撤回

受要约人超过承诺期限发出承诺的，除要约人及时通知受要约人该承诺有效的以外，为新要约。受要约人在承诺期限内发出承诺，按通常情形能及时到达要约人，但因其他原因如电报故障、信函误投等传达故障，致使承诺到达要约人时超过承诺期限的，除要约人及时通知受要约人因承诺超过期限不接受该承诺的以外，该承诺有效。

承诺可以撤回。撤回承诺的通知应当在承诺通知到达要约人之前或与承诺通知同时到达要约人。如果承诺通知已经生效，合同已经成立，则受要约人当然不能再撤回承诺。

四、合同成立的时间和地点

（一）合同成立的时间

合同成立的时间是由承诺实际生效的时间所决定的。以通知方式做出承诺的，有效的通知到达要约人的时间为合同成立的时间；根据交易习惯或要约要求可以通过行为做出承诺的，受要约人做出该承诺行为的时间为合同成立时间。但对特殊形式订立的合同，应按法律的特殊规定确定合同的成立时间：

（1）当事人采取合同书形式订立合同的，自双方当事人签字或盖章时合同成立。

（2）当事人采用信件、数据电文等形式订立合同的，可以在合同成立前要求签订确认书，签订确认书的时间为合同成立的时间。

（3）采用数据电文形式订立合同的，如果要约人指定了特定系统接受数据电文的，则受要约人的承诺的数据电文进入该特定系统的时间视为到达时间；未指定特定系统，该数据电文进入要约人的任何系统的首次时间，视为到达时间。

（4）法律、行政法规规定或当事人约定采用书面形式订立合同的，而当事人未采用，但一方已经履行主要义务，对方接受的，该合同成立；采用合同书形式订立合同，没有签字或盖章之前，一方当事人已经履行主要义务，对方接受的，该合同有效。但需办理批准、登记等手续才能生效的合同除外。

（5）签订要式合同，以完成法律、法规规定的特殊形式为成立时间。

（二）合同成立的地点

承诺生效的地点为合同成立的地点。但根据合同为不要式或要式而有所区别。不要式合同应以承诺发生效力的地点为合同成立地点，而要式合同则以完成法定或约定形式的地点为合同成立地点。

五、缔约过失责任

（一）缔约过失责任的概念

所谓缔约过失责任，是指在合同缔结过程中，一方因违背诚实信用原则所应尽的义务，而致另一方的信赖利益受损失，应承担的民事责任。这一概念包含以下几层意思：

（1）缔约过失责任发生在合同缔结的过程中。

（2）一方违反了以诚实信用原则为基础的先契约义务。所谓先契约义务是指合同成立前的缔约过程中，当事人依据诚实信用原则而应负的通知、协助、保护及保密等义务。

（3）违反先契约义务的行为给对方造成了损失。作为缔约过失责任构成要件的损害是缔约相对人因相信契约有效成立而遭受的损害，即信赖利益的损害。信赖利益减少既包括为订立合同而支出的必要费用，也包括因此而失去的商机。但信赖利益的损失不应包括因合同的成立和生效将获得的期待利益，此种损失属于违约损害赔偿的范围。

（4）违反先契约义务的一方当事人具有过失。

（二）缔约过失责任的主要类型

根据《民法通则》及《合同法》第42、43条规定，缔约过失责任主要有如下几种类型：

（1）假借订立合同，恶意进行磋商。

（2）故意隐瞒与订立合同有关的重要事实或提供虚假情况。

（3）泄露或不正当地使用商业秘密。

（4）因一方当事人的过错，致使合同被宣告无效或被撤销的。

（5）其他违背诚实信用原则的行为。如一方未尽通知、协助义务，增加了相对方的缔约成本而造成的财产损失；一方未尽照顾、保护义务，造成相对方的人身、财产损害等。

案例分析

××年2月5日，某市新新制衣公司为了推动新款服装快速上市以抢占市场，急于购进大量优质布匹。因此其分别向邻市A、B两家纺织厂发传真说："我公司因业务需要，急于订购2 000匹优质×型号的毛呢布料，贵公司如有充足货源，望能及时回电。"A、B两家纺织厂于2月7日均回电称："本公司有充足货源，愿与贵方订立合同"，并将价格表一并回电了制衣公司。B纺织厂在给制衣公司回电的次日即2月8日就派本厂职工载2 000匹布料送往该公司。制衣公司在2月10日收到两厂的回复之后，比较了A、B两家纺织厂的价格，认为A纺织厂的价格更优惠、合理，遂于11日复电称："愿按贵方价格条件订立合同，请速派人前来送货。"A纺织厂于13日接函当天即回复说次日即派人前往送货。在制衣公司于15日刚收到A纺织厂的复函后，发现B纺织厂负责送货的职工已到。制衣公司告诉其已与A纺织厂订立合同，不能再收B纺织厂的货。B厂不服，坚决要求其收货付款，双方争执不下，诉诸法院。（案例来源：杨立新主编《合同法判例与学说》，吉林人民出版社）

请问：该案中新新制衣公司与A、B两纺织厂的合同是否成立？

解析：本案处理的关键在于认清要约、要约邀请的区别。本案中新新制衣公司于2月5日向A、B两厂所发的关于："我公司因业务需要，急于订购2000匹优质×型号的毛呢布料，贵公司如有充足货源，望能及时回电"的传真，只是表示出一种希望他人向自己发出要约的意思表示，对于价格等问题均未涉及，内容不够具体明确，显然不是要约而是要约邀请。A、B两厂在接到新新制衣公司的要约邀请之后，都于2月7日回电称："本公司有充足货源，愿与贵方订立合同"，并将价格表一并回电了制衣公司，这表明了A、B两厂向制衣公司表达了他们希望与之订立合同的意思，是一种要约行为。该要约在2月10日到达制衣公司之后，方才生效。制衣公司在比较了A、B两厂的价格之后，于2月11日决定向A厂做出承诺，承诺的通知于2月13日到达要约人A厂，至此新新制衣公司与A厂之间的合同正式成立。至于B厂在2月7日向制衣公司发出要约之后，在2月8日即派人前往送货，也就是说在要约生效之前已做出了履行行为，况且制衣公司拒绝了B厂提出的要约，因此新新制衣公司与B厂之间的合同没有成立，B厂要求其收货付款的行为也是没有法律依据的。

任务2 确认合同的效力

【任务导入】

原甲公司业务员张某在火车上遇到与甲公司有长期业务关系的乙厂经理陈某，闲聊中张某得知乙厂正准备进行技术改造，需购置一台精密仪表。张某表示甲公司有这方面的业务关系，可以代为采购。双方达成协议。乙厂按规定时间向甲公司寄去预付款10万元人民币。但到合同约定的交货日期，甲公司却以张某在与乙厂签订合同时已是该公司下岗人员，没有该公司业务代理权为由，拒绝履行合同；乙厂却认为甲公司并没有把解除张某代理业务权的情况通知自己，且张某仍具有盖有甲公司专用章的空白合同书，自己没有过错。双方为此发生纠纷。经协商，甲公司同意在15日内履行合同，乙厂同意追加1%的代理费。但15日后，甲公司仍未能购到乙厂需要的仪表。乙厂催告甲公司因时间紧迫，只能再给10日的宽限期，届时仍不履行合同，将解除合同并追究责任。但期限过后，甲公司仍未购到乙厂急需的精密仪表。乙厂为此损失15万元人民币。于是乙厂提出解除合同，要求甲公司退还预付款，并赔偿损失。

请问：张某代理甲公司与乙厂签订的合同是否有效？为什么？

相关知识

合同的效力是指合同依法成立之后，对当事人具有的法律约束力。通常有生效、无效、可变更、可撤销和效力待定四种情况。

一、合同的生效

（一）合同的生效条件

所谓合同生效，是指已经成立的合同在当事人之间产生了一定的法律约束力。但合同成立后并不是当然生效的，合同生效应具备以下条件：

（1）行为人具有相应的行为能力。就自然人而言，完全民事行为能力人可以以自己的行为订立合同；限制民事行为能力人只能订立与其年龄、智力和精神健康状况相适应的合同；无民事行为能力人原则上不能独立实施民事行为。而就法人或其他组织而言，其从事经营活动的民事行为能力，受到业务、经营范围的限制。但根据《合同法》第50条的规定，法人或者其他组织的法定代表人、负责人超越权限订立的合同，除相对人知道或者应当知道其超越权限的以外，该代表行为有效。

（2）当事人的意思表示真实。

（3）不违反法律和社会公共利益。

一般情况下，合同具备上述有效要件，即可生效。但法律、行政法规规定，合同应当办理批准、登记等手续才生效的，应依照其规定。

（二）合同的生效时间

合同的生效时间有以下几种情形：

（1）依法成立的合同自合同成立时生效。

（2）法律、行政法规规定应当办理批准、登记手续的合同，合同的生效时间为办理完毕批准、登记手续的时间。

（3）附生效条件的合同，自条件成就时生效。当事人为自己的利益不正当地阻止条件成就的，视为条件已成就；不正当地促成条件成就的，视为条件不成就。

（4）附生效期限的合同，自期限届至时生效。

二、无效合同

（一）无效合同的概念

无效合同是指不具备合同的有效条件且不能补救，对当事人自始即不应具有法律约束力的应由国家予以取缔的合同。

（二）无效合同的种类

有下列情形之一的，合同无效：

（1）一方以欺诈、胁迫的手段订立合同，损害国家利益。受欺诈、胁迫手段实施的合同行为并不当然无效，而只有该行为的结果损害国家利益时，该合同才绝对无效。

（2）恶意串通，损害国家、集体或第三人利益。

（3）以合法形式掩盖非法目的。

（4）损害社会公共利益。

（5）违反法律、行政法规的强制性规定。

三、可变更、可撤销合同

（一）可变更、可撤销合同的概念

可变更、可撤销合同是指因意思表示瑕疵而应撤销授权人请求，由法院或仲裁机构变更其内容或使其效力自动消灭的合同。

（二）可变更、可撤销合同的种类

根据《合同法》的规定，可变更、可撤销的合同有以下几种类型：

1. 因重大误解订立的合同

重大误解的构成，从主观方面看，行为人的认识与客观事实存在根本性的背离；从客观方面看，因为发生这种背离，给行为人造成了较大损失。如行为人因对行为的性质，标的物的品种、规格、质量和数量，以及法律关系的主体发生错误认识，使行为的后果与行为人的意思相悖，造成较大损失的，构成重大误解，行为人可提出撤销该合同。

2. 显失公平订立的合同

显失公平的合同是指合同中双方当事人的权利与义务明显不对等，使一方遭受重大不利的合同。显失公平的合同往往是一方当事人利用优势或利用对方没有经验，致使双方的权利义务明显违反公平、等价有偿原则。

3. 欺诈、胁迫订立的合同

一方以欺诈、胁迫手段使对方违背真实意思订立合同，给对方当事人造成损害的，属于可变更、可撤销合同。

4. 乘人之危的合同

一方当事人乘对方于危难之机，为牟取不正当利益，迫使对方做出不真实的意思表示，严重损害对方利益的，可以认定为乘人之危行为。

（三）撤销权及其行使

撤销权是享有撤销权的当事人，诉诸法院或仲裁机构，从而使合同的效力归于消灭的权利。当事人请求变更的，人民法院或仲裁机构不得撤销。

具有撤销权的当事人自知道或应当知道撤销事由之日起 1 年内没有行使或具有撤销权的当事人知道撤销事由后明确表示或以自己的行为放弃撤销权的，撤销权消灭。

四、效力待定合同

（一）效力待定合同的概念

效力待定的合同，是指合同虽已成立，但是否生效尚不确定，只有经过特定当事人的行为，才能确定生效或不生效的合同。

（二）效力待定合同的主要类型

1. 限制民事行为能力人所实施的依法不能独立实施的合同

限制民事行为能力人订立的合同，经法定代理人追认后，该合同有效，但纯获利益的合同或者与其年龄、智力、精神、健康状况相适应而订立的合同，不必经法定代理人追认。相对人可以催告法定代理人在 1 个月内予以追认；法定代理人未做表示的，视为拒绝追认。

2. 无权处分行为所订之合同

无权处分行为，是指无处分权人以自己的名义处分他人之物或权利的行为。由于实施处分行为的人无处分权，因而一般无效，但经权利人追认或无处分权人在订立合同后取得处分权，其权利瑕疵即得到补救，该合同有效。

3. 无权代理行为所订之合同

无权代理包括行为人没有代理权、超越代理权和代理权终止后的代理三种情形。无权代理所订立的合同是效力待定合同，其具体效力表现为：

（1）未经追认的合同由行为人承担责任。无权代理所订立的合同未经代理人追认的，对被代理人不发生法律效力，由行为人承担责任。

（2）经追认而成为有权代理。无权代理所订之合同如果被代理人追认后，就相当于授予行为人代理权，无权代理就转化为有权代理，该合同因代理瑕疵的补正而有效，被代理人由此承担合同的债权债务。无权代理行为相对人依法可行使催告权，如果被代理人在 1 个月催告期内未予以追认的，视为拒绝追认，被代理人也同时丧失追认权。

（3）经善意相对人行使撤销权而无效。在合同未被追认之前，不知行为人没有代理权的善意相对人有撤销的权利。撤销应当以通知的方式做出，撤销一经做出，合同即归于无效。

但《合同法》第 49 条规定："行为人没有代理权、超越代理权或者代理权终止后以被代理人名义订立合同，相对人有理由相信行为人有代理权的，该代理行为有效。"

五、合同无效或被撤销后的法律后果

无效合同或被撤销的合同自始没有法律约束力。合同部分无效，不影响其他部分效力的，其他部分仍然有效。无效或被撤销的合同发生如下法律后果：

1．返还财产

合同被确认无效或被撤销后，原物存在的，交付财产的一方可行使所有物返还请求权，请求受领财产的一方返还财产。原物不存在的，交付财产的一方可主张不当得利返还请求权，要求对方返还不当得利。

2．赔偿损失

因当事人的过错致使合同无效或被撤销，有过错的一方应当赔偿对方因此所受到的损失；双方都有过错的，应当按各自的过错大小承担相应的责任。

3．其他法律后果

《合同法》规定："当事人恶意串通，损害国家、集体或第三人利益的，因此取得的财产应当收归国有或返还集体、第三人。"

案例分析

某国有企业的法定代表人王某与某私营企业主李某是业务上的往来伙伴。李某的企业因被骗购进了 300 吨没有利用价值的矿砂，企业因此陷入了困境。于是，李某找到王某，希望王某的国有企业收购这批矿砂，王某表示目前企业原料积压，暂时不需要再购进原料。李某对王某说如果不收购这批矿砂，王某个人借给他的 10 万元钱就别想要回去了。王某知道李某为人无赖，害怕李某的企业垮台，借出去的钱变成了肥皂泡，况且购买矿砂又不违法，对自己也没有损失。于是王某便代表其所在的国有企业与李某的企业订立合同，收购这批矿砂。后来王某所在的国有企业发现该批矿砂根本无法使用，遂追究经办人王某的责任。同时该国有企业向法院提起诉讼，要求李某的企业赔偿损失。（案例来源：杨立新主编《合同法判例与学说》，吉林人民出版社）

请问：该案中王某代表国有企业与李某的企业订立的合同效力如何？为什么？

解析：该案中王某代表国有企业与李某的企业订立的合同应属无效。因为本案中，李某在明知矿砂有质量问题，王某不可能愿意购买的情况下，以不归还王某的10万元债务作为威胁。而王某知道李某为人无赖，害怕李某的企业垮台，借出去的钱变成了肥皂泡，正是出于这种财产损失的恐惧，王某违背原来的真实意愿，代表自己所在的企业与李某的企业订立了合同。依照《合同法》第52条的规定，有下列情形之一的，合同无效：①一方以欺诈、胁迫的手段订立合同，损害国家利益；②恶意串通，损害国家、集体或第三人利益；③以合法形式掩盖非法目的；④损害社会公共利益；⑤违反法律、行政法规的强制性规定。本案中的合同正是王某在李某的胁迫之下与之订立的，造成了国有资产的流失，损害了国家利益，应属无效合同。李某的私营企业因合同所取得的利益应归还给该国有企业，同时应赔偿该国有企业因合同所遭受的其他损失。

任务3 履行合同

【任务导入】

2000年6月2日，牟某驾车与卞某驾驶的无牌农用三轮车相撞受重伤，经抢救无效死亡。交警部门认定牟某负事故的同等责任。2001年5月24日，牟某之妻万某以车主贾某为被告向法院提起人身损害赔偿之诉，法院于8月30日判令贾某赔偿万某等人各类款项5.6万余元。判决生效后，贾某以经济状况较差为由未履行赔偿义务。

2002年1月11日，万某以保险公司为被告提起诉讼，认为贾某在保险公司投有车辆保险，现在其既不履行生效判决，也不积极向保险公司主张保险赔偿金。依据《合同法》的有关规定，要求代位行使贾某对保险公司的债权。法院查明，2000年3月30日贾某与保险公司签订了车辆保险合同。事故发生后，贾某于6月3日通知了保险公司，7月10日与保险公司签订了车辆损失情况确认书，但始终没有行使保险赔偿请求权。

请问：法院应如何判处该案？

相关知识

当事人订立合同，是为了实现预期目的，而这种目的的实现只有通过合同的实际履行才能达到，因此合同履行是合同中一个极为重要、关键的环节。本部分主要是关于合同履行原则、合同条款不明确时如何履行及有关抗辩权等的规定。

一、合同履行的概念和原则

（一）合同履行的概念

合同的履行，是指债务人全面地、适当地完成其合同义务，实现债权人的合同债权。合同的履行是依法成立的合同所必然发生的法律效果。

（二）合同履行的原则

合同履行的原则，是当事人在履行合同债务时所应遵循的基本准则。它包括：

1．适当、全面履行原则

指当事人按照合同规定的标的及其质量、数量，由适当的主体在适当的履行期限、履行地点以适当的履行方式，全面完成合同义务的履行原则。全面履行合同不会存在违约责任，因此，它是判断当事人是否履行以及是否违约的标准，是衡量合同履行的尺度。

2．诚实信用原则

即当事人应当遵循诚实信用原则，根据合同的性质、目的和交易习惯履行通知、协助、保密等义务。

二、合同履行的规则

合同生效后，当事人就质量、价款或者报酬、履行地点等内容没有约定或者约定不明确的，可以协议补充；不能达成补充协议的，按照合同有关条款或者交易习惯确定，仍不能确定的，适用下列规定：

（1）质量要求不明确的，按照国家标准、行业标准履行；没有国家标准、行业标准的，按照通常标准或者符合合同目的的特定标准履行。

（2）价款或者报酬不明确的，按照订立合同时履行地的市场价格履行；依法应当执行政府定价或者政府指导价的，在合同约定的交付期限内政府价格调整时，按照交付时的价格计价；逾期交付标的物的，遇价格上涨时，按照原价格执行；价格下降时，按照新价格执行；逾期提取标的物或者逾期付款的，遇价格上涨时，按照新价格执行；价格下降时，按照原价格执行。

（3）履行地点不明确，给付货币的，在接受货币一方所在地履行；交付不动产的，在不动产所在地履行；其他标的，在履行义务一方所在地履行。

（4）履行期限不明确的，债务人可以随时履行，债权人也可以随时要求履行，但应当给对方必要的准备时间。

（5）履行方式不明确的，按照有利于实现合同目的的方式履行。

（6）履行费用的负担不明确的，由履行义务一方负担。

三、双务合同履行中的抗辩权

（一）同时履行抗辩权

同时履行抗辩权，是指在未约定先后履行顺序的双务合同中，当事人一方在对方未为对待给付之前，有权拒绝履行合同义务的权利。同时履行抗辩权的行使应当符合下列条件：

（1）双方当事人在同一双务合同中互负债务。

（2）互负的债务同时已届清偿期。

（3）对方未履行债务或履行债务不符合约定。

（4）须对方的对待给付是可能履行的。

（二）后履行抗辩权

后履行抗辩权是指当事人互负债务，有先后履行顺序的，先履行一方未履行之前，后履行一方有权拒绝其履行请求，先履行一方履行不符合约定的，后履行一方有权拒绝其相应的履行请求。构成后履行抗辩权须符合以下要件：

（1）双方当事人在同一双方合同中互负债务。

（2）双方互负的债务须有先后履行顺序，且均已届清偿期。

（3）先履行一方未履行或其履行不符合约定。

（4）应该先履行的债务有履行的可能。

（三）不安抗辩权

不安抗辩权，是指先履行债务一方，有确切证据证明后履行债务一方的履行能力明显降低，有不能为给付的现实危险的，可以中止履行的权利。根据《合同法》的规定，不安抗辩权的行使要符合下列情形：

（1）经营状况严重恶化。

（2）转移财产、抽逃资金，以逃避债务履行。

（3）丧失商业信誉。

（4）有丧失或可能丧失履行债务能力的其他情形。

当事人没有确切证据中止履行的，应当承担违约责任。先履行债务一方中止履行的，应当及时通知对方。对方提供适当担保时，应当恢复履行。"中止履行后，对方在合理期限内未恢复履行能力并且未提供适当担保的，中止履行的一方可以解除合同。"

四、合同的保全

合同的保全是合同债权人为防止合同债务人的财产不当减少而危害其合同债权，对合同关系以外的第三人所采取的保护合同债权的法律措施。

（一）债权人的代位权

代位权是指债权人对于债务人怠于行使其对第三人的权利而有害于债权人的债权时，得以自己的名义代替债务人直接向第三人行使权利的权利。债权人行使代位权应具备以下条件：

（1）债务人对第三人享有权利并怠于行使其权利。债务人虽对第三人享有财产权利，但其积极行使时，债权人的代位权不能成立。只有在债务人有权利行使而怠于行使时，债权人的代位权才能成立。若债务人客观上不能行使，则债权人也不得代位行使。如债务人已被破产宣告，债权人不得代位行使其对第三人的权利。专属于债务人本身的权利（基于抚养、扶养、赡养关系、继承关系产生的给付请求权和劳动报酬、退休金、养老金、抚恤金、安置费、人寿保险、人身伤害赔偿请求权等权利）也不得由债权人代位行使。

（2）债务人履行债务迟延。若债务履行还未到履行期限，不能产生代位权的行使。

（3）债务人的怠于行使损害了债权人的债权。债务人应增加的财产不增加甚至减少都不会危及债权的实现，对债权无任何损害，债权人就不得也不必行使代位权。

债权人的代位权的行使主体是债权人，债务人的各个债权人在符合法律规定的条件下均可以行使代位权。债权人应以自己的名义、以诉讼的方式行使代位权。但债权人代位权行使的范围，应以债权人的债权为限度。

（二）债权人的撤销权

撤销权是指对于债务人实施的减少财产的行为已危及债权人债权实现时，债权人有请求法院撤销其行为的权利。债权人撤销权的行使条件，因债务人所为的行为系无偿行为抑或有偿行为而有所不同。在无偿行为场合，只需具备客观要件；而在有偿行为的情况下，则必须同时具备客观要件与主观要件。

1．客观要件

指债务人客观上实施了一定的危害债权人债权的行为，表现在：

（1）债务人于债权成立后对财产实施了法律上的处分行为。

（2）债务人的行为侵害了债权，即危及到债权实现。

2．主观要件

指债务人和第三人具有主观上的恶意，即明知有害于债权而仍进行行为。债务人所为的行为若为有偿行为，则须债务人与第三人均为恶意时，债权人才可以行使撤销权；若为无偿行为，则不以债务人和第三人的恶意为要件。债务人有无恶意，一般应实行推定原则，即只要债务人实施行为而使其无资力，就推定为有恶意。

撤销权的行使须是债权人以自己的名义、以诉讼的方式，在债权人的债权范围内进行，并且须自债权人知道或应当知道撤销事由存在之日起 1 年内行使。若债权人不知或不应知道撤销事由的存在，撤销权则须自债务人进行行为之日起 5 年内行使，否则，撤销权消灭。

案例分析

张某是某县个体茶农，一次从农户中收购茶叶 1 000 千克，并与某县贸易公司签订了茶叶购销合同。合同规定：贸易公司付定金 10 万元，张某将 1 000 千克茶叶送到该公司验收后 5 日内付款。合同签订后，张某在送货途中偶遇另一个体茶农李某。当时李某正持生效的判决书申请某县法院强制执行该贸易公司去年拖欠茶叶款一案。张某发现，李某所签合同与自己的合同完全相同，于是细心的他便停止送货，先去该公司打听情况。经多方了解，张某发现该贸易公司已拖欠客户巨额茶叶款，并初步证实该贸易公司经营状况严重恶化。请问：张某不履行交付茶叶的行为合法吗？

解析：《合同法》规定，应当先履行义务的当事人，有确切证据证明后给付义务人符合下列情形之一的，可以中止履行合同：①经营状况严重恶化；②转移财产、抽逃资金以逃避债务履行；③丧失商业信用；④有丧失或可能丧失履行债务能力的其他情形。本案中，张某已经掌握了该贸易公司不能履行合同的确切证据，可以中止履行，因此其不履行交付茶叶的行为是合法的。

任务 4　担保合同

【任务导入】

原告：中国工商银行桐乡支行

被告：桐乡市经济技术协作总公司

被告：桐乡市化工轻工建筑材料总公司

1995 年 2 月 21 日，中国工商银行桐乡支行（以下简称工商银行）与桐乡市经济技术协作总公司（以下简称协作公司）及桐乡市化工轻工建筑材料总公司（以下简称化轻公司）签订一份借款合同，约定：协作公司向工商银行借款 300 万元，同年 2 月 25 日归还 100 万元，8 月 21 日归还 200 万元，月利率为 10.98‰；如协作公司不按约归还，由担保单位化轻公司负责归还。同日，化轻公司向工商银行出具一份保证书，愿对协作公司 300 万元借款承担保证责任，保证期限至 1996 年 2 月 21 日到期。签约后，工商银行向协作公司发放 300 万元借款。协作公司借款后仅于 1995 年 5 月 24 日归还 100 万元，其余借款本息均未归还，担保人亦未履行担保责任。1996 年 4 月 25 日、1997 年 4 月 2 日，工商银行先后两次向担保人化轻公司发出“保证贷款逾期催收函”，两函均载明：“贵单位根据 950025 号借款保证书向我行提供连带保证担保的 200 万元债务已于 1995 年 8 月 21 日到期，请速筹款还款。”该函落款注明“收件单位收到函件后加盖公章退回我行”。化轻公司收到上述催收函后，于 1996 年 4 月 29 日和 1997 年 4 月 15 日在催收函件单位栏内加盖了公章。1997 年 1 月 22 日、4 月 2 日，工商银行又先后向协作公司发出“逾期贷款催收函”，协作公司收到后在该催收函上盖章确认。工商银行因协作公司对所借贷款一直未予归还，化轻公司在收到催收函后也无还款表示，遂于 1997 年 6 月 22 日向嘉兴市中级人民法院起诉，要求判令协作公司归还借款本息，化轻公司对此负连带责任。被告协作公司、化轻公司均未做书面答辩。

请问：法院依法应如何判处该案？

相关知识

一、担保的概念、特征及其分类

（一）担保的概念和特征

担保，是指法律为保证特定债权人利益的实现而特别规定的以第三人的信用或者以特定的财产保障债务人履行债务、债权人实现债权的制度。担保主要在借贷、买卖、货物运输、加工承揽等经济活动中为保证债权人的债权实现而设定。《担保法》规定的担保方式有保证、抵押、质押、留置和定金。担保的特征有以下几个方面：

1．从属性

担保是为了确保债权的受偿而由债务人或者第三人另行提供的具有法律效力的措施，具有从属于被担保债权的属性。《担保法》规定，担保合同是主合同的从合同，主合同无效，担保合同无效。

2．相对独立性

担保的相对独立性是指债权担保相对于被担保的债权而发生或者存在。债权担保的成立，须有当事人的同意或者依据法律规定而发生，与被担保的债权分别属于两个不同的法律关系。债权合同有效，也并不意味着担保合同就有效。

3．补充性

担保的补充性是指债权人所享有的担保权或者担保利益，对于债权实现具有补充意义。只有在债务人不履行或者不能履行债务时，债权人才能依照担保取得担保权或者利益。

4．自愿性

担保的自愿性是指债务人或者第三人是否愿意为债权人的债权提供担保是完全自愿的，任何人不得强令他人为自己提供担保。

（二）担保的分类

从不同的标准和角度，可以将债权担保作如下分类：

1．人的担保和物的担保

人的担保是指债务人以外的第三人以其财产和信用为债务人提供的担保。这种担保方式在民间比较流行，使用也较普遍，以保证为基本形式。物的担保是指债务人或者第三人以其所有的动产、不动产或者其他财产权利为债务人提供的担保。物的担保以抵押、质押、留置、定金为基本形式。

2．法定担保和约定担保

法定担保是指依照法律规定而直接成立并发生法律效力的担保方式，以法律的明文规定为限，有留置、法定抵押等形式。约定担保是指由双方当事人协商一致而设定的担保，完全依照当事人的意思而定，如保证、抵押、质押、定金等。

二、保证

（一）保证的概念

保证，是指保证人和债权人约定，当债务人不履行债务时，保证人按照约定履行债务或者承担责任的行为。

（二）保证人的资格

我国《担保法》规定，具有代为清偿债务能力的法人、其他组织或者公民，可以作为保证人。但是《担保法》又规定了不得作为保证人的单位或者组织的范围，具体的内容有：

（1）国家机关不得为保证人，但经国务院批准为使用外国政府或者国际经济货款进行转贷的除外。

（2）学校、幼儿园、医院等以公益为目的的事业单位、社会团体不得为保证人。

（3）企业法人的分支机构、职能部门不得为保证人。但企业法人的分支机构有法人书面授权的，可以在授权范围内提供保证。

（三）保证合同、保证方式及保证责任

1．保证合同

保证合同是指债权人与保证人之间订立的，为了确认相互之间担保权利与义务关系的书面协议。保证合同应以书面形式订立，具体有三种做法：一是可以单独订立书面合同；二是在主合同中订立保证条款，由保证人签字、盖章；三是保证人和债权人之间就保证问题达成的信函、传真等文字材料形式。此外，我国《担保法》又规定，保证人与债权人可以就单个主合同分别订立保证合同，也可以协议在最高债权额限度内就一定期间连续发生的借款合同或者某项商品交易合同订立一个保证合同，这种保证一般被称为最高额保证。

一个完备的保证合同，应当包括以下内容：

（1）被保证的主债权种类、数额。

（2）债务人履行债务的期限。

（3）保证的方式。

（4）保证担保的范围。

（5）保证的期间。

（6）双方认为需要约定的其他事项。

保证合同不完全具备上述规定内容，可以补正。

2．保证方式

保证方式是指保证人承担保证责任的方式。根据《担保法》的规定，担保方式有：一般保证和连带责任保证两种。

（1）一般保证。一般保证是指债权人和保证人约定，在债务人不能履行债务时，由保证人承担保证责任的一种方式。一般保证的保证人在主合同纠纷未经审判或者仲裁，并就债务人财产依法强制执行仍不能履行债务前，对债权人可以拒绝承担保证责任。可见，在一般保证中，保证人享有先诉抗辩权，保证人仅在债务人的财产不能完全清偿债权时才对不能清偿的部分承担责任。否则，保证人有权拒绝承担保证责任。但是，有下列情形之一的，保证人不得行使先诉抗辩权：一是债务人住所变更，致使债权人要求其履行债务发生重大困难的；二是人民法院受理破产案件，中止执行程序的；三是保证人以书面形式放弃先诉抗辩权的。

（2）连带责任保证。连带责任保证是指保证人和债权人在保证合同中约定，由保证人与债务人对债务承担连带责任的保证方式。连带责任保证的债务人在主合同规定的债务履行期届满没有履行债务的，债权人可以要求债务人履行债务，也可以要求保证人在其保证范围内承担保证责任。

保证人和债权人对保证方式没有约定或者约定不明确的，保证人按照连带责任保证承担保证责任。

3．保证责任

保证责任是指债务人不履行债务时，保证人向债权人承担的履行债务或赔偿损失的义务。

（1）保证责任的范围。所谓保证责任的范围，是指保证人在主债务人不履行或不能履行债务时，向债权人承担的履行义务的限度。根据《担保法》的规定："保证责任的范围，包括主债权及利息、违约金、损害赔偿金和实现债权的费用。保证合同另有约定的，按其约定。当事人对保证担保的范围没有约定或者约定不明确的，保证人应当对全部债务承担责任。"

（2）保证责任的期间。保证责任的期间是指保证人承担保证责任的起止期间。保证期间的长短由保证人和债权人约定，也可以由法律直接规定。根据《担保法》的规定，当事人在保证合同中约定了保证期间的，依当事人的约定；没有约定的，保证期间为 6 个月。保证期间从主债务履行期满之日起算。

（3）保证人不承担民事责任的情形。根据《担保法》的规定，有下列情形之一的，保证人不承担民事责任：①主合同当事人双方串通，骗取保证人提供保证的；②主合同债权人采取欺诈、胁迫等手段，使保证人在违背真实意思的情况下提供保证的。

三、抵押

（一）抵押的概念

抵押是指债务人或者第三人不转移对财产的占有，将该财产作为债权的担保，在债务人不履行债务时，债权人有权依照《担保法》的规定以该财产折价或者以拍卖、变卖该财产价款优先受偿。此处的债务人或者第三人为抵押人，债权人为抵押权人，提供担保的财产为抵押物。由于抵押这种担保形式比人的担保更可靠，因此在合同中被广泛使用。

（二）抵押物

1．抵押物的条件

抵押物是指抵押人用于抵押的财产，可以是动产、不动产或者其他财产权利。应当具备下列条件：

（1）抵押物必须具有可转让性。凡是法律禁止流通和正处于强制执行的财产，不得作为抵押物。

（2）抵押物应是抵押人享有处分权的财产。

（3）抵押物应是可以公示的财产。由于抵押的成立不需转移抵押物的占有，所以为保护第三人的利益，抵押的设定应进行公示。公示的方式主要是登记，但有的抵押物也可不办理登记。

2．抵押物的范围

（1）可抵押财产：我国《物权法》和《担保法》规定，债务人或者第三人有权处分的下列财产可以抵押：①建筑物和其他土地附着物；②建设用地使用权；③以招标、拍卖、公开协商等方式取得的荒地等土地承包经营权；④生产设备、原材料、半成品、产品；⑤正在建造的建筑物、船舶、航空器；⑥交通运输工具；⑦法律、行政法规未禁止抵押的其他财产。

抵押人可以将上述所列财产一并抵押。

抵押人可以将上述财产一并抵押。由于房屋是不能脱离土地而存在的，所以用房屋抵押时必然会涉及其占有范围内的土地使用处置。所以《担保法》规定，抵押人以依法取得的国有土地上的房屋抵押的，该房屋占有范围内的国有土地使用权同时抵押；以出让方式取得的国有土地使用权抵押的，应当将抵押时该国有土地上的房屋同时抵押；乡（镇）、村企业的土地使用权不得单独抵押，但以乡（镇）、村企业的厂房等建筑物抵押的，其占有范围内的土地使用权同时抵押。需注意的是，抵押人所担保的债权不得超出其抵押物的价值，但财产抵押后，其价值超过担保债权的余额部分，可以就其超出部分再次抵押。

（2）不得抵押的财产。根据我国《物权法》和《担保法》规定，下列财产不得抵押：

①土地所有权；②耕地、宅基地、自留地、自留山等集体所有的土地使用权，但法律规定可以抵押的除外；③学校、幼儿园、医院等以公益为目的的事业单位、社会团体的教育设施、医疗卫生设施和其他社会公益设施；④所有权、使用权不明或者有争议的财产；⑤依法被查封、扣押、监管的财产；⑥法律、行政法规规定不得抵押的其他财产。

（三）抵押的成立

1．抵押合同

抵押合同是指抵押权人与抵押人协商订立的、确认双方担保权利与义务关系的协议。根据我国《担保法》的规定，抵押人和抵押权人应当以书面形式订立抵押合同。抵押合同应当包括以下内容：①被担保的主债权种类、数额；②债务人履行债务的期限；③抵押物的名称、数量、质量、状况、所在地、所有权权属或者使用权权属；④抵押担保的范围；⑤当事人认为需要约定的其他事项。抵押合同不完全具备上述规定内容的，可以补正。但是，订立抵押合同时，抵押权人和抵押人在合同中不得约定在债务履行期届满抵押权人未受清偿时，抵押物的所有权转移为债权人所有。

2．抵押物登记

抵押物登记，应提供主合同和抵押合同、抵押物的所有权或者使用权证书，到法律规定的主管部门办理。抵押物登记有两种情况：一是应当办理抵押物登记的，抵押合同自登记之日起生效；二是可以自愿办理抵押物登记的，抵押合同自签订之日起生效。但是当事人未办理抵押物登记的，不得对抗第三人。抵押物登记应向法定的登记机关办理，办理登记的部门如下：

（1）以无地上定着物的土地使用权抵押的，为核发土地使用权证书的土地管理部门。

（2）以城市房地产或者乡（镇）、村企业的厂房等建筑物抵押的，为县级以上地方人民政府规定的部门。

（3）以林木抵押的，为县级以上的林木主管部门。

（4）以航空器、船舶、车辆抵押的，为运输工具的登记部门。

（5）以企业的设备和其他动产抵押的，为财产所在地的工商行政管理部门。

（6）当事人以其他财产自愿办理抵押的，登记部门为抵押人所在地的公证部门。

（四）抵押担保的范围

《担保法》规定，抵押担保的范围包括主债权及利息、违约金、损害赔偿金和实现抵押权的费用；抵押合同另有约定的，按其约定。

（五）抵押权的实现

抵押权的实现，是指抵押权人行使抵押权，从实现的抵押物价值中优先受偿的法律现象。

1．抵押权实现的条件

（1）有效抵押权的存在。

（2）债务人的债务履行期限届满。

（3）债务人未履行债务。

2．抵押权实现的方式

抵押权的实现方式有三种：折价、拍卖和变卖。具体选择哪一种方式，可由当事人协商；协商不成的，也可向人民法院提起诉讼。

3．抵押权实现的顺序

我国《担保法》规定，同一财产向两个以上债权抵押的，拍卖、变卖抵押物所得的价款按以下规定清偿：

（1）抵押合同以登记生效的，按照抵押物登记的先后顺序清偿；顺序相同的，按照债权比例清偿。

（2）抵押合同自签订之日起生效的，该抵押物已登记的，按上述第（1）项规定清偿；未登记的，按照合同生效时间的先后顺序清偿；顺序相同的，按照债权比例清偿。抵押物已登记的先于未登记的受偿。

（六）最高额抵押

最高额抵押是指抵押人与抵押权人协议，在最高债权额限度内，以抵押物对一定期间内连续发生的债权作担保。最高额抵押的主合同债权不得转让，适用的主合同主要有两种情况：一是借款合同；二是一定期间内就某项商品连续发生交易而签订的合同。

四、质押

（一）质押的概念

质押是指债务人或者第三人将其财产移交债权人占有，以该财产作为债权的担保；债务人不履行债务时，债权人有权以该财产折价或者以拍卖、变卖该财产的价款优先受偿的行为。此处的债务人或者第三人为出质人，债权人为质权人，移交的动产或权利分别被称为质物或质权利。

（二）质押的种类

1．动产质押

动产质押是指债务人或第三人将其动产移交债权人作为债权的担保，在债务人不履行债务时，债权人可以依法以该动产折价或者以拍卖、变卖该动产的价款优先受偿的行为。

（1）质权人的权利。动产质权人的权利有：①收取孳息权。《物权法》和《担保法》规定，质权人有权收取质物所生的孳息，收取的孳息应当先充抵收取孳息的费用，然后充抵主债权。②占有质物权。质权人在债务人未履行清偿债务义务时，有权留置质物和拒绝返还。③优先受偿权。《担保法》规定，债务履行期届满质权人未受清偿的，可以与出质人协议将质物折价或者以拍卖、变卖质物所得价款优先受偿。

（2）质权人的义务。动产质权人的义务有：①妥善保管质物的义务。《物权法》和《担保法》规定，质权人负有妥善保管质物的义务。因保管不善使质物灭失或毁损的，质权人应负赔偿责任。因保管不善致使质物灭失或毁损的，质权人应当承担民事责任。②返还质物的义务。《担保法》规定，债务履行期届满债务人履行债务的，或者出质人提前清偿所担保的债权的，质权人应当返还质物。

2．权利质押

权利质押是指债务人或者第三人以所有权以外的权利为质权而设定的债的担保方式。根据《物权法》和《担保法》规定，下列权利可以质押：

（1）汇票、支票、本票。

（2）债券、存款单。

（3）仓单、提单。

（4）可以转让的基金份额、股权。

（5）可以转让的注册商标专用权、专利权、著作权等知识产权中的财产权。

（6）应收账款。

（7）法律、行政法规规定可以出质的其他财产权利。

（三）质押合同

质押合同是指出质人和质权人订立的，明确双方权利义务关系的协议。《担保法》规定，质押合同应当采取书面形式。

1．质押合同的内容

根据《物权法》的规定，当事人应当采取书面形式订立质权合同，质权合同一般包括下列条款：①被担保债权的种类和数额；②债务人履行债务的期限；③质押财产的名称、数量、质量、状况；④担保的范围；⑤质押财产交付的时间。质押合同不完全具备上述规定内容的，可以补正。但是，出质人和质权人在合同中不得约定在债务履行期届满质权人未受清偿时，质物的所有权转移为质权人所有。质权自出质人交付质押财产时设立。

2．质押合同的生效

（1）动产质押合同的生效。根据《担保法》的规定，动产质押合同自质物移交于质权人占有时生效，不是自合同成立时生效。

（2）权利质押合同的生效。根据《物权法》的规定，权利质柙合同的生效一般应按照有关规定办理手续，具体因标的的不同而有所不同：

① 以汇票、支票、本票、债券、存款单、仓单、提单出质的，当事人应当订立书面合同。质权自权利凭证交付质权人时设立；没有权利凭证的，质权自有关部门办理出质登记时设立。汇票、支票、本票、债券、存款单、仓单、提单的兑现日期或者提货日期先于主债权到期的，质权人可以兑现或者提货，并与出质人协议将兑现的价款或者提取的货物提前清偿债务或者提存。

② 以基金份额、股权出质的，当事人应当订立书面合同。以基金份额、证券登记结算机构登记的股权出质的，质权自证券登记结算机构办理出质登记时设立；以其他股权出质的，质权自工商行政管理部门办理出质登记时设立。基金份额、股权出质后，不得转让，但经出质人与质权人协商同意的除外。出质人转让基金份额、股权所得的价款，应当向质权人提前清偿债务或者提存。

③ 以注册商标专用权、专利权、著作权等知识产权中的财产权出质的，当事人应当订立书面合同。质权自有关主管部门办理出质登记时设立。知识产权中的财产权出质后，出质人不得转让或者许可他人使用，但经出质人与质权人协商同意的除外。出质人转让或者许可他人使用出质的知识产权中的财产权所得的价款，应当向质权人提前清偿债务或者提存。

④ 以应收账款出质的，当事人应当订立书面合同。质权自信贷征信机构办理出质登记时设立。应收账款出质后，不得转让，但经出质人与质权人协商同意的除外。出质人转让应收账款所得的价款，应当向质权人提前清偿债务或者提存。

（四）质押担保的范围

根据《担保法》规定，质押担保的范围包括主债权及利息、违约金、损害赔偿金、质物保管费用和实现质权的费用；质押合同另有约定的，按其约定。

五、留置

（一）留置的概念

留置是指债权人按照合同约定占有债务人的动产，债务人不按照合同约定的期限履行债务的，债权人有权依法扣留该财产，以该财产折价或者以拍卖、变卖该财产的价款优先受偿的一种担保方式。

（二）留置权成立的条件

根据《担保法》和《民法通则》的有关规定，留置权的成立必须符合以下条件：

1．债权人是按照合同合法占有债务人的动产

占有是留置权成立的必要条件，但并不是任何占有都产生留置权。只有在保管合同、运输合同、加工承揽合同及法律规定可以留置的其他合同中，债权人以合法形成占有债务人的动产时，才能成立留置权。当然，留置的财产还必须是债务人所有的财产。

2．债权人留置的财产与债务人的债务有牵连关系

所谓牵连关系是指债权人对债务人财产的占有与债务人的债务，必须是基于同一合同关系而发生的，两者之间能够引起某种法律后果关系。对此，《物权法》规定，债权人留置的动产，应当与债权属于同一法律关系，但企业之间留置的除外。

3．债务人的债务须至清偿期

清偿期是指债务人的债务履行期已到，如果债务人的债务履行尚未到期，则债权人不能享有留置权，否则对债务人就是不公平的。

（三）留置担保的范围

根据《担保法》的规定，留置担保的范围包括主债权及利息、违约金、损害赔偿金、留置物保管费用和实现留置权的费用。留置的财产为可分物的，留置物的价值应相当于债务的金额。

（四）留置权的实现和消灭

留置权的实现，是指债务人到期不清偿债务时，留置权人可以依法处分留置物，实现自己的债权的行为。债权人与债务人可以在合同中约定不少于两个月的合理期限，没有约定的，应确定两个月以上的期限通知债务人履行。债务人可以请求留置权人在债务履行期届满后行使留置权；留置权人不行使的，债务人可以请求人民法院拍卖、变卖留置财产。留置财产折价或者拍卖、变卖后，其价款超过债权数额的部分归债务人所有，不足部分由债务人清偿。同一动产上已设立抵押权或者质权，该动产又被留置的，留置权人优先受偿。留置权人对留置财产丧失占有或者留置权人接受债务人另行提供担保的，留置权消灭。

六、定金

（一）定金的概念

定金是指合同当事人约定一方在合同订立后履行前，为了担保债权人债权的实现而给付对方一定数量金钱的一种担保方式。

（二）定金合同

根据《担保法》规定，定金应当以书面形式约定；当事人在定金合同中应当约定交付定金的期限；定金合同从实际交付之日起生效。定金的数额由当事人约定，但不得超过主合同标的额的 20%。如果超过的，则超过部分无效。

（三）定金的作用

（1）证明合同成立的作用。当事人一方只要已给付对方定金，则证明双方签订的合同已经成立。但是给付定金并不是合同成立的条件，只要当事人之间通过合法手续已签订合法合同的，即使定金未给付，也只能说明定金合同未能生效，不能证明主合同没有成立。

（2）抵做价款的作用。《担保法》规定，债务人履行债务的，定金应当抵做价款或者收回，可见定金可以抵做价款，从应给付价款数额中扣除已交付的定金金额而给付其余额。

（3）制裁违约方的作用。《担保法》规定，给付定金一方不履行约定的债务的，无权要求返还定金；收受定金的一方不履行约定的债务的，应当双倍返还定金。

案例分析

甲、乙于 2013 年 10 月 5 日签订一借款合同，丙作为担保方在借款合同上签字。合同约定乙的还款日期为 2014 年 2 月 5 日，到期未还由丙对借款本金 500 万元承担连带责任。2013 年 12 月 1 日，甲、乙双方经协商将还款期延至 2014 年 4 月 5 日，并通知丙，丙对此未置可否。2014 年 5 月 1 日，甲因乙未按期还款而首次要求丙偿还借款本息。

请问：下列说法是否正确：

（1）就保证范围而言，丙对本金的利息不承担保证责任。

（2）由于丙对延期还款期未置可否，故丙不再承担保证责任。

（3）根据约定的保证方式，甲应该先向乙主张权利后才能向丙主张权利。

（4）若丙不同意变更还款期，则甲向丙主张权利的保证期间止于2014年8月5日。

（5）若丙书面同意变更还款期，则甲向丙主张权利的保证期间止于2014年10月5日。

解析：

（1）正确。根据合同约定，到期未还由丙对借款本金500万元承担连带责任。根据《担保法》第21条规定，保证担保的范围包括主债权及利息、违约金、损害赔偿金和实现债权的费用。保证合同另有约定的，按其约定。当事人对保证担保的范围没有约定或者约定不明确的，保证人应当对全部债务承担责任。

（2）错误。根据《担保法》规定，债权人与债务人对主合同履行期限进行变动，未经保证人书面同意的，保证期间为原合同约定的或者法律规定的期间。

（3）错误。合同约定的是承担“连带责任”。丙承担的是“连带责任保证”，而非“一般保证”。只要债务人在主合同规定的债务履行期限届满时没有履行债务的，债权人可直接要求保证人在其保证范围内承担保证责任。

（4）正确。保证人与债权人未约定保证期间的，法律规定的保证期间为主债务履行期届满之日起6个月。

（5）正确。保证合同应当以书面订立。根据此规定，丙书面同意，变更有效期有效。保证人与债权人未约定保证期间的，法律规定的保证期间为主债务履行期届满之日起6个月。

任务5 变更、转让合同

【任务导入】

6月17日，工贸公司与合作公司签订购销合同，合同规定：①由合作公司于8月30日前供给工贸公司澳羊毛100吨，允许交货时间正负误差5天；②付款方式为工贸公司在合同签订后付给合作公司总货款的15%作为定金，余款在货至南京毛条厂并由合作公司开出增值税发票后，由工贸公司以银行承兑汇票付清。6月20日，工贸公司按约给付定金60万元。

8月27日，工贸公司致函合作公司，表示付款有困难，要求货到时先交付60万元，余款9月付清。合作公司考虑到工贸公司此前曾有过未能付款的情形，因而对其此次变更付款方式和时间的要求未同意，并提出货已到达指定交货地，要求工贸公司按约付款。

8月31日，合作公司将30吨货物运到指定地点要求工贸公司给付货款，工贸公司则要求交付全部货物，合作公司坚持货款相当，双方协商不成，合作公司将货物运回。

9月10日，工贸公司致函合作公司，表示已备妥50吨的货款，请合作公司按约交货并开出发票。同日，合作公司回函同意工贸公司暂付50吨货款、提50吨货物，如不能按约付款提货则视为放弃合同处理。

9月15日，工贸公司向合作公司出具担保证明，内容为工贸公司交保证人总金额为130万元的承兑汇票，在工贸公司收到50吨货物后，由保证人将汇票交给合作公司，同时合作公司将发票交保证人；如合作公司交货后未取得汇票，则由保证人承付货款；如合作公司未交发票，则暂扣30万元货款，待交付发票后再行支付。但合作公司以工贸公司未答应其付款条件为由拒交货物。

至此，工贸公司起诉合作公司违约，合作公司答辩认为违约方应是工贸公司。（案例来源　杨立新主编.《合同法判例与学说》，吉林人民出版社）

请问：法院应如何判处该案？

相关知识

一、合同的变更

（一）合同变更的概念

合同的变更即合同内容的变更，是指在合同成立尚未履行或尚未完全履行前，当事人通过协议修改或补充其内容，变更其权利义务的行为。

（二）合同变更的条件

（1）原已存在着有效的合同关系。

（2）合同内容发生变化。如标的物数量、质量、价格或酬金及履行期限的变更。

（3）合同的变更须经当事人协商一致。

（三）合同变更的效力

当事人协商变更合同时，应对合同中所变更的内容做出明确约定。如果合同的变更约定不明确的，应推定为未变更。此外，法律、行政法规规定应当办理批准、登记手续的，应当在办理批准或登记手续后才能变更。

二、合同的转让

合同的转让，是指在合同的内容与客体保持不变的情形下，合同的主体发生变更。

（一）债权转让

债权转让是指合同的债权人将合同的权利全部或部分转让给第三人的行为。合同债权转让须具备以下条件：

（1）须当事人达成合意。

（2）须有有效合同权利的存在。

（3）须所让与的合同权利具有可让与性。按照《合同法》的规定，具有下列情形，合同权利不得让与：①依合同的性质不得让与的合同权利；②合同的当事人双方约定不得转让的合同权利；③依照法律规定不得转让的合同权利。

（4）须通知债务人。《合同法》第80条第1款规定："债权人转让权利的，应当通知债务人。未经通知，该转让对债务人不发生效力。"

（二）债务转让

债务转让是指合同的债务人将合同的义务全部或部分转让给第三人的行为。合同债务转让应具备以下条件：

（1）须存在有效的债务。

（2）被转让的债务应具有可转让性。以下债务不具有可转让性：①依合同性质不可转让的合同债务；②当事人特别约定不能转让的合同债务；③只能由特定债的关系当事人承担的不作为义务。

（3）第三人须与债权人或债务人就债务转让达成合意。

（4）债务转让须经债权人同意。

（三）合同债权债务的概括移转

合同债权债务的概括移转是指债权债务一并转移给第三人。合同债权债务的概括移转主要有两种情形：

1．合同承受

合同承受是指合同当事人一方将其在合同中的权利义务全部或部分地转移于第三人。由于合同承受不仅包括合同权利的转让，还包括合同义务的转让，因此应当征得对方当事人的同意，否则转让无效。

2．企业的合并

企业的合并是指两个以上的企业合并为一个企业。为了保证相对人和合并企业的利益，企业合并后，原企业的债权债务即移转于合并后的新企业。

案例分析

××年10月7日，综合服务部与电风扇厂签订了一份电风扇购销合同。合同约定，该年10月31日前，电风扇厂向综合服务部交付电风扇3000台，每台185元，价款总额555 000元，交付方式为综合服务部到电风扇厂分批验收自提，综合服务部付定金5万元。合同签订以后，综合服务部得知某县贸易公司需购进大批电风扇销往外地，遂与该贸易公司达成协议，由贸易公司直接到电风扇厂提货，电风扇每台190元，价款总额570 000元。之后，综合服务部致函电风扇厂，称该批电风扇已转让给某县的贸易公司，请电风扇厂允许贸易公司于同年10月31日提货。货款由综合贸易公司于当年11月2日一次结清。电风扇厂未答复。同年10月12日，贸易公司致函电风扇厂，称其将于10月31日提货，请其做好发货准备。至10月31日，贸易公司去电风扇厂提货时，电风扇厂以贸易公司无权提货为由予以拒绝。后经多次催要，电风扇厂仍拒绝发货。贸易公司遂诉至法院，请求判令电风扇厂承担违约责任。

请问：贸易公司的诉讼请求能否得到法院支持？为什么？

解析：贸易公司的诉讼请求应该得到法院的支持。因为本案中电风扇厂和综合服务部订立的电风扇购销合同是在平等、自愿、等价有偿的原则上，经双方协商一致而订立的，故为有效合同。贸易公司与综合服务部订立的合同权利转让合同符合合同转让的有效要件，是有效的。在这个合同有效成立以后，贸易公司即作为新债权人而加入到合同关系之中。只要原债权人将合同权利转让的事实通知了债务人，该转让合同即对债务人产生法律效力。本案中原债权人综合服务部已将合同权利转让的事实通知了电风扇厂，且电风扇厂已收到了该通知，因此，电风扇厂应向新债权人（贸易公司）履行合同义务，按时交货，所以其提出的贸易公司无权提货没有法律依据，法院不能支持。实际上，在本案中被告在合同约定的期限内拒绝原告提货违反了转让合同的约定，也违反了依原合同承担的义务，已构成违约，必须承担违约责任。

任务6　终止合同

【任务导入】

1999年2月河南天宏食品公司（以下简称"天宏公司"）与山西运城农副产品经销总公司（以下简称"运城公司"）签订了关于苹果购销的合同。合同约定由运城公司于该年9月向天宏公司出售5万公斤该地区自产的国光苹果，价格为每公斤1元，天宏公司收货后支付货款。秋后该地区苹果大丰收，苹果价格大幅度下降。运城公司如约运送5万公斤至天宏公司所在地。但天宏公司觉得无利可图，几经催促一直拒绝接收货物。后来恰逢连日降雨，苹果出现腐烂，于是运城公司将苹果就地降价销售，将所获得的价款提存，并通知天宏公司。后双方因价款的给付发生争议，诉至法院。（案例来源：杨立新主编.《合同法判例与学说》，吉林人民出版社）

请问：法院该如何判处该案？

相关知识

一、合同权利义务终止的概念及原因

（一）概念

合同的权利义务终止是指合同权利义务的消灭，它须有法律上的原因，其中主要的法定情形有合同的解除、合同的抵消以及合同的提存等。

（二）原因

合同的权利义务终止须有法律上的原因。《合同法》规定有下列情形之一的，合同的权利义务终止：

（1）债务已经按照约定履行。

（2）合同解除。

（3）债务相互抵销。

（4）债务人依法将标的物提存。

（5）债权人免除债务。

（6）债权债务同归于一人。

（7）法律规定或当事人约定终止的其他情形。

二、合同权利义务终止的具体情形

（一）清偿

清偿是当事人实现债权目的的行为，即债务已经按照约定履行。

（二）合同的解除

1．合同解除的概念和分类

合同解除是指合同有效成立后，当解除的条件具备时，因当事人一方或双方的意思表示，使合同自始或仅向将来消灭的行为。合同解除根据不同的标准可作以下分类：

（1）单方解除和协议解除。单方解除是指解除权人行使解除权，而不必经过对方当事人的同意将合同解除的行为；协议解除是指当事人双方通过协商将合同解除的行为。在当事人无解除权的情况下，可以按照这种方式解除合同。但合同解除不得损害国家利益和社会公共利益。

（2）法定解除和约定解除。法定解除是指解除条件由法律直接规定的合同解除；约定解除是指当事人以合同形式，约定为一方或双方保留解除权的合同解除。《合同法》第 93 条对此做出了规定。

2．合同法定解除的条件

根据《合同法》的规定，有下列情形之一的，当事人可以解除合同：

（1）因不可抗力致使不能实现合同目的。因不可抗力致使不能实现合同目的，任何一方当事人都可以解除合同，但行使解除权的当事人应当通知另一方当事人。

（2）在履行期限届满之前，当事人一方明确表示或以自己的行为表明不履行主要债务。此种违约又叫预期违约。如果一方当事人明示地表示不履行合同义务，或受损害方有确凿证据证明对方将不履行或不再继续履行主要的合同义务，则受损害方不必等到履行期限届满，就可以立即解除合同。

（3）当事人一方迟延履行主要义务，经催告后在合理期限内仍未履行，另一方当事人可以解除合同。一方当事人延迟履行主要的合同义务，即构成根本性违约，另一方有权解除合同。但是根据公平原则，还应当给予违约方一个自我补救的机会，且此种情形，即使债务人在履行期限届满后履行，也不至于使合同目的不能实现。因此，债权人应当首先向违约方发出要求履行的催告，给其一个宽限期。债务人在该宽限期届满时仍未履行的，债权人有权解除合同。

（4）当事人一方迟延履行债务或有其他违约行为致使不能实现合同目的，另一方当事人可以解除合同。根据合同的性质或当事人的约定，合同必须在特定时间或期限内履行完毕，或必须严格地和完全地履行合同，一旦一方当事人迟延履行债务或发生其他违约行为，合同的目的就无法实现。在这种情况下，债权人可以不经催告而直接解除合同。

（5）法律规定合同当事人可以解除合同的其他情形。

3．合同解除的效力

合同解除后，尚未履行的，终止履行；已经履行的，根据履行情况和合同性质，当事人可以要求恢复原状，采取其他补救措施，并有权要求赔偿损失。合同解除溯及合同成立之时，但合同已部分履行的，除当事人另有约定外，解除效力不溯及已履行部分。

（三）抵销

1．抵销的概念

抵销是指双方互负债务，各以其债权充当债务的清偿，而使其债务与对方的债务在对等额内相互消灭。

抵销分为法定抵销和约定抵销。其中法定抵销由法律规定其构成要件，当要件具备时，依当事人一方的意思表示即可发生抵销的效力。而约定抵销不受法律规定的构成要件限制，当事人只须就抵销达成合意，即可发生效力。

2．抵销的要件

根据《合同法》的规定，抵销应具备下列条件：

（1）必须是双方当事人互负债务、互享债权。

（2）两种债务的标的物属于同一种类，且品质相同。

通常进行抵销的债务是以金钱和种类物为标的的债务，特定物债务不允许抵销。标的物的种类、品质不相同的，经双方当事人协商一致，也可以抵销。

（3）双方当事人的债务已届清偿期。

（4）须双方债务均不属于按照合同性质或依照法律规定不得抵销的债务。

当事人主张抵销的应当通知对方，通知自到达对方时生效。抵销债务的通知发出后，不得撤回。抵销的通知不得附条件或附期限，附有条件或期限的，该抵销通知无效。

（四）提存

1．提存的概念

提存是指由于债权人的原因而无法向其交付合同的标的物时，债务人可以将该标的物提交给提存机关而消灭债务的制度。提存制度是为保护债务人的利益而设立的制度，但是债务人只能在存在无法履行债务的客观事实时，才能提存标的物。提存的标的，为债务人依合同的约定应当交付的标的物。标的物不适于提存或提存费用过高的，债务人依法可以拍卖或变卖标的物，提存所得的价款。另外作为提存标的物，特定物或种类物均可，但应当限于动产。

2．提存的原因

有下列情形之一，难以履行债务的，债务人可以将标的物提存：

（1）债权人无正当理由拒绝受领。

（2）债权人下落不明。

（3）债权人死亡未确定继承人或丧失民事行为能力未确定监护人。

（4）法律规定的其他情形。

3．提存的效力

（1）债务人与债权人之间的效力。自提存之日起，债务人的债务归于消灭，债权人的债权得到清偿，标的物的所有权转移给债权人，标的物毁损灭失的风险由债权人承担。提存物在提存期间所产生的孳息归提存受领人所有。提存人取回提存物的，孳息归提存人所有。

（2）提存人与提存部门之间的效力。提存部门应当采用适当的方法妥善保管提存标的物，以防毁损、变质或灭失。对不宜保存的，提存受领人到期不领取或超过保管期限的提存物品，提存部门可以拍卖，保存其价款。

提存人可以凭法院生效判决、裁定或提存之债已经清偿的公证证明取回提存物。提存人取回提存物的，视为未提存。因此产生的费用由提存人承担。提存人未支付提存费用前，提存部门有权留置价值相当的提存标的。

（3）债权人与提存部门之间的效力。债权人可以随时领取提存物，当事人另有约定的除外，提存费用由提存受领人承担。但债权人对债务人负有到期债务的，在债权人未履行债务或提供担保之前，提存部门根据债务人的要求应当拒绝其领取提存物。提存部门未按法定或当事人约定条件给付提存标的给当事人造成损失的，提存部门负连带责任。符合法定或当事人约定的给付条件，提存部门拒绝给付的，由其主管机关责令限期给付；给当事人造成损失的，提存部门负有赔偿责任。

债权人领取提存物的权利，自提存之日起 5 年内不行使而消灭，提存物扣除提存费用后归国家所有。

（五）免除

免除是指债权人抛弃其全部或部分债权，从而全部或部分消灭合同权利义务的单方行为。

免除实质上是由债权人向债务人为放弃债权的意思表示，所以无民事行为能力人或限制民事行为能力人不得为免除行为，应由其法定代理人进行或征得其同意。免除为单方行为，自向债务人表示后，即产生债务消灭的效果。因而，一旦债权人做出免除的意思表示，即不得撤回。

（六）混同

混同是指债权和债务同归于一人，致使合同权利义务关系消灭的事实。所谓债权和债务同归于一人，也就是债权人和债务人的身份集中于同一人。一旦出现此种情形，即自然地发生合同权利义务终止的效果，并不须当事人做出意思表示。

案例分析

2014 年 10 月 25 日，甲公司向乙公司订购一批烟花，双方在合同中约定：为保证甲公司赶上春节前后的旺季以及农历十二月初一开始的展销会，乙公司应当在农历十一月二十日前交货。合同订立后，甲公司依照约定向乙公司交纳预付款 10 万元。但交货期限届满时，乙公司因赶制其他订单尚未制作该批烟花。甲公司十分不满，多次催促其务必在展销会开始前交货，但至农历十一月二十五日，乙公司方开始制作，十二月初一展销会开始乙公司仍未交货，甲公司无法参展，遂通知乙公司解除合同并退还预付款。乙公司表示三日内就可以交货，但甲公司表示了拒绝。农历十二月三日，乙公司将货物送到，甲公司拒绝受领，乙公司则拒不退还预付款。甲公司遂诉至法院，请求解除合同、收回预付款并赔偿其全部利润损失。乙公司则表示该批烟花系按照甲公司的要求定做，无法向其他单位出售，而且甲公司仍然能赶上春节前后的烟花销售旺季以及刚刚开始的展销会，因此甲公司不能解除合同。

请问：该案中甲公司是否有权解除合同，为什么？

解析：在本案中，毫无疑问乙公司的行为已构成了迟延履行，根据《合同法》的规定，有下列情形之一的，当事人可以解除合同：①因不可抗力致使不能实现合同目的；②在履行期限届满之前，当事人一方明确表示或者以自己的行为表明不履行主要债务；

③当事人一方迟延履行主要债务，经催告后在合理期限内仍未履行的；④当事人一方迟延履行债务致使不能实现合同目的的；⑤法律规定或当事人约定的其他情形。

在本案的合同中明确约定，设定履行期限的目的或者说甲公司订立合同的目的在于保证甲公司“赶上春节前后的旺季以及农历十二月初一开始的展销会”，对此，乙公司也是明知的。但乙公司也据此认为只需在春节前送到，甲公司仍然能赶上春节前后的烟花销售旺季以及刚刚开始的展销会，即使迟延履行，也不会达到根本违约的地步，甲公司也无权解除合同。但是，一方面，乙公司迟延交付近半个月，事实上已经造成了销售旺季的耽搁，另一方面，甲公司参加展销会，势必要预订展位，进行大量宣传、广告和其他准备工作，为此必须有必要的准备时间，因此甲公司才会在合同中约定在展销会之前 10 天交货。但是，因乙公司的迟延，甲公司无法进行这些准备，最终无法参展。而且，在合同中双方明确了保证甲公司参加展销会的目的，在迟延过程中甲公司多次催促乙公司务必在展销会开始前交货，这些都表明了乙公司的迟延履行已经达到了根本违约的程度，甲公司的合同目的已经不能实现，因此根据《合同法》第 94 条第（4）项的规定，甲公司有权解除合同，更何况在乙公司迟延履行后，甲公司多次催促其务必在展销会开始前交货，并给予了乙公司 10 天的宽限期，但是，甲公司催告后，乙公司在合理期限内仍未履行。根据《合同法》第 94 条第（3）项的规定，甲公司也同样有权解除合同；根据《合同法》第 97 条的规定，甲公司在解除合同后，其有权要求收回预付款，并有权要求赔偿损失。

任务 7　处理违约行为

【任务导入】

某年 9 月 29 日，河南省平顶山市棉纺厂职工严某与平顶山市雪绒花美容店签订美容协议一份。双方约定，严某在雪绒花美容店做祛粉刺、祛斑美容治疗，费用 3 000 元，于该年 12 月 1 日治疗结束。订约之后，严某按约向美容店支付美容费用 3 000 元。同年 10 月 1 日下午，美容店在为严某做美容时，因使用的电子导入器温度过高，使严某面部两颊烧伤，经法院鉴定为 10 级伤残。后双方就美容出现的后果多次进行协商未果。次年 3 月 5 日，严某遂向法院起诉，要求美容店承担侵权责任，赔偿治疗费 5 000 元，精神损失费 1 万元，退还美容费 3 000 元。

请问：法院应如何判处该案？

相关知识

一、违约责任的概念和特征

（一）概念

违约责任是指合同当事人违反合同规定，不履行或不完全履行合同义务所应承担的民事责任。违约责任既是违约行为的法律后果，同时也是合同效力的表现。

（二）特征

我国现行合同法所规定的违约责任具有以下特征：

1．违约责任以违反合同义务为前提

违约责任产生的基础是双方当事人之间存在合法有效的合同关系。合同一旦生效后将在当事人之间产生法律拘束力，当事人应当按照合同约定全面、严格地履行合同义务，任何一方当事人因违反有效合同所规定的义务均应承担违约责任。违约责任是违反合同义务行为所导致的法律后果。没有违反合同义务的行为，便没有违约责任。

2．违约责任可以由当事人自由约定

违约责任在具有强制性的同时，还具有一定程度的任意性。当事人可以在法律规定范围内对违约责任预先做出安排。当事人可以约定一方违约时应根据违约情况向对方支付一定数额的违约金，也可以约定因违约产生的损失赔偿额的计算方法。违约责任的这一特征是由合同自由原则所决定的，允许当事人对违约责任做出约定可以避免在确定违约赔偿范围上的困难，有助于合同纠纷的解决及减少当事人在未来可能承担的风险，同时还可以弥补法律规定的不足。

3．违约责任具有相对性

违约责任只能在特定的当事人之间即合同关系的债权人和债务人之间发生，合同关系以外的任何其他人不负违约责任，合同当事人也不对任何其他人承担违约责任。即违约责任的相对性来源于合同的相对性。违约责任的相对性包含以下几层含义：

（1）违反合同债务的当事人应对自己的违约行为负责，不能将责任推卸给别人。该法律关系的主体不应该因为合同债务转化为不履行合同债务后果的违约责任而改变。

（2）因第三人的原因造成违约的，债务人仍应对债权人负违约责任，而不应由第三人向债权人负违约责任。

（3）债务人应当向债权人承担违约责任，而不是向其他第三人承担责任。

4．违约责任具有补偿性

违约责任作为民事责任的一种，主要是财产责任。追究违约责任的目的，主要是弥补或补偿因违约行为而给合同债权人造成的财产损失。从我国《合同法》所确认的几种违约责任方式来看，无不体现出其具有补偿性。

二、违约责任的归责原则

归责原则是确定行为人民事责任的根据和标准。违约责任的归责原则，是指合同当事人不履行合同义务后，根据何种归责事由去确定其应承担的违约责任。归责原则的确定对于违约责任的成立及其内容起决定作用：

1．决定违约责任的构成要件

归责原则不同，违约责任的构成要件也不同。若采用无过错责任原则，违约责任的构成要件仅需违约行为，而无须违约方有过错；若采用过错责任原则，则违约方不但在客观上要有违约行为，而且在主观上要有过错，才应当承担违约责任。

2．决定举证的责任

归责原则不同，举证责任的分配也不同。过错责任原则的举证责任一般采取过错推定方式，即将举证责任倒置由违约方承担，非违约方仅负责就违约方的违约事实举证；而无过错责任原则，违约方只可以法定或约定的免责事由免除自己的责任。

3．决定违约赔偿的范围

过错责任原则，确定违约赔偿的范围不仅要考虑损害的大小，还要考虑受害方有无过错以及双方的过错程度，并以违约方缔约时能够预见或应当预见的损失为限。无过错责任原则，在确定赔偿范围时，原则上不考虑过错因素，但也以违约方缔约时能够预见或应当预见的损失为限。

我国《合同法》对违约责任的归责采取无过错责任原则，只要当事人不按照合同履行义务，就要承担违约责任。但需要指出的是，在《合同法》分则中有大量的有名合同仍是以过错责任为归责原则。例如《合同法》第 189、222、265、303、311、374、406 条等对此做出了相关规定。

三、违约责任的构成要件

违约责任的构成要件是指违约当事人应具备何种条件才应承担违约责任。我们只讨论违约责任的一般构成要件：

（一）违约行为

违约行为是指合同当事人违反合同义务的行为。即“当事人一方不履行合同义务或履行合同义务不符合约定”。违约行为既可以是单方违约，也可以是双方违约。如果双方当事人都违反合同的，应当各自承担相应的责任。

根据履行期限是否到来而将违约行为区分为预期违约和实际违约。预期违约是指在履行期限到来之前一方无正当理由而明确表示其在履行期到来后将不履行合同，或其行为表明其在履行期到来后将不可能履行合同。实际违约是指在履行期限到来后，当事人不履行或不完全履行合同义务。包括履行不能（是指债务人在客观上已经没有履行能力）、拒绝履行（是指债务人能够实际履行而故意不履行，在债务人享有同时履行抗辩权、不安履行抗辩权、先诉抗辩权、时效经过抗辩权、条件不成熟抗辩权、期限未届至抗辩权等权利的情况下，债务人的拒绝履行不构成违约）、迟延履行（又称逾期履行，是指合同债务已经到期，合同当事人能够履行而不按照法定或约定的时间履行的情况。在当事人没有约定明确履行期限的情况下，经债权人催告或在债权人指定的期限到来后，债务人仍不履行债务的，就构成迟延履行）、不完全履行（又称不适当履行，指债务人虽然履行了债务，但其履行，包括数量、质量、履行时间、地点、方法等，不符合合同的约定）等。

（二）不存在法定和约定的免责事由

只要行为人有违约行为，如果没有法定的或约定的免责事由，则必然承担相应的违约责任。但是如果有法定或约定的免责事由，而且由于这些免责事由导致合同不能履行，则违约方可以免除承担违约责任。

《合同法》第 117 条规定：“因不可抗力不能履行合同的，根据不可抗力的影响，部分或全部免除责任，但法律另有规定的除外。当事人迟延履行后发生不可抗力的，不能免除责任。”不可抗力是指不能预见、不能避免并不能克服的客观情况。不可抗力一般包括自然灾害、政府行为、社会异常现象等几种。当事人可以约定不可抗力的范围。除了不可抗力以外，《合同法》还针对具体的合同规定了具体的免责事由，如运输合同中“货物的自然性质或合理耗损”、“债权人过错”等。

免责事由除法律规定的不可抗力外，还可以在合同中约定某些限制或免除其违约责任的事由，通常称为免责条款，即为约定的免责事由。但是对于严重违反诚实信用和公平原则，或违反社会公共利益的免责条款，法律是禁止的。《合同法》第 53 条规定了两种免责条款无效：一是造成人身伤害的免责条款无效；二是因故意或重大过失给对方造成财产损失的免责条款无效。另外，在采用格式条款订立合同的情况下，提供格式合同的一方如果违反公平原则免除自己重要义务的，此种免责条款也是无效的。

免责事由产生以后，只是可能导致当事人被免除责任，而不是必然导致债务免责。如果合同仍然可以履行，则当事人应继续履行合同债务，不应被免责。如果在当事人迟延履行后发生不可抗力的，不能免除责任。

四、承担违约责任的方式

根据《合同法》第 107 条的规定，违约责任的承担方式主要有以下几种：

（一）实际履行

实际履行又称继续履行，是指一方违反合同时，另一方有权要求其依据合同的规定继续履行，而不得以支付违约金和赔偿金的方式代替履行。《合同法》第 109、111 条对金钱债务和非金钱债务的实际履行问题分别做出了规定。要适用实际履行，应符合以下条件：

（1）有违约行为存在。

（2）必须由非违约方在合同期限内提出继续履行的请求。如果非违约方在合理期限内没有提出继续履行的要求的，应视为债权人放弃了选择权。

（3）必须依据法律和合同的性质能够履行。如合同标的为新颁布的法律所禁止。

（4）实际履行在事实上是可能的和在经济上是合理的。事实上的履行不能，是指债务人在事实上丧失了履行合同的能力。如甲、乙约定由甲为乙画肖像，合同签订后不久甲因意外事故而丧失了绘画能力。此外，如果履行费用大大超过了实际履行合同所能获得的利益，应当放弃采用继续履行责任，而应选择其他的违约责任方式。

（二）损害赔偿

1．损害赔偿的概念和特点

损害赔偿是指因合同一方当事人的违约行为而给对方当事人造成财产损失时，违约方应向对方当事人所做的经济补偿。违约损害赔偿具有以下特点：

（1）损害赔偿是因债务人不履行合同债务所产生的责任。当事人之间的原合同债务转化为损害赔偿的债务关系。

（2）损害赔偿原则上仅具有补偿性而不具有惩罚性。但若经营者提供商品或服务有欺诈行为的，应当按照消费者的要求增加赔偿其受到的损失，增加赔偿的金额为消费者购买商品的价格或接受服务的费用的 1 倍。

（3）损害赔偿允许当事人约定。当事人在订立合同时，可以预先约定一方当事人在违约时应向对方当事人支付一定的金钱。

（4）损害赔偿以赔偿当事人实际遭受的全部损害为原则。当事人一方不履行合同义务或履行合同义务不符合约定，给对方当事人造成损失的，损失赔偿额应相当于因违约所造成的损失，包括合同履行后可以获得的利益。只有赔偿全部损失才能在经济上相对于合同得到正常履行情况下的同等收益，由此才能督促当事人全面地履行合同。

2．确定赔偿范围的相关规则

（1）合理预见规则。违约方承担的间接损害赔偿范围不得超过违反合同一方订立合同时预见到或应当预见到的，因违反合同可能造成的损失。如果损害不可预见，违约方即不应赔偿。

（2）损害赔偿的减轻规则。当事人一方违约后，对方应当采取适当措施防止损失的扩大，没有采取适当措施，致使损失扩大的，不得就扩大的损失要求赔偿。未尽到减轻损害的义务，实际上已违反了诚实信用原则；且一方在另一方违约后未能采取合理措施防止损失扩大，其本身也有过错，应当对自己的过错承担责任。

（3）损益相抵规则。损益相抵规则，是指受害人基于损失发生的同一原因而获得利益时，在其应得的损害赔偿额中扣除其所获得的利益部分的规则。损益相抵规则的目的在于计算出违约所造成的实际的、真实的损失，而非减轻违约方本应承担的责任。因为赔偿责任制度的目的是补偿受害人因违约而遭受的损失，而不是使受害人因此而获得不当利益。

（三）支付违约金

违约金是指合同当事人在合同中约定的，在合同债务人不履行或不适当履行合同义务时，应向对方当事人支付的一定数额的金钱。在合同中约定违约金，便于当事人预测不履行合同的风险，能够促进当事人积极履约。一旦发生违约，受损害方可以不必支付诉讼费用，避免举证责任困难，相对简单明确。

违约金具有如下法律特征：

1．违约金由当事人协商确定

违约金作为违约责任的方式，直接来源于双方当事人在合同中的约定。若当事人在合同中未约定违约金条款，则不产生违约金责任，法院或仲裁机构也不得判决或裁决要求违约方支付违约金。

2．违约金数额是预先确定的，具有补偿性

《合同法》第 114 条第 1 款规定："当事人可以在合同中预先约定一方违约时应当根据违约情况向对方支付一定数额的违约金，也可以预先约定因违约产生的损失赔偿额的计算方法。"由此可见，违约金原则上具有补偿性，违约方承担违约金后，不再承担继续履行合同或赔偿损失的违约责任。但当事人就迟延履行约定违约金的，违约方支付违约金后，还应当履行债务或赔偿损失。由此可见，迟延履行违约金具有惩罚性。

3．违约金是一种违约后生效的责任方式

违约金条款只有在一方发生违约后才能产生法律效力。

违约金的约定虽然可由当事人自由约定，但受到一定的限制。约定的违约金低于造成的损失的，当事人可以请求人民法院或仲裁机构予以增加；约定的违约金过分高于造成的损失，当事人可以请求人民法院或仲裁机构予以适当减少。法院和仲裁机构对违约金的数额的调整，必须要有一方当事人提出要求，法院和仲裁机构不得主动调整。

（四）定金

定金，是指合同当事人为了确保合同的履行，依据法律和合同的规定，预先给付对方的金钱或其他代替物。定金在性质上属于违约定金，具有明显的制裁违约行为的性质。但定金的数额不得超过合同标的额的 20%。

当事人可以依照我国《担保法》约定一方向对方给付定金作为债权的担保。债务人履行债务后，定金应当抵作价款或收回。收受定金的一方不履行约定的债务的，应当双倍返还定金。

定金的设立是为担保债务的履行，但在当事人违约后，就要产生定金责任，就可以有力督促当事人履行合同，实现定金的担保作用。但是，《合同法》第116条规定：“如果在同一合同中，当事人既约定违约金，又约定定金的，一方违约时，对方可以选择适用违约金或定金条款。”

（五）其他补救措施

其他补救措施是指《合同法》第111条所规定的情形，即质量不符合约定的，应当按照当事人的约定，承担违约责任。对违约责任没有约定或约定不明确，依照《合同法》第61条仍不能确定的，受损害方根据标的性质以及损失大小，可以合理选择，要求对方承担修理、更换、重做、退货、减少价款或报酬等违约责任。

五、责任竞合

责任竞合主要是指违约责任和侵权责任的竞合。由于合同纠纷诉讼与侵权诉讼在管辖法院和适用法律方面存在区别，允许受害方选择有利于自己的一种诉由提起诉讼，对受损害方比较方便，也有利于对受损害方的保护。对违约方来说，两种责任都是法律的要求，无论对方要求其承担其中的哪一种责任，都是合理的。

《合同法》第122条规定，因当事人一方的违约行为，侵害对方人身、财产权益的，受损害方有权选择依照本法要求其承担违约责任或依照其他法律要求其承担侵权责任。如在发生产品责任的情形下，受损害方可以选择向销售者或生产者追究产品责任。而按照本条的规定，受损害方可以选择向销售者追究违约责任或侵权责任。

案例分析

2013年10月8日，山西省大同市某煤矿（以下简称“煤矿”）与湖南省某钢铁厂（以下简称“钢铁厂”）签订了购买1500吨煤的购销合同。双方在合同中约定：煤矿向钢铁厂提供1 500吨煤，每吨价格为300元；在合同签订后，钢铁厂应向煤矿支付2万元的定金；如一方违约，违约方应向对方交付未履行合同部分金额5%的违约金。在合同签订后，钢铁厂向煤矿实际交付2万元的定金。2013年10月15日，煤矿按约发给钢铁厂500吨煤，钢铁厂按约支付了价款。2013年10月20日，煤价市场发生变化，突然涨至每吨350元，煤矿遂与钢铁厂协商变更价格，钢铁厂表示拒绝。随后，煤矿便停止向钢铁厂履行合同义务。钢铁厂遂诉至法院，要求煤矿双倍返还定金、交付违约金并继续履行合同。

请问：钢铁厂的诉讼请求能否得到法院的支持？为什么？

解析：本案关键问题是在违约责任中，定金责任和违约金责任能否同时适用的问题。本案中，煤矿与钢铁厂签订的购销合同合法有效。毫无疑问，煤矿已经构成了违约，应当承担相应违约责任。如果按照定金罚则，根据《合同法》第115条的规定，煤矿应当双倍返还定金，共计4万元；如果采用违约金责任形式，则根据双方的约定，钢铁厂可以取得违约金1.5万元。根据《合同法》第116条的规定：如果在同一合同中，当事人既约定违约金，又约定定金的，一方违约时，对方可以选择适用违约金或定金条款。现钢铁厂同时请求双倍返还定金、支付违约金，于法无据。因此，应当只适用定金罚则，即煤矿应当向钢铁厂支付4万元。对于钢铁厂继续履行的请求，根据《合同法》第114

条第 3 款规定，当事人就迟延履行约定违约金的，违约方支付违约金后，还应当履行债务。由此可见。违约金责任形式与继续履行责任形式可以并用。相同道理，定金责任也可以与继续履行责任同时适用，所以钢铁厂要求煤矿继续履行合同应当得到法院的支持。

模块小结

合同，是指平等主体的自然人、法人、其他组织之间设立、变更、终止民事权利义务关系的协议。本学习情景主要阐述了合同订立、履行、变更、转让和终止及其违约责任。订立合同应当遵循平等、自愿、公平、诚实信用及合法原则，订立合同可以采取口头、书面及其他形式，要采取要约和承诺的方式；依法成立的合同，对当事人有法律约束力，但并非所有的合同都具备有效要求，合同的效力还包括无效合同、效力待定合同以及可变更、可撤销合同；履行合同应遵循全面、诚实信用的原则，当事人为了保护自身的合法权益，可以依法行使抗辩权、代位权和撤销权；合同成立后，当事人可以依法进行变更和转让，也可以依法终止合同；当事人不履行合同义务或履行合同义务不符合约定的，应当依法承担相应违约责任。

完成检验

一、单项选择题

1. 甲公司经常派业务员乙与丙公司订立合同。乙调离后，又持盖有甲公司公章的合同书与尚不知其已调离的丙公司订立一份合同，并按照通常做法提走货款，后逃匿。对此甲公司并不知情。丙公司要求甲公司履行合同，甲公司认为该合同与己无关，予以拒绝。下列选项哪一项是正确的？（　　）。

A．甲公司不承担责任　　B．甲公司应与丙公司分担损失

C．甲公司应负主要责任　　D．甲公司应当承担签约后果

2. 根据《合同法》的规定，被撤销的合同没有法律约束力的起始时间是（　　）。

A．当事人订立合同时　　B．当事人向人民法院提出申请时

C．合同被撤销时　　D．人民法院受理当事人的申请时

3. 债务人欲将合同的义务全部或者部分转移给第三人，则（　　）。

A．不必经债权人同意　　B．应当经债权人同意

C．不必通知债权人　　D．应当通知债权人

4. 下列可以适用留置方式担保的合同的是（　　）。

A．借贷合同　　B．建设工程合同

C．租赁合同　　D．承揽合同

5. 下列合同中属于单务合同的是（　　）。

A．赠予合同　　B．买卖合同　　C．租赁合同　　D．银行贷款合同

6. 甲与乙订立了合同，约定由丙向甲履行债务，现丙履行的行为不符合合同的约定，

甲有权请求（　　）。

A．丙承担违约责任　　B．乙承担违约责任

C．乙和丙承担违约责任　　D．乙或者丙承担违约责任

7．甲公司与乙厂之间签订一价值 200 万元的合同，双方约定用定金方式作为合同履行的担保。根据法律规定，定金数额不得超过（　　）万元。

A．20　　B．30　　C．40　　D．50

8．下列不属于我国《担保法》规定的担保方式的是（　　）。

A．抵押　　B．违约金　　C．质押　　D．留置

9．无民事行为能力人能够独立作为当事人的有效合同是（　　）。

A．汽车买卖合同　　B．房屋租赁合同

C．图书受赠合同　　D．银行借款合同

10．某家具店在其橱窗内展示的两件家具上分别标有“正在出售”和“样品”字样，并且标示了价格，则“正在出售”和“样品”可视为（　　）。

A．要约邀请的要约　　B．要约和要约邀请

C．要约和反要约　　D．承诺和要约

二、多项选择题

1．下列意思表示中，一般属于要约邀请的是（　　）。

A．寄送的价目单　　B．拍卖公告

C．招股说明书　　D．招标公告

2．下列各项中，不属于我国《合同法》调整的是（　　）。

A．婚姻关系　　B．收养关系

C．买卖关系　　D．监护关系

3．承担合同违约责任的方式有（　　）。

A．违约金　　B．赔偿损失

C．采取补救措施　　D．罚金

4．合同法的基本原则有________。（　　）。

A．平等原则　　B．自愿原则

C．诚实信用原则　　D．公平原则

5．某热电厂从某煤矿购煤 200 吨，约定交货期限为 2013 年 9 月 30 日，付款期限为 2013 年 10 月 31 日。9 月 30 日，煤矿交付 200 吨煤，热电厂经检验发现煤的含硫量远远超过约定标准，根据政府规定不能在该厂区燃烧。基于上述情况，热电厂的下列主张中，有法律依据的是（　　）。

A．行使后履行抗辩权　　B．.要求煤矿承担违约责任

C．行使不安抗辩权　　D．.解除合同

6．导致合同变更、撤销的事由有（　　）。

A．重大误解　　B．显失公平

C．欺诈、胁迫　　D．乘人之危

7．按照我国《担保法》的规定，一般不能作为保证人的是（　　）。

A．国家机关　　B．学校

C．企业法人　　D．幼儿园

8．下列可以适用留置方式担保的合同的是（　　）。

A．承揽合同　　B．运输合同

C．保管合同　　D．建设工程合同

9．A 市甲厂因购买 B 市乙公司的一批木料，与乙公司签订了一份买卖合同，但合同中未约定交货地与付款地，则下列说法正确的有（　　）。

A．A 市为交货地　　B．B 市为交货地

C．A 市为付款地　　D．B 市为付款地

10．育红学校欲组建电脑教室，分别向几个电脑商发函，称“我学校急需电脑 50 台，如你公司有货，请速告知。”华夏公司第二日即派人将电脑 50 台送到学校，而育红学校此时已决定购买另一电脑商的电脑，故拒绝接受华夏公司的电脑，由此发生纠纷。关于本案的下列表述中，正确的有（　　）。

A．育红学校的发函属于要约邀请

B．育红学校的发函属于要约

C．育红学校拒绝接受华夏公司属于违约行为

D．育红学校拒绝接受华夏公司不属于违约行为

三、判断题

1．因重大误解订立的合同属于效力待定合同。（　　）

2．根据《合同法》的规定，合同必须采取书面形式订立。（　　）

3．担保合同是主合同的从合同，如果主合同无效，则担保合同无效。（　　）

4．承诺通知发出后，原则上可以撤销但不能撤回。（　　）

5．某商场设有自动售报机，顾客只要按要求投入硬币，即可得到当地日报一份，此种成立买卖合同的形式为口头形式。（　　）

6．应合同当事人的请求，由人民法院予以撤销的合同自订立时起即不发生法律效力。（　　）

7．买卖合同的出卖人将收取价款的权利转让给第三人，无须得到买受人的同意，但是应当通知买受人。（　　）

8．抵押一般需要移交物的占有，而质押则不需移交物的占有。（　　）

9．保证合同中没有约定保证方式或约定不明确的，则视为采取一般保证。（　　）

10．根据《合同法》的规定，当事人既约定违约金，又约定定金的，一方违约时，对方可以并用违约金和定金条款。（　　）

四、案例分析题

1．甲、乙两公司采用合同书形式订立了一份买卖合同。双方约定由甲公司向乙公司提供 100 台精密仪器，甲公司于 8 月 31 日前交货，并负责运至乙公司；乙收到货后 10 日内付清货款。合同订立后双方均未签字盖章。6 月 28 日，甲公司与丙运输公司订立货物运输合同，约定由丙公司将 100 台精密仪器运至乙公司。8 月 1 日，丙先行运了 70 台精密仪器至乙公司，乙全部收到，并于 8 月 8 日将 70 台仪器的货款付清。8 月 20 日，甲掌握乙转移财产、逃避债务的确切证据，随即通知丙公司暂停运输另外的 30 台精密仪器，并通知乙公司中止交货，要求乙公司提供担保；乙公司及时提供了担保。8 月 26 日，甲公司通知丙

公司将其余 30 台仪器运往乙公司。丙公司在运输途中发生交通事故，30 台精密仪器全部损毁，致使甲公司 8 月 31 日前不能按时全部交货。9 月 5 日，乙公司要求甲公司承担违约责任。根据以上事实回答：

（1）甲、乙公司订立买卖合同是否成立？为什么？

（2）甲公司 8 月 20 日中止履行合同的行为是否合法？为什么？

（3）乙公司 9 月 5 日要求甲承担违约责任的行为是否合法？为什么？

2．2013 年 9 月，万方农贸公司与绿岛家禽养殖场（以下简称“养殖场”）签订合同，合同约定：养殖场在 2014 年 1 月向万方公司供应 1 万只家禽；万方公司向养殖场支付预付款 10 万元；违约额约定为 15 万元。

合同订立后，万方公司于 2013 年 10 月支付了预付款，到 2014 年 1 月，因当地发生禽流感，养殖场的家禽全部被捕杀。万方公司闻讯后，通知养殖场解除合同，并要求返还预付款和支付违约金。养殖场接到通知后认为：造成不能履行合同的原因是不可抗力所致，因而不应该承担违约责任；至于预付款，由于是万方公司首先提出解除合同，故无权要求返还，为此双方争执不下，诉请法院处理。请问：

（1）万方公司是否有权解除合同？为什么？

（2）养殖场可否免除不能履行合同的违约责任？为什么？

（3）养殖场是否应返还万方公司的预付款？为什么？

3．甲、乙公司于 2012 年 4 月 1 日签订了一项购销合同，合同规定，甲向乙订购 A 产品 5000 套，每套单价 0.3 万元，甲向乙预付定金 200 万元；乙公司于 4 月 20 日、5 月 20 日、6 月 20 日前分别供货 1500 套、1500 套、2000 套；甲方收货后 10 天内付清货款，任何一方违约给对方造成损失的均应支付赔偿金。4 月 5 日甲公司按期支付定金。乙公司于 4 月 15 日根据合同约定发出第一批货物，但甲公司收货 10 天内只支付了第一批货物 40%的货款。因甲公司履行合同义务不符合约定，故乙公司拒绝发出第二批货物。根据以上材料，请回答：

（1）双方约定的定金担保何时生效？为什么？

（2）乙公司拒绝发出第二批货物的理由是否充分？为什么？

（3）乙公司能否没收甲公司的定金并且要求甲公司支付违约金？为什么？

4．大名农场向多家果品加工企业寄送了水果品种简介及价目表。甲企业收到后，立即回电表示希望按照价目表所列价格购买苹果 100 吨，并要求一周内运至指定地点。农场收到电报后立即装车发货。第五天，大名农场将苹果运至指定地点。此时，当地水果已经大幅度降价，甲企业遂要求农场按市场销售。遭到拒绝后，甲企业拒不收货，并表示自己不收货，即双方合同不成立。大名农场则认为合同已经成立，便诉至法院，要求甲企业履行合同。请问：

（1）大名农场向果品加工企业发出价目表的行为是要约还是要约邀请？

（2）本案中甲企业与大名农场之间的合同是否已经成立？

实践活动

1．起草或修改合同文书

活 动 名 称	起草或修改合同文书
活动目的	通过合同文书的起草或修改，让学生进一步明确合同的条款，培养学生理解和运用合同法律、法规的能力，锻炼学生正确使用法言法语的能力和合同审核能力，树立用合同来维护企业和自身权益的意识
活动要求	起草或修改的合同所包括的主要条款要能够明确当事人双方的权利和义务，要遵循合同原则；所使用的语言要符合法言法语的要求；当事人双方签字、盖章等必要的手续齐备
活动安排	给定背景材料，将学生进行分组，各组学生按照活动要求完成合同书起草或修改工作
活动考核	各组学生汇报合同起草或修改思路；教师和学生代表根据各组提供的合同书的规范性和完整性进行考核

2．搜集和分析典型案例

活 动 名 称	收集和分析典型案例
活动目的	通过让学生去收集现实生活中有关合同的案例，使学生充分体会到合同对个人及企业的重要性，树立其用合同来维护自己和企业合法权益的意识，培养他们分析问题和解决问题的能力
活动要求	要求每位学生收集的案例应尽量具有新颖性、典型性等特点；对收集到的案例要有个人的分析和体会
活动安排	给定时间，让学生利用课余时间借助报纸、网络等收集发生在身边的典型合同案例，并按照活动要求完成案例的分析，写出自己的体会
活动考核	教师根据学生提交的案例材料和完成的案例分析及体会等给出评价

课外阅读

1．杨立新．合同法判例与学说．长春：吉林人民出版社，2005
2．王家福等．中华人民共和国合同法释要．北京：企业管理出版社，1999
3．吴家曦．中小企业创业经营法律风险与防范策略．北京：法律出版社，2008
4．张俊岩．担保法典型案例．北京：中国人民大学出版社，2003
5．中国法院网：
6．中国民商法律网：http://www.civillaw.com.cn
7．《合同法》、《担保法》、《物权法》全文等

模块四　企业人力资源管理法律制度与实务

在社会主义市场经济体制下，劳动关系发生了重大变化，从计划经济体制下劳动者与国家的直接关系，转向劳动者与用人单位的具有各自独立利益关系的社会关系，劳动法律规范的学习尤为重要。企业人力资源管理常用的劳动法律规范，主要包括：《中华人民共和国劳动法》(以下简称《劳动法》)、《中华人民共和国劳动合同法》(以下简称《劳动合同法》)、《中华人民共和国劳动争议调解仲裁法》(以下简称《劳动争议调解仲裁法》)等。通过本模块的学习，要达到以下目标：

知识目标

1. 掌握劳动关系的概念和特征，掌握事实劳动关系的认定，理解劳动关系与劳务关系的区别；

2. 理解用人单位招录人员时劳动者的权利和用人单位的责任；

3. 理解并掌握劳动合同的订立、效力、履行、变更、解除和终止，了解集体合同的订立程序；

4. 掌握工作时间和休息休假制度，掌握工资制度；

5. 了解劳动保护制度，理解职业病防治制度，理解女职工和未成年工的特殊劳动保护；

6. 掌握劳动争议的调解，掌握并熟悉劳动争议仲裁的相关规定，掌握劳动争议诉讼的相关规定。

能力目标

通过本模块的学习，使学生熟悉企业人力资源管理方面的法律，强化学生的劳动法律意识，培养学生订立劳动合同的能力，树立学生运用相关劳动法律规范分析和处理各类劳资纠纷的职业素养。

案例导读

2014 年 1 月，黄某参加了北京市某区主办的专场招聘会，经面试，被一家模具公司录用为销售部经理助理。2014 年 1 月 21 日，双方协商一致，签订了 2 年期固定期限劳动合同，并约定了 2 个月的试用期。黄某入职一段时间后，公司领导认为其工作态度十分认真，但专业知识和业务水平都不理想，与招聘时对空缺岗位的要求存在很大差距。2014 年 3 月 6 日，该模具公司以黄某在试用期被证明不符合录用条件为由，决定解除与黄某的劳动关系，并不予支付任何经济补偿。黄某认为，自己工作积极努力，专业知识和业务水平也正在快速提高，公司领导在未对其进行任何考核，也没有任何考核标准的情况下，片面地认为自己不符合录用条件，解除劳动关系是不合法的。于是，向劳动争议仲裁委员会提出申诉，要求该模具公司向其支付经济补偿。

仲裁委员会经调查审理后，判定该模具公司与黄某解除劳动关系属于违法行为，对黄某的申诉请求予以支持，要求该模具公司向黄某支付双倍经济补偿的赔偿金。

【案例启示】 本案涉及劳动者在试用期内是否符合用人单位录用条件及其判断标准问题。录用条件，是指用人单位在招用劳动者时，依据岗位要求所提出的具体标准。用人单位针对不同的工作岗位向劳动者提出的录用条件和标准各不相同。用人单位与劳动者订立书面劳动合同，并依据劳动合同期限长短约定不同的试用期，主要是为了考察所招用的劳动者是否符合用人单位所提出的要求和标准。在试用期内，如果劳动者符合用人单位的录用条件和标准，双方将继续履行订立的劳动合同；如果劳动者被证明不符合用人单位提出的录用条件和标准，或不能胜任劳动合同中约定的工作或岗位，依据《劳动合同法》第 39 条第 1 款规定，用人单位可以与其解除劳动合同。本案中，该模具公司招聘时没有讲明具体录用条件，对空缺岗位也没有明确的岗位说明，并且也未提出相应的考核标准对黄某进行考核。因此，公司不能以领导主观判断其“专业知识和业务水平与招聘时对空缺岗位的要求存在很大差距”为由解除与黄某的劳动关系。该案例告诉我们，无论是用人单位，还是劳动者，都应该依法保护自己的权益。企业可以通过学习劳动法律规范减低人力资源管理方面的风险，而劳动者可以通过学习劳动法律规范保护自己的合法权益。

任务 1　确认劳动关系

【任务导入】

A 公司主要从事床上用品的生产、销售，生产季节性较强，每年 7 月至 9 月是生产旺季。朱某自 2001 年以来，每逢生产旺季，自带其本人的小货车至该公司从事运输等工作。双方约定 A 公司每月支付朱某报酬 2000 元，油费、过路费、违章罚款等费用均由 A 公司支付。期间，朱某日常生活起居均在公司内。某日，朱某受 A 公司指派在购买发动机途中发生交通事故死亡。朱某之妻向当地劳动保障部门申请工伤认定。劳动部门审查后认为朱某自备劳动工具为 A 公司提供劳动服务，具有临时性、短期性的特点，且双方不存在管理与被管理的社会关系。遂做出工伤调查结论，认定朱某与 A 公司之间是劳务关系而非劳动关系，不属于该局管辖范围。朱某之妻不服，起诉至法院，请求依法撤销劳动部门做出的工伤调查结论。

请问：朱某与 A 公司之间是否存在劳动关系？

相关知识

一、劳动关系的概念和特征

（一）劳动关系的概念

《劳动法》是调整劳动关系以及与劳动关系密切联系的其他社会关系的法律规范的总

和。《劳动法》调整的对象是劳动关系，但并非所有的劳动关系均由劳动法调整。《劳动法》调整的劳动关系是狭义的，即是劳动者与用人单位之间在实现劳动过程中发生的社会关系。我国《劳动合同法》第2条规定："中华人民共和国境内的企业、个体经济组织、民办非企业单位等组织（以下称用人单位）与劳动者建立劳动关系，订立、履行、变更、解除或者终止劳动合同，适用本法。国家机关、事业单位、社会团体和与其建立劳动关系的劳动者，订立、履行、变更、解除或者终止劳动合同，依照本法执行。"

（二）劳动关系的特征

1．劳动关系的当事人是特定的

《劳动法》所调整的劳动关系的当事人，一方是劳动者，另一方是用人单位。

2．劳动关系是在实现劳动过程中发生的社会关系

在我国，《劳动法》所调整的劳动关系产生于职业劳动、集体劳动、工业劳动过程中，非单位的个人雇佣关系和农业劳动关系、家庭成员的共同劳动关系不由劳动法调整。

3．劳动关系具有人身关系、财产关系的属性

劳动者向用人单位提供劳动力，就是将其人身在一定限度内交给用人单位支配，因而劳动关系具有人身属性。劳动者有偿提供劳动力，用人单位向劳动者支付劳动报酬，所以劳动关系又具有财产关系的属性。

4．劳动关系具有平等、从属关系的属性

在市场经济条件下，双方当事人在建立、变更或终止劳动关系时，是依照平等、自愿、协商原则进行的，因而劳动关系具有平等关系的属性。同时，劳动关系具有从属性，劳动关系一经确立，劳动者成为用人单位的职工，与用人单位存在身份、组织和经济上的从属关系，用人单位控制和管理劳动者，双方形成管理与被管理、支配与被支配的关系。

二、事实劳动关系

目前，我国仍然大量存在未订立书面劳动合同但又实际存在劳动关系的情况。产生这些事实劳动关系的主要原因在于：用人单位招用劳动者后不按规定订立劳动合同而形成的劳动关系；用人单位与劳动者以前签订过劳动合同，但是劳动合同到期后用人单位同意劳动者继续在本单位工作却没有与其及时续订劳动合同；以其他合同形式代替劳动合同，即在其他合同中规定了劳动者的权利、义务条款，比如在承包合同、租赁合同、兼并合同中规定了职工的使用、安置和待遇等问题；劳动合同因某种原因成为无效合同，但是双方依照这一合同规定已经建立的劳动关系等。

我国《劳动合同法》第10条规定："建立劳动关系，应当订立书面劳动合同。已建立劳动关系，未同时订立书面劳动合同的，应当自用工之日起一个月内订立书面劳动合同。用人单位与劳动者在用工前订立劳动合同的，劳动关系自用工之日起建立。"用人单位和劳动者虽然没有签订书面劳动合同，但双方确实已形成劳动关系的，可以综合下列情况认定为事实劳动关系：

（1）用人单位和劳动者符合法律、法规规定的主体资格。在我国，根据《劳动法》和《劳动合同法》第2条的规定，狭义的用人单位包括企业、个体经济组织（仅限于个体工商户）和民办非企业单位等组织；广义的用人单位还包括国家机关、事业组织和社会团体。用人单位必须是合法的单位、组织。根据我国有关法律、法规规定，企业等经济组织

开展经济活动，应当依法办理工商登记。自然人要成为劳动者，必须具备主体资格，即必须具有劳动权利能力和劳动行为能力。所谓劳动权利能力是指自然人能够依法享有劳动权利和承担劳动义务的资格或能力；所谓劳动行为能力是指自然人能够以自己的行为依法行使劳动权利和履行劳动义务的能力。依我国《劳动法》的规定，凡年满16周岁、有劳动能力的公民是具有劳动权利能力和劳动行为能力的人。即劳动者的法定最低就业年龄为16周岁，除法律另有规定外，任何单位不得与未满16周岁的未成年人发生劳动法律关系。对有可能危害未成年人健康、安全或道德的职业或工作，最低就业年龄不应低于18周岁，用人单位不得招用已满16周岁不满18周岁的公民从事过重、有毒、有害的劳动或者危险作业。

（2）用人单位依法制定的各项劳动规章制度适用于劳动者，劳动者受用人单位的劳动管理并从事用人单位安排的有报酬的劳动。当然，这些规章制度必须是依法程序制定的。

（3）劳动者提供的劳动是用人单位业务的组成部分。该点体现了用人单位与劳动者之间的长久合作关系，即劳动者在用人单位工作必须达到一定的期限，否则就是一般的雇佣关系。

用人单位未与劳动者签订劳动合同，认定双方存在劳动关系时可参照下列凭证：工资支付凭证或记录（职工工资发放花名册）、缴纳各项社会保险费的记录；用人单位向劳动者发放的“工作证”、“服务证”等能够证明身份的证件；劳动者填写的用人单位招工招聘“登记表”、“报名表”等招用记录；考勤记录；其他劳动者的证言等。

三、劳动关系与劳务关系

劳务关系是指提供劳务的一方为需要的一方以劳动形式提供劳动活动，而需要方支付约定的报酬的社会关系。劳动关系与劳务关系之间的共同之处是一方提供的都是劳动行为，其区别主要在于：

1．规范和调整劳动关系与劳务关系在法律依据方面的主要区别

劳动关系由《劳动法》规范和调整，而且建立劳动关系必须签订书面劳动合同。劳务关系由《民法通则》和《合同法》进行规范和调整，建立和存在劳务关系的当事人之间是否签订书面劳务合同，由当事人双方协商确定。

2．劳动关系主体与劳务关系主体的区别

劳动关系中的一方应是符合法定条件的用人单位，另一方只能是自然人，而且必须是符合劳动年龄条件，且具有与履行劳动合同义务相适应的能力的自然人；劳务关系的主体类型较多，如可以是两个用人单位，也可以是两个自然人。法律法规对劳务关系主体的要求，不如对劳动关系主体要求的那么严格。

3．当事人之间在隶属关系方面的区别

处于劳动关系中的用人单位与当事人之间存在隶属关系是劳动关系的主要特征。隶属关系的含义是指劳动者成为用人单位中的一员，即当事人成为该用人单位的职工或员工（以下统称职工）。因为用人单位的职工与用人单位之间存在劳动关系这是不争的事实。而劳务关系中，不存在一方当事人是另一方当事人的职工这种隶属关系。如某一居民使用一名按小时计酬的家政服务员，家政服务员不可能是该户居民家的职工，与该居民也不可能存在劳动关系。

4．当事人之间在承担义务方面的区别

劳动关系中的用人单位必须按照法律法规和地方规章等为职工承担社会保险义务，且用人单位承担其职工的社会保险义务是法律的确定性规范；而劳务关系中的一方当事人不存在必须承担另一方当事人社会保险的义务。如居民不必为其雇用的家政服务员承担缴纳社会保险的义务一样。

5．用人单位对当事人在管理方面的区别

用人单位具有对劳动者违章违纪进行处理的管理权。如对职工严重违反用人单位劳动纪律和规章制度、严重失职、营私舞弊等行为进行处理，有权依据其依法制定的规章制度解除当事人的劳动合同，或者对当事人给予警告、记过、记大过、降职等处分；劳务关系中的一方对另一方的处理虽然也有不再使用的权利，或者要求当事人承担一定的经济责任，但不含当事人一方取消当事人另一方本单位职工"身份"这一形式，即不包括对其解除劳动合同或给予其他纪律处分形式。

6．支付报酬的原则不同

劳动关系中的用人单位对劳动者具有行使工资、奖金等方面的分配权利。分配关系通常包括表现为劳动报酬范畴的工资和奖金，以及由此派生的社会保险关系等。用人单位向劳动者支付的工资应遵循按劳分配、同工同酬的原则，必须遵守当地有关最低工资标准的规定；而在劳务关系中的一方当事人向另一方支付的报酬完全由双方协商确定，当事人得到的是根据权利义务平等、公平等原则事先约定的报酬。

案例分析

张阿姨身体硬朗，退休前是一名注册会计师，从事会计工作多年，退休后在家无事。有一家公司想招聘一名工作经验丰富的财务主管，张阿姨前去应聘，一方面张阿姨看上去很年轻，另一方面她具有丰富的财务工作经验，公司决定聘用张阿姨为财务主管，因张阿姨已经办理了退休手续，公司能与张阿姨签订劳动合同吗？（案例来源：徐阳《劳动合同法看图一点通》，中国法制出版社）

解析：劳动合同对于签订合同的主体身份有特别要求。订立劳动合同的劳动者，必须具有劳动权利能力和劳动行为能力。劳动者的劳动权利能力和劳动行为能力始于16周岁（经过特别批准的可低于16周岁，如小演员、小运动员等），终于离休、退休等退出劳动岗位。在本案中，张阿姨达到法定年龄已经办理了退休手续，退出劳动岗位，已不具有劳动法意义上劳动者的主体资格，不能再建立劳动关系，公司可以与张阿姨签订《退休人员反聘协议》，双方的权利义务由双方约定，双方的法律关系属于劳务关系，适用于《民法》、《合同法》，不属于劳动法律的调整范围。

任务2　招录员工法律制度与实务

【任务导入】

某公司在报纸上刊登了一则招聘会计的广告，要求有会计证。刘某得知这一消息后，就去参加了应聘，与她同时参加应聘的还有一位腿部有残疾的男会计。经过三轮的面试，该单位最终录用了男会计。刘某对此不满，找到该单位的领导，说："我每次面试都很好，你们不能看我是女的就不用我，不能搞就业歧视。"企业领导告诉她说："你们两个都比较好，但是考虑到他是残疾人，就业不容易，所以就把这个职位给了他，希望你能理解"。（案例来源：黄乐平《企业人力资源法务全解》，法律出版社）

请问：该企业优先录用残疾人的行为属于就业歧视吗？

相关知识

一、劳动者的权利

（一）平等的就业权利

劳动者就业，不因民族、种族、性别、宗教信仰不同而受歧视。用人单位招用人员、职业中介机构从事职业中介活动，应当向劳动者提供平等的就业机会和公平的就业条件，不得实施就业歧视。

各民族劳动者享有平等的劳动权利。

国家保障残疾人的劳动权利。各级人民政府应当对残疾人就业统筹规划，为残疾人创造就业条件。用人单位招用人员，不得歧视残疾人。

妇女享有与男子平等的就业权利。在录用职工时，除国家规定的不适合妇女的工种或者岗位外，不得以性别为由拒绝录用妇女或者提高对妇女的录用标准。凡适合妇女从事劳动的单位，不得拒绝招收女职工。用人单位录用女职工，不得在劳动合同中规定限制女职工结婚、生育的内容。

用人单位招用人员，不得以是传染病病原携带者为由拒绝录用。但是，经医学鉴定传染病病原携带者在治愈前或者排除传染嫌疑前，不得从事法律、行政法规和国务院卫生行政部门规定禁止从事的易使传染病扩散的工作。

农村劳动者进城就业享有与城镇劳动者平等的劳动权利，不得对农村劳动者进城就业设置歧视性限制。

（二）特殊群体就业受保障的权利

我国对残疾人、少数民族人员等特殊群体的就业，采取特殊的保障措施。

用人单位应当按照一定比例安排残疾人就业，并为其提供适当的工种、岗位。用人单位安排残疾人就业的比例不得低于本单位在职职工总数的1.5%。具体比例由省、自治区、直辖市人民政府根据本地区的实际情况规定。用人单位跨地区招用残疾人的，应当计入所安排的残疾人职工人数之内。用人单位安排残疾人就业达不到其所在地省、自治区、直辖市人民政府规定比例的，应当缴纳残疾人就业保障金。

用人单位招用人员，应当依法对少数民族劳动者给予适当照顾。

二、用人单位的责任

（一）禁止用人单位招用未满16周岁的未成年人

我国《劳动法》规定，禁止用人单位招用未满16周岁的未成年人。文艺、体育和特种工艺单位招用未满16周岁的未成年人，必须依照国家有关规定，履行审批手续，并保障其接受义务教育的权利。即劳动者的法定最低就业年龄为16周岁，除法律另有规定外，任何单位不得与未满16周岁的未成年人发生劳动法律关系。

（二）用人单位招用人员时禁止的行为

根据《劳动力市场管理规定》，禁止用人单位招用人员时有下列行为：①提供虚假招聘信息；②招用无合法证件的人员；③向求职者收取招聘费用；④向被录用人员收取保证金或抵押金；⑤扣押被录用人员的身份证等证件；⑥以招用人员为名谋取不正当利益或进行其他违法活动。

案例分析

唐某是河南人，今年还不满16周岁，因为家庭经济困难，唐某初中未毕业，就不得不和村里一些年轻人一道外出打工，以维持生活。经一些早先出来打工的人的介绍，唐某到了浙江某地的一家机械设备厂做了一名机床工。由于自己没有达到16周岁，厂方为了避免劳动部门的检查，就向唐某提出由厂里为其办理假的身份证，将其年龄改为17周岁，并借机压低了唐某的工资待遇。

由于厂方在上岗前没有对唐某进行岗前培训，唐某对机床的安全操作不是很了解，结果上岗没几天，由于自己的操作失误发生了工伤事故，右手的大拇指被冲床砸成粉碎性骨折，功能完全丧失。厂方在为唐某支付了部分医疗费后，以其违反操作程序，给厂里造成了经济损失为由，没有给予唐某任何经济补偿就打发他回家了。唐某找到厂里领导，要求厂里支付全部的医疗费用，并给予一定的经济补偿，此要求没有得到领导的同意，并被告知限期搬出厂里的宿舍。在万般无奈之下，唐某在老乡的帮助下，找到了当地的劳动行政部门，请求劳动行政部门给予帮助和处理。劳动部门对该企业进行了调查，发现了企业存在的违法问题，对企业进行了经济处罚，并责令企业按照相关的规定对唐某的问题妥善处理。（案例来源：黄乐平《企业人力资源法务全解》，法律出版社）

解析：根据我国《劳动法》规定，禁止用人单位招用未满16周岁的未成年人，文艺、体育和特种工艺单位招用未满16周岁的未成年人，必须依照国家有关规定，履行审批手续，并保障其接受义务教育的权利。用人单位违法招用未满16周岁的未成年人的，由劳动行政部门责令改正，处以罚款；情节严重的，由工商行政管理部门吊销营业执照。本案中，企业明知唐某是未满16周岁的未成年人，但为了节约生产成本，仍然招用唐某，并采取伪造身份证的方式以逃避劳动部门的检查，其行为已经违反了《劳动法》有关规定。对企业而言，应当在招聘阶段采取积极的措施进行把关。在劳动者求职时，企业可以要求其提供身份证明材料，包括身份证、学历证等，对不满16周岁的求职者，一律不予招用。录用后发现不满16周岁的，企业应当予以辞退。

任务3 劳动合同法律制度与实务

【任务导入】

刘某伪造了北大的本科、硕士、博士学历，应聘郑州航院教师职位，该学院信以为真，按照博士待遇支付给刘某4万元安家费，并分配120平方米住房一套。刘某到郑州航院上班后，学院发现刘某的工作表现很一般，学生反映也不好，刘某还要求提高待遇，郑州航院向北京大学查询，发现受骗，遂向公安局报案。法院最终以诈骗罪判决刘某3年6个月有期徒刑并处罚金4000元。（案例来源：徐阳《劳动合同法看图一点通》，中国法制出版社）

请问：刘某与郑州航院签订的劳动合同有效吗？

相关知识

一、劳动合同的概念和特征

（一）劳动合同的概念

劳动合同是劳动者与用人单位确立劳动关系、明确双方权利和义务的协议。根据协议劳动者加入用人单位，有义务完成其承担的工作任务并遵守内部劳动规则；用人单位有义务按照劳动者劳动的数量和质量支付劳动报酬，并提供法律和合同规定的劳动条件及保险福利待遇。

（二）劳动合同的特征

（1）劳动合同主体具有特定性。即劳动合同的主体一方是劳动者，另一方是用人单位。

（2）劳动合同是劳动者与用人单位确立劳动关系的法律形式，其内容是明确劳动权利和劳动义务。

（3）劳动合同具有诺成、有偿、双务合同特性。

（4）劳动合同具有较强的法定性。即劳动合同内容主要以劳动法律、法规为依据，劳动关系双方当事人商定的内容不得违反或排斥劳动法律、法规中的强制性规范，否则无效。

二、劳动合同的订立

（一）劳动合同订立的概念及原则

劳动合同的订立，是指劳动者与用人单位之间为建立劳动关系，依法就双方的权利义务协商一致，设立劳动合同关系的法律行为。《劳动合同法》第3条规定：“订立劳动合同，应当遵循合法、公平、平等自愿、协商一致、诚实信用的原则。”

（二）劳动合同的内容

劳动合同的内容，是指劳动关系双方当事人就权利和义务所做出的具体规定，表现为劳动合同条款。劳动合同的内容具体表现为劳动合同的条款，一般分为必备条款和可备条款。

1．必备条款

必备条款是法律规定的生效劳动合同必须具备的条款。根据《劳动合同法》的规定，劳动合同应当具备以下条款：①用人单位的名称、住所和法定代表人或者主要负责人；②劳动者的姓名、住址和居民身份证或者其他有效身份证件号码；③劳动合同期限；④工作内容和工作地点；⑤工作时间和休息休假；⑥劳动报酬；⑦社会保险；⑧劳动保护、劳动条件和职业危害防护；⑨法律、法规规定应当纳入劳动合同的其他事项。

2．可备条款

可备条款是法律规定的生效合同可以具备的条款。当事人可以协商约定可备条款，缺少可备条款不影响劳动合同的成立。劳动合同除上述规定的必备条款外，用人单位与劳动者可以约定试用期、培训、保守秘密、补充保险和福利待遇等其他事项。

（1）试用期条款。劳动合同可以约定试用期，但不得约定违反法律规定的内容。《劳动合同法》规定，劳动合同期限三个月以上不满一年的，试用期不得超过一个月；劳动合同期限一年以上不满三年的，试用期不得超过二个月；三年以上固定期限和无固定期限的劳动合同，试用期不得超过六个月。同一用人单位与同一劳动者只能约定一次试用期。以完成一定工作任务为期限的劳动合同或者劳动合同期限不满三个月的，不得约定试用期。试用期包含在劳动合同期限内。劳动合同仅约定试用期的，试用期不成立，该期限为劳动合同期限。劳动者在试用期的工资不得低于本单位相同岗位最低档工资或者劳动合同约定工资的 80%，并不得低于用人单位所在地的最低工资标准。在试用期中，除劳动者有《劳动合同法》第 39 条和第 40 条第（1）项、第（2）项规定的情形外，用人单位不得解除劳动合同。用人单位在试用期解除劳动合同的，应当向劳动者说明理由。

（2）服务期条款。《劳动合同法》规定，用人单位为劳动者提供专项培训费用，对其进行专业技术培训的，可以与该劳动者订立协议，约定服务期。劳动者违反服务期约定的，应当按照约定向用人单位支付违约金。违约金的数额不得超过用人单位提供的培训费用。用人单位要求劳动者支付的违约金不得超过服务期尚未履行部分所应分摊的培训费用。用人单位与劳动者约定服务期的，不影响按照正常的工资调整机制提高劳动者在服务期期间的劳动报酬。这里的培训费用，包括用人单位为了对劳动者进行专业技术培训而支付的有凭证的培训费用、培训期间的差旅费用以及因培训产生的用于该劳动者的其他直接费用。劳动合同期满，但是用人单位与劳动者依照《劳动合同法》的规定约定的服务期尚未到期的，劳动合同应当续延至服务期满；双方另有约定的，从其约定。

（3）保密条款。《劳动合同法》规定，用人单位与劳动者可以在劳动合同中约定保守用人单位的商业秘密和与知识产权相关的保密事项。对负有保密义务的劳动者，用人单位可以在劳动合同或者保密协议中与劳动者约定竞业限制条款，并约定在解除或者终止劳动合同后，在竞业限制期限内按月给予劳动者经济补偿。劳动者违反竞业限制约定的，应当按照约定向用人单位支付违约金。

（4）竞业限制条款。《劳动合同法》规定，竞业限制的人员限于用人单位的高级管理人员、高级技术人员和其他负有保密义务的人员。竞业限制的范围、地域、期限由用人单位与劳动者约定，竞业限制的约定不得违反法律、法规的规定。在解除或者终止劳动合同后，上述规定的人员到与本单位生产或者经营同类产品、从事同类业务的有竞争关系的其他用人单位，或者自己开业生产或者经营同类产品、从事同类业务的竞业限制期限，不得超过 2 年。

（三）劳动合同的形式

《劳动合同法》规定：建立劳动关系，应当订立书面劳动合同。已建立劳动关系，未同时订立书面劳动合同的，应当自用工之日起 1 个月内订立书面劳动合同。自用工之日起 1 年内订立了书面劳动合同的，应当在此期间向劳动者每月支付 2 倍的工资。自用工之日起满 1 年仍然未与劳动者订立书面劳动合同的，视为用人单位与劳动者已订立无固定期限劳动合同。

（四）劳动合同的期限

《劳动合同法》延续了《劳动法》关于劳动合同期限分类的规定，规定劳动合同期限分为：固定期限劳动合同、无固定期限劳动合同和以完成一定工作任务为期限的劳动合同。

1．固定期限劳动合同

固定期限劳动合同，是指用人单位与劳动者约定合同终止时间的劳动合同。

2．无固定期限劳动合同

无固定期限劳动合同，是指用人单位与劳动者约定无确定终止时间的劳动合同。用人单位与劳动者协商一致，可以订立无固定期限劳动合同。有下列情形之一，劳动者提出或者同意续订、订立劳动合同的，除劳动者提出订立固定期限劳动合同外，应当订立无固定期限劳动合同：①劳动者在该用人单位连续工作满 10 年的；②用人单位初次实行劳动合同制度或者国有企业改制重新订立劳动合同时，劳动者在该用人单位连续工作满10 年且距法定退休年龄不足 10 年的；③连续订立两次固定期限劳动合同，且劳动者没有《劳动合同法》第 39 条和第 40 条第（1）项、第（2）项规定的情形，续订劳动合同的。上述连续工作满 10 年的起始时间，应当自用人单位用工之日起计算，包括《劳动合同法》施行前的工作年限。另外，用人单位自用工之日起满 1 年不与劳动者订立书面劳动合同的，视为用人单位与劳动者已订立无固定期限劳动合同。

3．以完成一定工作任务为期限的劳动合同

以完成一定工作任务为期限的劳动合同，是指用人单位与劳动者约定以某项工作的完成为合同期限的劳动合同。

（五）劳动合同的效力

劳动合同的效力是指已经成立的劳动合同是否在当事人之间产生法律约束力。劳动合同的效力是法律对当事人之间的意思表示所进行的法律判断。我国《劳动法》以及《劳动合同法》对劳动合同的效力只做了两种规定，即劳动合同生效和劳动合同无效。

1．劳动合同生效

劳动合同生效是指劳动者与用人单位订立的劳动合同产生法律上的约束力。劳动合同成立与劳动合同生效是两个不同的法律概念。当事人双方就劳动合同内容协商一致，劳动合同即告成立。但是，劳动合同成立并不意味着劳动合同一定生效。劳动合同只有符合法律规定，对当事人双方才发生法律上的约束力。对于依法成立的劳动合同何时生效的确定，《劳动合同法》第 16 条规定：“劳动合同由用人单位与劳动者协商一致，并经用人单位与劳动者在劳动合同文本上签字或者盖章生效。”

2．劳动合同无效

无效的劳动合同，是指当事人违反法律规定，订立的不具有法律效力的劳动合同。《劳动合同法》规定下列劳动合同无效或者部分无效：

（1）以欺诈、胁迫的手段或者乘人之危，使对方在违背真实意思的情况下订立或者变更劳动合同的。

（2）用人单位免除自己的法定责任、排除劳动者权利的。

（3）违反法律、行政法规强制性规定的。

劳动合同的无效分为全部无效和部分无效两种情况。对劳动合同的无效或者部分无效有争议的，由劳动争议仲裁机构或者人民法院确认。

劳动合同的无效在法律上会导致两个后果的产生：

（1）劳动合同自始不具有约束力，即劳动合同自成立之日起就是无效的，而不是从确认无效之日起无效。

（2）当事人承担相应的法律责任。对于劳动合同被确认为无效之后，劳动者已付出劳动的情况，《劳动合同法》规定，用人单位应当向劳动者支付劳动报酬。劳动报酬的数额，参考用人单位相同或相近岗位劳动者的劳动报酬确定。

三、劳动合同的履行

劳动合同的履行是合同效力的核心，也是合同目的实现、合同关系消灭的基本途径。

（一）劳动合同履行的概念

劳动合同的履行是指劳动合同的双方当事人按照合同规定，履行各自应承担义务的行为。《劳动合同法》规定："依法订立的劳动合同具有约束力，用人单位与劳动者应当履行劳动合同约定的义务。"

（二）劳动合同履行的原则

劳动合同履行的原则是指用人单位与劳动者在履行劳动合同过程中应共同遵守的行为准则。劳动合同的履行应遵循下列原则：

1．全面履行原则

是指劳动合同当事人应当按照合同规定的时间、地点和要求履行全部义务，以保证依劳动合同产生的权利得以实现。任何一方不得分割履行某些条款规定的义务或不按照劳动合同的约定履行。

2．亲自履行原则

是指劳动合同必须由劳动合同当事人双方自己履行，不能由合同之外的第三人履行。这是由劳动关系的人身属性所决定的。但是，作为劳动合同另一主体——用人单位在法定情形下发生变更，按照《劳动合同法》的规定，却可以由承继其权利义务关系的新的用人单位来承继原劳动合同的权利义务，原劳动关系仍然有效，原劳动合同应当继续履行。

3．实际履行原则

即除了法律和劳动合同另有规定或者客观上已不能履行的以外，当事人要按照劳动合同的规定完成义务，不能用完成别的义务来代替劳动合同约定的义务。《劳动合同法》明确规定，用人单位违反本法规定解除或者终止劳动合同的，劳动者要求继续履行劳动合同的，用人单位应当继续履行，而不能采用经济赔偿的方式替代履行，只有劳动者不要求继续履行劳动合同或者劳动合同客观上已经不能继续履行的，才允许用人单位用赔偿损失的办法，代替劳动合同的实际履行。需要注意的是，这个原则只适用于用人单位，而不能对等地适用劳动者。

4．协作履行原则

即劳动合同的双方当事人在履行劳动合同的过程中，有互相协作、共同完成劳动合同规定的义务，任何一方当事人在履行劳动合同遇到困难时，他方都应该在法律允许的范围，尽力给予帮助，以便双方尽可能地全面履行劳动合同。

5．合法原则

是指劳动合同双方当事人在履行劳动合同过程中，必须遵守法律法规，不得有违法行为。《劳动合同法》着重强调了三个方面，一是规定用人单位应当按照劳动合同约定和国家规定及时足额支付劳动报酬。用人单位拖欠或者未足额支付劳动报酬的，劳动者可以依法向当地人民法院申请支付令，人民法院应当依法发出支付令。二是规定用人单位应当严格执行劳动定额标准，不得强迫或者变相强迫劳动者加班。用人单位安排加班的，应当按照国家有关规定向劳动者支付加班费。三是规定劳动者对用人单位管理人员违章指挥、强令冒险作业有权拒绝，不视为违反劳动合同；对危害生命安全和身体健康的劳动条件，有权对用人单位提出批评、检举和控告。

（三）特殊情形下劳动合同的履行

《劳动合同法》规定，用人单位变更名称、法定代表人、主要负责人或者投资人等事项，不影响劳动合同的履行；用人单位发生合并或者分立等情况，原劳动合同继续有效，劳动合同由承继其权利义务的用人单位继续履行。

四、劳动合同的变更

劳动合同变更，是指当事人双方对依法成立后的劳动合同条款所作的修改或增减。劳动合同的变更，只限于劳动合同条款内容的变更，不包括当事人的变更。《劳动合同法》规定，用人单位与劳动者协商一致，可以变更劳动合同约定的内容。也就是说，协商一致原则是劳动合同变更的一般原则。

1．劳动合同变更的条件

（1）订立劳动合同时所依据的法律、法规已经修改或废止。

（2）企业经有关部门批准转产、调整生产任务，或者由于上级主管机关决定改变单位的工作任务。

（3）企业严重亏损或发生自然灾害，确实无法履行劳动合同规定的义务。

（4）当事人双方协商同意。

（5）法律允许的其他情况。

2．劳动合同变更中需注意的有关问题

劳动合同变更只能在原劳动合同的有效期内进行。劳动合同的变更只是内容的变更，而不是主体变更。劳动合同内容的变更只是变更一部分内容，而不是全部内容，如果就全部内容进行修订，就不属于变更范畴，而属于重新订立合同。变更劳动合同是双方的法律行为，要经历要约和承诺两个阶段。变更劳动合同应当采用书面形式，变更后的劳动合同文本由用人单位和劳动者各执一份。依法变更后的劳动合同双方必须严格履行。因变更劳动合同后给一方造成经济损失的，一般可以要求变更劳动合同一方承担赔偿责任。

五、劳动合同的解除

劳动合同解除是指劳动合同生效以后，尚未履行或还没全部履行以前，当事人一方或双方依法提前消灭劳动关系的法律行为。

（一）劳动合同解除的种类

劳动合同解除按照不同的标准可以进行不同的分类，但是通常情况下，只是将劳动合同的解除分为双方协商解除和单方解除。单方解除又根据解除的主体不同，分为劳动者单方解除和用人单位单方解除。另外《劳动法》和《劳动合同法》针对经济性裁员还进行了特殊的规定。

1．协商解除

根据《劳动合同法》第36条规定："用人单位与劳动者协商一致，可以解除劳动合同。"协商解除是劳动合同当事人双方意思表示一致的产物，是意志自由原则的体现。

2．劳动者单方解除劳动合同

根据是否需要提前通知用人单位，劳动者的单方解除分为劳动者即时解除劳动合同和劳动者预告解除劳动合同。

（1）劳动者即时解除劳动合同。是指劳动者在符合法律规定的条件下，随时可以解除劳动合同，而不需要提前通知用人单位。又分为通知解除与立即解除两种情况。

符合下列情况之一的劳动者可以随时通知用人单位解除劳动合同：用人单位未按照劳动合同约定提供劳动保护或者劳动条件；用人单位未及时足额支付劳动报酬；用人单位未依法为劳动者缴纳社会保险费；用人单位的规章制度违反法律、法规的规定，损害劳动者权益；因用人单位的原因致使劳动合同无效；法律、行政法规规定的其他情形。

《劳动合同法》第38条第2款规定："用人单位以暴力、威胁或者非法限制人身自由的手段强迫劳动者劳动的，或者用人单位违章指挥、强令冒险作业危及劳动者人身安全的，劳动者可以立即解除劳动合同，无须事先告知用人单位。"

（2）劳动者预告解除劳动合同。是指劳动者解除劳动合同不需要任何理由，只需提前一定的期限即可解除劳动合同。它又具体分为两种，即在试用期内提前3日通知解除和合同期限内提前30日书面通知解除。

3．用人单位单方解除劳动合同

用人单位单方解除劳动合同是指用人单位根据法律的规定行使劳动合同解除权，使劳动合同的权利义务提前终止，劳动合同的效力终止。根据劳动者的过错可以将用人单位单方解除劳动合同分为过失性解除和预告性解除两种。

（1）过失性解除劳动合同。是指由于劳动者的过错而赋予用人单位不必依法提前预告而立即解除劳动合同的行为。根据《劳动合同法》第39条的规定，过失性解除劳动合同主要有6种情形：①在试用期间被证明不符合录用条件的；②严重违反用人单位的规章制度；③严重失职，营私舞弊，给用人单位的利益造成重大损害的；④劳动者同时与其他用人单位建立劳动关系，对完成本单位工作任务造成严重影响，或者经用人单位提出，拒不改正的；⑤以欺诈、胁迫的手段或者乘人之危订立劳动合同致使劳动合同无效的；⑥被依法追究刑事责任的。

（2）预告性解除劳动合同。是指用人单位应当依照法律规定的期限，提前通知劳动者或者给予劳动者一定的补偿后才能够解除劳动合同的行为。《劳动合同法》第40条规定了3种适用预告性解除劳动合同的情形：①劳动者患病或者非因工负伤，在规定的医疗期满后不能从事原工作，也不能从事由用人单位另行安排的工作的；②劳动者不能胜任工作，经过培训或者调整工作岗位，仍不能胜任工作的；③劳动合同订立时所依据的客观情况发生重大变化，致使劳动合同无法履行，经用人单位与劳动者协商，未能就变更劳动合同内容达成协议的。

4．用人单位的经济性裁员

用人单位的经济性裁员，是用人单位濒临破产进行法定整顿期间或者生产经营状况发生严重困难，为改善生产经营状况而辞退成批人员。根据我国法律规定，裁员人数必须达到法定标准，即 20 人以上或者裁减不足 20 人但占企业职工总人数的 10%以上的，才可以适用经济性裁员的规定。

（1）经济性裁员的条件。《劳动合同法》第 41 条对实行经济性裁员的情形做了列举规定：依照《企业破产法》规定进行重整的；生产经营发生严重困难的；企业转产、重大技术革新、经营方式调整，经变更劳动合同后，仍需裁减人员的；其他因劳动合同订立时所依据的客观经济情况发生重大变化，致使劳动合同无法履行的。

在经济性裁员中，为了防止用人单位肆意侵害劳动者的合法权益，《劳动合同法》做出了优先留用和优先录用的规定。应当优先留用的人员有：与本单位订立较长期限的固定期限劳动合同的；与本单位订立无固定期限劳动合同的；家庭无其他就业人员，有需要扶养的老人或者未成年人的。优先录用指的是如果用人单位在 6 个月内重新招用，应当通知被裁减的人员，并在同等条件下优先招用被裁减的人员。

（2）经济性裁员的程序。经济性裁员须按下列程序进行：用人单位在决定裁减人员时，应当提前 30 日向工会或全体职工进行说明，听取工会或者职工的意见；提出裁减人员方案，内容包括：拟被裁减人员名单，裁减时间及实施步骤，符合法律、行政法规规定和集体合同约定的被裁减人员经济补偿办法；将裁减人员方案征求工会或全体职工的意见，并对方案进行修改和完善；向劳动行政部门报告裁减人员方案以及工会或者全体职工的意见；用人单位正式公布裁减人员方案，与被裁减人员办理解除劳动合同的手续，按照法律法规规定向被裁减人员本人支付经济补偿金，并且出具裁减人员证明书。

5．用人单位单方解除劳动合同的限制

《劳动合同法》第 42 条规定了用人单位不得单方提出解除劳动合同的情形，这些情况包括：①从事接触职业病危害作业的劳动者未进行离岗前职业健康检查，或者疑似职业病病人在诊断或者医学观察期间的；②在本单位患职业病或者因工负伤并被确认丧失或者部分丧失劳动能力的；③患病或者非因工负伤，在规定的医疗期内的；④女职工在孕期、产期、哺乳期的；⑤在本单位连续工作满 15 年的，且距法定退休年龄不足 5 年的；⑥法律、行政法规规定的其他情形。

（二）劳动合同解除的后果

劳动合同解除的法律后果是使劳动者与用人单位之间的劳动权利义务关系归于消灭。因此，用人单位与劳动者也分别负有不同的义务。

1．用人单位的义务

（1）支付经济补偿金。在下列情形下解除劳动合同，用人单位应当按照国家规定的标准向劳动者支付经济补偿金：《劳动合同法》第 38 条规定的，劳动者可随时通知用人单位解除劳动合同的情形；《劳动合同法》第 40 条规定的用人单位预告解除劳动合同的；《劳动合同法》第 41 条第 1 款规定的，用人单位实行经济性裁员时解除劳动合同的；《劳动合同法》第 36 条规定的，用人单位提出解除劳动合同的动议，并与劳动者协商一致解除劳动合同的。

具体经济补偿金的标准，按照《劳动合同法》第 47 条的规定，经济补偿按劳动者在本单位工作的年限，每满一年支付一个月工资的标准向劳动者支付。六个月以上不满一年的，按一年计算；不满六个月的，向劳动者支付半个月工资的经济补偿。劳动者月工资高于用人单位所在直辖市、设区的市级人民政府公布的本地区上年度职工月平均工资三倍的，向其支付经济补偿的标准按职工月平均工资三倍的数额支付，向其支付经济补偿的年限最高不超过 12 年。这里所谓月工资是指劳动者在劳动合同解除前 12 个月的平均工资。

（2）支付医疗补助费。由于劳动者患病或非因工负伤，经劳动鉴定委员会确认不能从事原工作、也不能从事用人单位另行安排的工作而解除劳动合同的，除按上述规定支付经济补偿之外，还应该发给劳动者不低于六个月工资的医疗补助费；患重病的还应再增加不低于 50%的部分，患绝症的再增加的部分应不低于 100%。

（3）档案和社会保险转移手续。根据《劳动合同法》第 50 条的规定，用人单位应当在解除劳动合同的同时出具解除或者终止劳动合同的证明，并在 15 日内为劳动者办理档案和社会保险转移手续。

2．劳动者的义务

劳动者因劳动关系终止而对用人单位履行的义务主要有：结束并移交有关事务及移交所保管的物品；继续按约定保守商业秘密；按约定履行竞业禁止义务；赔偿因违约而给用人单位造成的损失。

六、劳动合同的终止

劳动合同的终止，是指劳动合同期限届满或者有其他符合法律规定的情形出现导致劳动合同关系消灭。按照《劳动合同法》规定，劳动合同的终止只有法定情形的终止，而不能有约定条件下的终止。

（一）劳动合同终止的事由

根据《劳动合同法》规定，有下列情形之一的，劳动合同终止：劳动合同期满的；劳动者开始依法享受基本养老保险待遇的；劳动者死亡，或者被人民法院宣告死亡或者宣告失踪的；用人单位被依法宣告破产的；用人单位被吊销营业执照、责令关闭、撤销或者用人单位决定提前解散的；法律、行政法规规定的其他情形。

（二）劳动合同延缓终止

劳动合同期满时，劳动者有下列情形之一的，不能终止劳动合同，只能在这些情形消失之后才能终止：从事接触职业病危害作业的劳动者未进行离岗前职业健康检查，或者疑似职业病病人在诊断或者医学观察期间的；在本单位患职业病或者因工负伤并被确认丧失或者部分丧失劳动能力的；患病或者非因工负伤，在规定的医疗期内的；女职工在孕期、产期、哺乳期的；在本单位连续工作满 15 年，且距法定退休年龄不足五年的；法律、行政法规规定的其他情形。

（三）劳动合同终止的法律后果

《劳动合同法》在劳动合同终止的问题与《劳动法》以及相关法规的重大不同之处是它确立了劳动合同终止用人单位要支付经济补偿金的制度。

1．劳动者和用人单位双方权利义务终止

劳动合同终止以后，劳动合同失去法律效力，双方不再依据劳动合同进行履行，也不再负有法律义务。

2．用人单位支付经济补偿金

《劳动合同法》改变了《劳动法》以及相关法规终止劳动合同不支付经济补偿金的规定，

在符合法定情形之时，如果劳动合同终止，用人单位必须支付给劳动者经济补偿。这一规定不仅能保障劳动者在暂时失去工作之时能获得合理的补偿和保障，还能促使用人单位在终止劳动合同之时权衡利弊，尽可能签订较长期限的劳动合同，在一定程度上防止劳动合同的短期化。

关于经济补偿金的标准，按照《劳动合同法》第 47 条的规定执行。

3．保存劳动合同文本的义务

劳动合同在解除或终止之后，用人单位应当保存解除或终止的劳动合同文本至少 2 年备查。

七、集体合同

集体合同是当今世界各国普遍采用的调整劳动关系的一项重要法律制度。集体合同作为调整劳资关系的重要手段，在保护劳动者利益和协调劳动关系方面，具有劳动法规和劳动合同所无法取代的功能。

（一）集体合同与劳动合同的区别

1．集体合同的概念

集体合同，又称团体协约、集体协议等，是指工会或者职工推举的职工代表代表职工与用人单位依照法律法规的规定就劳动报酬、工作条件、工作时间、休息休假、劳动安全卫生、社会保险福利等事项，在平等协商的基础上进行协商谈判所缔结的书面协议。签订集体劳动合同的目的在于从整体上维护劳动者的合法权益，发挥工会在稳定劳动关系中的作用。

2．集体合同与劳动合同的区别

集体合同是在劳动合同的基础上产生和发展起来的，两者有明显的区别：

（1）合同的当事人不同。集体合同的一方当事人是用人单位，另一方必须是职工自愿结合而成的工会或者职工推举的代表，劳动者个人一般不能单独同用人单位签订集体合同；而劳动合同的一方当事人是用人单位，而另一方通常是劳动者个人。

（2）合同的内容不同。集体合同规定的是劳动者集体劳动的劳动条件、工作时间、劳动报酬、福利待遇等，明确有关用人单位的整体性措施；劳动合同则仅限于规定劳动者个人和用人单位之间的权利义务。

（3）适用范围不同。集体合同适用于用人单位的全体劳动者，即一份集体合同适用于用人单位的每一名劳动者；劳动合同则只适用于劳动者个人，对用人单位其他劳动者没有约束力。

（4）法律效力不同。集体合同的法律效力高于劳动合同的法律效力，它是企业订立劳动合同的重要依据，劳动者个人与企业订立的劳动合同的条款的标准不得低于集体合同的规定，两者出现不一致时，应以集体合同规定的条款为准。同时，集体合同对于签订集体合同的用人单位和全体劳动者都发生效力，而劳动合同只能是对用人单位和单个的劳动者发生效力。

（二）集体合同的订立

集体合同由工会代表职工一方与用人单位订立；尚未建立工会的用人单位，由上级工会指导劳动者推举的代表与用人单位订立。

1．集体合同订立的原则

订立集体合同必须遵守以下原则：遵守国家法律、法规、政策的原则；坚持平等自愿、协商一致的原则；结合实际原则。

2．集体合同订立的程序

集体合同订立的程序，是指集体合同从协商到合同成立生效所经过的过程。一般而言，集体合同的签订都必须经过以下程序：

（1）工会代表职工（没有建立工会的企业，由职工推举代表）与用人单位通过平等协商，拟定集体合同草案。

（2）将集体合同草案文本提交职工大会或职工代表大会审议。集体合同草案经职工大会或职工代表大会审议通过后，由双方首席代表签字或盖章。

（3）将讨论通过的集体合同报送当地劳动行政部门，劳动行政部门自收到集体合同文本之日起 15 日内未提出异议的，集体合同即行生效。

（4）集体合同一经生效，用人单位应及时向全体职工公布。

（三）集体合同的内容

集体合同的内容也就是集体合同的条款，对于集体合同的条款《劳动法》、《劳动合同法》只是做了非常概括的描述，2004 年 1 月 20 日颁布的《集体合同规定》第 8 条列出 15 项条款及详细内容。这 15 项条款包括：劳动报酬；工作时间；休息休假；劳动安全与卫生；补充保险和福利；女职工和未成年工特殊保护；职业技能培训；劳动合同管理；奖惩；裁员；集体合同期限；变更、解除集体合同的程序；履行集体合同发生争议时的协商处理办法；违反集体合同的责任；双方认为应当协商的其他内容。

案例分析

2013 年 12 月 10 日，小王入职时，公司告知他有三个月的试用期，但是没有与小王签订书面的劳动合同。2014 年 2 月 15 日，公司通知小王，由于他在试用期表现不佳，所以公司决定辞退他。小王觉得很委屈，因为在试用期内他确实努力工作而且自认为表现很好。

请问：

（1）公司的做法是否合法？为什么？

（2）小王应得到多少赔偿金？请说明理由。

解析：

（1）公司的做法不合法。由于公司与小王之间没有订立书面劳动合同，根据《劳动合同法》第 19 条第 4 款规定：试用期包含在劳动合同期限内。劳动合同仅约定试用期的，试用期不成立，该期限为劳动合同期限。所以公司与小王口头约定的试用期是不成立的。在此情况下，公司无权以小王在试用期表现不佳为由进行辞退。所以，公司辞退小王是一种违法的行为。

（2）小王应得到 1 个月的工资作为赔偿金。按照《劳动合同法》第 87 条规定：用人单位违反本法规定解除或者终止劳动合同的，应当依照本法第 47 条规定的经济补偿标准的 2 倍向劳动者支付赔偿金。而《劳动合同法》第 47 条规定：经济补偿按劳动者在本单位工作的年限，每满一年支付一个月工资的标准向劳动者支付。六个月以上不满一年的，按一年计算；不满六个月的，向劳动者支付半个月工资的经济补偿。因此公司应当向小王支付 1 个月的工资作为赔偿金。

任务 4 工时和工资法律制度与实务

【任务导入】

吴某与张某是北京外国语学院毕业的学生，毕业后吴某应聘到某外企工作，外企适用标准工时制，工作时间是朝九晚五。张某应聘到某酒店工作，酒店的考勤规定，每周一到周日每天上班五小时，张某上班时间长了就受不了，想休一天都不行，单位却说本酒店也采用标准工时制，每天工作五小时，每周工作 35 小时，劳动法规定每周不超过 40 小时，你还占 5 小时便宜呢。（案例来源：徐阳《劳动合同法看图一点通》，中国法制出版社）

请问：酒店的作息时间合法吗？

相关知识

一、工作时间和休假制度

（一）工作时间

工作时间是指劳动法所规定的劳动者在单位中应从事劳动或工作的时间，包括每日应工作的时数和每周应工作的天数，它们分别称为工作日和工作周。工作时间的种类包括标准工作时间、缩短工作时间、延长工作时间、定时工作时间和综合计算工作时间。

1. 标准工作时间

标准工作时间又称标准工时，是指法律规定的在一般情况下都普遍适用的，按照正常作息办法安排的工作日和工作周的工时制度。

《劳动法》规定，劳动者每日工作时间不得超过 8 小时，平均每周不超过 40 小时。因工作性质和工作职责限制的，实行不定时工作制度，但平均每周不超过 40 小时。用人单位应当保证劳动者每周至少休息一日。

2. 缩短工作时间

缩短工作时间是指法律规定的在特殊情况下劳动者的工作时间长度少于标准工作时间的工时制度，即每日工作少于 8 小时。缩短工作日适用于：从事矿山井下、高山、有毒有害、特别繁重或过度紧张等作业的劳动者；从事夜班工作的劳动者；哺乳期内的女职工。

3. 延长工作时间

延长工作时间是指超过标准工作日的工作时间，即日工作时间超过 8 小时，每周工作时间超过 40 小时。延长工作时间必须符合法律、法规的规定。

4. 不定时工作时间和综合计算工作时间

不定时工作时间，又称不定时工作制，是指无固定工作时数限制的工时制度，适用于工作性质和职责范围不受固定工作时间限制的劳动者，如企业中的高级管理人员、外勤人员、推销人员、部分值班人员、从事交通运输的工作人员以及其他因生产特点、工作特殊需要或职责范围的关系，适合实行不定时工作制的职工等。

综合计算工作时间，又称综合计算工时工作制，是指以一定时间为周期，集中安排并综合计算工作时间和休息时间的工时制度。即分别以周、月、季、年为周期综合计算工作时间，但其平均日工作时间和平均周工作时间应与法定标准工作时间基本相同。

对符合下列条件之一的职工，可以实行综合计算工作日：①交通、铁路、邮电、水运、航空、渔业等行业中因工作性质特殊，需连续作业的职工；②地质及资源勘探、建筑、制盐、制糖、旅游等受季节和自然条件限制的行业的部分职工；③其他适合实行综合计算工时工作制的职工。实行不定时工作制和综合计算工时工作制的企业，应根据《劳动法》的有关规定，履行审批手续，在保障职工身体健康并充分听取职工意见的基础上，采用集中工作、集中休息、轮流调休、弹性工作时间等适当方式，确保职工的休息休假权利和生产、工作任务的完成。

（二）休假

休假，即劳动者带薪休息，是法定的劳动者免于上班劳动并且有工资保障的休息时间。我国《劳动法》和有关法规所规定的休假，主要有以下几种。

1．法定节假日

法定节假日是指法律规定用于开展纪念、庆祝活动的休息时间。根据我国现行立法规定，全体公民放假的节日包括：元旦 1 天、清明 1 天、劳动节 1 天、端午节 1 天、中秋节 1 天、国庆节 3 天、春节 3 天。节日适逢公休假日，顺延补假。属于部分劳动者的节日及少数民族的习惯节日，放假时间分别规定。

2．年休假

根据《职工带薪年休假条例》规定，机关、团体、企业、事业单位、民办非企业单位、有雇工的个体工商户等单位的职工连续工作 1 年以上的，享受带薪年休假，职工在年休假期间享受与正常工作期间相同的工资收入。职工累计工作已满 1 年不满 10 年的，年休假 5 天；已满 10 年不满 20 年的，年休假 10 天；已满 20 年的，年休假 15 天。职工有下列情形之一的，不享受当年的年休假：①职工依法享受寒暑假，其休假天数多于年休假天数的；②职工请事假累计 20 天以上且单位按照规定不扣工资的；③累计工作满 1 年不满 10 年的职工，请病假累计 2 个月以上的；④累计工作满 10 年不满 20 年的职工，请病假累计 3 个月以上的；⑤累计工作满 20 年以上的职工，请病假累计 4 个月以上的。国家法定休假日、休息日不计入年休假的假期。单位根据生产、工作的具体情况，并考虑职工本人意愿，统筹安排职工年休假。年休假在 1 个年度内可以集中安排，也可以分段安排，一般不跨年度安排。单位因生产、工作特点确有必要跨年度安排职工年休假的，可以跨 1 个年度安排。单位确因工作需要不能安排职工休年休假的，经职工本人同意，可以不安排职工休年休假。对职工应休未休的年休假天数，单位应当按照该职工日工资收入的 300%支付年休假工资报酬。

3．探亲假

它是指劳动者与家属分居两地的职工每年在一定时期内回家与亲属团聚的假期。根据《国务院关于职工探亲待遇的规定》，凡在国家机关、人民团体和全民所有制企业、事业单位工作满一年的固定职工，与配偶不住在一起，又不能在公休假日团聚的，可以享受本规定探望配偶的待遇；与父亲、母亲都不住在一起，又不能在公休假日团聚的，可以享受本规定探望父母待遇。但是，职工与父亲或与母亲一方能够在公休假日团聚的，不能享受该规定探望父母的待遇。

（三）延长工作时间

延长工作时间，是指职工在正常工作时间以外应当休息的时间内进行工作。延长工作时间包括加班和加点两种形式。加班是指劳动者在法定节假日或公休假日从事生产或工作。加点是指劳动者在标准工作日以外延长工作的时间。为保证劳动者休息权的实现，《劳动法》规定任何单位和个人不得擅自延长职工工作时间。

1．一般情况下延长工作时间的法律规定

《劳动法》第 41 条规定，用人单位由于生产经营需要，经与工会和劳动者协商后可以延长工作时间，一般每日不得超过 1 小时；因特殊原因需要延长工作时间的，在保障劳动者身体健康的条件下延长工作时间每日不得超过 3 小时，但是每月不得超过 36 小时。

2．特殊情况下延长工作时间的法律规定

特殊情况下，延长工作时间不受《劳动法》第 41 条的限制。《劳动法》规定，有下列情形之一的，延长工作时间不受《劳动法》第 41 条规定的限制：①发生自然灾害、事故或者因其他原因，威胁劳动者生命健康和财产安全，需要紧急处理的；②生产设备、交通运输线路、公共设施发生故障，影响生产和公众利益，必须及时抢修的；③法律、行政法规规定的其他情形。

3．延长工作时间的工资标准

安排劳动者延长工作时间的，支付不低于工资的 150%的工资报酬；休息日安排劳动者工作又不能安排补休的，支付不低于工资的 200%的工资报酬；法定休假日安排劳动者工作的，支付不低于工资的 300%的工资报酬。

二、工资法律制度

（一）工资的概念

工资是指用人单位依据国家有关规定和集体合同、劳动合同约定的标准，根据劳动者提供劳动的数量和质量，以货币形式支付给劳动者的劳动报酬。

（二）工资的形式

我国的工资形式主要有：

（1）计时工资。是按单位时间工资标准和劳动者实际工作时间计付劳动报酬的工资形式。我国常见的有小时工资、日工资、月工资。

（2）计件工资。是按照劳动者生产合格产品的数量或作业量以及预先规定的计件单价支付劳动报酬的一种工资形式。计件工资是计时工资的转化形式。

（3）奖金。是给予劳动者的超额劳动报酬和增收节支的物质奖励。它包括：月奖、季度奖和年度奖；经常性奖金和一次性奖金；综合奖和单项奖等。

（4）津贴。是对劳动者在特殊条件下的额外劳动消耗或额外费用支出给予物质补偿的一种工资形式。津贴主要有：岗位津贴、保健性津贴、技术性津贴等。

（5）补贴。是为了保障劳动者的生活水平不受特殊因素的影响而支付给劳动者的工资形式。它与劳动者的劳动没有直接联系，其发放根据主要是国家有关政策规定，如物价补贴、边远地区生活补贴等。

（6）特殊情况下的工资。是对非正常工作情况下的劳动者依法支付工资的一种工资形式。特殊情况的工资主要有：加班加点工资，事假、病假、婚假、探亲假等工资以及履行国家和社会义务期间的工资等。

（三）工资支付保障

工资支付保障是为保障劳动者劳动报酬权的实现，防止用人单位滥用工资分配权而制定的有关工资支付的一系列规则，主要包括以下内容：

（1）工资应以法定货币支付，不得以实物及有价证券代替货币支付。

（2）工资应在用人单位与劳动者约定的日期支付。工资一般按月支付，至少每月支付一次。实行周、日、小时工资制的，可按周、日、小时支付。

（3）劳动者依法享受年休假、探亲假、婚假、丧假期间，以及依法参加社会活动期间，用人单位应按劳动合同规定的标准支付工资。

（4）工资应支付给劳动者本人，也可由劳动者家属或委托他人代领，用人单位可委托银行代发工资。

（5）工资应依法足额支付，除法定或约定允许扣除工资的情况外，严禁非法克扣或无故拖欠劳动者工资。

（6）对代扣工资的限制。用人单位不得非法克扣劳动者工资，有下列情形之一的，用人单位可以代扣劳动者工资：①用人单位代扣代缴的个人所得税。②用人单位代扣代缴的应由劳动者个人负担的社会保险费用。③用人单位依审判机关判决、裁定扣除劳动者工资。依照人民法院判决、裁定，用人单位可以从应负法律责任的劳动者工资中扣除其应负担的抚养费、赡养费和损害赔偿等款项。④法律、法规规定可以从劳动者工资中扣除的其他费用。

（7）对扣除工资金额的限制。①因劳动者本人原因给用人单位造成经济损失的，用人单位可以按照劳动合同的约定要求劳动者赔偿其经济损失。经济损失的赔偿，可以从劳动者本人的工资中扣除，但每月扣除金额不得超过劳动者月工资的 20%；若扣除后的余额低于当地月最低工资标准的，则应按最低工资标准支付。②用人单位对劳动者违纪罚款，一般不得超过本人月工资标准的 20%。

（8）用人单位依法破产时，劳动者有权获得其工资在破产清偿顺序中用人单位应按《企业破产法》规定的清偿顺序，首先支付本单位劳动者的工资。

（四）最低工资保障

我国最低工资保障制度是国家通过立法，强制规定用人单位支付给劳动者的工资不得低于国家规定的最低工资标准，以保障劳动者能够满足其自身及其家庭成员基本生活需要的法律制度。最低工资是指劳动者在法定工作时间内提供了正常劳动的前提下，其所在用人单位应支付的最低劳动报酬。最低工资的支付以劳动者在法定工作时间内提供了正常劳动为条件。劳动者因探亲、结婚、直系亲属死亡按照规定休假期间，以及依法参加国家和社会活动，视为提供了正常劳动，用人单位支付给劳动者的工资不得低于其适用的最低工资标准。劳动者与用人单位形成或建立劳动关系后，试用、熟练、见习期间，在法定工作时间内提供了正常劳动，其所在的用人单位应当支付不得低于最低工资标准的工资。

最低工资不包括下列各项：①加班加点的工资；②中班、夜班、高温、低温、井下、有毒有害等特殊工作环境条件下的津贴；③国家法律、法规和政策规定的劳动者保险、福利待遇；④用人单位通过贴补伙食、住房等支付给劳动者的非货币性收入。

《劳动法》明确规定：用人单位支付给劳动者的工资不得低于当地最低工资标准。最低工资应以法定货币支付。用人单位支付给劳动者的工资低于最低工资标准的，由当地人民政府劳动保障行政部门责令其限期改正，逾期未改正的，由劳动保障行政部门对用人单位和责任者给予经济处罚，并视其欠付工资时间的长短向劳动者支付赔偿金。

案例分析

王某是安顺货运公司的司机，2014 年 3 月王某与公司签订了两年的劳动合同，实行不定时工时制，王某的长途运输工作一般是根据单位的订单而定，具有不固定性，有时闲有时忙，有时去黑龙江较远的地方往返路途时间就要三四天，超过 8 小时工作公司也从不给加班费，王某找到了公司领导要求支付加班工资，公司的答复是，公司经劳动行政部门的批准，对负责长途运输的司机采用不定时工时，有时也存在几天没活的情况，拒绝了王某的要求。（案例来源：徐阳.《劳动合同法看图一点通》，中国法制出版社）

请问：公司的做法符合法律规定吗？

解析：不定时工作制就是不以标准工时制度确定的工作制度，企业以合理确定劳动者的劳动定额或其他考核标准来确定劳动者的工作时间和休息时间。原劳动部《关于企业实行不定时工作制和综合计算工时工作制的审批办法》的规定，企业中的长途运输人员，可以实行不定时工作制。本案中货运公司经劳动行政部门的批准采用不定时工作制，王某工作时间是不固定的，不受标准工作时间的限制，超过 8 小时的工作不视为延长工作时间，不算加班加点，而是属于正常的工作时间。根据《工资支付暂行规定》第 13 条的规定，实行不定时工作制的劳动者，不适用延长工作时间发放加班费的规定。公司的做法是符合法律规定的。

任务 5　劳动保护法律制度与实务

【任务导入】

某制鞋厂是一家私营企业，有从业人员 100 多人。鞋厂老板为了所谓“安全原因”，将员工宿舍的窗户全部用铁条封上，并且每天晚上职工休息后，都让人用一把大锁将宿舍的门从外面反锁。一天晚上，一名女工用电热水器烧水，由于白天过度疲劳，水未烧开该女工就睡着了。热水器干烧后造成电线短路起火。由于宿舍内可燃物多，火势蔓延迅速。工人惊醒后想逃生，但窗户封死，大门从外面反锁，根本无路可逃，致使 80 多名工人全部被烧死，其中绝大部分是年仅 20 岁左右的打工妹。大火还造成直接经济损失 200 多万元。（案例来源：李适时.《安全生产法释义》，中国物价出版社）

请问：该制鞋厂及其主要负责人违反了安全生产的哪一规定？

相关知识

一、劳动保护制度

劳动保护制度是指国家为了改善劳动条件，保护劳动者在生产过程中的安全与健康而制定的有关法律规范。其内容包括劳动安全与卫生、劳动保护管理、对女职工和未成年工的特殊保护等方面的法律规定。

劳动保护的任务在于，通过多种手段控制潜在职业危害因素向职业伤害转化的条件，使职业伤害不致发生。劳动保护必须坚持安全第一、预防为主的方针。

二、安全生产制度运用

（一）安全生产责任制度

（1）生产经营单位的主要负责人对本单位安全生产工作负有下列职责：建立、健全本单位安全生产责任制；组织制定本单位安全生产规章制度和操作规程；保证本单位安全生产投入的有效实施；督促、检查本单位的安全生产工作，及时消除生产安全事故隐患；组织制定并实施本单位的生产安全事故应急救援预案；及时、如实报告生产安全事故。

（2）矿山、建筑施工单位和危险物品的生产、经营、储存单位，应当设置安全生产管理机构或者配备专职安全生产管理人员。其他生产经营单位，从业人员超过 300 人的，应当设置安全生产管理机构或者配备专职安全生产管理人员；从业人员在 300 人以下的，应当配备专职或者兼职的安全生产管理人员，或者委托具有国家规定的相关专业技术资格的工程技术人员提供安全生产管理服务。

（3）生产经营单位应当在有较大危险因素的生产经营场所和有关设施、设备上，设置明显的安全警示标志。生产经营单位生产、经营、运输、储存、使用危险物品或者处置废弃危险物品，必须执行有关法律、法规和国家标准或者行业标准，建立专门的安全管理制度，采取可靠的安全措施，接受有关主管部门依法实施的监督管理。生产、经营、储存、使用危险物品的车间、商店、仓库不得与员工宿舍在同一座建筑物内，并应当与员工宿舍保持安全距离。生产经营场所和员工宿舍应当设有符合紧急疏散要求、标志明显、保持畅通的出口。禁止封闭、堵塞生产经营场所或者员工宿舍的出口。

（4）生产经营单位应当教育和督促从业人员严格执行本单位的安全生产规章制度和安全操作规程；并向从业人员如实告知作业场所和工作岗位存在的危险因素、防范措施以及事故应急措施。

（5）生产经营单位必须为从业人员提供符合国家标准或者行业标准的劳动防护用品，并监督、教育从业人员按照使用规则佩戴、使用。生产经营单位应当安排用于配备劳动防护用品、进行安全生产培训的经费。

（二）安全生产审批、验收制度

负有安全生产监督管理职责的部门依照有关法律、法规的规定，对涉及安全生产的事项需要审查批准（包括批准、核准、许可、注册、认证、颁发证照等，下同）或者验收的，必须严格依照有关法律、法规和国家标准或者行业标准规定的安全生产条件和程序进行审查；不符合有关法律、法规和国家标准或者行业标准规定的安全生产条件的，不得批准或者验收通过。对未依法取得批准或者验收合格的单位擅自从事有关活动的，负责行政审批的部门发现或者接到举报后应当立即予以取缔，并依法予以处理。对已经依法取得批准的单位，负责行政审批的部门发现其不再具备安全生产条件的，应当撤销原批准。

负有安全生产监督管理职责的部门对涉及安全生产的事项进行审查、验收，不得收取费用；不得要求接受审查、验收的单位购买其指定品牌或者指定生产、销售单位的安全设备、器材或者其他产品。

（三）安全生产检查制度

（1）负有安全生产监督管理职责的部门依法对生产经营单位执行有关安全生产的法律、

法规和国家标准或者行业标准的情况进行监督检查，行使以下职权：①进入生产经营单位进行检查，调阅有关资料，向有关单位和人员了解情况。②对检查中发现的安全生产违法行为，当场予以纠正或者要求限期改正；对依法应当给予行政处罚的行为，依照本法和其他有关法律、行政法规的规定做出行政处罚决定。③对检查中发现的事故隐患，应当责令立即排除；重大事故隐患排除前或者排除过程中无法保证安全的，应当责令从危险区域内撤出作业人员，责令暂时停产停业或者停止使用；重大事故隐患排除后，经审查同意，方可恢复生产经营和使用。④对有根据认为不符合保障安全生产的国家标准或者行业标准的设施、设备、器材予以查封或者扣押，并应当在15日内依法做出处理决定。

（2）生产经营单位对负有安全生产监督管理职责的部门的监督检查人员（以下统称安全生产监督检查人员）依法履行监督检查职责，应当予以配合，不得拒绝、阻挠。

（3）安全生产监督检查人员应当忠于职守，坚持原则，秉公执法。安全生产监督检查人员执行监督检查任务时，必须出示有效的监督执法证件；对涉及被检查单位的技术秘密和业务秘密，应当为其保密。

（4）安全生产监督检查人员应当将检查的时间、地点、内容、发现的问题及其处理情况，做出书面记录，并由检查人员和被检查单位的负责人签字；被检查单位的负责人拒绝签字的，检查人员应当将情况记录在案，并向负有安全生产监督管理职责的部门报告。

（5）负有安全生产监督管理职责的部门在监督检查中，应当互相配合，实行联合检查；确需分别进行检查的，应当互通情况，发现存在的安全问题应当由其他有关部门进行处理的，应当及时移送其他有关部门并形成记录备查，接受移送的部门应当及时进行处理。

（四）安全生产举报、报告制度

（1）负有安全生产监督管理职责的部门应当建立举报制度，公开举报电话、信箱或者电子邮件地址，受理有关安全生产的举报；受理的举报事项经调查核实后，应当形成书面材料；需要落实整改措施的，报经有关负责人签字并督促落实。

（2）任何单位或者个人对事故隐患或者安全生产违法行为，均有权向负有安全生产监督管理职责的部门报告或者举报。

（3）居民委员会、村民委员会发现其所在区域内的生产经营单位存在事故隐患或者安全生产违法行为时，应当向当地人民政府或者有关部门报告。

（4）县级以上各级人民政府及其有关部门对报告重大事故隐患或者举报安全生产违法行为的有功人员，给予奖励。具体奖励办法由国务院负责安全生产监督管理的部门会同国务院财政部门制定。

（五）生产安全事故应急救援制度

（1）县级以上地方各级人民政府应当组织有关部门制定本行政区域内特大生产安全事故应急救援预案，建立应急救援体系。

（2）危险物品的生产、经营、储存单位以及矿山、建筑施工单位应当建立应急救援组织；生产经营规模较小，可以不建立应急救援组织的，应当指定兼职的应急救援人员；应当配备必要的应急救援器材、设备，并进行经常性维护、保养，保证正常运转。

（3）生产经营单位发生生产安全事故后，事故现场有关人员应当立即报告本单位负责人。单位负责人接到事故报告后，应当迅速采取有效措施，组织抢救，防止事故扩大，减少人员伤亡和财产损失，并按照国家有关规定立即如实报告当地负有安全生产监督管理职责的部门，不得隐瞒不报、谎报或者拖延不报，不得故意破坏事故现场、毁灭有关证据。

（4）负有安全生产监督管理职责的部门接到事故报告后，应当立即按照国家有关规定上报事故情况。负有安全生产监督管理职责的部门和有关地方人民政府对事故情况不得隐瞒不报、谎报或者拖延不报。

（5）有关地方人民政府和负有安全生产监督管理职责的部门的负责人接到重大生产安全事故报告后，应当立即赶到事故现场，组织事故抢救。任何单位和个人都应当支持、配合事故抢救，并提供一切便利条件。

（六）生产安全事故调查处理制度

（1）事故调查处理应当按照实事求是、尊重科学的原则，及时、准确地查清事故原因，查明事故性质和责任，总结事故教训，提出整改措施，并对事故责任者提出处理意见。事故调查和处理的具体办法由国务院制定。

（2）生产经营单位发生生产安全事故，经调查确定为责任事故的，除了应当查明事故单位的责任并依法予以追究外，还应当查明对安全生产的有关事项负有审查批准和监督职责的行政部门的责任，对有失职、渎职行为的，依照本法第 77 条的规定追究法律责任。

（3）任何单位和个人不得阻挠和干涉对事故的依法调查处理。

（4）县级以上地方各级人民政府负责安全生产监督管理的部门应当定期统计分析本行政区域内发生生产安全事故的情况，并定期向社会公布。

三、职业病防治制度运用

（一）职业病危害项目申报制度

职业病，是指劳动者在职业活动中，因接触粉尘、放射性物质和其他有毒、有害物质等因素而引起的疾病。职业病的分类和目录由国务院卫生行政部门会同国务院劳动保障行政部门规定、调整并公布。用人单位设有依法公布的职业病目录所列职业病的危害项目的，应当及时、如实向卫生行政部门申报，接受监督。

（二）建设项目职业病危害预评价制度

建设项目可能产生职业病危害的，建设单位在可行性论证阶段应当向卫生行政部门提交职业病危害预评价报告。卫生行政部门应当自收到职业病危害预评价报告之日起 30 日内，做出审核决定并书面通知建设单位。未提交预评价报告或者预评价报告未经卫生行政部门审核同意的，有关部门不得批准该建设项目。

（三）工作场所职业病危害因素监测、检测和评价制度

用人单位应当实施由专人负责的职业病危害因素日常监测，并确保监测系统处于正常运行状态。

用人单位应当按照国务院卫生行政部门的规定，定期对工作场所进行职业病危害因素检测、评价。检测、评价结果存入用人单位职业卫生档案，定期向所在地卫生行政部门报告并向劳动者公布。

职业病危害因素检测、评价由依法设立的取得省级以上人民政府卫生行政部门资质认证的职业卫生技术服务机构进行。职业卫生技术服务机构所作检测、评价应当客观、真实。

发现工作场所职业病危害因素不符合国家职业卫生标准和卫生要求时，用人单位应当立即采取相应治理措施，仍然达不到国家职业卫生标准和卫生要求的，必须停止存在职业

病危害因素的作业；职业病危害因素经治理后，符合国家职业卫生标准和卫生要求的，方可重新作业。

（四）职业病危害告知制度

1．作业场所危害告知

产生职业病危害的用人单位，应当在醒目位置设置公告栏，公布有关职业病防治的规章制度、操作规程、职业病危害事故应急救援措施和工作场所职业病危害因素检测结果。对产生严重职业病危害的作业岗位，应当在其醒目位置，设置警示标志和中文警示说明。警示说明应当载明产生职业病危害的种类、后果、预防以及应急救治措施等内容。

2．设备、材料危害告知

向用人单位提供可能产生职业病危害的设备的，应当提供中文说明书，并在设备的醒目位置设置警示标志和中文警示说明。警示说明应当载明设备性能、可能产生的职业病危害、安全操作和维护注意事项、职业病防护以及应急救治措施等内容。向用人单位提供可能产生职业病危害的化学品、放射性同位素和含有放射性物质的材料的，应当提供中文说明书。说明书应当载明产品特性、主要成分、存在的有害因素、可能产生的危害后果、安全使用注意事项、职业病防护以及应急救治措施等内容。产品包装应当有醒目的警示标志和中文警示说明。贮存上述材料的场所应当在规定的部位设置危险物品标志或者放射性警示标志。国内首次使用或者首次进口与职业病危害有关的化学材料，使用单位或者进口单位按照国家规定经国务院有关部门批准后，应当向国务院卫生行政部门报送该化学材料的毒性鉴定以及经有关部门登记注册或者批准进口的文件等资料。进口放射性同位素、射线装置和含有放射性物质的物品的，按照国家有关规定办理。

3．劳动合同告知

用人单位与劳动者订立劳动合同时，应当将工作过程中可能产生的职业病危害及其后果、职业病防护措施和待遇等如实告知劳动者，并在劳动合同中写明，不得隐瞒或者欺骗。劳动者在已订立劳动合同期间因工作岗位或者工作内容变更，从事与所订立劳动合同中未告知的存在职业病危害的作业时，用人单位应当依照前款规定，向劳动者履行如实告知的义务，并协商变更原劳动合同相关条款。用人单位违反上述规定的，劳动者有权拒绝从事存在职业病危害的作业，用人单位不得因此解除或者终止与劳动者所订立的劳动合同。

（五）职业健康监护制度

1．职业健康检查

对从事接触职业病危害的作业的劳动者，用人单位应当按照国务院卫生行政部门的规定组织上岗前、在岗期间和离岗时的职业健康检查，并将检查结果如实告知劳动者。职业健康检查费用由用人单位承担。用人单位不得安排未经上岗前职业健康检查的劳动者从事接触职业病危害的作业；不得安排有职业禁忌的劳动者从事其所禁忌的作业；对在职业健康检查中发现有与所从事的职业相关的健康损害的劳动者，应当调离原工作岗位，并妥善安置；对未进行离岗前职业健康检查的劳动者不得解除或者终止与其订立的劳动合同。职业健康检查应当由省级以上人民政府卫生行政部门批准的医疗卫生机构承担。

2．职业健康监护档案

用人单位应当为劳动者建立职业健康监护档案，并按照规定的期限妥善保存。职业健康监护档案应当包括劳动者的职业史、职业病危害接触史、职业健康检查结果和职业病诊疗等有关个人健康资料。劳动者离开用人单位时，有权索取本人职业健康监护档案复印件，用人单位应当如实、无偿提供，并在所提供的复印件上签章。

（六）急性职业病危害事故救援和控制制度

发生或者可能发生急性职业病危害事故时，用人单位应当立即采取应急救援和控制措施，并及时报告所在地卫生行政部门和有关部门。卫生行政部门接到报告后，应当及时会同有关部门组织调查处理；必要时，可以采取临时控制措施。对遭受或者可能遭受急性职业病危害的劳动者，用人单位应当及时组织救治、进行健康检查和医学观察，所需费用由用人单位承担。

四、女职工和未成年工的特殊劳动保护

（一）女职工的特殊劳动保护

女职工的特殊保护是指根据妇女的生理特点以及教育子女的需要而采取的有关保护女工在劳动中安全与健康的措施的总称。包括禁止或限制女职工从事某些作业、女职工“四期”保护等特殊保护。

1．禁忌

根据有关劳动法规的规定，禁止女工从事有害健康的工作，具体为：不得安排妇女从事矿山井下，林木采伐，国家规定的第四级体力劳动强度和其他禁忌从事的劳动。

2．对女职工的“四期”保护

（1）月经期保护。不得安排女职工在经期从事高温、低温、冷水作业和国家规定的第三级体力劳动强度的劳动。

（2）怀孕期保护。不得安排女职工在怀孕期间从事国家规定的第三级体力劳动强度的劳动和孕期禁忌从事的劳动，对怀孕 7 个月以上的女职工，不得安排其延长工作时间和夜班劳动。

（3）生育期保护。女职工生育期可享受不少于 98 天产假；难产的，增加产假 15 天；生育多胞胎的，每多生育 1 个婴儿，增加产假 15 天。

（4）哺乳期保护。不得安排女职工在哺乳未满 1 周岁的婴儿期间从事国家规定的第三级体力劳动强度的劳动和哺乳期禁忌从事的其他劳动，不得安排其延长工作时间和夜班劳动。

（二）未成年工的特殊劳动保护

未成年劳动者是指年龄满 16 周岁而未满 18 周岁的劳动者。他们的身体发育尚未完全定型，正在向成熟期过渡，因而必须对他们给予特殊的保护，我国《劳动法》规定的对未成年工的特殊劳动保护的主要内容为：①不得招用 16 周岁以下的童工；②对经批准需录用未成年工的特殊行业，应当经过体检证明合格，录用后应当定期进行健康检查，并为其提供适合身体状况的劳动条件，保证和照顾他们的文化、技术学习和休息；③禁止安排未成年工从事矿山井下，林木采伐，有毒有害、国家规定的第四级体力劳动强度和其他禁忌从事的劳动；④禁止安排他们加班加点；⑤上岗前培训未成年工上岗，用人单位应对其进行有关的职业安全卫生教育、培训。

案例分析

某市A公司主要从事工艺包装盒、塑料制品、木制工艺品制造、加工，使用的胶水粘合剂中存在苯、甲苯、二甲苯等职业病危害因素，未向卫生行政部门申报产生职业危害的项目。对于接触职业病危害因素的职工，该公司未按规定为其配备符合职业病防护要求的个人防护用品，仅提供了普通的纱布口罩。该市疾病控制中心于2013年3月对该公司车间空气中职业危害因素进行了检测，该公司生产车间空气中苯、甲苯等物质的浓度不符合国家职业卫生标准。该公司于2013年8月及2014年3月对全厂职工进行了两次在岗期间的职业健康检查，但是未安排接触职业病危害因素的职工进行上岗前体检。

请问：A公司存在哪些违法行为？

解析：本案中，该公司对职业病防治工作重视不够，职业卫生管理组织、制度不完善，未按规定配备专职、兼职专业人员，公司管理人员及工人均不了解所使用胶水的毒性。2013年3月该市疾病控制中心对该公司车间空气进行了检测，苯、甲苯等的浓度不符合国家职业卫生标准要求，但公司负责人对这一情况未予以足够重视，未采取有效措施确保车间内职业病危害因素浓度符合国家职业卫生标准，未按规定为生产工人配备有效的个人防护用品。在健康监护方面，该公司未按规定对工人进行职业卫生知识培训和职业健康检查，未建立职业卫生健康监护档案，虽然组织职工进行了在岗期间的职业健康检查，但新职工未进行上岗前体检，存在职业健康隐患。

任务6 处理劳动争议法律制度与实务

【任务导入】

某国有企业设立了劳动争议调解委员会，由5名调解员组成，其中2名是企业方代表，并且由该企业人事处副处长担任调解委员会主任。2014年4月5日，职工张某因工作表现不佳被企业扣发了部分工资，张某不服与企业发生争议。企业提出必须先在本企业设立的劳动争议调解委员会先行调解，张某不同意调解，劳动争议调解委员会在企业提交申请后宣布维持企业的处理决定。而张某在争议发生后一个月内直接向人民法院提起诉讼。

请问：该企业劳动争议调解委员会的组成及其做法是否合法？

相关知识

一、劳动争议处理概述

劳动争议是指用人单位和劳动者因实现劳动权利或履行劳动义务发生的纠纷以及用人单位及其雇主组织和劳动者及工会因劳动关系所发生的纠纷。根据《中华人民共和国劳动争议调解仲裁法》，劳动争议具体包括：①因确认劳动关系发生的争议；②因订立、履行、变更、解除和终止劳动合同发生的争议；③因除名、辞退和辞职、离职发生的争议；④因工作时间、休息休假、社会保险、福利、培训以及劳动保护发生的争议；⑤因劳动报酬、工伤医疗费、经济补偿或者赔偿金等发生的争议；⑥法律、法规规定的其他劳动争议。

发生劳动争议，劳动者可以与用人单位协商，也可以请工会或者第三方共同与用人单位协商，达成和解协议。发生劳动争议，当事人不愿协商、协商不成或者达成和解协议后不履行的，可以向调解组织申请调解；不愿调解、调解不成或者达成调解协议后不履行的，可以向劳动争议仲裁委员会申请仲裁；对仲裁裁决不服的，除法律另有规定的外，可以向人民法院提起诉讼。

二、劳动争议调解制度运用

劳动争议调解是指劳动争议处理机构依照法律法规和政策的规定，在查清事实、分清责任的基础上，以民主协商的方式，说服劝导双方互谅互让，并就争议的事项达成一致，从而解决争议的活动。目前我国劳动争议调解有广义和狭义之分，广义的劳动争议调解是包括劳动争议调解机构所作的调解、劳动争议仲裁委员会所作的调解和人民法院在审理劳动争议案件时所进行的调解；狭义的劳动争议调解仅指劳动争议调解机构对劳动争议所做的调解。我们这里所讲的是狭义的劳动争议调解。

（一）劳动争议调解组织

发生劳动争议，当事人可以到下列调解组织申请调解：①企业劳动争议调解委员会；②依法设立的基层人民调解组织；③在乡镇、街道设立的具有劳动争议调解职能的组织。

企业劳动争议调解委员会由职工代表和企业代表组成。职工代表由工会成员担任或者由全体职工推举产生，企业代表由企业负责人指定。企业劳动争议调解委员会主任由工会成员或者双方推举的人员担任。劳动争议调解组织的调解员应当由公道正派、联系群众、热心调解工作，并具有一定法律知识、政策水平和文化水平的成年公民担任。

（二）劳动争议调解的程序

当事人申请劳动争议调解可以书面申请，也可以口头申请。口头申请的，调解组织应当当场记录申请人基本情况、申请调解的争议事项、理由和时间。调解劳动争议，应当充分听取双方当事人对事实和理由的陈述，耐心疏导，帮助其达成协议。经调解达成协议的，应当制作调解协议书。自劳动争议调解组织收到调解申请之日起 15 日内未达成调解协议的，当事人可以依法申请仲裁。

（三）调解协议书的效力

调解协议书由双方当事人签名或者盖章，经调解员签名并加盖调解组织印章后生效，对双方当事人具有约束力，当事人应当履行。达成调解协议后，一方当事人在协议约定期限内不履行调解协议的，另一方当事人可以依法申请仲裁。因支付拖欠劳动报酬、工伤医疗费、经济补偿或者赔偿金事项达成调解协议，用人单位在协议约定期限内不履行的，劳动者可以持调解协议书依法向人民法院申请支付令。人民法院应当依法发出支付令。

三、劳动争议仲裁制度运用

劳动争议仲裁，是指劳动争议当事人依法向法定的专门处理劳动争议的劳动争议仲裁委员会提出申请，由仲裁委员会对双方的争议进行处理并做出裁决的活动。劳动争议仲裁是处理劳动争议的基本程序，是劳动争议诉讼程序的前置程序。

（一）劳动争议仲裁的机构和参加人

1．劳动争议仲裁委员会

劳动争议仲裁委员会按照统筹规划、合理布局和适应实际需要的原则设立。省、自治区人民政府可以决定在市、县设立；直辖市人民政府可以决定在区、县设立。直辖市、设区的市也可以设立一个或者若干个劳动争议仲裁委员会。劳动争议仲裁委员会不按行政区划层层设立。

劳动争议仲裁委员会由劳动行政部门代表、工会代表和企业方面代表组成。劳动争议仲裁委员会组成人员应当是单数。劳动争议仲裁委员会依法履行下列职责：①聘任、解聘专职或者兼职仲裁员；②受理劳动争议案件；③讨论重大或者疑难的劳动争议案件；④对仲裁活动进行监督。劳动争议仲裁委员会下设办事机构，负责办理劳动争议仲裁委员会的日常工作。

2．劳动争议仲裁员

劳动争议仲裁委员会应当设仲裁员名册。仲裁员应当公道正派并符合下列条件之一：①曾任审判员的；②从事法律研究、教学工作并具有中级以上职称的；③具有法律知识、从事人力资源管理或者工会等专业工作满五年的；④律师执业满三年的。

3．劳动争议仲裁的参加人

发生劳动争议的劳动者和用人单位为劳动争议仲裁案件的双方当事人。劳务派遣单位或者用工单位与劳动者发生劳动争议的，劳务派遣单位和用工单位为共同当事人。与劳动争议案件的处理结果有利害关系的第三人，可以申请参加仲裁活动或者由劳动争议仲裁委员会通知其参加仲裁活动。当事人可以委托代理人参加仲裁活动。委托他人参加仲裁活动，应当向劳动争议仲裁委员会提交有委托人签名或者盖章的委托书，委托书应当载明委托事项和权限。丧失或者部分丧失民事行为能力的劳动者，由其法定代理人代为参加仲裁活动；无法定代理人的，由劳动争议仲裁委员会为其指定代理人。劳动者死亡的，由其近亲属或者代理人参加仲裁活动。

（二）劳动争议仲裁的管辖

劳动争议仲裁委员会负责管辖本区域内发生的劳动争议。

劳动争议由劳动合同履行地或者用人单位所在地的劳动争议仲裁委员会管辖。双方当事人分别向劳动合同履行地和用人单位所在地的劳动争议仲裁委员会申请仲裁的，由劳动合同履行地的劳动争议仲裁委员会管辖。

（三）劳动争议仲裁的时效

劳动争议申请仲裁的时效期间为 1 年。仲裁时效期间从当事人知道或者应当知道其权利被侵害之日起计算。上述规定的仲裁时效，因当事人一方向对方当事人主张权利，或者向有关部门请求权利救济，或者对方当事人同意履行义务而中断。从中断时起，仲裁时效期间重新计算。因不可抗力或者有其他正当理由，当事人不能在上述规定的仲裁时效期间申请仲裁的，仲裁时效中止。从中止时效的原因消除之日起，仲裁时效期间继续计算。劳动关系存续期间因拖欠劳动报酬发生争议的，劳动者申请仲裁不受上述规定的仲裁时效期间的限制；但是，劳动关系终止的，应当自劳动关系终止之日起 1 年内提出。

（四）劳动争议仲裁的程序

1．申请与受理

申请人申请仲裁应当提交书面仲裁申请，并按照被申请人人数提交副本。仲裁申请书应当载明下列事项：①劳动者的姓名、性别、年龄、职业、工作单位和住所，用人单位的名称、住所和法定代表人或者主要负责人的姓名、职务；②仲裁请求和所根据的事实、理由；③证据和证据来源、证人姓名和住所。书写仲裁申请确有困难的，可以口头申请，由劳动争议仲裁委员会记入笔录，并告知对方当事人。

劳动争议仲裁委员会收到仲裁申请之日起五日内，认为符合受理条件的，应当受理，并通知申请人；认为不符合受理条件的，应当书面通知申请人不予受理，并说明理由。对劳动争议仲裁委员会不予受理或者逾期未做出决定的，申请人可以就该劳动争议事项向人民法院提起诉讼。

劳动争议仲裁委员会受理仲裁申请后，应当在五日内将仲裁申请书副本送达被申请人。被申请人收到仲裁申请书副本后，应当在十日内向劳动争议仲裁委员会提交答辩书。劳动争议仲裁委员会收到答辩书后，应当在五日内将答辩书副本送达申请人。被申请人未提交答辩书的，不影响仲裁程序的进行。

2．开庭和裁决

（1）开庭准备

劳动争议仲裁委员会裁决劳动争议案件实行仲裁庭制。仲裁庭由三名仲裁员组成，设首席仲裁员。简单劳动争议案件可以由一名仲裁员独任仲裁。劳动争议仲裁委员会应当在受理仲裁申请之日起五日内将仲裁庭的组成情况书面通知当事人。仲裁员有下列情形之一，应当回避，当事人也有权以口头或者书面方式提出回避申请：是本案当事人或者当事人、代理人的近亲属的；与本案有利害关系的；与本案当事人、代理人有其他关系，可能影响公正裁决的；私自会见当事人、代理人，或者接受当事人、代理人的请客送礼的。劳动争议仲裁委员会对回避申请应当及时做出决定，并以口头或者书面方式通知当事人。仲裁员有私自会见当事人、代理人，或者接受当事人、代理人的请客送礼的，或者有索贿受贿、徇私舞弊、枉法裁决行为的，应当依法承担法律责任。劳动争议仲裁委员会应当将其解聘。

仲裁庭应当在开庭五日前，将开庭日期、地点书面通知双方当事人。当事人有正当理由的，可以在开庭三日前请求延期开庭。是否延期，由劳动争议仲裁委员会决定。申请人收到书面通知，无正当理由拒不到庭或者未经仲裁庭同意中途退庭的，可以视为撤回仲裁申请。被申请人收到书面通知，无正当理由拒不到庭或者未经仲裁庭同意中途退庭的，可以缺席裁决。

（2）开庭

仲裁庭对专门性问题认为需要鉴定的，可以交由当事人约定的鉴定机构鉴定；当事人没有约定或者无法达成约定的，由仲裁庭指定的鉴定机构鉴定。根据当事人的请求或者仲裁庭的要求，鉴定机构应当派鉴定人参加开庭。当事人经仲裁庭许可，可以向鉴定人提问。

当事人在仲裁过程中有权进行质证和辩论。质证和辩论终结时，首席仲裁员或者独任仲裁员应当征询当事人的最后意见。

当事人提供的证据经查证属实的，仲裁庭应当将其作为认定事实的根据。劳动者无法提供由用人单位掌握管理的与仲裁请求有关的证据，仲裁庭可以要求用人单位在指定期限内提供。用人单位在指定期限内不提供的，应当承担不利后果。

仲裁庭应当将开庭情况记入笔录。当事人和其他仲裁参加人认为对自己陈述的记录有遗漏或者差错的，有权申请补正。如果不予补正，应当记录该申请。笔录由仲裁员、记录人员、当事人和其他仲裁参加人签名或者盖章。

（3）仲裁和解与调解

当事人申请劳动争议仲裁后，可以自行和解。达成和解协议的，可以撤回仲裁申请。

仲裁庭在做出裁决前，应当先行调解。调解达成协议的，仲裁庭应当制作调解书。调解书应当写明仲裁请求和当事人协议的结果。调解书由仲裁员签名，加盖劳动争议仲裁委员会印章，送达双方当事人。调解书经双方当事人签收后，发生法律效力。调解不成或者调解书送达前，一方当事人反悔的，仲裁庭应当及时做出裁决。

（4）先行裁决

仲裁庭裁决劳动争议案件，应当自劳动争议仲裁委员会受理仲裁申请之日起45日内结束。案情复杂需要延期的，经劳动争议仲裁委员会主任批准，可以延期并书面通知当事人，但是延长期限不得超过15日。逾期未做出仲裁裁决的，当事人可以就该劳动争议事项向人民法院提起诉讼。仲裁庭裁决劳动争议案件时，其中一部分事实已经清楚，可以就该部分先行裁决。

（5）先予执行

仲裁庭对追索劳动报酬、工伤医疗费、经济补偿或者赔偿金的案件，根据当事人的申请，可以裁决先予执行，移送人民法院执行。仲裁庭裁决先予执行的，应当符合下列条件：当事人之间权利义务关系明确；不先予执行将严重影响申请人的生活。劳动者申请先予执行的，可以不提供担保。

（6）案件评议

裁决应当按照多数仲裁员的意见做出，少数仲裁员的不同意见应当记入笔录。仲裁庭不能形成多数意见时，裁决应当按照首席仲裁员的意见做出。

裁决书应当载明仲裁请求、争议事实、裁决理由、裁决结果和裁决日期。裁决书由仲裁员签名，加盖劳动争议仲裁委员会印章。对裁决持不同意见的仲裁员，可以签名，也可以不签名。

（7）一裁终局

追索劳动报酬、工伤医疗费、经济补偿或者赔偿金，不超过当地月最低工资标准12个月金额的争议；因执行国家的劳动标准在工作时间、休息休假、社会保险等方面发生的争议，除《劳动争议调解仲裁法》另有规定的外，仲裁裁决为终局裁决，裁决书自做出之日起发生法律效力。

劳动者对上述仲裁裁决不服的，可以自收到仲裁裁决书之日起 15 日内向人民法院提起诉讼。

用人单位有证据证明上述仲裁裁决有下列情形之一的，可以自收到仲裁裁决书之日起30日内向劳动争议仲裁委员会所在地的中级人民法院申请撤销裁决：①适用法律、法规确有错误的；②劳动争议仲裁委员会无管辖权的；③违反法定程序的；④裁决所根据的证据是伪造的；⑤对方当事人隐瞒了足以影响公正裁决的证据的；⑥仲裁员在仲裁该案时有索贿受贿、徇私舞弊、枉法裁决行为的。人民法院经组成合议庭审查核实裁决有上述规定情形之一的，应当裁定撤销。仲裁裁决被人民法院裁定撤销的，当事人可以自收到裁定书之日起 15 日内就该劳动争议事项向人民法院提起诉讼。

当事人对上述规定以外的其他劳动争议案件的仲裁裁决不服的，可以自收到仲裁裁决书之日起 15 日内向人民法院提起诉讼；期满不起诉的，裁决书发生法律效力。

（8）强制执行

当事人对发生法律效力的调解书、裁决书，应当依照规定的期限履行。一方当事人逾期不履行的，另一方当事人可以依照《民事诉讼法》的有关规定向人民法院申请执行。受理申请的人民法院应当依法执行。

四、劳动争议诉讼

劳动争议诉讼，是指劳动争议当事人不服劳动争议仲裁委员会的裁决，在法定期限内向人民法院起诉，由人民法院依法对该劳动争议案件进行审理和判决的活动。

（一）受案范围

1．法院受理劳动争议案件的一般范围

劳动者与用人单位之间发生的下列纠纷，属于《劳动争议调解仲裁法》第 2 条规定的劳动争议，当事人不服劳动争议仲裁委员会做出的裁决，依法向人民法院起诉的，人民法院应当受理。

2．法院受理劳动争议案件的特殊情形

（1）劳动争议仲裁委员会以当事人申请仲裁的事项不属于劳动争议为由，做出不予受理的书面裁决、决定或者通知，当事人不服，依法向人民法院起诉的，属于劳动争议案件的，应当受理；虽不属于劳动争议案件，但属于人民法院主管的其他案件，应当依法受理。

（2）劳动争议仲裁委员会根据《劳动争议调解仲裁法》第 27 条规定，以当事人的仲裁申请超过仲裁时效期间为由，做出不予受理的书面裁定，当事人不服，依法向人民法院起诉的，人民法院应当受理。

（3）劳动争议仲裁委员会以申请仲裁的主体不适格为由，做出不予受理的书面裁决、决定或者通知，当事人不服，依法向人民法院起诉的，经审查，确属主体不适格的，裁定不予受理或者驳回起诉。

（4）劳动争议仲裁委员会为纠正原仲裁裁决错误重新做出裁决，当事人不服，依法向人民法院起诉的，人民法院应当受理。

（5）劳动争议仲裁委员会仲裁的事项不属于人民法院受理的案件范围，当事人不服，依法向人民法院起诉的，裁定不予受理或者驳回起诉。

（二）审理范围

人民法院受理劳动争议案件后，当事人增加诉讼请求的，如该诉讼请求与讼争的劳动争议具有不可分性，应当合并审理；如属独立的劳动争议，应当告知当事人向劳动争议仲裁委员会申请仲裁。

（三）诉讼管辖

劳动争议案件由用人单位所在地或者劳动合同履行地的基层人民法院管辖。劳动合同履行地不明确的，由用人单位所在地的基层人民法院管辖。当事人双方就同一仲裁裁决分别向有管辖权的人民法院起诉的，后受理的人民法院应当将案件移送给先受理的人民法院。

（四）诉讼主体

当事人双方不服劳动争议仲裁委员会做出的同一仲裁裁决，均向同一人民法院起诉的，先起诉的一方当事人为原告，但对双方的诉讼请求，人民法院应当一并做出裁决。

用人单位与其他单位合并的，合并前发生的劳动争议，由合并后的单位为当事人；用人单位分立为若干单位的，其分立前发生的劳动争议，由分立后的实际用人单位为当事人。用人单位分立为若干单位后，对承受劳动权利义务的单位不明确的，分立后的单位均为当事人。用人单位招用尚未解除劳动合同的劳动者，原用人单位与劳动者发生的劳动争议，可以列新的用人单位为第三人。原用人单位以新的用人单位侵权为由向人民法院起诉的，可以列劳动者为第三人。原用人单位以新的用人单位和劳动者共同侵权为由向人民法院起诉的，新的用人单位和劳动者列为共同被告。

劳动者在用人单位与其他平等主体之间的承包经营期间，与发包方和承包方双方或者一方发生劳动争议，依法向人民法院起诉的，应当将承包方和发包方作为当事人。

（五）诉讼结局

用人单位对劳动者做出的开除、除名、辞退等处理，或者因其他原因解除劳动合同确有错误的，人民法院可以依法判决予以撤销。对于追索劳动报酬、养老金、医疗费以及工伤保险待遇、经济补偿金、培训费及其他相关费用等案件，给付数额不当的，人民法院可以予以变更。

（六）强制执行仲裁裁决和调解书

当事人申请人民法院执行劳动争议仲裁机构做出的发生法律效力的裁决书、调解书，被申请人提出证据证明劳动争议仲裁裁决书、调解书有下列情形之一，并经审查核实的，人民法院可以根据《民事诉讼法》第 217 条之规定，裁定不予执行：①裁决的事项不属于劳动争议仲裁范围，或者劳动争议仲裁机构无权仲裁的；②适用法律确有错误的；③仲裁员仲裁该案时，有徇私舞弊、枉法裁决行为的；④人民法院认定执行该劳动争议仲裁裁决违背社会公共利益的。人民法院在不予执行的裁定书中，应当告知当事人在收到裁定书之次日起 30 日内，可以就该劳动争议事项向人民法院起诉。

案例分析

2007 年 11 月 27 日，彭某到北京 A 公司工作。次日，双方签订了为期两年的劳动合同，试用期从 2007 年 11 月 28 日起至 2008 年 1 月 27 日止。双方还约定，试用期月工资为 1 000 元，转正后月工资为 1 200 元。2008 年 2 月 27 日，该公司人事部经理向彭某发出了《劳动合同终止通知书》，内容大致为：您与本单位 2007 年 11 月 28 日签订的固定期限劳动合同，现由于您不胜任工作岗位，并不接受岗位调整，于 2008 年 2 月 27 日终止（解除）劳动合同。彭某接到该《通知书》后要求 A 公司支付经济补偿金遭到拒绝，为此，他向其单位所在地的劳动争议仲裁委员会提出申诉。

劳动争议仲裁委员会于 2008 年 6 月 3 日做出仲裁裁决：A 公司向彭某支付解除劳动合同的经济补偿金 1 600 元，额外经济补偿金 800 元；额外支付彭某一个月工资 1 200 元；支付彭某试用期工资与转正后工资的差额 200 元并支付 25%的经济补偿金 50 元。裁决做出后，该公司不服，向一中院提出了撤销该仲裁裁决的申请。

请问：A 公司不服仲裁裁决时为什么没有向人民法院提起诉讼？

解析：《劳动争议调解仲裁法》第 47 条规定，下列劳动争议，除本法另有规定的外，仲裁裁决为终局裁决，裁决书自做出之日起发生法律效力：①追索劳动报酬、工伤医疗费、经济补偿或者赔偿金，不超过当地月最低工资标准 12 个月金额的争议；②因执行国家的劳动标准在工作时间、休息休假、社会保险等方面发生的争议。该案涉及的劳动争议属于上述一裁终局的劳动争议，劳动仲裁裁决书做出后劳动者不服的可以向基层法院起诉，对一审判决不服的还可以上诉；而用人单位不服的则不能向基层法院起诉只能向中级法院申请撤销。根据此项规定，A 公司不服仲裁裁决时只能向北京一中院提出撤销劳动仲裁裁决的申请。

模块小结

企业人力资源管理法律是指以《劳动法》、《劳动合同法》、《劳动争议调解仲裁法》等为核心的劳动法律规范。本模块主要阐述了劳动关系的确认，用人单位招录人员时的《劳动法》适用，劳动合同的订立、履行、变更、解除和终止的规定，工时与工资制度，劳动保护制度，劳动争议的处理等内容。

完成检验

一、单项选择题

1．劳动争议申请仲裁的时效期间为（　　），仲裁时效期间从当事人知道或者应当知道其权利被侵害之日起计算。

A．60 日　　B．90 日　　C．6 个月　　D．1 年

2．根据《劳动合同法》的规定，建立劳动关系，应当订立（　　）。

A．书面劳动合同　　B．口头劳动合同

C．书面或者口头劳动合同　　D．书面、口头或其他形式合同

3．根据《劳动合同法》的规定，用人单位未在用工的同时订立书面劳动合同，与劳动者约定的劳动报酬不明确的，新招用的劳动者的劳动报酬的支付标准是（　　）。

A．按集体合同规定的标准执行，没有集体合同或者集体合同未规定的，按最低工资标准支付

B．按集体合同规定的标准执行，没有集体合同或者集体合同未规定的，按本单位同岗位劳动者工资的 80%支付

C．按集体合同规定的标准执行，没有集体合同或者集体合同未规定的，按本单位同岗位劳动者工资的 70%支付

D．按集体合同规定的标准执行，没有集体合同或者集体合同未规定的，实行同工同酬

4．根据《劳动合同法》的规定，用人单位自用工之日起满（　　）不与劳动者订立书面劳动合同的，视为用人单位与劳动者已订立无固定期限劳动合同。

A．1 个月　　B．3 个月　　C．6 个月　　D．1 年

5．根据《劳动合同法》的规定，三年以上固定期限和无固定期限的劳动合同，试用期不得超过（　　）个月。

A．12　　B．8　　C．6　　D．3

6．根据《劳动合同法》的规定，在（　　）的条件下，用人单位可以与劳动者订立协议，约定服务期。

A．用人单位为劳动者提供了培训

B．用人单位为劳动者提供专项培训费用，对其进行专业技术培训

C．用人单位与劳动者协商一致

D．用人单位与劳动者签订固定期限合同

7．根据《劳动合同法》的规定，劳动合同被确认无效，但劳动者已付出劳动的，用人单位向劳动者支付劳动报酬的数额，应当（　　）。

A．按照当地最低工资标准支付

B．按照本单位平均工资支付

C．按照本单位平均工资的倍数支付

D．参照本单位相同或者相近岗位劳动者的劳动报酬确定

8．《劳动争议调解仲裁法》规定，因支付拖欠劳动报酬、工伤医疗费、经济补偿或者赔偿金事项达成调解协议，用人单位在协议约定期限内不履行的，劳动者可以持调解协议书依法向________申请支付令（　　）。

A．当地人民法院

B．当地劳动保障行政部门

C．当地人民法院或劳动保障行政部门

D．劳动仲裁机构

9．根据《劳动合同法》的规定，劳动合同期限三个月以上不满一年的，试用期不得超过（　　）。

A．1 个月　　B．2 个月

C．3 个月　　D．6 个月

10．根据《劳动合同法》规定，用人单位发生合并或者分立等情况，原劳动合同（　　）。

A．终止

B．自动失效

C．由用人单位解除劳动合同

D．继续有效，劳动合同由承继其权利义务的用人单位继续履行

二、多项选择题

1．根据《劳动合同法》的规定，以下（　　）条款不是劳动合同的必备条款。

A．试用期

B．用人单位的法定代表人或者主要负责人

C．保密约定

D．社会保险、劳动保护、劳动条件和职业危害防护

2．根据《劳动合同法》的规定，下列（　　）情形下，劳动合同无效或者部分无效。

A．以欺诈、胁迫的手段或者乘人之危，使对方在违背真实意思的情况下订立或者变更劳动合同的

B．用人单位免除自己的法定责任、排除劳动者权利的

C．违反法律、行政法规强制性规定的

D．重大误解订立的劳动合同

3．下列劳动合同终止的情形，用人单位应对劳动者予以补偿的是（　　）。

A．劳动者开始依法享受基本养老保险待遇的

B．劳动者死亡，或者被人民法院宣告死亡或者宣告失踪的

C．用人单位被依法宣告破产的

D．用人单位被吊销营业执照、责令关闭、撤销或者用人单位决定提前解散的

4．张某作为甲公司的高级管理人员，掌握了公司大量的商业秘密，张某的劳动合同尚未到期，乙公司高薪聘请张某，张某就到乙公司上班并泄露了甲公司的商业秘密，给甲公司造成了重大损失，下列说法正确的是（　　）。

A．张某应当向甲公司承担赔偿责任

B．乙公司承担连带责任

C．乙公司承担全部赔偿责任之后，可以向张某追偿赔偿额的50%

D．张某将甲公司的商业秘密泄露给乙公司，甲公司有权直接起诉乙公司和张某

5．根据《劳动合同法》规定，用人单位违法解除或者终止劳动合同的情况下，以下说法正确的是（　　）。

A．劳动者要求继续履行劳动合同的，用人单位应当继续履行

B．劳动者要求继续履行劳动合同的，用人单位可以拒绝或继续履行

C．劳动者不要求继续履行劳动合同或者劳动合同已经不能继续履行的，用人单位依据《劳动合同法》规定的经济补偿标准向劳动者支付赔偿金

D．劳动者不要求继续履行劳动合同或者劳动合同已经不能继续履行的，用人单位依据《劳动合同法》规定的经济补偿标准的2倍向劳动者支付赔偿金

6．根据国务院2007年12月制定的《职工带薪年休假条例》规定，机关、团体、企业、事业单位、民办非企业单位、有雇工的个体工商户等单位的职工（　　）。

A．连续工作1年以上的，享受带薪年休假；国家法定休假日、休息日计入年休假的假期

B．累计工作已满1年不满10年的，年休假5天

C．已满10年不满20年的，年休假10天

D．已满20年的，年休假15天

7．根据《劳动合同法》的规定，劳动合同的类型有（　　）。

A．长期合同　　　　B．固定期限劳动合同

C．无固定期限劳动合同　　　　D．以完成一定工作任务为期限的劳动合同

8．根据国务院于2007年12月制定的《职工带薪年休假条例》的规定，下列关于年休假的说法正确的是（　　）。

A．机关、团体、企业、事业单位、民办非企业单位、有雇工的个体工商户等单位的职工连续工作2年以上的，享受带薪年休假

B．职工依法享受寒暑假，其休假天数多于年休假天数的，不享受当年的年休假

C．职工在年休假期间享受与正常工作期间相同的工资收入

D．对职工应休未休的年休假天数，单位应当按照该职工日工资收入的300%支付年休假工资报酬

9．根据《劳动合同法》规定，劳动者有（　　）情形，用人单位无须提前书面通知解除劳动合同。

A．在试用期间被证明不符合录用条件的

B．严重违反用人单位的规章制度的

C．严重失职，营私舞弊，给用人单位造成重大损害的

D．被依法追究刑事责任的

10．根据《劳动合同法》规定，除（　　）外，用人单位不得与劳动者约定由劳动者承担违约金。

A．违反服务期的违约金　　B．违反竞业限制的违约金

C．违反劳动规章制度的违约金　　D．违反保密约定的违约金

三、判断题

1．用人单位发生合并或者分离等情况，原劳动合同无效，劳动合同由承继其权利和义务的用人单位重新签订。（　　）

2．用人单位应当严格执行劳动定额标准，不得强迫或者变相强迫劳动者加班。（　　）

3．劳动者拒绝用人单位管理人员违章指挥、强令冒险作业的，不视为违反劳动合同。（　　）

4．集体合同中劳动报酬和劳动条件等标准不得低于当地人民政府规定的平均标准；用人单位与劳动者订立的劳动合同中劳动报酬和劳动条件等标准不得低于集体劳动合同规定的标准。（　　）

5．用人单位为劳动者提供专项培训费用，对其进行专业技术培训的，可以与该劳动者订立协议，约定服务期。（　　）

6．劳动合同只要有无效的部分，整个合同就无效。（　　）

7．用人单位拖欠或者未足额支付劳动报酬的，劳动者可以依法向当地人民法院申请支付令，人民法院可以酌情发出支付令。（　　）

8．劳动合同被确认无效，劳动者虽然已付出劳动的，但用人单位可以不向劳动者支付劳动报酬。（　　）

9．用人单位依照《企业破产法》规定进行重整，裁减人员的，在一年内重新招用人员的，应当通知被裁减的人员，并在同等条件下优先招用被裁减人员。（　　）

10．用人单位招用与其他用人单位尚未解除或者终止劳动合同的劳动者，给其他用人单位造成损失的，承担连带赔偿责任。（　　）

四、案例分析题

1．甲某于2011年6月与某饭店签订了为期5年的劳动合同。合同明确规定其责任是负责饭店大堂的接待等全部工作，试用期8个月，月工资3 000元。8个月试用期后该饭店表示满意，合同正式履行。2012年4月，因饭店餐饮部门负责人调离，饭店主管又认为大堂经理最好以女性为宜，于是在未与甲某协商的情况下，便安排甲某将大堂工作移交，接

手餐饮部的工作。对此，甲某表示不同意，认为原合同规定甲某是来做大堂部经理工作。饭店认为甲某与饭店已签了劳动合同，甲某已成为本饭店的职员，就应当服从饭店的安排，仍坚持由甲某去做餐饮部工作。请问：

（1）甲某与该饭店签订的合同有什么错误？

（2）该饭店硬行安排甲某去餐饮部工作的做法是否正确？为什么？

（3）如果该饭店欲以此为由解雇甲某，是否符合法律规定？为什么？

（4）甲某如被解雇，可采取什么方法维护自己的合法权益？

2．煤矿决定招收井下作业工人 50 名，其中有 20 名尚未与原单位解除劳动合同。用人单位拿出事先印好的劳动合同要求工人签字。合同中的内容包括：①婚丧假期间不支付工资。②每月延长工作时间不得超过 40 小时。③职工一方要求提前解除合同需 60 天以前通知用人单位。④职工可以自愿参加失业保险和养老保险。⑤在合同期内工人患硅肺病不得解除劳动合同。⑥连续工作一年以上可以享受年休假。双方在签订劳动合同时发生争议。请问：

（1）该煤矿在招录工人时是否有违反法律行为？为什么？

（2）该合同的签订程序是否有违反法律情况？为什么？

（3）该份劳动合同的内容是否符合法律规定？为什么？

3．2010 年 8 月，年近 30 岁的徐女士虚构曾获复旦大学信息专业和国际金融专业双学士学位的事实，在上海某电子公司谋得一份人事经理兼总裁助理的工作，每月工资为 9 000 元。此后在公司工作的近四年中，徐女士的工资又逐步增加到 13 000 元。 2014 年 2 月，公司与徐女士提前解除劳动关系，双方签订了解除劳动合同的协议。公司为此支付了徐女士相当于四个月工资标准的经济补偿金和一个月替代工资共计 65 000 元作为补偿。同年 9 月 4 日，公司向复旦大学核实后了解到，徐女士根本未获得过复旦大学的双学士学位，复旦的本科、专科甚至成人教育学院学生名单中均查无此人。据此，公司遂向法院提起诉讼，要求确认劳动合同无效，并要求徐女士返还上述补偿金并赔偿公司的经济损失等。请问：

（1）劳动合同是否无效？为什么？

（2）徐女士订立该劳动合同时违反了什么义务？她是否应返还补偿金？

4．朱某 1998 年 3 月 5 日到某公司上班，但一直未与公司签订书面劳动合同。2007 年 4 月 5 日公司与朱某签订书面劳动合同，约定合同期限为一年。2008 年 4 月 4 日，公司通知朱某劳动合同到期，与其续签一年劳动合同，但朱某拒绝了，并提出要求订立无固定期限劳动合同。请分析：

（1）朱某是否有权要求与公司签订无固定期限劳动合同？为什么？

（2）若朱某于 2009 年 3 月 4 日就公司未给其缴纳社会保险费用而提请劳动争议仲裁，仲裁庭是否应当受理？为什么？

实践活动

1．订立劳动合同

活动名称	订立劳动合同
活动目的	通过劳动合同的订立，让学生进一步明确劳动合同的条款及订立时的注意事项，树立用劳动法律规范来维护企业和自身权益的意识。
活动要求	劳动合同所包括的主要条款要能够明确当事人双方的权利和义务；所使用的语言要符合法言法语的要求；用人单位和劳动者双方签字、盖章等必要的手续齐备。
活动安排	给定背景材料，将学生进行分组，一组承担用人单位角色，一组承担劳动者角色。
活动考核	各组学生汇报订立合同的思路和过程；教师和学生代表根据各组提供的劳动合同的规范性和合法性进行考核。

2．搜集和分析典型案例

活动名称	搜集和分析典型案例
活动目的	通过让学生去搜集现实生活中有关劳动争议的案例，树立其用劳动法律规范来维护自己和企业合法权益的意识，培养他们分析问题和解决问题的能力。
活动要求	要求每位学生搜集的案例应尽量具有新颖性、典型性等特点；对搜集到的案例要有个人的分析和体会。
活动安排	给定时间，让学生利用课余时间借助报纸、网络等搜集发生在身边的典型劳动争议案例，并按照活动要求完成案例的分析，写出自己的体会。
活动考核	教师根据学生提交的案例材料和完成的案例分析及体会等给出评价。

课外阅读

1．黄乐平．企业人力资源法务全解．北京：法律出版社，2007
2．王全兴．劳动法（第三版）．北京：法律出版社，2008
3．徐阳．劳动合同法看图一点通．北京：中国法制出版社，2008
4．邢金昌．〈劳动合同法〉及实施条例操作指南．杭州：浙江人民出版社，2008
5．黄乐平等．劳动合同百案图解．北京：法律出版社，2008
6．王卫国，戴志强，朱晓娟．劳动者权益保护自助手册．北京：清华大学出版社，2008

模块五　企业财税法律制度与实务

企业财务部门是在一定的整体目标下，对企业资产的购置（投资），资本的融通（筹资）和经营中现金流量（营运资金），以及利润分配进行管理的部门。财务部门的构成受企业规模的影响，一般由财务总监、财务部经理、审计主管、会计、助理会计、出纳员、收银员等组成。对于绝大多数的企业，尤其是中小企业来说，财务部的职责主要倾向于营运资金的管理。有鉴于此，本模块选择了基本的《会计法》、《票据法》和主要税法进行重点学习。通过本模块学习，要求达到以下目标：

知识目标

1. 了解会计的管理体制、熟悉会计机构和会计人员管理的主要规定；
2. 掌握会计核算和会计监督的主要规定；
3. 了解票据的概念与特征，掌握汇票、本票、支票的主要规定；
4. 掌握票据权利的取得、补救措施，熟悉票据权利与抗辩；
5. 了解我国的税收种类，熟悉流转税、所得税的基本要素；
6. 熟悉违反税法的行为及其法律责任；
7. 掌握增值税、消费税、营业税、企业所得税和个人所得税的主要内容。

能力目标

通过本模块的学习，具备识别会计违法行为、有效票据行为的能力；培养区分和正确行使票据权利的能力；知道企业应纳的税种、不同税种应纳税额的计算和违反税法的法律后果，真正做到学以致用，具备维护企业财务部门及财务人员合法权益的职业素质。

案例导读

说起“安然事件”，会计界尽人皆知。作为世界最大的能源交易商，安然在 2000 年的总收入高达 1 010 亿美元，名列《财富》杂志“美国 500 强”的第七名；掌控着美国 20%的电能和天然气交易，是华尔街竞相追捧的宠儿。公司营运业务覆盖全球 40 个国家和地区，共有雇员 2.1 万人，资产额高达 620 亿美元。

2001 年 2 月 20 日，正是这样一家被美国 MBA 教材奉为经典案例的知名企业，却被《财富》杂志披露，公司是一堵巨大的密不透风的墙，外部光鲜亮丽，内部却是不堪入目。而后，安然公司先后被曝缺乏市场诚信，企图利用复杂的财务合伙形式，透过法律漏洞虚报盈余，掩盖巨额债务。安然通过由自己人掌握的关联合伙企业，透过会计准则漏洞实施“表外融资”、“套期保值”等手段，掩盖其经营中的巨额负债，欺骗社会公众和投资者。在不到10个月的时间里，公司股票价格从当年最高每股90美元降至每股26美分，下降幅度达到99%，同年12月2日安然公司只能选择申请破产。安然公司财务总监Glisan 2003年9月10日承认欺骗投资者的行为，被判5年监禁，因而成为在导致安然公司破产的会计丑闻中第一个承认有罪的公司最高级别员工。

【案例启示】 本案中，一方面，安然公司的高级管理层出现投资决策失误，不是想办法如何挽回损失，而是企图透过法律、准则漏洞，采取会计造假来掩盖其经营中的巨额负债，粉饰公司财务报告，欺骗社会公众和投资者。最终不仅仅是把企业陷入破产境地，更是让自己陷入牢狱之灾。这是管理层漠视法律法规的结果。如果管理层能够在熟悉法律法规的基础上去遵守它，而不是去钻它的空子，那么“安然事件”就不会发生。另一方面，会计造假的执行者是公司财务部门。如果财务部门负责人能够及时拒绝而不是配合管理层关于“虚构盈余、隐瞒负债”的违法要求的话，也不至于付出如此惨痛的代价。所以，对于公司高级管理层也好，对于企业财务部门和财务工作人员也好，熟悉相关法律法规、运用好相关法律法规是极为必要的。

任务1　会计法律制度与实务

【任务导入】

某企业新任总经理上任后，由于财务科科长跳槽，决定提拔某会计任财务科科长，该会计参加工作刚满一年，已取得初级专业技术职务资格，准备报考会计师。并将技术科某技术人员调入财务科任出纳，兼管会计档案保管工作，该技术人员没有会计从业资格证书。

请问：该总经理的任职决定是否正确？说明理由。

相关知识

一、会计和会计法

（一）会计

1．会计的概念

随着社会经济的不断发展，会计已经由简单的记录与计量，逐渐发展成为以货币计量来综合核算和监督经济活动过程的一种价值管理活动。会计的内涵和外延都在不断地丰富和发展。会计的本质是以货币为主要计量单位，对各单位的经济活动进行连续、系统、全面、综合的核算和监督，并向有关方面提供会计信息的一种经济管理活动。

2．会计机构及会计人员

会计机构是指各单位依据会计工作的需要设置的专门负责办理单位会计业务事项、进行会计核算、实行会计监督的职能部门。现实中，由于各单位的管理体系不同，会计机构的设置与本单位的管理机构相匹配，其称谓也就不同，如会计司、财务部、财务处、计财科、会计科等。各单位应当根据本单位规模的大小、经济业务和财务收支的繁简程度以及经营管理的要求来选择是否设置会计机构。如果不具备设置条件的，应当委托经批准设立从事会计代理记账业务的中介机构代理记账。

从事会计工作的人员必须取得会计从业资格证书。我国对会计从业资格实行考试制度。考试科目为 3 科，分别是《财经法规与会计职业道德》、《会计基础》和《初级会计电算化》（或者珠算普通五级）。持有会计从业资格证书的人员，每年参加不少于 24 小时的继续教育培训。担任单位会计机构负责人的，除取得会计从业资格证书之外，还应当具备会计师以上专业技术职务资格或者从事会计工作三年以上经历。

（二）会计法

会计法是调整经济关系中各种会计关系的法律规范，是指国家权力机关和行政机关制定的各种会计规范性文件的总称，包括《会计法》、《总会计师条例》、《企业财务会计报告条例》、《会计从业资格管理办法》、《代理记账管理办法》、《企业会计准则》、《企业会计制度》、《会计基础工作规范》和《会计档案管理办法》等。其中，1999 年 10 月 31 日九届全国人大常委会第十二次会计修订通过的《会计法》是会计法律制度中层次最高的法律，是制定其他会计法规的依据，是指导会计工作的最高准则。

二、会计核算与会计监督

（一）会计核算

会计核算是会计的最基本职能，是指会计以货币为主要计量单位，通过确认、计量、记录、计算、报告等环节，对特定主体的经济活动进行记账、算账、报账，为各有关方面提供会计信息的功能。为规范会计核算，我国会计法规制度对会计信息质量要求、会计年度、记账本位币、填制会计凭证、登记会计账簿、编制财务会计报告、财产清查、会计档案管理等做出了统一的规定。

1．会计信息质量要求

2006 年 2 月 15 日财政部颁布的《企业会计准则——基本准则》中首次提出了“会计信息质量”，并指出了我国会计核算应该遵守的八条质量要求：真实性要求、相关性要求、明晰性要求、可比性要求、实质重于形式要求、重要性要求、谨慎性要求和及时性要求。

2．会计年度

根据《会计法》规定，我国会计年度自公历 1 月 1 日起至 12 月 31 日止。一般来讲，每个会计年度还可以按照公历日期，划分为半年度、季度、月份。我国的会计年度采用的是公历制，这是为了与我国的计划、财政年度保持一致，以便于国民经济计划管理和财政管理。

3．记账本位币

根据《会计法》规定，会计核算以人民币为记账本位币。业务收支以人民币以外的货币为主的单位，可以选定其中一种货币作为记账本位币，但是编报的财务会计报告应当折算为人民币。

4．填制会计凭证

会计凭证是会计资料的重要组成部分，是形成其他会计资料的重要来源。按照填制程序和用途的不同，会计凭证分为原始凭证和记账凭证。

（1）原始凭证

原始凭证又称单据，是在经济业务发生时取得或填制的，用来记录经济业务、明确经济责任的书面证明，它是会计核算的原始依据。常见的原始凭证有发货单、收料单、领料单、工资结算单等。根据《会计基础工作规范》规定，填制原始凭证时，要求做到内容完整、手续齐全、填制规范、书写清楚、送交及时。原始凭证的基本内容包括：①原始凭证的名称；②填制凭证的日期及编号；③接受凭证单位的名称；④经济业务内容摘要；⑤经济业务的数量、单价和金额；⑥填制单位的签章；⑦经办人员的签名或盖章。

（2）记账凭证

记账凭证是由会计人员根据审核无误的原始凭证或原始凭证汇总表填制的、反映经济业务的内容、应借应贷会计科目及金额，并直接作为记账依据的会计凭证。记账凭证的基本内容包括：①记账凭证的名称；②填制凭证的日期及编号；③经济业务的内容摘要；④应借、应贷会计科目的名称和金额；⑤记账标记；⑥所附原始凭证的张数；⑦有关人员的签名或盖章。

5. 登记会计账簿

会计账簿是由一定格式、相互联系的账页所组成，用来序时地、分类地全面记录和反映一个单位经济业务事项的会计簿籍，是会计资料的主要载体之一，也是会计资料的重要组成部分。根据《会计法》规定，各单位应当设置的会计账簿包括：总账、明细账、日记账和其他辅助性账簿。任何单位都不得在法定会计账簿之外私设会计账簿。如果账簿记录发生错误，必须根据错误的具体情况，采用正确的方法予以更正，严禁刮擦、挖补、涂改或用药水消除字迹，不准重新抄写。

6. 编制财务会计报告

财务会计报告，是指企业对外提供的反映企业某一特定日期财务状况和某一会计期间经营成果、现金流量的文件。财务会计报告分为年度、半年度、季度和月度财务会计报告。根据《会计法》、《企业财务会计报告条例》等规定，财务会计报告由会计报表、会计报表附注和财务情况说明书三部分组成。

会计报表是以会计账簿记录和有关资料为依据，按照规定的报表格式，全面、系统地反映企业财务状况、经营成果和现金流量的一种报告文件。会计报表分为主表和附表。主表包括资产负债表、利润表和现金流量表。附表包括利润分配表、应交增值税明细表等。会计报表附注是为了帮助会计信息使用者理解会计报表的内容而对报表有关项目等所作的解释。会计报表附注主要包括两项内容：一是对会计报表各项目的补充说明；二是对那些在会计报表中无法描述的其他财务信息的补充说明。财务情况说明书是对企业一定期间经济活动进行分析总结的文字报告。财务情况说明书至少应当对企业生产经营的基本情况、利润实现和分配情况、资金增减和周转情况以及对企业财务状况、经营成果和现金流量有重大影响的其他事项等情况做出说明。

对外提供的财务会计报告应当依次编定页码、加具封面，装订成册，加盖公章。封面上应当注明：单位名称、单位统一代码、组织形式、地址、报表所属年度或季度或月份、报出日期，并由单位负责人和主管会计工作的负责人、会计机构负责人签名并盖章。

7. 财产清查

为了确保企业财产物资的安全与完整、会计核算资料的真实可靠，企业应当进行定期或不定期的财产清查。财产清查是指根据账簿记录，对各项财产物资和库存现金进行的实物盘点，对银行存款和债权债务进行核对，保证财产物资、货币资金与账面数额相符的一种专门核算方法。《会计基础工作规范》规定各单位应当建立财产清查制度。主要内容包括：财产清查的范围；财产清查的组织；财产清查的期限和方法；对财产清查中发现问题的处理方法；对财产管理人员的奖惩办法。为了保证财产清查工作的质量，提高工作效率，达到财产清查的目的，针对不同种类的清查对象，应采用不同的清查方法。

8．会计档案管理

会计档案是指会计凭证、会计账簿和财务会计报告等会计核算专业资料，是记录和反映企业经济业务的重要史料和证据。我国财政部和国家档案局于 1998 年 8 月联合发布了修订后的《会计档案管理办法》，对会计档案的管理做出了具体规定。根据《会计档案管理办法》规定，各级人民政府财政部门和档案行政管理部门共同负责会计档案工作的指导、监督和检查。会计档案保管期限应当严格按照《会计档案管理办法》执行。会计档案的保管期限分为永久、定期两类。定期保管期限分为 3 年、5 年、10 年、15 年、25 年 5 类。保管期限计算从会计年度终了后的第 1 天算起。保管期满的会计档案，应当按照规定程序予以销毁。

（二）会计监督

会计监督是指按照一定的目的和要求，利用会计核算所提供的信息，对经济活动进行控制，以达到预期目标的一种会计职能。会计监督可分为单位内部监督、政府监督和社会监督。

1．单位内部监督

单位内部会计监督是指为了保护单位资产的安全、完整，保证其经营活动符合国家法律法规和内部管理制度，提高经营管理水平和效率，而在单位内部采取的一系列相互制约、相互监督的制度和方法。各单位的会计机构和会计人员是本单位内部监督的主体。单位的经济活动是内部监督的对象。会计机构和会计人员除了要对本单位原始凭证的真实性、合法性、准确性和完整性进行审核和监督之外，还应对本单位的会计账簿、财务报告、财产物资、财务收支等进行监督。根据规定，单位负责人负责单位内部会计监督制度的组织实施，对本单位内部会计监督制度的建立及有效实施承担最终责任。

2．政府监督

县级以上地方人民政府财政部门代表国家对单位和单位中相关人员的会计行为实施的监督检查，对发现的违法行为实施行政处罚的监督是为政府监督。各单位的会计行为是财政部门监督检查的对象。财政部门对单位实施监督的具体事项包括：①是否依法设置会计账簿；②会计资料是否真实完整；③会计核算是否符合《会计法》和国家统一的会计制度的规定；④从事会计工作的人员是否具备会计从业资格等。需要注意的是，除财政部门以外，相关的审计机关和税务机关也是政府监督的主体；它们与单位内部会计机构、会计人员实行的会计监督是相辅相成的。各单位必须自觉接受并配合财政、审计、税务机关依法进行的监督，如实提供会计凭证、会计账簿、会计报表和其他会计资料以及有关情况。

3．社会监督

会计工作的社会监督是指由注册会计师及其所在的会计师事务所依法对委托单位的经济活动进行的审计、鉴证的一种监督制度。《会计基础工作规范》第 83 条指出："按照法律规定应当委托注册会计师进行审计的单位，应当委托注册会计师进行审计，并配合注册会计师的工作，如实提供会计凭证、会计账簿、会计报表和其他会计资料及有关情况，不得拒绝、隐匿、谎报，不得示意注册会计师出具不当的审计报告。"注册会计师及其所在的会计师事务所是我国会计工作社会监督中的重要力量，可以依法承办下列审计业务：①审查企业财务会计报告，出具审计报告；②验证企业资本，出具验资报告；③办理企业合并、分立、清算事宜中的审计业务，出具有关报告；④法律、行政法规规定的其他审计业务。

案例分析

某公司于2014年6月发生以下事项：①1日，公司会计人员王某脱产学习半个月，财务科科长赵某指定出纳李某临时兼管王某的收入、费用账目登记工作，未办理会计工作交接手续；②10日，财务科科长赵某辞职，公司决定任命张某为会计科科长，由人事科科长负责监交。经查，张某尚未取得会计从业资格证书。

请问：该公司的上述行为在《会计法》上有何违法之处？

解析：该公司的上述行为在《会计法》上的违法之处有：①出纳不能兼管收入、费用账目的登记工作，违背了《会计法》相关规定。会计人员临时离职或者因其他原因暂不能工作需要接替或代理的，必须办理交接手续。②该公司任命张某为会计科科长是违法的。因为单位机构的会计负责人，除取得会计从业资格证书外，还应当具备会计师以上专业技术资料或者从事会计工作3年以上经历。会计机构负责人办理交接手续应由单位负责人负责监交，而非人事科科长监交。

任务2 票据法律制度与实务

【任务导入】

A公司向B公司购买一批货物，于2014年8月20日签发一张转账支票给B公司用于支付货款，但A公司在支票上未记载收款人名称，约定由B公司自行填写，B公司取得支票后，在支票收款人处填上B公司名称，并与8月26日背书转让给C公司。C公司于9月1日向付款银行提示付款。已知，A公司在付款银行的存款足以支付支票金额。

请问：A公司签发的未记账收款人名称的转账支票是否有效？付款银行能否拒绝向C公司付款？

相关知识

一、票据的概述

（一）票据的概念

票据是指由出票人签发的，约定自己或者委托付款人在见票时或指定的日期向收款人或持票人无条件支付一定金额的有价证券。票据的概念分广义与狭义。广义的票据包括各种有价证券和凭证，如股票、国库券、企业债券、发票、提货单等。狭义的票据则仅指银行汇票、商业汇票、银行本票和支票。我国《票据法》中的票据用的是狭义概念。

（二）票据的功能

一般来说，票据具有支付、汇兑、信用、结算和融资五大功能。支付功能是指票据可以充当支付工具，代替现金使用；既可以消除现金携带的不便，也可以克服点钞的麻烦。汇兑功能则指票据可以代替货币在不同地方之间运送，方便异地之间的支付，既安全又方便。信用功能是指票据当事人可以凭借自己的信誉，将未来才能获得的金钱作为现在的金钱来使用。结算功能是指债务抵消功能；简单的结算是互有债务的双方当事人各签发一张本票，待两张本票都到到期日即可以相互抵消债务，若有差额，由一方以现金支付。票据的融资功能，则是通过票据的贴现、转贴现和再贴现实现的。

（三）票据的特征

1．票据是有价证券

票据本身具有价值，代表给付一定金额的货币。

2．票据是设权证券

票据权利的产生、行使及处分都以票据的存在为条件，没有票据就没有票据权利。

3．票据是无因证券

票据权利的行使以持有票据为前提条件，持票人无须证明其取得票据的原因。只要票据形式要件合法，票据权利人取得票据的基础关系是否有效，不影响票据权利人行使票据权利。

4．票据是文义证券

票据权利义务的内容与大小全凭票据上的文字意义来确定，而不能进行任意解释或以票据以外的任何其他书面文件来认定、变更或补充。

5．票据是要式证券

票据的制作、转让、格式等《票据法》都有明确的规定，票据行为必须严格按照《票据法》规定的要素和格式作成，否则票据不发生法律效力。

6．票据是金钱证券

票据是以支付一定金额货币为目的而创设的有价证券，其标的只能是一定数额的金钱，而不能是金钱以外的财产。

7．票据是流通证券

在票据到期前，票据权利可以通过背书、交付的方式转让于他人，并不需通知，其转让即对票据债务人发生法律效力。因此，票据能够迅速完成流通，转让的次数越多，票据的可靠性也就越强。

8．票据是返还证券

持票人在受领票据金额后，必须将票据交回债务人，以消灭票据上的债权债务。

二、票据法的概述

票据法是调整因票据活动而产生的各种法律关系的法律规范的总称。票据法有广义和狭义之分。狭义的票据法仅指 1995 年 5 月 10 日全国人大常务委员会通过的《中华人民共和国票据法》，2004 年进行了修订。广义的票据法还包括《银行法》等法律、法规中有关票据的规定。票据法具有较强的技术性、强行性和统一性的特点。

三、票据权利和票据责任

1．票据权利

票据权利是指票据持票人向票据债务人请求支付票据金额的权利，包括付款请求权和追索权。

付款请求权，是指持票人向汇票的承兑人、本票的出票人、支票的付款人出示票据要求付款的权利，是第一顺序权利。行使付款请求权的持票人可以是票据记载的收款人或最后被背书人，担负付款请求权付款义务的主要是主债务人。

票据的追索权，是指票据当事人行使付款请求权遭到拒绝或有其他法定原因存在时，向其前手请求偿还票据金额及其他法定费用的权利，是第二顺序权利。行使追索权的当事人除票据记载的收款人和最后被背书人外，还可能是代为清偿票据债务的保证人、背书人。

持票人行使票据权利，应当按照法定程序在票据上签章，并出示票据。票据权利可因履行、免除、抵消、时效届满等事由而消灭。我国《票据法》规定票据权利在下列期限内不行使而消灭：

（1）持票人对票据的出票人和承兑人的权利，自票据到期日起 2 年。见票即付的汇票、本票，自出票日起 2 年。

（2）持票人对支票出票人的权利，自出票日起 6 个月。

（3）持票人对前手的追索权，自被拒绝承兑或者被拒绝付款之日起 6 个月。

（4）持票人对前手的再追索权，自清偿日或者被提起诉讼之日起 3 个月。

票据的出票日、到期日由票据当事人依法确定。

2．票据责任

票据责任是指票据债务人向持票人支付票据金额的责任。实务中，票据债务人承担票据义务一般有以下情况：①票据承兑人因承兑而应承担付款义务；②本票出票人因出票而承担自己付款的义务；③支票付款人在与出票人有资金关系时承担付款义务；④汇票、本票、支票的背书人，汇票、支票的出票人、保证人，在票据不获承兑或不获付款时承担付款清偿义务。

四、票据行为

（一）票据行为的概念

票据行为是指以发生、变更和消灭票据关系为目的而进行的法律行为。广义的票据行为包括出票、背书、承兑、保证、更改、画线、付款等，而狭义的票据行为仅指《票据法》规定的出票、背书、承兑、保证四种。

（二）票据行为的种类

（1）出票。是指出票人签发票据并将其交付给收款人的票据行为。出票包括两个行为：一是出票人按照《票据法》的规定作成票据，即在原始票据上记载法定事项并签章；二是交付票据，即将作成的票据交付给他人占有。这两者缺一不可。

（2）背书。是指在票据背面或者粘单上记载有关事项并签章的票据行为。以背书转让的票据，背书应当连续。背书连续，是指在票据转让中，转让票据的背书人和受让票据的被背书人在票据上的签章依次前后衔接，即第一次背书的背书人为票据的收款人；第二次背书的背书人为第一次背书的被背书人，依次类推。

（3）承兑。承兑仅适用于商业汇票，是指汇票付款人承诺在汇票到期日支付汇票金额并签章的行为。

（4）保证。是指票据债务人以外的人，为担保特定债务人履行票据债务而在票据上记载有关事项并签章的行为。保证人对合法取得票据的持票人所享有的票据权利承担保证责任。被保证的票据，保证人应当与被保证人对持票人承担连带责任。保证人为两人以上的，保证人之间承担连带责任。票据到期后得不到付款的，持票人有权向保证人请求付款，保证人应当足额付款。保证人清偿票据债务后，可以行使持票人对被保证人及其前手的追索权。

（三）票据行为的格式

票据行为是一种要式行为，必须统一使用中国人民银行规定的格式，其格式为：

1．票据签章

票据上的签章，为签名、盖章或者签名加盖章。法人和其他使用票据的单位在票据上的签章，为该法人或者该单位的盖章加其法定代表人或者其授权的代理人的签章。在票据上的签名，应当为该当事人的本名。无民事行为能力人或者限制民事行为能力人在票据上签章的，其签章无效，但是不影响其他签章的效力。

2．票据记载事项

票据上的记载事项必须符合《票据法》的规定。票据金额以中文大写和数码同时记载，二者必须一致，二者不一致的，票据无效。票据金额、日期、收款人名称不得更改，更改的票据无效。对票据上的其他记载事项，原记载人可以更改，更改时应当由原记载人签章证明。

（四）票据的伪造和变造

1．票据的伪造

票据的伪造是指假冒他人名义而为的票据行为，包括假冒出票人名义签发票据或假冒他人名义为其他票据行为，如假冒他人名义进行背书、承兑等行为。票据上既有伪造的签名，也有真实的签名的，真实的签名依然有效。票据伪造人不是以自己的名义进行票据行为，所以不承担票据上的责任，但因侵权而应承担民事责任和刑事责任；被伪造人没有在票据上亲自签章，不承担票据责任。

2．票据的变造

票据的变造是指没有变更权限的人，在有效票据上变更除签章以外的记载事项的行为，如变更票据金额、到期日等。票据变造前签章的人对原记载事项负责，变造后的签章的人对变造后的记载事项负责。变造人如未在票据上签章，则不负《票据法》上的责任，而因侵权应承担民事责任和刑事责任。

（五）票据的抗辩

票据的抗辩，是指票据债务人根据《票据法》规定对票据债权人拒绝履行义务的行为。票据债务人可以对不履行约定义务的与自己有直接债权债务关系的持票人，进行抗辩。票据债务人不得以自己与出票人或者与持票人的前手之间的抗辩事由，对抗持票人。但是，持票人明知存在抗辩事由而取得票据的除外。

五、常用票据种类

（一）汇票

根据《票据法》的规定，汇票是出票人签发的，委托付款人在见票时或者在指定日期无条件支付确定的金额给收款人或者持票人的票据。汇票必须记载下列事项：表明“汇票”的字样；无条件支付的委托；确定的金额；付款人名称；收款人名称；出票日期；出票人签章。汇票上未记载前款规定事项之一的，汇票无效。汇票上记载付款日期、付款地、出票地等事项的，应当清楚、明确。汇票上未记载付款日期的，为见票即付。汇票上未记载付款地的，付款人的营业场所、住所或者经常居住地为付款地。汇票上未记载出票地的，出票人的营业场所、住所或者经常居住地为出票地。我国汇票包含银行汇票和商业汇票两种；其中商业汇票又包括银行承兑汇票和商业承兑汇票。

1．银行汇票

银行汇票是指出票银行签发的，由其在见票时按照实际结算金额无条件支付给收款人或者持票人的票据。出票银行为银行汇票的付款人。单位和个人在异地、同城或同一票据交换区域的各种款项结算，均可使用银行汇票。银行汇票可以用于转账，填明“现金”字样的银行汇票也可以用于支取现金。银行汇票的提示付款期限自出票日起一个月。银行汇票属于见票即付的票据，无须提示承兑。允许背书转让，特别适合于异地采购时的款项结算。款项结算准确，余款自动退回。

申请人因银行汇票超过付款提示期限或其他原因要求退款时，应将银行汇票和解讫通知同时提交到出票银行。银行汇票丧失的，失票人可以凭人民法院出具的其享有票据权利的证明，向出票银行请求付款或退款。

2．银行承兑汇票

银行承兑汇票是指由出票人签发，银行承兑的商业汇票。银行一旦承兑，即承担到期无条件付款的责任。

3．商业承兑汇票

商业承兑汇票是指由收款人签发，经付款人承兑，或由付款人签发并承兑的汇票。

（二）本票

本票是出票人签发的，承诺自己在见票时无条件支付确定的金额给收款人或者持票人的票据。单位和个人在同一票据交换区域需要支付各种款项的，均可使用银行本票。本票的出票人必须具有支付本票金额的可靠资金来源，并保证支付。本票必须记载下列事项：表明“本票”的字样；无条件支付的承诺；确定的金额；收款人名称；出票日期；出票人签章。本票上未记载前款规定事项之一的，本票无效。本票上记载付款地、出票地等事项的，应当清楚、明确。本票上未记载付款地的，出票人的营业场所为付款地。本票上未记载出票地的，出票人的营业场所为出票地。银行本票见票即付，信誉很高。银行本票可以用于转账，注明“现金”字样的本票可以用于支取现金。本票自出票日起，付款期限最长不得超过2个月。

（三）支票

支票是指由出票人签发的、委托办理支票存款业务的银行在见票时无条件支付确定的金额给收款人或者持票人的票据。单位和个人在同一票据交换区域的各种款项结算，均可使用支票，而且在同一票据交换区域内可以进行背书转让。支票必须记载下列事项：表明“支票”的字样；无条件支付的委托；确定的金额；付款人名称；出票日期；出票人签章。支票上未记载前款规定事项之一的，支票无效。支票上的金额可以由出票人授权补记，未补记前的支票，不得使用。支票上未记载收款人名称的，经出票人授权，可以补记。支票上未记载付款地的，付款人的营业场所为付款地。支票上未记载出票地的，出票人的营业场所、住所或者经常居住地为出票地。出票人可以在支票上记载自己为收款人。支票的出票人所签发的支票金额不得超过其付款时在付款人处实有的存款金额，金额超过其付款时在付款人处实有的存款金额的，为空头支票，这是法律所禁止的。支票的提示付款期为自出票日起 10 日。超过提示付款期限提示付款的，持票人开户银行不予受理，付款人不予付款。

支票的基本当事人包括出票人、付款人和收款人。出票人即存款人，是在中国人民银行当地分支行批准办理支票业务的银行机构开立可以使用支票的存款账户的单位和个人。付款人是出票人的开户银行。收款人是持票人在票面填明的收款人，也可以是经背书转让的被背书人。

支票分为现金支票、转账支票和普通支票。现金支票只能用于支取现金，不得背书转让。转账支票只能转账，不得支取现金。普通支票可以用于支取现金，也可以用于转账。左上角画两条平行线的普通支票，只能用于转账，不得用于支取现金。签发支票必须记载：表明“支票”的字样、无条件支付的委托、确定的金额、付款人的名称、出票日期和出票人签章。

案例分析

2014 年 11 月 3 日，林仪公司作为买方与五风公司签订了一个买卖合同。根据该合同规定，五风公司应当在 11 月 22 日前交付某种中药材 50 吨。按照合同约定的支付方法，林仪公司向五风公司签发了一张以 Z 银行为付款人，付款日期为 12 月 1 日的汇票。11 月 22 日，五风公司没有按照合同履行自己的交货义务，并在同一天遗失了林仪公司签发的汇票。后来查明，该汇票被服装个体户张某盗窃并伪造五风公司的印章，以五风公司为背书人、以自己为被背书人，对汇票进行了伪造背书，再以 25 万元的价格将汇票转让给利发公司，然后携款逃跑。利发公司持票到 Z 银行承兑，被拒绝。在找不到张某的情况下，利发公司向法院提起了诉讼，要求五风公司和林仪公司承担票据付款责任。

请问：利发公司的要求能否实现？为什么？

解析：利发公司的要求能实现。根据《票据法》第 14 条第 2 款规定，票据上有伪造、变造签章的，不影响票据上其他真实签章的效力。本案是一个典型的票据伪造案。在本案中，利发公司取得票据为善意取得，享有票据权利，而五风公司系被伪造人，不应承担票据责任。同时 Z 银行因为拒绝承兑，也不对票据承担责任，但林仪公司因为真实签章于票据上，应该承担票据责任。由于林仪公司向五风公司以票据方式支付了货款，因此五风公司要么向林仪公司履行合同要么返还货款；在五风公司向林仪公司履行了相关义务后，可以再向张某提起索赔。

任务 3 税收法律制度与实务

【任务导入】

某汽车制造厂为增值税一般纳税人，从事汽车销售、汽车修理修配、汽车租赁业务，并且分别核算汽车销售、汽车修理修配、汽车租赁业务的营业额。2014 年 8 月发生以下业务：

（1）购进用于汽车生产的原材料，取得的增值税专用发票上注明的税款共 800 万元。

（2）销售汽车，取得含增值税销售收入 9 000 万元。

（3）兼营汽车修理修配业务，取得不含增值税收入 30 万元，用于汽车修理修配业务所购进的零部件、原材料等所取得的增值税专用发票上注明的税款共 4 万元。

（4）兼营汽车租赁业务取得收入 50 万元。

请问：该汽车制造厂应分别向国税局和地税局缴纳哪几种税？

相关知识

一、税法与税收

所谓税收法律制度，是国家权力机关和行政机关指定的用以调整国家与纳税人之间在征纳税方面的权利与义务关系的法律规范的总称，是国家法律的重要组成部分。税法的调整对象是税收关系，即因税收而发生的各种社会关系。税收是国家为实现其职能，凭借政治上的权力，按照法定的标准和程序，无偿地、强制地向纳税义务人征收一定数额的货币或实物，从而获得财政收入的一种形式。税收作为国家组织财政收入的重要形式，与税法之间有着密不可分的关系。税法是税收存在的形式，税收则是税法所确定的具体内容。

二、税法的构成要素

税法的构成要素，即税收法律规范的内部构成。其基本内容一般包括以下几个方面：

1．总则

主要包括立法依据、立法目的、适用原则等。

2．纳税义务人

即指纳税主体，又称纳税人，是指税法规定负有纳税义务的单位和个人。

3．征税对象

又称征税客体，即对什么征税，主要是指税收法律关系中征纳双方权利义务所指向的物或行为。征税对象是区别不同税种的重要标志，是征税的直接依据和税法的最基本要素。

4．税目

是各个税种所规定的具体征税项目，它是征税对象的具体化，代表征税的广度。

5．税率

税率是征税对象的征收比例或征收额度，是计算税额的尺度，也是衡量税负轻重与否的重要标志。我国现行税法规定的税率有以下三种基本形式：

（1）比例税率。比例税率是不分征税对象的数额大小，只限定一个比例的税率。我国的增值税、营业税、企业所得税等采用的是比例税率。

（2）累进税率。累进税率是按照征税对象的数额或其相对率的大小规定不同等级的税率，征税对象的数额或相对率越大，税率越高，税负也就越重。税率的高低与数额的大小成正比。累进税率又分为全额累进税率、超额累进税率和超率累进税率。

（3）定额税率。又称固定税率，是按单位征税对象直接规定固定的税额，而不采用百分比形式，这是税率的一种特殊形式。我国目前采用定额税率的有资源税等。

6．计税依据

计税依据又称计税标准，指计算应纳税额的依据或标准。

7．纳税环节

是指应税商品在流转过程中按照税法规定缴纳税款的环节。

8．纳税期限

是指税法规定纳税人缴纳税款的时间界限。它包括按时间纳税和按次纳税两种形式。

9．纳税地点

是指缴纳人依据税法规定向征税机关申报纳税的具体地点。

10．减税免税

是指国家对某些纳税人和征税对象给予鼓励和照顾的一种特殊规定。

11．附加与加成

附加是指在按基本税率征收正税的同时，附征占正税一定比例的税额。附加税的征收与正税的征收是一次性行为，且只是税法对个别税种的特殊规定。加成是指按税法规定的税率计算出税额后，再依法加征一定成数的税额。一成为基础税额的10%。加成的目的主要是对某些纳税人的高收入加以限制，缩小收入差距。

12．罚则

是指对违反税法的单位和个人，依照法定条件和程序采取的惩罚措施。

三、税法的分类

税法体系中按各种税法的立法目的、征税对象、权限划分、适用范围、职能作用的不同，可分为不同类型的税法。

1．按照税收收入归属和征收管辖权限的不同，可分为中央税法、地方税法、中央和地方共享税法

中央税法是中央政府管辖的各个税种的法律规范的总称。我国现行中央政府管辖、由国家税务局系统和海关分别征收管理的税种有增值税、消费税、车辆购置税、关税；铁路运输、国家邮政、中国工商银行、中国农业银行、中国银行、中国建设银行、国家开发银行、中国农业发展银行、中国进出口银行集中缴纳的营业税、所得税、城市维护建设税；各保险总公司缴纳的营业税、城市维护建设税；海洋石油天然气企业、中国石油天然气股份公司、中国石油化工股份公司和其他中央企业缴纳的所得税、资源税以及海关负责代征的进口环节的增值税、消费税和特定情况下的反倾销税等。

地方税法是省级地方政府管辖的各个税种的法律规范的总称。我国现行省级地方政府管辖、由地方税务局系统和财政部门分别征收管理的税种有营业税（不包括上述由国家税务局系统征收管理的部分）、城镇土地使用税、耕地占用税、房产税、固定资产投资方向调节税、城市维护建设税（不含铁路运输、银行总行、保险总公司集中交纳的城市维护建设税）、印花税、牧业税、烟叶特产税、契税、车船税、屠宰税等。

中央和地方共享税法是指征收的税款由中央和地方政府分享的各个税种的法律规范的总称。根据国务院1993年12月发布的《关于实行分税制财政管理体制的决定》和2001年12月发布的《所得税收入分享改革方案》及2003年11月《国务院关于明确中央与地方所得税收入分享比例的通知》的规定，我国现行的中央和地方共享税种有增值税，资源税，地方银行、保险业和其他金融机构缴纳的营业税，各保险总公司集中缴纳的企业所得税，中央与地方所属企事业单位组成的联营企业、股份制企业、地方银行、非银行金融机构企

业和其他企业缴纳的所得税，个人所得税，证券交易时征收的印花税等。

2．按照征税对象性质不同，可分为流转税法、所得税法、财产税法、资源税法和行为税法

流转税法是规范流转税收关系的法律规范的总称。流转税是对商品生产、流通和提供劳务的销售额或营业额为征税对象的各个税种的统称。我国现行税种中属于流转税类的有增值税、消费税、营业税、土地增值税和关税等。

所得税法是规范所得税收关系的法律规范的总称。所得税是以纳税人的所得额或收益额为征税对象的各个税种的统称。我国现行税种中属于所得税类的有企业所得税、个人所得税、烟叶特产税等。

财产税法是规范财产税收关系的法律规范的总称。财产税是以特定财产的价值额或租价额为征税对象的各个税种的统称。我国现行税种中属于财产税类的有房产税、车船税、契税等。

资源税法是规范资源税收关系的法律规范的总称。资源税是以法律规定的资源和资源开发条件的差异而形成的级差收入为征税对象的各个税种的统称。我国现行税种中属于资源税类的有资源税（包括盐税等）、城镇土地使用税等。

行为税法是规范行为税收关系的法律规范的总称。行为税是以特定的行为为征税对象的各个税种的统称。我国现行税种中属于行为税类的有固定资产方向调节税、屠宰税、耕地占用税、城乡土地使用税、印花税等。

3．按照税法的职能作用的不同，可分为税收实体法和税收程序法

税收实法主要是指确定税种立法，具体规定各税种的征收对象、征收范围、税目、税率、纳税地点等。例如，《中华人民共和国企业所得税法》、《中华人民共和国个人所得税法》就属于税收实体法。

税收程序法是指税务管理方面的法律，主要包括税收管理法、纳税程序法、发票管理法、税务机关组织法、税务争议处理法等。《中华人民共和国税收征收管理法》就属于税收程序法。

4．按照纳税主体不同，可分为对内税法和涉外税法

对内税法是调整国家税务机关与国内社会组织或公民个人之间的税收征纳关系的法律规范。与其相适应的现行税种有增值税、营业税、消费税、房产税等近 20 个税种。

涉外税法是调整国家税务机关与外国企业或外国人之间的税收征纳关系的法律规范。与其相适应的现行税种有关税、企业所得税、个人所得税以及特定情况下征收的反倾销税等。

四、增值税的缴纳

增值税法是指国家制定的用以调整增值税征收与缴纳之间权利义务关系的法律制度。增值税是以商品生产流通和劳务服务各个环节的增值额为征税对象的一种流转税。所谓增值额，是指纳税人在我国境内销售货物或者提供加工、修理修配劳务以及进口货物过程中所创造的新增价值，即纳税人在一定时期内销售产品或提供应税劳务所得收入超过其购进商品或取得劳务时所支出金额的差额。

（一）增值税的征税范围

增值税的征税范围包括在中华人民共和国境内销售货物、进口货物或者提供加工、修理修配劳务。所谓货物，是指有形动产，包括电力、热力、气体在内。

税法规定的属于增值税征收范围的特殊项目主要有：货物期货；银行销售金银的业务；典当业的死当销售业务和寄售业代委托人销售物品的业务；集邮商品的生产、调拨以及邮政部门以外的其他单位和个人销售集邮商品。

税法规定的属于增值税征收范围的特殊行为主要有：①视同销售货物行为。包括：将货物交付他人代销；销售代销货物；设有两个以上机构并实行统一核算的纳税人，将货物从一个机构移送非同一县（市）的其他机构用于销售；将自产或委托加工的货物用于非应税项目；将自产、委托加工或购买的货物作为投资；将自产、委托加工或购买的货物分配给股东或投资者；将自产、委托加工的货物用于集体福利或个人消费；将自产、委托加工或购买的货物无偿赠送他人。②混合销售行为。一项销售行为如果既涉及货物又涉及非增值税应税劳务，为混合销售行为。从事货物的生产、批发或零售的企业、企业性单位及个体经营者发生混合销售行为，视为销售货物，应当征收增值税。其他单位和个人的混合销售行为，视为销售非应税劳务，不征收增值税，征收营业税。③兼营行为。增值税纳税人在从事应税货物销售或提供应税劳务的同时，还从事非应税劳务，且从事的非应税劳务与某一项销售货物或提供应税劳务并无直接的联系和从属关系，为兼营非应税劳务行为。根据《增值税暂行条例实施细则》的规定，纳税人兼营非增值税应税项目的，应分别核算货物或者应税劳务的销售额和非增值税应税项目的营业额；未分别核算的，由主管税务机关核定货物或者应税劳务的销售额。

税法规定下列项目免征增值税：农业生产者销售的自产的农产品；避孕药品和用具；古旧图书；直接用于科研、教学的进口仪器、设备；外国政府、国际组织无偿援助的进口物资、设备；由残疾人组织直接进口供残疾人专用的物品；个人（不包括个体经营者）销售自己使用过的除游艇、摩托车以外的物品。

税法规定下列项目不征增值税：基本建设单位和从事建筑安装业务的企业附设的工厂、车间在建筑现场制造的预制构件，直接用于本单位或本企业建筑工程的；因转让著作权而发生的销售电影母片、录像带母片、录音磁带母带业务，以及因转让专利技术和非专利技术的所有权而发生的销售计算机软件的业务；供应或开采未经加工的天然水；邮政部门销售集邮商品；邮政部门发行报刊；电信单位自己销售无线寻呼机、移动电话，并为客户提供有关的电信劳务服务的融资租赁业务。

（二）增值税的纳税义务人

增值税的纳税义务人是指在我国境内销售货物或者提供加工、修理修配劳务以及进口货物的单位和个人。根据《中华人民共和国增值税暂行条例》（1993 年 12 月 13 日中华人民共和国国务院令第 134 号发布，2008 年 11 月 5 日国务院第 34 次常务会议修订通过）的规定，增值税纳税人分为一般纳税人和小规模纳税人两种。

（三）增值税税率

增值税实行差额比例税率，包括基本税率、低税率和零税率三个档次：①基本税率为 17%，除《增值税暂行条例》列举的外，纳税人销售或进口的大多数货物及纳税人提供的加工、修理修配劳务，税率均为 17%。②低税率为 13%、11%和 6%，其中 13%适用于纳税人销售或进口粮食、食用植物油、自来水、暖气、煤气、冷气、沼气、居民用煤炭制品、图书、报纸、杂志、饲料、化肥、农药、农机、农膜和国务院规定的其他货物；交通运输业和邮政业适用 11%的税率；而现代服务业则适用 6%的部率。③零税率，适用于纳税人出口货物，以及输往海关管理的保税工厂、保税仓库和保税区的货物，但国务院另有规定的某些货物除外。增值税的小规模纳税人一律适用 3%的征收率。详见表 5-1：

表 5-1　2014 年营改增后的增值税税目税率表

小规模纳税人		包括原增值税纳税人和营改增纳税人	3%
		从事货物销售，提供增值税加工、修理修配劳务，以及营改增各项应税服务	
一般纳税人		原增值税纳税人	税率
		销售或者进口货物（另有列举的货物除外）；提供加工、修理修配劳务	17%
		粮食、食用植物油、鲜奶	13%
		自来水、暖气、冷气、热气、煤气、石油液化气、天然气、沼气，居民用煤炭制品	
		图书、报纸、杂志	
		饲料、化肥、农药、农机（整机）、农膜	
		国务院规定的其他货物	
		农产品（指各种动、植物初级产品）；音像制品；电子出版物；二甲醚	
		出口货物	0%
		营改增试点增值税纳税人	税率
	交通运输业	陆路（含铁路）运输、水路运输、航空运输和管道运输服务	11%
	邮政业	邮政普遍服务、邮政特殊服务、其他邮政服务	11%
	现代服务业	研发和技术服务	6%
		信息技术服务	
		文化创意服务	
		物流辅助服务	
		鉴证咨询服务	
		广播影视服务	
		有形动产租赁服务	17%
		财政部和国家税务总局规定的应税服务	0%
纳税人		境内单位和个人提供的往返中国香港、澳门、台湾地区的交通运输服务	0%
		境内单位和个人在中国香港、澳门、台湾地区提供的交通运输服务	
		境内单位和个人提供的国际运输服务、向境外单位提供的研发服务和设计服务	0%
		境内单位和个人提供的规定的涉外应税服务	免税

（四）增值税的计税依据

增值税的计税依据，是纳税人销售货物或者提供应税劳务所取得的销售额，包括向购买方收取的全部价款和价外费用，但不包括向购买方收取的销项税额。因此，纳税人应把含税金的销售额换算成不含税金的销售额，其换算公式为：

不含税销售额＝含税销售额/（1＋税率）

或者，

不含税销售额＝含税销售额/（1＋征收率）

（五）增值税应纳税额的计算

一般纳税人实行根据增值税专用发票上注明的税款抵扣制度。即以商品销售额为计税依据，同时允许从税额中扣除上一道环节已经缴纳的税款，实施按增值因素征税的原则。一般纳税人的计税方法为：

应纳税额＝当期销项税额－当期进项税额

其中，销项税额＝销售额×税率。

准予抵扣的进项税额包括：①从销售方取得的增值税专用发票上注明的增值税额；②从海关取得的海关进口增值税专用缴款书上注明的增值税额；③购进农产品，除取得增值税专用发票或者海关进口增值税专用缴款书外，按照农产品收购发票或者销售发票上注明的农产品买价和13%的扣除率计算的进项税额；④接受境外单位或者个人提供的应税服务，从税务机关或者境外代理人取得的解缴税款的中华人民共和国税收缴款凭证上注明的增值税额。

不得抵扣的进项税额包括：①用于适用简易计税项目、非增值税应税项目、免征增值税项目、集体福利或者个人消费的购进货物、接受加工修理修配劳务或者应税服务；②非正常损失的购进货物及相关的加工修理修配劳务和交通运输业服务；③非正常损失的在产品、产成品所耗用的购进货物（不包括固定资产）、加工修理修配劳务或者交通运输业服务；④接受的旅客运输服务。

小规模纳税人不得抵扣进项税额。

应当按照销售额3%的征收率计算应纳税额，应纳税额的计算公式为：

应纳税额＝不含税销售额×征收率

纳税人进口货物的，不得抵扣任何税额，其计算公式为：

应纳税额＝组成计税价格×税率

该组成计税价格＝关税完税价＋关税＋消费税

＝关税完税价×（1＋关税税率）/（1－消费税税率）

（六）增值税纳税义务发生时间

增值税纳税义务发生时间是指增值税纳税人、扣缴义务人发生应税、扣缴税款行为应承担纳税义务、扣缴义务的起始时间。增值税纳税义务发生时间分两种，一是销售货物或者提供应税劳务的纳税义务发生时间，为收讫销售款或者取得索取销售款凭据的当天；先开具发票的，为开具发票的当天。二是进口货物的纳税义务发生时间为报关进口的当天。

（七）增值税纳税地点

固定业户应当向其机构所在地主管税务机关申报纳税。总机构和分支机构不在同一县（市）的，应当分别向各自所在地的主管税务机关申报纳税；经国务院财政、税务主管部门或者其授权的财政、税务机关批准，可以由总机构汇总向总机构所在地的主管税务机关申报纳税。固定业户到外县（市）销售货物或者应税劳务，应当向其机构所在地的主管税务机关申请开具外出经营活动税收管理证明，并向其机构所在地的主管税务机关申报纳税；未开具证明的，应当向销售地或者劳务发生地的主管税务机关申报纳税；未向销售地或者劳务发生地的主管税务机关申报纳税的，由其机构所在地的主管税务机关补征税款。

非固定业户销售货物或者应税劳务，应当向销售地主管税务机关申报纳税。未向销售地或者劳务发生地的主管税务机关申报纳税的，由其机构所在地或者居住地的主管税务机关补征税款。

进口货物应当由进口人或其代理人向报关地海关申报纳税。

（八）增值税纳税期限

增值税纳税期限分别为 1 日、3 日、5 日、10 日、15 日、1 个月或者 1 个季度。纳税人的具体纳税期限，由主管税务机关根据纳税人应纳税额的大小分别核定；不能按照固定期限纳税的，可以按次纳税。

纳税人以 1 个月或者 1 个季度为 1 个纳税期的，自期满之日起 15 日内申报纳税；以 1 日、3 日、5 日、10 日或者 15 日为 1 个纳税期的，自期满之日起 5 日内预缴税款，于次月 1 日起 15 日内申报纳税并结清上月应纳税款。

纳税人进口货物，应当自海关填发海关进口增值税专用缴款书之日起 15 日内缴纳税款。纳税人出口货物适用退（免）税规定的，应当向海关办理出口手续，凭出口报关单等有关凭证，在规定的出口退（免）税申报期内按月向主管税务机关申报办理该项出口货物的退（免）税。具体办法由国务院财政、税务主管部门制定。出口货物办理退税后发生退货或者退关的，纳税人应当依法补缴已退的税款。

（九）增值税专用发票的管理

增值税专用发票（以下简称专用发票）只限于增值税的一般纳税人领购使用，增值税的小规模纳税人和非增值税纳税人不得领购使用。增值税的一般纳税人销售货物或者提供应税劳务，应向购买者开具增值税专用发票，并在发票上分别写明销售额和销项税额。但对属于下列情形之一的，不得开具增值税专用发票：①向消费者个人销售货物或者应税劳务的；②销售免税货物或劳务的；③小规模纳税人销售货物或者应税劳务的。

填开增值税专用发票时必须注意：①字迹清楚。②不得涂改。如填写有误，应另行开具专用发票，并在误填的专用发票上注明“误填作废”四字。如专用发票开具后因购货方不索取而成为废票的，也应按填写有误办理。③项目填写齐全。④票、物相符，票面金额与实际收取的金额相符。⑤各项目内容正确无误。⑥全部联次一次填开，上、下联的内容和金额一致。⑦发票联和抵扣联加盖财务专用章或发票专用章。⑧按照规定的时限开具专用发票。⑨不得开具伪造的专用发票。⑩不得拆本使用专用发票。⑪不得开具与国家税务总局统一制定的票样不相符合的专用发票。开具的专用发票有不符合上列要求者，不得作为扣税凭证，购买方有权拒收。

对于利用增值税专用发票进行违法犯罪活动的单位和个人，应依据《增值税专用发票管理办法》等相关法律法规追究法律责任。

五、消费税的缴纳

消费税法是国家制定的用以调整消费税征收与缴纳之间权利与义务关系的法律规范。消费税是对特定的消费品和消费行为的流转额为征收对象的一种流转税。

（一）消费税的征税范围与税目

2009 年新修订的消费税暂行条例仍然沿用了 2006 年 3 月调整的税目，确定列入消费税征税范围的税目共有14个。包括：卷烟、雪茄烟、烟丝；白酒、黄酒、啤酒、其他酒、酒精；化妆品；贵重首饰及珠宝玉石；鞭炮、焰火；汽油、柴油、航空煤油、石脑油、溶剂油、润滑油、燃料油；汽车轮胎；摩托车；乘用车；中轻型商用客车；高尔夫球及球具；高档手表；游艇；木制一次性筷子；实木地板等。

（二）消费税的纳税义务人

在中华人民共和国境内生产、委托加工和进口《消费税暂行条例》规定的消费品的单位和个人，以及国务院确定的销售应税消费品的其他单位和个人，为消费税的纳税人。

（三）消费税税率

消费税税率实行比例税率、定额税率和复合税率等三种税率形式，根据不同税目或子目确定相应的税率或单位税额。

1. 比例税率

比例税率主要适用于价格差异较大，计量单位不规范的应税消费品，包括化妆品、鞭炮焰火、贵重首饰及珠宝玉石、高档手表、实木地板、一次性木筷、游艇、汽车轮胎、摩托车、小汽车等。

2. 定额税率

定额税率主要适用于价格差异不大，计量单位规范的应税消费品，包括黄酒、啤酒、成品油等。

3. 复合税率

复合税率主要适用于价格差异较大、税源较多的烟酒类消费品。我国目前的消费税暂行条例仅仅限定了卷烟和白酒两个子目使用复合税率，如表5-2所示。

表5-2 消费税税目、税率表

税 目	税 率
一、烟	
1. 卷烟	
（1）甲类卷烟［调拨价70元（不含增值税）/条以上（含70元）］	56%加0.003元/支（生产环节）
（2）乙类卷烟［调拨价70元（不含增值税）/条以下］	36%加0.003元/支（生产环节）
（3）商业批发	11%（批发环节）
2. 雪茄烟	36%（生产环节）
3. 烟丝	30%（生产环节）
二、酒及酒精	
1. 白酒	20%加0.5元/500克（或者500毫升）
2. 黄酒	240元/吨
3. 啤酒	
（1）甲类啤酒	250元/吨
（2）乙类啤酒	220元/吨
4. 其他酒	10%
5. 酒精	5%

续表

税　　目	税　　率
三、化妆品	30%
四、贵重首饰及珠宝玉石	
1．金银首饰、铂金首饰和钻石及钻石饰品	5%
2．其他贵重首饰和珠宝玉石	10%
五、鞭炮、焰火	15%
六、成品油	
1．汽油	
（1）含铅汽油	1.52 元/升
（2）无铅汽油	1.52 元/升
2．柴油	1.20 元/升
3．航空煤油	1.20 元/升
4．石脑油	1.52 元/升
5．溶剂油	1.52 元/升
6．润滑油	1.52 元/升
7．燃料油	1.20 元/升
七、摩托车	
1．气缸容量（排气量，下同）在 250 毫升（含 250 毫升）以下的	3%
2．气缸容量在 250 毫升以上的	10%
八、小汽车	
1．乘用车	
（1）气缸容量（排气量，下同）在 1.0 升（含 1.0 升）以下的	1%
（2）气缸容量在 1.0 升以上至 1.5 升（含 1.5 升）的	3%
（3）气缸容量在 1.5 升以上至 2.0 升（含 2.0 升）的	5%
（4）气缸容量在 2.0 升以上至 2.5 升（含 2.5 升）的	9%
（5）气缸容量在 2.5 升以上至 3.0 升（含 3.0 升）的	12%
（6）气缸容量在 3.0 升以上至 4.0 升（含 4.0 升）的	25%
（7）气缸容量在 4.0 升以上的	40%
2．中轻型商用客车	5%
九、高尔夫球及球具	10%
十、高档手表	20%
十一、游艇	10%
十二、木制一次性筷子	5%
十三、实木地板	5%
十四、铅蓄电池	4%（2016 年 1 月 1 日起实施）
无汞原电池、金属氢化物镍蓄电池、锂原电池、锂离子蓄电池、太阳能电池、燃料电池和全钒液流电池	免征

续表

税目	税率
十五、涂料	4%
施工状态下挥发性有机物（Volatile Organic Compounds，VOC）含量低于420克/升（含）	免征

（四）消费税应纳税额的计算

按照现行消费税法的基本规定，消费税应纳税额的计算分为从价定率、从量定额、从价定率和从量定额复合计算三类计算方法。实行从价定率办法计算的应纳税额＝销售额×比例税率；实行从量定额办法计算的应纳税额＝销售数量×定额税率；实行复合计税办法计算的应纳税额＝销售额×比例税率＋销售数量×定额税率。其中，销售额为纳税人销售应税消费品向购买方收取的全部价款和价外费用，不包含增值税税额。

纳税人外购和委托加工收回下列应税消费品，用于连续生产应税消费品的，已缴纳的消费税税款准予从应纳的消费税额中抵扣：①用外购或委托加工收回的已税烟丝生产的卷烟；②用外购或委托加工收回的已税珠宝玉石生产的贵重首饰及珠宝玉石；③用外购或委托加工收回的已税化妆品生产的化妆品；④用外购或委托加工收回的已税鞭炮焰火生产的鞭炮焰火；⑤用外购或委托加工收回的已税汽车轮胎（内胎和外胎）生产的汽车轮胎；⑥用外购或委托加工收回的已税摩托车生产的摩托车；⑦以外购或委托加工收回的已税杆头、杆身和握把为原料生产的高尔夫球杆；⑧以外购或委托加工收回的已税木制一次性筷子为原料生产的木制一次性筷子；⑨以外购或委托加工收回的已税实木地板为原料生产的实木地板；⑩以外购或委托加工收回的已税石脑油为原料生产的应税消费品；⑪以外购或委托加工收回的已税润滑油为原料生产的润滑油。

纳税人兼营不同税率的应当缴纳消费税的消费品，应分别核算不同税率应税消费品的销售额、销售数量；未分别核算销售额、销售数量，或者将不同税率的应税消费品组成成套消费品销售的，从高适用税率。

（五）消费税纳税义务发生时间

纳税人销售应税消费品的，消费税纳税义务发生时间按不同的销售结算方式分别为：①采取赊销或分期收款结算方式的，为书面合同约定的收款日期的当天，书面合同没有约定收款日期或者无书面合同的，为发出应税消费品的当天；②采取预收货款结算方式的，为发出应税消费品的当天；③采取托收承付和委托银行收款方式的，为发出应税消费品并办妥托收手续的当天；④采取其他结算方式的，为收讫销售款或者取得索取销售款凭据的当天。

纳税人自产自用应税消费品的，消费税纳税义务发生时间为移送使用的当天。纳税人委托加工应税消费品的，消费税纳税义务发生时间为纳税人提货的当天。纳税人进口应税消费品的，消费税纳税义务发生时间为报关进口的当天。

（六）消费税纳税环节

纳税人生产的应税消费品，于纳税人销售时纳税。纳税人自产自用的应税消费品，用于连续生产应税消费品的，不纳税；用于其他方面的，于移送使用时纳税。委托加工的应税消费品，除受托方为个人外，由受托方在向委托方交货时代收代缴税款。委托加工的应税消费品，委托方用于连续生产应税消费品的，所纳税款准予按规定抵扣。进口的应税消费品，于报关进口时纳税。

（七）消费税纳税地点

纳税人销售的应税消费品，以及自产自用的应税消费品，除国务院财政、税务主管部门另有规定外，应当向纳税人机构所在地或者居住地的主管税务机关申报纳税。委托加工的应税消费品，除受托方为个人外，由受托方向机构所在地或者居住地的主管税务机关解缴消费税税款。进口的应税消费品，应当向报关地海关申报纳税。

（八）消费税纳税期限

消费税的纳税期限分别为 1 日、3 日、5 日、10 日、15 日、1 个月或者 1 个季度。纳税人的具体纳税期限，由主管税务机关根据纳税人应纳税额的大小分别核定；不能按照固定期限纳税的，可以按次纳税。

纳税人以 1 个月或者 1 个季度为 1 个纳税期的，自期满之日起 15 日内申报纳税；以 1 日、3 日、5 日、10 日或者 15 日为 1 个纳税期的，自期满之日起 5 日内预缴税款，于次月 1 日起 15 日内申报纳税并结清上月应纳税款。

六、营业税的缴纳

营业税法是指国家制定的用以调整营业税征收与缴纳之间权利义务关系的法律规范。营业税是对在我国境内提供应税劳务、转让无形资产和销售不动产的行为为课税对象所征收的一种税。

（一）营业税的征税范围

营业税的征税范围包括：建筑业；金融保险业；文化体育业；娱乐业；部分服务业；转让无形资产；销售不动产。

（二）营业税纳税人

营业税的纳税人是在我国境内提供应税劳务、转让无形资产或者销售不动产的单位和个人。营业税的扣缴义务人包括：受托发放贷款的金融机构、建筑安装业务实行分包或者转包的总承包人、财政部规定的其他单位和个人。

（三）营业税税率

营业税实行行业差别比例税率，与税目相对应，共设置三个档次的税率：①建筑业、文化体育业税率为 3%；②服务业、金融保险业、转让无形资产、销售不动产税率为 5%；③娱乐业为 5%～20%的幅度税率，具体适用的税率由省级政府根据当地实际情况在法定幅度内决定。但从 2001 年 5 月 1 日起，对歌厅、舞厅、卡拉 OK 歌舞厅、夜总会、台球、高尔夫球、保龄球、游艺、射击、狩猎、跑马、电子游戏厅等娱乐行为一律按 20%的税率征收营业税。自 2004 年 7 月 1 日起，台球、保龄球减按 5%的税率征收。

（四）营业税的计税依据

营业税的计税依据是纳税人提供应税劳务的营业额、转让无形资产的转让额及销售不动产的销售额，统称为营业额。营业额是纳税人提供应税劳务、转让无形资产或者销售不动产向对方收取的全部价款和价外费用。价外费用包括向对方收取的手续费、基金、集资费、代收款项、代垫款项及其他各种性质的价外收费。凡价外收费，无论会计制度规定如何核算，均应并入营业额计算应纳税额。对于纳税人提供的营业额明显偏低而无正当理由的，主管税务机关有权核定其计税价格。

（五）营业税应纳税额的计算

纳税人提供应税劳务、转让无形资产或者销售不动产，按照营业额和规定的税率计算应纳税额。应纳税额计算公式为：应纳税额＝营业额×税率。纳税人兼营免税、减税项目的，应当分别核算免税、减税项目的营业额；未分别核算营业额的，不得免税、减税。

（六）营业税纳税义务发生时间

营业税纳税义务发生时间为纳税人提供应税劳务、转让无形资产或者销售不动产并收讫营业收入款项或者取得索取营业收入款项凭据的当天。营业税扣缴义务发生时间为纳税人营业税纳税义务发生的当天。

（七）营业税纳税地点

纳税人提供应税劳务应当向其机构所在地或者居住地的主管税务机关申报纳税。但是，纳税人提供的建筑业劳务以及国务院财政、税务主管部门规定的其他应税劳务，应当向应税劳务发生地的主管税务机关申报纳税。

纳税人转让无形资产应当向其机构所在地或者居住地的主管税务机关申报纳税。但是，纳税人转让、出租土地使用权，应当向土地所在地的主管税务机关申报纳税。

纳税人销售、出租不动产应当向不动产所在地的主管税务机关申报纳税。

扣缴义务人应当向其机构所在地或者居住地的主管税务机关申报缴纳其扣缴的税款。

（八）营业税纳税期限

营业税的纳税期限分别为 5 日、10 日、15 日、1 个月或者 1 个季度。纳税人的具体纳税期限，由主管税务机关根据纳税人应纳税额的大小分别核定；不能按照固定期限纳税的，可以按次纳税。

纳税人以 1 个月或者 1 个季度为 1 个纳税期的，自期满之日起 15 日内申报纳税；以 5 日、10 日或者 15 日为 1 个纳税期的，自期满之日起 5 日内预缴税款，于次月 1 日起 15 日内申报纳税并结清上月应纳税款。

七、企业所得税的缴纳

企业所得税法，是指国家制定的用以调整企业所得税征收与缴纳之间权利与义务关系的法律规范。企业所得税是指对中国境内的企业和其他取得收入的组织，就其生产、经营的纯收益、所得额和其他所得额征收的一种税。2007 年 3 月 16 日，第十届全国人民代表大会第五次会议通过了新的企业所得税法，将内资企业所得税、外商投资企业和外国企业所得税合并为一。新企业所得税法已于 2008 年 1 月 1 日起开始实施。

（一）企业所得税的征税范围

企业所得税的征税范围是纳税人在一个纳税年度内以货币形式和非货币形式从各种来源取得的收入总额，减除不征税收入、免税收入。

纳税人的收入总额包括：销售货物收入；提供劳务收入；转让财产收入；股息、红利等权益性投资收益；利息收入；租金收入；特许权使用费收入；接受捐赠收入；其他收入。收入总额中的下列收入为不征税收入：财政拨款；依法收取并纳入财政管理的行政事业性收费、政府性基金；国务院规定的其他不征税收入。企业的下列收入为免税收入：国债利息收入；符合条件的居民企业之间的股息、红利等权益性投资收益；在中国境内设立机构、场所的非居民企业从居民企业取得与该机构、场所有实际联系的股息、红利等权益性投资收益；符合条件的非营利组织的收入。

（二）企业所得税的纳税人

在中华人民共和国境内，企业和其他取得收入的组织（以下统称企业）为企业所得税的纳税人。但是，个人独资企业、合伙企业不适用《企业所得税法》。

企业分为居民企业和非居民企业。居民企业，是指依法在中国境内成立，或者依照外国（地区）法律成立但实际管理机构在中国境内的企业。居民企业应当就其来源于中国境内、境外的所得缴纳企业所得税。非居民企业，是指依照外国（地区）法律成立且实际管理机构不在中国境内，但在中国境内设立机构、场所的，或者在中国境内未设立机构、场所，但有来源于中国境内所得的企业。非居民企业在中国境内设立机构、场所的，应当就其所设机构、场所取得的来源于中国境内的所得，以及发生在中国境外但与其所设机构、场所有实际联系的所得，缴纳企业所得税。非居民企业应当就其来源于中国境内的所得缴纳企业所得税。

（三）企业所得税的税率

企业所得税的税率为25%。符合条件的小型微利企业，减按20%的税率征收企业所得税。国家需要重点扶持的高新技术企业，减按15%的税率征收企业所得税。

（四）企业所得税应纳税额的计税依据及计算

企业所得税的计税依据，是企业应纳税的所得额。即企业每一纳税年度的收入总额，减除不征税收入、免税收入、各项扣除以及允许弥补的以前年度亏损后的余额。收入总额、不征税收入、免税收入参见征税范围。企业实际发生的与取得收入有关的、合理的支出，包括成本、费用、税金、损失和其他支出，准予在计算应纳税所得额时扣除。

企业发生的合理的工资薪金支出，准予扣除。企业发生的职工福利费支出，不超过工资薪金总额 14%的部分，准予扣除。企业拨缴的工会经费，不超过工资薪金总额 2%的部分，准予扣除。除国务院财政、税务主管部门另有规定外，企业发生的职工教育经费支出，不超过工资薪金总额 2.5%的部分，准予扣除；超过部分，准予在以后纳税年度结转扣除。

企业依照国务院有关主管部门或者省级人民政府规定的范围和标准为职工缴纳的基本养老保险费、基本医疗保险费、失业保险费、工伤保险费、生育保险费等基本社会保险费和住房公积金，准予扣除。

企业在生产经营活动中发生的合理的不需要资本化的借款费用，准予扣除。

企业发生的与生产经营活动有关的业务招待费支出，按照发生额的 60%扣除，但最高不得超过当年销售（营业）收入的 5‰。

企业发生的符合条件的广告费和业务宣传费支出，除国务院财政、税务主管部门另有规定外，不超过当年销售（营业）收入 15%的部分，准予扣除；超过部分，准予在以后纳税年度结转扣除。

企业发生的公益性捐赠支出，在年度利润总额 12%以内的部分，准予在计算应纳税所得额时扣除。企业纳税年度发生的亏损，准予向以后年度结转，用以后年度的所得弥补，但结转年限最长不得超过五年。

在计算应纳税所得额时，下列支出不得扣除：向投资者支付的股息、红利等权益性投资收益款项；企业所得税税款；税收滞纳金；罚金、罚款和被没收财物的损失；非公益性捐赠支出及超出扣除标准的公益性捐赠支出；非广告性赞助支出；未经核定的准备金支出；

与取得收入无关的其他支出。

在计算应纳税所得额时，企业财务、会计处理办法与税收法律、行政法规的规定不一致的，应当依照税收法律、行政法规的规定计算。

根据上述内容，得出所得税应纳税所得额的计算公式为：

应纳税所得额＝收入总额－免税收入－不征税收入－可扣除成本、费用和支出

或者：

应纳税所得额＝会计利润总额＋纳税调整增加数－纳税调整减少数

企业所得税应纳税额计算公式如下：

应纳税额＝应纳税所得额×适用税率

（五）企业所得税的纳税地点

居民企业以企业登记注册地为纳税地点；但登记注册地在境外的，以实际管理机构所在地为纳税地点。非居民企业在中国境内设立两个或者两个以上机构、场所的，经税务机关审核批准，可以选择由其主要机构、场所汇总缴纳企业所得税。

（六）企业所得税纳税期限

企业所得税按纳税年度计算。纳税年度自公历 1 月 1 日起至 12 月 31 日止。企业在一个纳税年度中间开业，或者终止经营活动，使该纳税年度的实际经营期不足 12 个月的，应当以其实际经营期为一个纳税年度。企业依法清算时，应当以清算期间作为一个纳税年度。

企业所得税分月或者分季预缴。企业应当自月份或者季度终了之日起 15 日内，向税务机关报送预缴企业所得税纳税申报表，预缴税款。企业应当自年度终了之日起五个月内，向税务机关报送年度企业所得税纳税申报表，并汇算清缴，结清应缴应退税款。企业在报送企业所得税纳税申报表时，应当按照规定附送财务会计报告和其他有关资料。

八、个人所得税的缴纳

个人所得税法是指国家制定的用以调整个人所得税征收与缴纳之间权利义务关系的法律规范。个人所得税是对个人取得的各项应税所得征收的一种税。

（一）个人所得税的征税范围

依税法规定，我国个人所得税的应税项目共有 11 项，具体包括：①工资、薪金所得。即个人因任职或者受雇而取得的工资、薪金、奖金、年终加薪、劳动分红、津贴、补贴以及与任职或者受雇有关的其他所得；②个体工商户的生产、经营所得。即个体工商户从事工业、商业、建筑业、服务业以及其他行业的生产、经营，或者从事办学、医疗、咨询等有偿服务活动所得，以及与生产、经营有关的各项应税所得；③对企事业单位的承包经营、承租经营所得。即个人承包经营、承租经营以及转包、转租所得，包括个人按月或者按次取得的工资、薪金性质的所得；④劳务报酬所得。即个人从事设计、装潢、安装、制图、化验、测试、医疗、法律、会计、咨询、讲学、新闻、广播、翻译、审稿、书画、雕刻、影视、录音、录像、演出、表演、广告、展览、技术服务、介绍服务、经纪服务、代办服务以及其他劳务所得；⑤稿酬所得。即个人因其作品以图书、报刊形式出版、发表所得；⑥特许权使用费所得。即个人提供专利权、商标权、著作权、非专利技术以及其他特许权的使用权所得。其中，提供著作权的使用权所得，不包括稿酬所得；⑦利息、股息、红利所得。即个人拥有债权、股权而取得的利息、股息、红利；⑧财产租赁所得。即个人出租

建筑物、土地使用权、机器设备、车船以及其他财产所得；⑨财产转让所得。即个人转让有价证券、股权、建筑物、土地使用权、机器设备、车船以及其他财产所得。个人将书画作品、古玩等公开拍卖取得的收入，也按财产转让所得征税。此外，对股票转让所得目前暂不征收个人所得税；⑩偶然所得。即个人得奖、中奖、中彩以及其他偶然性质的所得；⑪经国务院财政部门确定征税的其他所得。

（二）个人所得税的纳税人

个人所得税的纳税义务人是取得应税所得的自然人。具体包括中国公民、个体工商户及在中国有所得的外籍人员或无国籍人员和香港、澳门、台湾同胞。自2000年1月1日起，个人独资企业和合伙企业投资者也成为个人所得税的纳税义务人。

根据住所和居住时间两个标准，个人所得税的纳税人又被分为居民纳税人和非居民纳税人两种。居民纳税人是指在中国境内有住所，或者无住所而在中国境内居住满一年的个人。这类纳税人就其所取得的应纳税所得，无论是来源于中国境内还是中国境外任何地方的所得纳税。非居民纳税人，是指不符合居民纳税人判定标准的纳税人。非居民纳税人仅就其来源于中国境内的所得纳税。

（三）个人所得税的税率

个人所得税实行超额累进税率和比例税率相结合的税率体系。

（1）工资、薪金所得，适用3%～45%的七级超额累进税率，如表5-3所示。

表5-3 个人所得税税率表（一）

（工资、薪金所得适用）

级数	全月应纳税所得额		税率（%）	速算扣除数
	含税级距	不含税级距		
1	不超过1 500元的	不超过1 455元的	3	0
2	超过1 500元至4 500元的部分	超过1 455元至4 155元的部分	10	105
3	超过4 500元至9 000元的部分	超过4 155元至7 755元的部分	20	555
4	超过9 000元至35 000元的部分	超过7 755元至27 255元的部分	25	1 005
5	超过35 000元至55 000元的部分	超过27 255元至41 255元的部分	30	2 755
6	超过55 000元至80 000元的部分	超过41 255元至57 505元的部分	35	5 505
7	超过80 000元的部分	超过57 505元的部分	45	13 505

（2）合伙企业合伙人、个人独资企业投资人和个体工商户的生产、经营所得以及对企事业单位的承包经营、承租经营所得，适用5%～35%的五级超额累进税率，如表5-4所示。

表5-4 个人所得税税率表（二）

（个体工商户的生产、经营所得和对企事业单位的承包经营、租赁经营所得适用）

级数	全年应纳税所得额		税率（%）	速算扣除数
	含税级距	不含税级距		
1	不超过15 000元的	不超过14 250元的	5	0
2	超过15 000元至30 000元的部分	超过14 250元至27 750元的部分	10	750

续表

级数	全年应纳税所得额		税率（%）	速算扣除数
	含税级距	不含税级距		
3	超过 30 000 元至 60 000 元的部分	超过 27 750 元至 51 750 元的部分	20	3 750
4	超过 60 000 元至 100 000 元的部分	超过 51 750 元至 79 750 元的部分	30	9 750
5	超过 100 000 元的部分	超过 79 750 元的部分	35	14 750

（3）稿酬所得，适用 20%的比例税率，并按应纳税额减征 30%，实际换算的适用税率为 14%。

（4）劳务报酬所得，适用 20%的比例税率。对劳务报酬所得一次收入超过 2 万元至 5 万元的部分，依税法规定计算应纳税额后再按照应纳税额加征五成，实际适用税率为 30%；超过 5 万元的部分加征十成，实际适用税率为 40%。

（5）特许权使用费所得，利息、股息、红利所得，财产租赁所得，财产转让所得，偶然所得和其他所得，均适用 20%的比例税率。

（四）个人所得税应纳税额的计算

（1）工资、薪金所得，以每月收入额减除费用 3 500 元后的余额，为应纳税所得额。

（2）个体工商户的生产、经营所得，以每一纳税年度的收入总额，减除成本、费用以及损失后的余额，为应纳税所得额。其中，成本、费用，是指纳税人从事生产、经营所发生的各项直接支出和分配计入成本的间接费用以及销售费用、管理费用和财务费用；损失，是指纳税人在生产、经营过程中发生的各项营业外支出。

（3）对企事业单位的承包经营、承租经营所得，以每一纳税年度的收入总额，减除必要费用后的余额，为应纳税所得额。其中，每一纳税年度的收入总额，是指纳税人按照承包经营、承租经营合同规定分得的经营利润和工资、薪金性质的所得；减除必要费用，是指按月减除 2 000 元。

（4）劳务报酬所得、稿酬所得、特许权使用费所得、财产租赁所得，每次收入不超过 4 000 元的，减除费用 800 元；超过 4 000 元的，减除 20%的费用，其余额为应纳税所得额。

（5）财产转让所得，以转让财产的收入额减除财产原值和合理费用后的余额，为应纳税所得额。

（6）利息、股息、红利所得、偶然所得和其他所得，以每次收入额为应纳税所得额。

（五）个人所得税应纳税额的计算

个人所得税应纳税额的计算公式有两个：一是适用于采用累进税率的税目，其计算公式为：应纳税额＝应纳税所得额×适用税率－速算扣除数。二是适用于采用比例税率的税目，其计算公式为：应纳税额＝应纳税所得额×适用税率。

（六）个人所得税的纳税期限

工资、薪金所得应纳的税款，按月计征，由扣缴义务人或者纳税义务人在次月七日内缴入国库，并向税务机关报送纳税申报表。特定行业的工资、薪金所得应纳的税款，可以实行按年计算、分月预缴的方式计征，具体办法由国务院规定。

个体工商户的生产、经营所得应纳的税款，按年计算，分月预缴，由纳税义务人在次月七日内预缴，年度终了后三个月内汇算清缴，多退少补。

对企事业单位的承包经营、承租经营所得应纳的税款，按年计算，由纳税义务人在年度终了后 30 日内缴入国库，并向税务机关报送纳税申报表。纳税义务人在一年内分次取得承包经营、承租经营所得的，应当在取得每次所得后的七日内预缴，年度终了后三个月内汇算清缴，多退少补。

九、税收征收管理

税收征收管理法是规定税务机关与纳税人之间在税收征收和税务管理活动中的权利、义务以及税收征纳程序的法律规范的总称。根据 2001 年 4 月 28 日修订后的《中华人民共和国税收征收管理法》的规定，税收征收管理的具体制度主要有以下几种：

（一）税务管理

税务管理是税收征收管理的重要内容，是税款征收的前提和基础性工作。税务管理主要包括税务登记、发票管理、纳税申报等方面的管理。

1．税务登记

税务登记又称纳税登记，是税务机关对纳税人的开业、变更、注销、停业、复业以及生产经营情况实行法定登记的一项制度，是确定纳税人履行纳税义务的法定手续，也是税务机关切实控制税源和对纳税人进行纳税监督的一种手段。税务登记包括开业登记，变更登记，停业、复业登记，注销登记，外出经营报验登记等。

（1）开业登记。根据法律规定，凡是从事生产、经营的单位和个人，自领取营业执照之日起 30 日内，都应持有关证件向生产、经营所在地税务机关申报办理开业税务登记。税务机关核发税务登记证及副本。

（2）变更登记。纳税人税务登记的内容发生变化的，应当自工商行政管理机关办理变更登记之日起 30 日内，到原税务登记机关申报办理变更税务登记。税务机关应当自受理之日起 30 日内，审核办理变更税务登记。税务登记证和税务登记表中内容都发生变更的，税务机关应重新核发税务登记证；但是只有税务登记表内容发生变更而税务登记证中内容未发生变更的，税务机关不重新核发税务登记证。

（3）停业、复业登记。纳税人暂停或恢复生产经营活动的，应当进行停业或复业登记。纳税人在停业期满仍不能及时恢复生产经营的，应当于停业期满前向主管税务机关提出延长停业登记申请。纳税人在停业期间发生纳税义务的，应当按照相关规定缴纳税款。

（4）注销登记。纳税人发生解散、破产、撤销以及依法终止履行纳税义务的，应当在向工商行政管理机关或其他机关办理注销登记前，向主管税务机关办理注销登记，或自营业执照被吊销之日起 15 日内向原税务登记机关申报办理注销税务登记。

（5）外出经营报验登记。纳税人到外县（市）进行生产经营活动，应当向主管税务机关申请开具《外出经营活动税收管理证明》。税务机关按照一地一证原则核发。

2．发票管理

税务机关是发票的主管机关，负责发票的印制、领购、开具、取得、保管、缴销的管理和监督。

增值税专用发票由国务院税务部门指定的企业印制；其他发票，按照国务院税务主管部门的规定，分别由省、自治区、直辖市税务机关指定的企业印制。

单位和个人申请领购发票的，应当提出购票申请，提供经办人身份证明、税务登记证件或者其他有关证明，以及财务印章或者发票专用章的印模，经主管税务机关审核后，发给发票领购簿。纳税人可以根据自己的需要申请领购普通发票。增值税专用发票只限于增值税一般纳税人领购使用。单位、个人在购销商品、提供或者接收经营服务以及从事其他经营活动中，应当按照规定开具、使用、取得发票。发票保管要做到专人保管、专库保管、专账登记、保管交接、定期盘点。

3．纳税申报

纳税申报是纳税人、扣缴义务人为了正确履行纳税义务或扣缴义务，按照规定的期限，就有关纳税事项向税务机关提出书面申报的一种法律行为。我国税法规定，纳税人、扣缴义务人必须在法律、法规规定的申报期限内办理纳税申报，报送纳税申报表、财务会计报表及税务机关根据实际需要要求报送的其他纳税资料。纳税人在享受减税、免税待遇期间也应当按照规定办理纳税申报。纳税申报的方式有直接申报、邮寄申报、数据电文申报等。

（二）税款征收

税款征收是税收征收管理工作的中心环节。税务机关是征税的唯一行政主体，但税务机关只能依照法律、行政法规的规定征收税款，不得随意开征、停征、多征、少征、提前征收或延缓征收或摊派税款等。税务机关征收的税款、滞纳金、罚款应统一上缴国库。税收优先于无担保债权、抵押权、质押权、置留权、罚款、没收非法所得。税款征收方式主要有：查账征收、查定征收、查验征收、定期定额征收、代扣代缴、代收代缴、委托代征等。

纳税人因有特殊困难，不能按期缴纳税款的，经省、自治区、直辖市国家税务局、地方税务局批准，可以延期缴纳税款，但最长不得超过 3 个月。经税务机关批准延期缴纳税款的，在批准的期限内免予加收滞纳金。纳税人未按期缴纳税款或扣缴义务人未按期解纳税款的，税务机关除责令限期缴纳外，从滞纳税款之日起，按日加收滞纳税款万分之五的滞纳金。

纳税人超过应纳税额缴纳的税款，税务机关发现后应当立即退还。纳税人自结算缴纳之日起 3 年内发现的，可以向税务机关要求退还，税务机关查实后应当立即退还；因税务机关的责任致使纳税人、扣缴义务人未缴或者少缴税款的，税务机关在 3 年内可以要求纳税人、扣缴义务人补缴税款，但不得加收滞纳金。

纳税人可依法律规定书面申请减税、免税，经审查批准机关审批后执行。地方各级政府、主管部门、单位和个人违反法律规定，擅自做出的减税、免税决定无效，税务机关不得执行，并向上级税务机关报告。

（三）纳税担保、税收保全和税收强制执行制度

税务机关有根据认为从事生产、经营的纳税人有逃避纳税义务行为的，可以在规定的纳税期之前，责令限期缴纳应纳税款；在限期内发现纳税人有明显的转移、隐匿其应纳税款的商品、货物以及其他财产或者应纳税的收入的迹象的，税务机关可以责成纳税人提供纳税担保。纳税担保范围包括税款、滞纳金和实现税款、滞纳金的费用。纳税担保主要有纳税保证、纳税抵押、纳税质押三种形式。

如果纳税人拒绝提供纳税担保或无力提供纳税担保的，经县以上税务局（分局）局长批准，税务机关可以采取下列税收保全措施：书面通知纳税人开户银行或者其他金融机构冻结纳税人的金额相当于应纳税款的存款；扣押、查封纳税人的价值相当于应纳税款的商品、货物或者其他财产。

从事生产、经营的纳税人、扣缴义务人或担保人未按期纳税的，由税务机关责令限期缴纳，逾期仍未缴纳的，经县以上税务局（分局）局长批准，税务机关可以采取下列强制措施：书面通知纳税人开户银行或者其他金融机构从其冻结的存款中扣除税款；扣押、查封、依法拍卖或者变卖其价值相当于应纳税款的商品、货物或者其他财产，以拍卖或者变卖所得抵缴税款。对于上述情况所产生的滞纳金可以同时强制执行。个人及其所扶养的家属维持生活必需的住房和用品，不在强制执行范围之内。

（四）税务检查制度

税务检查是指税务机关依法对纳税人、扣缴义务人的纳税情况进行审查、核实、监督的管理制度。它是税收征收管理工作的一项重要内容，对保证国家财政收入和市场经济健康发展具有十分重要的意义。

根据《税收征管法》及其实施条例的规定，税务机关有权进行下列税务检查：

（1）检查纳税人、扣缴义务人的账簿、记账凭证、报表和有关资料。

（2）到纳税人的生产经营场所和货物存放地检查纳税人应税商品、货物或者其他财产，检查扣缴义务人与代扣代缴、代收代缴税款有关的经营情况。

（3）责成纳税人、扣缴义务人提供与纳税或者代扣代缴、代收代缴税款有关的文件、证明材料和有关资料。

（4）询问纳税人、扣缴义务人与纳税或者代扣代缴、代收代缴税款有关的问题和情况。

（5）到车站、码头、机场、邮政企业及其分支机构检查纳税人托运、邮寄应税商品、货物或者其他财产的有关单据、凭证和有关资料。

（6）经县以上税务局（分局）局长批准，凭全国统一格式的检查存款账户许可证明，查询从事生产、经营的纳税人、扣缴义务人在银行或者其他金融机构的存款账户；税务机关在调查税收违法案件时，经设区的市、自治州以上税务局（分局）局长批准，可以查询案件涉嫌人员的储蓄存款。

（7）税务机关调查税务违法案件时，对与案件有关的情况和资料，可以记录、录音、录像、照相和复制。

税务机关依法进行税务检查时，纳税人、扣缴义务人必须接受检查，如实反映情况，提供有关情况，不得拒绝、隐瞒；有关单位和个人有义务向税务机关如实提供有关资料及证明材料。税务机关派出的人员进行税务检查时，应当出示税务检查证和税务检查通知书，并有责任为被检查人保守秘密；未出示税务检查证和税务检查通知书的，被检查人有权拒绝检查。

十、违反税法的法律责任

税收法律责任，是指税收法律关系的主体因违反税收法律规范所应承担的不利法律后果。税收法律关系的主体即是税收违法行为的主体，即征纳双方。基于本模块介绍的是企业财务部门法律实务，本部分仅介绍纳税人违反税法的法律责任。

（1）纳税人有下列行为之一的，由税务机关责令其限期改正，可以处 2 000 元以下的罚款；情节严重的，处 2 000 元以上 1 万元以下的罚款：①未按规定的期限办理税务登记、变更或注销登记的；②未按规定设置、保管账簿或者保管记账凭证和有关资料的；③未按规定将财务、会计制度或者财务、会计处理办法和会计核算软件报送税务机关备查的；

④未按照规定将其全部银行账号向税务机关报告的；⑤未按照规定安装、使用税控装置，或者损毁、擅自改动税控装置的；⑥纳税人未按照规定办理税务登记证件验证或换证手续的。

（2）纳税人未按规定的期限办理纳税申报和报送纳税资料，或者扣缴义务人未按照规定的期限向税务机关报送代扣代缴、代收代缴税款报告表和有关资料的，由税务机关责令限期改正，可以处 2 000 元以下的罚款；情节严重的，处 2 000 元以上 1 万元以下的罚款。

（3）纳税人伪造、变造、隐匿、擅自销毁账簿、记账凭证，或者在账簿上多列支出或者不列、少列收入，或者经税务机关通知申报或者进行虚假的纳税申报，不缴或者少缴应纳税款的，是偷税。对纳税人的偷税，由税务机关追缴其不缴或少缴的税款、滞纳金，并处以偷税款 50%以上 5 倍以下的罚款；扣缴义务人采用同样手段，不缴或少缴已扣、已收税款的，依照上述规定处罚。

（4）纳税人以假借出口或者其他欺骗手段，骗取国家出口退税款的，由税务机关追缴其骗取的退税款，并处骗取税款 1 倍以上 5 倍以下的罚款；税务机关可以在规定期间内停止为其办理出口退税。

（5）纳税人未按照规定使用税务证件，或者转借、涂改、损毁、买卖、伪造税务证件的，处 2 000 元以上 1 万元以下的罚款；情节严重的，处 1 万元以上 5 万元以下的罚款。

（6）扣缴义务人未按照规定设置、保管代扣代缴、代收代缴税款账簿或者保管代扣代缴、代收代缴税款计账凭证及其有关资料的，由税务机关责令限期改正，可以处 2 000 元以下的罚款；情节严重的，处 2 000 元以上 5 000 元以下的罚款。

（7）纳税人、扣缴义务人编造虚假计税依据的，由税务机关责令限期改正，并处 5 万元以下的罚款。纳税人不进行纳税申报，不缴或者少缴应纳税款的，由税务机关追缴其不缴或者少缴的税款、滞纳金，并处不缴或少缴的税款 50%以上 5 倍以下的罚款。扣缴义务人应扣未扣、应收而未收税款的，对扣缴义务人处应扣未扣、应收未收税款 50%以上 3 倍以下的罚款。

（8）以暴力、威胁方法拒不缴纳税款的，是抗税，情节轻微尚未构成犯罪的，由税务机关追缴其拒缴的税款、滞纳金，并处拒缴税款 1 倍以上 5 倍以下的罚款。

（9）纳税人、扣缴义务人逃避、拒绝或者以其他方式阻挠税务机关检查的，由税务机关责令改正，可以处 1 万元以下的罚款；情节严重的，处 1 万元以上 5 万元以下的罚款。

（10）纳税人、扣缴义务人违反税法，构成犯罪的，由税务机关提请司法机关追究其刑事责任。

案例分析

沈阳某水泥有限公司是一家私营有限责任公司，法定代表人原为钱××，现变更为钱×，为增值税一般纳税人，主要生产经营水泥及水泥制品。经查，该企业利用购货方是本地区不索要发票的混凝土生产企业和个人，采取设置“账外账”等手段，将这部分收入不向税务机关进行申报纳税。2005 年至 2007 年，共在账簿上不列或少列销售收入 7 617 万元，造成少缴纳增值税 431 万元，少缴纳城建税、企业所得税等地方各税费 285 万元、少代扣代缴法定代表人个人所得税 7.18 万元。（案例来源：东北新闻网《2009 年辽宁十大偷税漏税案例之一》）

请问： 该公司少缴税款属于什么行为？依法应如何处罚？

解析： 该公司少缴上述税款的行为应定性为偷税。所谓偷税是指纳税人以不缴或者少缴税款为目的，采取伪造、变造、隐匿、擅自销毁账簿、记账凭证，在账簿上多列支出或者不列、少列收入，或采取各种不公开的手段，或者进行虚假的纳税申报的手段，隐瞒真实情况，不缴或少缴税款，欺骗税务机关的行为。该案中，沈阳某水泥有限公司通过少列收入的形式达到少交税的目的，显然属于偷税行为。对偷税行为，税务机关一经发现，应当追缴其不缴或者少缴的税款和滞纳金，并依照税法的有关规定追究其相应的法律责任，构成偷税罪的，应当依法追究刑事责任。该案中应追缴税（费）款 723.18 万元，并处所偷税款 50%罚款，按日加收滞纳金，并以涉嫌偷税罪将其移送公安机关。

模块小结

财务部门是对企业的经济业务事项进行确认、计量、记录和报告，并通过所提供的会计资料，做出预测、参与决策，实行监督的综合性职能部门。《会计法》是对财务部门中会计关系进行调整的法律规范。企业应该按照相关要求设置会计机构、聘用会计人员，履行会计核算与会计监督的基本职能。我国《票据法》规定的票据，包括汇票、本票、支票，是指由出票人依法签发，约定由自己或委托他人在见票时或到期日无条件支付一定金额给收款人或持票人的一种有价证券。票据与财务部门的关系最为密切，要求财务部门人员了解票据法律关系、票据权利和票据责任，掌握票据行为的形式、代理以及票据的抗辩。财务部门负责企业的纳税申报，要求财务人员了解税种分类，掌握流转税、所得税两大类别应纳税额的计算。

完成检验

一、单项选择题

1．根据我国《会计法》的规定，我国会计年度的期间为（　　）。

A．公历 10 月 1 日起至次年 9 月 30 日止　B．公历 1 月 1 日起至 12 月 31 日止

C．公历 4 月 1 日起至次年 3 月 31 日止　D．农历 1 月 1 日起至 12 月 31 日止

2．在下列有关会计记录文字的表述中，符合我国《会计法》要求的是（　　）。

A．会计记录文字只能使用中文

B．会计记录文字可以只使用某种外国文字

C．会计记录文字必须使用中文，不得单独或同时使用某种少数民族文字

D．会计记录文字应当使用中文，但根据需要可以同时使用某种少数民族文字或外文

3．持有会计从业资格证书的人员每年参加继续教育不得少于（　　）小时。

A．12　B．20　C．24　D．36

4．下列各项中，不属于会计档案的是（　　）。

A．记账凭证　B．原始凭证　C．董事会会议记录　D．会计报告

5. 下列汇票中，无须提示承兑的是（　　）。

A. 见票即付的汇票　　B. 定日付款的汇票

C. 见票后定期付款的汇票　　D. 出票后定期付款的汇票

6. 甲公司为购买货物而将所持有的汇票背书转让给乙公司，但因担心以此方式付款后对方不交货，因此在背书栏中记载了“乙公司必须按期保质交货，否则不付款”的字样。乙公司在收到票据后没有按期交货。根据票据法律制度的规定，下列表述中，正确的是（　　）。

A. 背书无效

B. 背书有效，乙的后手持票人应受上述记载约束

C. 背书有效，但是上述记载没有汇票上的效力

D. 票据无效

7. 我国税法构成要素中，能够区别不同类型税种的主要标志是（　　）。

A. 纳税人　　B. 征税对象　　C. 税率　　D. 纳税期限

8. 流转税是以商品生产、商品流通和劳务服务的流转额为征税对象的税收种类。下列各项中，不属于流转税的是（　　）。

A. 增值税　　B. 消费税　　C. 营业税　　D. 土地增值税

9. 根据《消费税暂行条例》及其实施细则规定，下列各项中，纳税人不缴纳消费税的是（　　）。

A. 将自产的应税消费品用于馈赠

B. 将自产的烟丝用于连续生产卷烟

C. 随同应税消费品销售而取得的包装物作价收入

D. 销售应税消费品并提供运输而收取运费和装卸费

10. 某人 2014 年某月工资收入为 12 000 元，则他应缴纳的个人所得税为（　　）元。

A. 1495　　B. 1145　　C. 1995　　D. 2400

二、多项选择题

1. 下列会计工作人员中必须取得会计从业资格证书的有（　　）。

A. 会计机构负责人　　B. 总会计师

C. 出纳员　　D. 会计机构内会计档案的管理人员

2. 甲公司一车间生产的半产品本月用途广泛，下列用途中，应作为销售交纳增值税的有（　　）。

A. 二车间继续领用加工为产成品　　B. 公司在建工程领用

C. 作为职工福利发放　　D. 捐赠给老年福利院

3. 根据增值税法律制度的有关规定，增值税纳税人的下列行为中，应视同销售货物行为征收增值税的有（　　）。

A. 将购买的货物分配给股东

B. 将自产的货物用于非应税项目

C. 委托代销商品

D. 将购买的货物无偿赠送他人

4. 根据消费税法律制度的有关规定，纳税人外购和委托加工的特定应税消费品，用于

连续生产应税消费品的，已缴纳的消费税税款准予从应纳消费税税额中抵扣。下列各项中，可以抵扣已缴纳的消费税的有（　　）。

A．外购的已税化妆品用于生产化妆品

B．委托加工收回的已税珠宝玉石用于生产贵重首饰

C．外购的已税汽车轮胎用于生产小汽车

D．外购的已税烟丝用于生产烟丝

5．票据法上的票据是（　　）。

A．证权证券　　B．有价证券　　C．不要式证券　　D．无因证券

6．甲公司为了支付货款，签发了一张以本市的乙银行为付款人、以丙公司为收款人的转账支票。丙公司在出票日之后的第 14 天向乙银行提示付款。根据票据法律制度的规定，下列表述中，正确的有（　　）。

A．如果甲公司在乙银行的存款足以支付支票金额，乙银行应当足额付款

B．乙银行可以拒绝付款

C．乙银行应当无条件付款

D．如果乙银行拒绝付款，甲公司仍应承担票据责任

7．下列所得中不实行加成征收的是（　　）。

A．稿酬所得　　B．利息、股息、红利所得

C．劳务报酬所得　　D．偶然所得

8．下列个人所得，在计算个人所得税时，不得减除费用的有（　　）。

A．工资薪金所得　　B．利息、股息、红利所得

C．特许权使用费所得　　D．偶然所得

9．根据税收征收管理法律制度的规定，纳税人发生的下列情形中，应办理税务注销登记的有（　　）。

A．纳税人破产　　B．纳税人变更法定代表人

C．纳税人被吊销营业执照　　D．纳税人暂停经营活动

10．根据税收征收管理法律制度的规定，税务机关在发票检查中，有权采取的措施有（　　）。

A．调出空白发票查验　　B．复制与发票有关的资料

C．检查开具发票的情况　　D．销毁非法印制的发票

三、判断题

1．《会计法》规定，业务收支以人民币以外的货币为主的单位，可以选定其中一种货币作为记账本位币，但是编报的财务会计报告应当折算为人民币。（　　）

2．会计机构和会计人员如发现外来原始凭证金额填写错误，应当交由出具单位予以更正并在更正处加盖出具单位印章后，才能受理并据此进行会计核算。（　　）

3．只有取得会计从业资格证书的人员才能从事会计工作，未取得会计从业资格证书的人员，不得从事会计工作。（　　）

4．单位内部会计监督的客体是该单位的会计机构和会计人员。（　　）

5．票据上有伪造、变造的签章的，将影响到票据上其他真实签章的效力。（　　）

6．填写票据的金额应以中文大写和阿拉伯数码同时记载，且二者必须一致。（　　）

7. 纳税人逾期归还银行贷款，银行按规定加收的罚息，允许在企业所得税税前扣除。（　）

8. 李某在一次有奖购物抽奖中，购买了价值 3 000 元电视机抽中特别奖金 1 000 元。李某应缴纳个人所得税税额为 200 元。（　）

9. 纳税人发生解散、破产、撤销以及其他情形，依法终止纳税义务的，应当自工商行政管理机关办理注销之日起 30 日内，持有关证件向原税务登记管理机关申报办理注销税务登记。（　）

10. 需要缴纳税款的纳税人出境前未结清应纳税款，又不提供担保的，税务机关可以通知出境管理机关阻止其出境。（　）

四、案例分析题

1. 2014 年 4 月，北京财政局派出检查组对市属某国有制造厂的会计工作进行检查。检查中了解到以下情况：

（1）2013 年 10 月，新厂长马某上任后，将其战友的女儿王某调入会计科任出纳，兼管会计档案保管工作，王某没有会计从业资格证书。

（2）2013 年 11 月，会计刘某申请调离该厂，厂人事部门在其没有办清会计工作交接手续的情况下，即为其办理了调动手续。

（3）2013 年 12 月 10 日，该厂从现金收入中直接支取 5 万元用于职工开销。

（4）2014 年 1 月 6 日，该厂档案科会同会计科编制会计档案销毁清册。经厂长签字后，按规定程序进行了监销。经查实，销毁的会计档案中有一些是保管期满但未结清的债权债务原始凭证。

请指出上述情况中哪些行为不符合法律规定，并说明理由。

2. A 公司为支付 B 公司的货款，于 2014 年 6 月 5 日给 B 公司开出一张 20 万元的银行承兑汇票。B 公司获此汇票后，因向 C 公司购买一批钢材而将该汇票背书转让给了 C 公司，但事后不久，B 公司发现 C 公司根本无货可供，完全是一场骗局，于是，便马上通知付款人停止向 C 公司支付票款。C 公司获此票据后，并未向付款人请求支付票款，而是将该汇票又背书转让给了 D 公司，以支付其所欠之工程款。D 公司获此汇票时，不知道 C 公司以欺诈方式从 B 公司获得该汇票，B 公司已通知付款人停止付款的情况，即于 2014 年 7 月 1 日向付款人请求付款。付款人在对该汇票进行审查之后拒绝付款，理由是：①C 公司以欺诈行为从 B 公司获得票据的行为属无效票据行为，B 公司已通知付款人停止付款；②该汇票未记载付款日期，为无效票据。随即，付款人便作成退票理由书，交付于 D 公司。

根据本例提供的事实，请回答以下问题：

（1）付款人可否以 C 公司的欺诈行为为由拒绝向 D 公司支付票款？并说明理由。

（2）A 公司开出的汇票未记载付款日期，是否为无效票据？为什么？

（3）D 公司的付款请求权得不到实现时，可以向本案的哪些当事人行使追索权？

3. 张女士为 A 市甲超市财务管理人员，她从 2014 年 1 月开始建立家庭消费电子账，6 月从甲超市购买了下列商品。

（1）粉底液一盒，支出 400 元；

（2）白酒 1 000 克，支出 640 元；

（3）食品支出 1 010 元，其中，橄榄油 2 500 克，支出 400 元；淀粉 1 000 克，支出 10

元；新鲜蔬菜 50 千克，支出 600 元。同时她对部分商品的供货渠道和价格进行了追溯，主要数据如表 5-5 所示。

表 5-5

项目	粉底液	白酒	橄榄油	淀粉	新鲜蔬菜
供货商	B 市化妆品厂	B 市白酒厂	A 市外贸公司	A 市调料厂	A 市蔬菜公司
供货方式	自产自销	自产自销	进口销售	自产自销	外购批发
不含增值税供货价	300 元/盒	260 元/500 克	60 元/500 克	3 元/500 克	3 元/500 克

其他相关资料：化妆品的消费税率为 30%，白酒消费税 20%加 0.5 元/500 克。

根据上述资料，计算回答下列问题，每问需计算初合计数。

（1）计算甲超市销售给张女士粉底液的增值税销项税额。

（2）计算甲超市销售给张女士白酒的增值税销项税额。

（3）计算甲超市销售给张女士食品的增值税销项税额。

（4）计算张女士购买粉底液支出中包含的消费税税额，并确定消费税的纳税人和纳税地点。

（5）计算张女士购买白酒支出中包含的消费税税额，并确定消费税的纳税人和纳税地点。

4. 某企业以生产白酒为主，适用 25%的所得税税率，2008 年销售收入净额 9 400 万元，年终进行所得税纳税申报时，企业计算的全年应纳税所得额为 1 050 万元，并已经按适用税率缴纳了所得税款 262.5 万元。经税务机关查证，发现以下问题：

（1）本年 2 月购入并投入使用的固定资产，价值 80 万元，预计净残值 4 万元，税法规定按 5 年的直线法计提折旧，本单位会计直接作管理费用一次从收入中扣除。

（2）本年 6 月收到财政拨款 60 万元，已经并入应纳税所得额。

（3）全年发生赞助支出 120 万元，已经从应纳税所得额中扣除。

要求：

（1）分析该企业所得税纳税申报时，哪些项目计算错误？如何进行调整？

（2）计算调整后全年应纳所得税及年终应补（退）所得税。

实践活动

1. 搜集和分析涉及会计或税务等的典型案例

活 动 名 称	搜集和分析涉及会计或税务等的典型案例
活动目的	通过让学生去搜集现实生活中有关企业财务部门法律实务的典型案例，拓宽学生的知识面，培养学生运用法律知识分析问题和解决问题的能力。
活动要求	要求每位学生搜集的案例应尽量具有新颖性、典型性等特点；对搜集到的案例要有个人的分析和体会。
活动安排	给定时间，让学生利用课余时间借助报纸、网络等搜集与企业财务工作有关的典型案例，并按照活动要求完成案例的分析，写出自己的体会。
活动考核	教师根据学生提交的案例材料和完成的案例分析及体会等给出评价。

2．财务问题法律调查、宣传或咨询

活 动 名 称	财务问题法律调查、宣传或咨询
活动目的	通过调查、宣传或咨询，让学生进一步了解我国企业财务相关法律的贯彻执行情况；通过普法宣传或咨询可以培养学生运用法律知识分析问题和解决问题的能力。
活动要求	要求将学生分成若干小组，分别进行调查（或宣传或咨询），发现企业财务部门运用相关法律方面存在的问题等，提出解决对策和建议，撰写一篇小论文或提供给出的咨询意见等。
活动安排	给定时间，让学生利用课余时间深入企业进行调查，也可以组织学生在企业、社区或街道等进行法律宣传或提供咨询，老师进行课后或现场指导。
活动考核	根据学生提交的小论文或给出的咨询意见等给出评价。

课外阅读

1．国务院法制办公室. 中华人民共和国会计法注解与配套. 北京：中国法制出版社，2008

2．王辉、程思. 会计法规（第二版）. 大连：东北财经大学出版社，2008

3．霍爱华. 中华人民共和国票据法注释本. 北京：法律出版社，2007

4．翟继光. 中华人民共和国增值税、营业税、消费税暂行条例释义与实用指南及案例分析. 北京：立信会计出版社，2008

5．刘玉章. 企业所得税法解读与应用实务. 北京：机械工业出版社，2009

6．姜玉莲.〈中华人民共和国个人所得税法〉详解. 北京：经济科学出版社，2009

7．中国财政部网站：http://www.mof.gov.cn/

8．国家税务总局网站：http://www.chinatax.gov.cn/n8136506/index.html

9．《会计法》、《票据法》、《企业所得税法》、《个人所得税法》、《增值税暂行条例》、《消费税暂行条例》、《营业税暂行条例》全文等

模块六　企业工业产权法律制度与实务

随着全球经济一体化，知识经济时代的到来，知识产权作为无形资产，已成为企业竞争中的法宝。工业产权作为知识产权的重要组成部分，在我国主要指专利权和商标权。要发展我国的市场经济，就必须高度重视企业的工业产权制度。本模块主要内容包括《专利法》和《商标法》，通过学习，要达到以下目标：

知识目标

1. 理解工业产权的含义和特征；
2. 了解专利的概念及其法律保护；
3. 理解专利权取得的程序；
4. 掌握专利权的保护及其内容；
5. 了解商标的概念及其法律保护；
6. 理解商标注册的条件和程序；
7. 掌握商标权的保护及其内容。

能力目标

通过本模块的学习，使学生熟悉并掌握专利法律制度和商标法律制度，培养学生处理专利申请事务和商标申请事务的能力，正确判断工业产权领域的典型侵权纠纷案件，树立学生利用专利和商标法律知识进行企业规划的职业素养。

案例导读

我国知名商标被海外抢注的现象频繁发生，一旦走出国门，自己要出口产品反而要向别人交商标使用费。据不完全统计，此类案件多达200余起，在美国、日本、韩国、荷兰、瑞士等国被抢注的中国名牌，如“同仁堂”、“青岛啤酒”、“竹叶青”、“云烟”、“红梅”等举不胜举。

“Hisense”是青岛海信集团的英文商标，通过多年来的精心培育，成为国内外知名品牌。1999年1月5日，国家工商总局商标局正式认定海信集团的“Hisense”、“海信”商标为驰名商标。1999年1月11日，德国西门子集团下属的博世—西门子公司在德国抢先注册了“HiSense”商标，与“Hisense”商标仅有微小的差别。1999年7月，该公司又申请了马德里国际商标注册和欧共体商标注册，使得海信在欧盟地区“Hisense”的商标注册受阻。

2002 年年底，西门子以海信集团多次在德国参加展览会，使用“海信”商标为由，状告海信侵权。海信积极应诉，并要求德国商标局依法撤销博世—西门子公司注册的海信商标。从 2002 年年底开始，海信集团与博世—西门子多次就商标抢注和转让问题进行磋商。2003 年 9 月海信集团提出愿意出 5 万欧元作为注册的补偿，2004 年 2 月博世—西门子公司要出天价，要求海信支付商标转让费 4 000 万欧元。海信公司无法接受，使商标转让的谈判陷于僵局。

海信集团和德国博世—西门子家电集团经过多次协商，终于在 2006 年 3 月 6 日发表联合声明，博西家电集团同意将其在德国及欧盟注册的“HiSense”商标一并有偿转让给海信集团，同时撤销针对海信集团的商标诉讼，拉锯了 5 年多的海信、西门子商标纠纷案终于画上了圆满的句号。

【案例启示】 知识产权已成为当今世界各国及企业之间的主要竞争手段，是跨国公司重要的竞争和发展战略，来自国外的知识产权挑战已成为制约我国企业发展的重要因素。“Hisense”商标被抢注，使得海信的等离子电视、液晶电视、变频空调等产品不能“名正言顺”地进入欧盟市场。该案不仅暴露了我国一些企业对商标国际注册认识不足的问题，同时也给广大的企业特别是知名品牌企业敲响了警钟，那就是企业必须要在发展中进一步强化商标注册意识，要对即将打入他国市场的商标提前、及时注册，同时要严密监视在国外注册的商标侵权动态，及时防范商标侵权行为，在增强保护商标的基础上，进一步提高增强运用知识产权开拓和占领国际市场的能力。

任务 1 认识工业产权

【任务导入】

2002 年 8 月，某市海关发现了一批该市 A 公司出口香港的收音机带有“SQNY”商标，与“SONY”非常近似，海关依照相关法律规定扣留了上述产品。此后，索尼株式会社向该市人民法院提出起诉 A 公司侵犯其商标专有权，并在诉状中称：被告在同种商品上使用了与 SONY 非常近似的商标，并将侵权商品出口，已构成侵权。为此，要求法院判令被告停止侵害，赔偿经济损失 20 万元人民币。

请问：外国人或外国企业的商标在中国如何获得保护？

相关知识

一、工业产权的概念和特征

（一）工业产权的概念

工业产权是知识产权的重要组成部分。根据《保护工业产权巴黎公约》的规定，工业产权包括发明、实用新型、外观设计、商标、服务标记、厂商名称、货源标记、原产地名称以及制止不正当竞争的权利。工业产权是指人们对脑力劳动所创造的智力成果应用于商品生产和流通领域依法享有的专有权，在我国主要是指商标权与专利权。

（二）工业产权的特征

工业产权是一种无形财产权，与有形财产相比，具有以下法律特征：

1．专有性

工业产权是国家赋予权利人的一种独占、使用、收益和处分的权利，即权利人垄断这种专有权并受严格保护，排除他人享有同样权利的可能性。如商标权人排除他人在同一商品或服务上使用与自己的注册商标相同或近似的商标；专利权人排除他人未经许可使用自己的专利产品、专利方法以及使用依照该专利方法直接获得的产品。

2．地域性

工业产权的专有性受到严格的地域限制，其取得一般只能在该国领域内有效，对其他国家不发生法律效力，即不发生域外效力。如果想在他国得到保护，必须依他国法律的规定履行必要的程序，经审查批准获得专利权、商标专用权。

3．时间性

工业产权的保护有一定的期限，权利人只能在法定期限内行使其专有权，一旦法律规定的期限届满，这种专有性便自行失去效力，该智力成果便成为社会的共有财富，人们可以任意加以利用。

二、工业产权立法和国际保护

工业产权法是调整因确认、保护和使用工业产权而发生的各种社会关系的法律规范的总称。我国工业产权法包括《商标法》和《专利法》。我国十分重视通过立法保护工业产权，并特别强调工业产权法律制度与国际接轨。为了适应入世的要求，先后修改和制定了一些新的法律、法规。

工业产权的国际保护是社会经济发展到一定阶段的产物。《保护工业产权巴黎公约》是保护工业产权方面影响最大的国际公约。第六届全国人民代表大会常务委员会第八次会议于 1984 年 11 月 14 日决定我国加入《巴黎公约》，自 1985 年 3 月 19 日起该公约对我国生效。它的基本原则有：（1）国民待遇原则。在工业产权的国际保护方面，每一缔约国必须把它给予本国国民的待遇同等地给予其他缔约国国民；非缔约国国民若在缔约国国内有住所或营业场所，也应得到同样的保护。（2）优先权原则。缔约国国民第一次向一个缔约国提出专利或商标注册申请后，又在一定期限内（发明和实用新型为 12 个月，工业品外观设计和商标为 6 个月）就同一发明创造和商标向另一个缔约国申请时，申请人有权要求将第一次提出申请的日期视为后来申请的日期。在优先权期限内，即使有任何第三人就相同的发明或商标提出申请或已实施了该发明或使用了商标，申请人仍因享有优先权而获得专利权或商标专用权，这是“国际优先权”原则。（3）独立性原则。各缔约国独立地按本国的法律规定来确定是否给予专利权或商标专用权，不受该专利权或商标专用权在其他缔约国决定的影响。就是说，同一发明创造或商标在一个成员国取得专利权或商标专用权，并不意味着在其他成员国也一定可以取得专利权或商标专用权，专利权或商标专用权在一个成员国被撤销或终止，也不意味着在其他成员国一定要被撤销或终止。

案例分析

温州打火机专利案是我国“入世”后，在国际贸易领域第一次遭遇 WTO 成员方的借专利壁垒设置阻碍门槛的案件。2001 年 10 月，欧洲打火机进口商协会致函温州打火机协会，告知欧盟正在拟定进口打火机的 CR 法规草案。该法案的核心内容是规定进口价格在 2 欧元以下的打火机，必须要加装一个 5 周岁以下儿童难以开启的装置即安全锁，否则不准进入欧盟市场。近十年，温州打火机以廉价耐用的产品击败欧洲同行并一直占据国际市场的相当份额，而 CR 法规一旦被实施，就意味着温州生产的价格在 2 欧元以下、装有燃料的玩具型打火机将永远退出欧盟市场，出口贸易必将受到重创，企业损失重大。因为目前欧洲国家的打火机企业已申请大量的“安全锁”专利，温州企业研究空间已被“专利壁垒”挤压得极小。如此一来，如果无法研制出自己的专利，温州打火机业就不得不花高昂的价格购买国外专利，其产品的成本必然大幅提高而失去竞争优势。

实际上早在 1994 年美国也有类似于 CR 的法规出台，同样使温州打火机产业损失惨重，在美国市场节节败退，目前的出口量仅相当于出口欧洲市场的 1/5。此次欧盟的决策无疑是对 1994 年美国法规的“克隆”。

解析：工业产权是国家赋予权利人的一种独占、使用、收益和处分的权利，即权利人垄断这种专有权并受严格保护，排除他人享有同样权利的可能性。该案中欧洲国家的打火机企业已申请大量的“安全锁”专利，享有这些专利的专用权，也就排除了他人未经许可使用自己的专利产品、专利方法以及使用依照该专利方法直接获得的产品的权利。该法规一旦实施，必将给温州的打火机企业带来致命打击。最后该案在温州企业的努力和原告方的撤诉下，以温州方赢得胜利而告终。但该案也再次提醒温州的打火机企业必须重视专利研制与开发，积极建立本行业的专利预警机制。

任务 2 企业专利法律制度与实务

【任务导入】

甲公司生产产品 A，需从市场上购买关键部件 B 作为产品 A 的配件。乙公司已经取得关键部件 B 的发明专利权，并许可丙公司生产关键部件 B。甲公司从市场上购买丙公司生产的关键部件 B，作为配件生产产品 A，但是未经乙公司的许可。

请问：甲公司是否侵犯乙公司的专利权?

相关知识

一、专利

专利是指经主管机关依照法定程序审查批准的、符合专利条件的发明创造。它具有以下要素：（1）专利是一项特殊的发明创造，是产生专利权的基础。（2）专利是符合《专利法》规定的专利条件的发明创造。（3）作为专利权的发明创造必须经专利主管机关依照法定程序审查确定，在未经审批之前，任何一项发明创造都不得成为专利。专利权是指法律赋予公民、法人或者其他组织获得专利的发明创造在一定期限内依法享有的专有权利。在某些特殊情形下，专利权也可简称为“专利”。

二、专利权的构成要素

（一）专利权的主体

专利权的主体即专利权人，是指能够申请并取得专利，享有专利权并同时承担相应义务的自然人、法人和其他组织。在中国没有经常居所或营业场所的外国人、外国企业或者外国其他组织在中国申请专利的，依照其所属国同中国签订的协议或者共同参加的国际条约，或者依照互惠原则，可以申请专利，但应当委托国务院行政部门指定的专利代理机构办理。同样，对公民在国内完成的发明创造向外国申请专利的，我国《专利法》也作了限制性规定：中国单位或个人将其在国内完成的发明创造向外国申请专利的，应先向国务院专利行政部门申请专利，委托其指定的专利代理机构办理，并对涉及国家安全或重大利益需要保密的，依照国家有关规定办理。

专利申请人，是指对某项发明创造根据法定或约定有权以自己的名义提出专利申请的人。一项技术申请专利后未必都能获得批准成为专利技术，相应地专利申请人也就未必能成为专利权人。反之，专利权人未必都曾是专利申请人，因为专利权是可以通过转让或继承获得的。专利权的主体归属有以下几种具体情况：

1．职务发明创造

执行本单位的任务或者主要是利用本单位的物质技术条件所完成的发明创造为职务发明创造。职务发明创造申请专利的权利属于该单位；申请被批准后，该单位为专利权人。这里，执行本单位的任务所完成的职务发明创造，是指：（1）在本职工作中做出的发明创造；（2）履行本单位交付的本职工作之外的任务所做出的发明创造；（3）退职、退休或者调动工作后1年内做出的，与其在原单位承担的本职工作或者原单位分配的任务有关的发明创造。这里，所称本单位，包括临时工作单位；所称本单位的物质技术条件，是指本单位的资金、设备、零部件、原材料或者不对外公开的技术资料等。利用本单位的物质技术条件所完成的发明创造，单位与发明人或者设计人订有合同，对申请专利的权利和专利权的归属做出约定的，从其约定。

2．非职务发明创造

申请专利的权利属于发明人或者设计人；申请被批准后，该发明人或者设计人为专利权人。这里，所称发明人或者设计人，是指对发明创造的实质性特点做出创造性贡献的人。在完成发明创造过程中，只负责组织工作的人、为物质技术条件的利用提供方便的人或者从事其他辅助工作的人，不是发明人或者设计人。

3．共同发明创造

两个以上单位或者个人合作完成的发明创造，除另有协议的以外，申请专利的权利属于共同完成的单位或者个人；申请被批准后，申请的单位或者个人为专利权人。

4．委托发明创造

一个单位或者个人接受其他单位或者个人委托所完成的发明创造，除另有协议的以外，申请专利的权利属于完成的单位或者个人；申请被批准后，申请的单位或者个人为专利权人。

（二）专利权的内容

专利权的内容包括专利权人的权利和义务。

1．专利权人的权利

（1）独占实施权。专利权人对其专利产品或专利方法享有的进行制造、使用、销售、许诺销售、进口的专有权利，并排除其他任何人支配其专利的权利。发明和实用新型专利权被授予后，除《专利法》另有规定的以外，任何单位或者个人未经专利权人许可，都不得实施其专利，即不得为生产经营目的制造、使用、许诺销 售、销售、进口其专利产品，或者使用其专利方法以及使用、许诺销售、销售、进口依照该专利方法直接获得的产品。外观设计专利权被授予后，任何单位或者个人未经专利权人许可，都不得实施其专利，即不得为生产经营目的制造、许诺销售、销售、进口其外观设计专利产品。

（2）转让权。专利申请权和专利权可以转让。中国单位或者个人向外国人、外国企业或者外国其他组织转让专利申请权或者专利权的，应当依照有关法律、行政法规的规定办理手续。转让专利申请权或者专利权的，当事人应当订立书面合同，并向国务院专利行政部门登记，由国务院专利行政部门予以公告。专利申请权或者专利权的转让自登记之日起生效。

（3）实施许可权。专利权人有许可他人实施其专利并收取使用费的权利。任何单位或者个人实施他人专利的，应当与专利权人订立实施许可合同，向专利权人支付专利使用费。被许可人无权允许合同规定以外的任何单位或者个人实施该专利。专利权人与被许可人订立的专利实施许可合同应当自合同生效之日起 3 个月内向国务院专利行政部门备案。

（4）标记权。在授予专利权之后的专利权有效期内，专利权人或者经专利权人同意享有专利号、专利标记标注权的专利实施许可合同的被许可人可以在其专利产品、依照专利方法直接获得的产品或者该产品的包装上标注专利标记和专利号。标注专利标记和专利号的，应当标明下述内容：采用中文标注专利权的类别，例如中国发明专利、中国实用新型专利、中国外观设计专利；国家知识产权局授予专利权的专利号，其中 “ZL”表示“专利”，第一、第二位数字表示提交专利申请的年代，第三位数字表示专利类别，第四位以后为流水号和计算机校验位。除上述内容之外，标注者可以附加其他文字、图形标记，但附加的文字、图形标记及其标注方式不得误导公众。

2．专利权人的义务

（1）缴纳专利年费的义务。年费实际上是专利权人付给专利局的管理费用。专利权人应从授予专利权的当年开始缴纳专利年费，不按规定缴纳年费的，专利权应予以终止。

（2）职务发明创造取得专利后，作为专利权人的单位有向发明人或设计人给予报酬奖励的义务。

（三）专利权的客体

专利权的客体，是专利法的保护对象，即依法应授予专利的发明创造。我国《专利法》所称的发明创造，是指发明、实用新型和外观设计。

（1）发明。是指对产品、方法或者其改进所提出的新的技术方案。它是发明人的一种技术思想，它是利用自然规律做出的能够解决技术领域某一特定问题的新的技术方案。发明可以分为产品发明和方法发明。产品发明是人们通过研究开发出来的关于各种新产品、新材料、新物质等的技术方案，如电子计算机、超导材料和人造卫星的发明等。方法发明是人们为制造作品或者解决某个技术课题而研究开发出来的操作方法以及工艺流程等技术方案，如汉字输入方法、无铅汽油的提炼方法等。

（2）实用新型。是指对产品的形状、构造或者其结合所提出的适于实用的新的技术方案。它也是人们的一种技术思想或技术方案，但是，它仅限于对产品的形状、构造或者其结合所做出的发明创造，方法发明以及没有固定形状和构造的产品，如液体、粉末等方面的产品发明不能以实用新型专利进行保护。并且，实用新型的创造性一般比发明要低一些。

（3）外观设计。是指对产品的形状、图案或者其结合以及色彩与形状、图案的结合所做出的富有美感并适于工业应用的新设计。形状指设计可以是平面或立体轮廓，即所占的空间形状。无固定形状的气体、液体以及粉末状的固体，不属于外观设计产品范围。图案是指作为装饰而加于产品表面的花色图样、线条等。色彩是指产品表面所用的颜色。外观设计很多是外形、图案和色彩三者的结合。外观设计必须能够使人产生美感，即通过形状、图案、色彩或者其结合而创做出来的外观设计被用以装饰物品，能够使人的视觉解除后产生一种愉悦的感受。它只涉及美化产品的外表和形状，而不涉及产品的制造和设计技术。法律所保护的对象是该设计本身，而不是负载该设计的物品。

三、专利权的授予条件

一项发明创造，不一定都能取得专利权，只有该项发明创造符合《专利法》规定的条件，才能授予专利权。这些条件既包括形式条件，又包括实质条件。二者缺一不可，但其关键是实质条件。

（一）授予专利权的发明或实用新型应具备的条件

1．新颖性

新颖性，是指该发明或者实用新型不属于现有技术；也没有任何单位或者个人就同样的发明或者实用新型在申请日以前向国务院专利行政部门提出过申请，并记载在申请日以后公布的专利申请文件或者公告的专利文件中。因此，确定一项发明创造是否可以授予专利权，衡量的第一标准，是看它是否具备新颖性，而且该项发明创造是否公开是判断其是不是丧失了新颖性的标准。而且，我国《专利法》把提出专利申请日作为确定新颖性的时间界限，即要求在申请日以前没有同样的发明创造公开过，这样，发明创造才具备新颖性。

但是，我国《专利法》又规定，申请专利的发明创造在申请日以前六个月内，有下列情形之一的，不丧失新颖性：在中国政府主办或者承认的国际展览会上首次展出的；在规定的学术会议或者技术会议上首次发表的；他人未经申请人同意而泄露其内容的。

2．创造性

创造性，是指与现有技术相比，该发明具有突出的实质性特点和显著的进步，该实用新型具有实质性特点和进步。这里的“现有技术”是指申请日以前在国内外为公众所知的技术;“实质性特点”是指申请专利保护的发明或实用新型与原来技术相比有本质性的突破，不是原来技术中的类似的或推导的东西，而是创造性构思的结果。“进步”则是指在技术上前进了一步，与原有技术相比，技术的应用能产生新的更好的效果，如降低原材料消耗，降低成本或者提高了劳动生产率等。在判定发明是否具有创造性时，《专利法》引入了“所属技术领域普通技术人员”的概念。该技术人员是一种拟制人，具有中等技术水平，通晓所属领域中的所有技术，且他的技术水平随着技术领域和完成发明时间的不同而变化。凡是普通技术人员不能直接从现有技术中得出构成该发明必要的全部技术特征的，都被认为有突出的实质性特点。

3．实用性

实用性是指该发明或者实用新型能够制造或者使用，并且能够产生积极效果。一般来讲，一项新的发明创造或技术方案应当具备下列实用性要求：（1）工业上的重复再现性。工业上的重复再现性要求该发明创造能够重复制造或使用，而且这种重复实施的后果每次均是相同的。这里的工业也包括农业、服务业等产业。因此一些不具有重复再现性的产品或技术，如疾病的诊断和治疗方法、桥梁的设计方案等就不能授予专利。（2）该发明创造的实施对整个社会有积极效果。

我国《专利法》规定，对违反国家法律、社会公德或者妨害公共利益的发明创造，不授予专利权。某些发明创造一旦实施，对整个社会都有危害，所以即使其可能具备了新颖性、创造性和工业上的重复再现性，但因其违反我国法律或公序良俗，就不能给予专利权的保护。

（二）授予专利权的外观设计应具备的条件

外观设计获得专利权首先要具备新颖性。授予专利权的外观设计，应当不属于现有设计；也没有任何单位或者个人就同样的外观设计在申请日以前向国务院专利行政部门提出过申请，并记载在申请日以后公告的专利文件中。授予专利权的外观设计与现有设计或者现有设计特征的组合相比，应当具有明显区别。这里所称现有设计，是指申请日以前在国内外为公众所知的设计。同时，授予专利权的外观设计不得与他人在申请日以前已经取得的合法权利相冲突。这里所说的在先取得的合法权利包括：商标权、著作权、企业名称权、肖像权、知名商品特有包装或者装潢使用权等。

（三）不授予专利权的情况

（1）科学发现。发明和发现是两个截然不同的概念。发明是指所制造的产品或提出的生产方法是前所未有的。发现则是指揭示自然界已经存在但尚未被人们所认识的事物。科学发现依法不能授予专利权，主要是因为它不能直接用于产业，因而不具备发明所必须具备的特征。

（2）智力活动的规则和方法。它直接作用于人的思维，经过人的思维活动才能产生结果，或者必须经过人的思维作为媒介才能间接地作用于自然，产生效果，而不使用自然力。这种活动和规则，不是解决问题的具体方案，不具备直接用于产业的性质，也不属于发明的范畴。

（3）疾病的诊断和治疗方法。是以特定的人体或者动植物为实施对象，会随着个体的变化而变化，不具有可重复性，无法在工业上制造或使用，因此不受《专利法》的保护。此外，疾病的诊断和治疗方法直接关系到人民群众的身心健康，不宜为个人所独占。

（4）动物和植物品种。因为它不是人的创造物，因而不是《专利法》的保护对象。在我国，植物新品种可以通过《中华人民共和国植物新品种保护条例》的规定获得植物新品种权。对动植物品种的生产方法，也可依法授予专利权。

（5）用原子核变换方法获得的物质。是指通过原子的自然衰变（就放射性元素而言）和人工核反应堆而获得的物质。就前者而言，它不受人力控制；因此不能被列入专利法的保护范围。就后者而言，出于国家和公共安全的考虑，也为了保护本国的核工业，不授予其专利权。

（6）对平面印刷品的图案、色彩或者二者的结合做出的主要起标识作用的设计。

此外，对违反法律、社会公德或者妨害公共利益的发明创造，不授予专利权。对违反法律、行政法规的规定获取或者利用遗传资源，并依赖该遗传资源完成的发明创造，不授予专利权。

四、专利的申请与审批

（一）专利的申请

1．申请时应提交的文件

申请发明或者实用新型专利的，应当提交请求书、说明书及其摘要和权利要求书等文件。请求书应当写明发明或者实用新型的名称，发明人或者设计人的姓名，申请人姓名或者名称、地址，以及其他事项。说明书应当对发明或者实用新型做出清楚、完整的说明，以所属技术领域的技术人员能够实现为准；必要的时候，应当有附图。摘要应当简要说明发明或者实用新型的技术要点。权利要求书应当以说明书为依据，清楚、简要地限定要求专利保护的范围。依赖遗传资源完成的发明创造，申请人应当在专利申请文件中说明该遗传资源的直接来源和原始来源；申请人无法说明原始来源的，应当陈述理由。

请外观设计专利的，应当提交请求书、该外观设计的图片或者照片以及对该外观设计的简要说明等文件。申请人提交的有关图片或者照片应当清楚地显示要求专利保护的产品的外观设计。

2．申请日的确定

专利申请日，是指专利行政部门指定的专利申请受理代办处收到完整专利申请文件的日期。专利申请日对专利申请人具有重要意义，并且对申请专利的发明创造能否获得专利权具有直接的关系。

国务院专利行政部门收到专利申请文件之日为申请日。但是，如果专利申请文件是通过邮局邮寄的，以寄出的邮戳日为申请日。这种情况下，如果邮件上寄出的邮戳日不清晰的，除当事人能够提供证明的情况以外，应以专利行政部门收到专利申请文件的日期为专利申请文件的递交日期，并以此日为专利申请日。

申请人可以在被授予专利权之前随时撤回其专利申请。申请人可以对其专利申请文件进行修改，但是，对发明和实用新型专利申请文件的修改不得超出原说明书和权利要求书记载的范围，对外观设计专利申请文件的修改不得超出原图片或者照片表示的范围。

3．专利申请的原则

（1）一项发明创造申请一项专利的原则

一件发明或者实用新型专利申请应当限于一项发明或者实用新型。属于一个总的发明构思的两项以上的发明或者实用新型，可以作为一件申请提出。可以作为一件专利申请提出的属于一个总的发明构思的两项以上的发明或者实用新型，应当在技术上相互关联，包含一个或者多个相同或者相应的特定技术特征，其中特定技术特征是指每一项发明或者实用新型作为整体，对现有技术做出贡献的技术特征。

一件外观设计专利申请应当限于一种产品所使用的一项外观设计。用于同一类别并且成套出售或者使用的产品的两项以上的外观设计，可以作为一件申请提出。这里所说的同一类别，是指产品属于分类表中同一小类；成套出售或者使用，是指各产品的设计构思相同，并且习惯上是同时出售、同时使用。

（2）先申请原则

两个以上的申请人分别就同样的发明创造申请专利的，专利权授予最先申请的人。与先申请原则相对应的是先发明原则，即谁先做出该发明创造，专利权就授予谁。与先申请原则相比，先发明原则可以让发明人、设计人较为安心地搞发明创造，但专利权人的权利得不到稳定的保护，在一定期限内随时面临被撤销的风险，而且由发明创造人举证发明在先在客观上有一定难度，也增加了专利管理机关的工作量。而先申请原则主要优点就在于不需要发明创造人举证发明日，减少了大量法律纠纷，减轻了专利管理机关的工作量，并督促发明人、设计人尽早申请专利，减少技术垄断，故世界上大多数国家均采用该原则。

（3）优先权原则

申请人自发明或者实用新型在外国第一次提出专利申请之日起 12 个月内，或者自外观设计在外国第一次提出专利申请之日起 6 个月内，又在中国就相同主题提出专利申请的，依照该外国同中国签订的协议或者共同参加的国际条约，或者依照相互承认优先权的原则，可以享有优先权。

申请人自发明或者实用新型在中国第一次提出专利申请之日起 12 个月内，又向国务院专利行政部门就相同主题提出专利申请的，可以享有优先权。

（二）专利的审批

1．发明专利

对于发明专利的审批，具体要经过以下几个阶段：

（1）初步审查。审查专利申请是否具备必要的文件、是否属于不授予专利权的情况等。

（2）早期公开。国务院专利行政部门收到发明专利申请后，经初步审查认为符合本法要求的，自申请日起满 18 个月，即行公布。国务院专利行政部门可以根据申请人的请求早日公布其申请。

（3）实质审查。发明专利申请自申请日起 3 年内，国务院专利行政部门可以根据申请人随时提出的请求，对其申请进行实质审查；申请人无正当理由逾期不请求实质审查的，该申请即被视为撤回。国务院专利行政部门认为必要的时候，可以自行对发明专利申请进行实质审查。国务院专利行政部门对发明专利申请进行实质审查后，认为不符合《专利法》规定的，应当通知申请人，要求其在指定的期限内陈述意见，或者对其申请进行修改；无正当理由逾期不答复的，该申请即被视为撤回。发明专利申请经申请人陈述意见或者进行修改后，国务院专利行政部门仍然认为不符合《专利法》规定的，应当予以驳回。

（4）授予专利权。发明专利申请经实质审查没有发现驳回理由的，由国务院专利行政部门做出授予发明专利权的决定，发给发明专利证书，同时予以登记和公告。发明专利权自公告之日起生效。

2．实用新型和外观设计专利

实用新型和外观设计专利申请经初步审查没有发现驳回理由的，由国务院专利行政部门做出授予实用新型专利权或者外观设计专利权的决定，发给相应的专利证书，同时予以登记和公告。实用新型专利权和外观设计专利权自公告之日起生效。

五、专利权的期限、终止与无效

（一）专利权的期限

发明专利权的期限为 20 年，实用新型专利权和外观设计专利权的期限为 10 年，均自申请之日起计算。

（二）专利权的终止

专利权的终止分为正常中止和提前中止。期限届满终止，称为正常终止；期限届满以前终止，称为提前终止。有下列情形之一的，专利权在期限届满前终止：（1）没有按照规定缴纳年费的；（2）专利权人以书面声明放弃其专利权的。专利权在期限届满前终止的，由国务院专利行政部门登记和公告。

（三）专利权的无效

自国务院专利行政部门公告授予专利权之日起，任何单位或者个人认为该专利权的授予不符合《专利法》规定的，可以请求专利复审委员会宣告该专利权无效。专利复审委员会对宣告专利权无效的请求应当及时审查和做出决定，并通知请求人和专利权人。宣告专利权无效的决定，由国务院专利行政部门登记和公告。对专利复审委员会宣告专利权无效或者维持专利权的决定不服的，可以自收到通知之日起三个月内向人民法院起诉。人民法院应当通知无效宣告请求程序的对方当事人作为第三人参加诉讼。

六、专利实施的强制许可

（一）概念

专利实施的强制许可，是指国务院专利行政部门依据法律规定的情形，不经专利权人同意而允许他人实施其发明专利或实用新型专利的行政强制措施。其目的在于防止滥用专利权，维护国家和社会利益，促进科学技术的发展。

（二）条件

1．对滥用专利权的强制许可

有下列情形之一的，国务院专利行政部门根据具备实施条件的单位或者个人的申请，可以给予实施发明专利或者实用新型专利的强制许可：（1）专利权人自专利权被授予之日起满三年，且自提出专利申请之日起满四年，无正当理由未实施或者未充分实施其专利的；（2）专利权人行使专利权的行为被依法认定为垄断行为，为消除或者减少该行为对竞争产生的不利影响的。

2．紧急状态的强制许可

在国家出现紧急状态或者非常情况时，或者为了公共利益，国务院专利行政部门可以给予实施发明专利或者实用新型专利的强制许可。所谓“国家出现紧急状态或者非常情况”，一般是指战争、社会动荡或者自然灾害等情况。专利权虽然是一种独占权，但却不是一种绝对的权利，应当服从于国家和民众的利益。同样，为了公共健康，对取得专利权的药品，国务院专利行政部门可以给予制造并将其出口到符合中华人民共和国参加的有关国际条约规定的国家或者地区的强制许可。

3．从属专利发明创造的强制许可

一项取得专利权的发明或者实用新型比前已经取得专利权的发明或者实用新型具有显

著经济意义的重大技术进步，其实施又有赖于前一发明或者实用新型的实施的，国务院专利行政部门根据后一专利权人的申请，可以给予实施前一发明或者实用新型的强制许可。在这种情形下，国务院专利行政部门根据前一专利权人的申请，也可以给予实施后一发明或者实用新型的强制许可。

（三）程序

国务院专利行政部门做出的给予实施强制许可的决定，应当及时通知专利权人，并予以登记和公告。给予实施强制许可的决定，应当根据强制许可的理由规定实施的范围和时间。强制许可的理由消除并不再发生时，国务院专利行政部门应当根据专利权人的请求，经审查后做出终止实施强制许可的决定。取得实施强制许可的单位或者个人不享有独占的实施权，并且无权允许他人实施。取得实施强制许可的单位或者个人应当付给专利权人合理的使用费，其数额由双方协商；双方不能达成协议的，由国务院专利行政部门裁决。专利权人对国务院专利行政部门关于实施强制许可的决定不服的，专利权人和取得实施强制许可的单位或者个人对国务院专利行政部门关于实施强制许可的使用费的裁决不服的，可以自收到通知之日起三个月内向人民法院起诉。

七、专利权的保护

（一）专利侵权行为

1．专利侵权行为的概念

专利侵权行为是指在专利有效期内，行为人未经专利权人许可，实施其专利的行为。专利侵权行为同时具备以下特点：未经专利权人许可；以生产经营为目的；实施了受法律保护的有效专利。

2．专利侵权行为的界定

对侵权行为的判断，是以专利权保护的范围为准的。发明或者实用新型专利权的保护范围以其权利要求的内容为准，说明书及附图可以用于解释权利要求的内容。外观设计专利权的保护范围以表示在图片或者照片中的该产品的外观设计为准，简要说明可以用于解释图片或者照片所表示的该产品的外观设计。对专利侵权行为的界定主要有：

（1）对发明和实用型专利侵权行为的界定

发明和实用新型专利权被授予后，除《专利法》另有规定的以外，任何单位或者个人未经专利权人许可，都不得实施其专利，即不得以生产经营为目的制造、使用、许诺销售、销售、进口其专利产品，或者使用其专利方法以及使用、许诺销售、销售、进口依照该专利方法直接获得的产品。所谓“许诺销售”是以做广告、在商店货架或展销会上陈列商品等方式做出销售商品的意思表示。换句话说，专利权人有权禁止他人进行某种销售前的推销或促销行为（要约或要约邀请行为），使其能将侵权行为消除在萌芽状态。

（2）对外观设计专利侵权行为的界定

外观设计专利权被授予后，任何单位或者个人未经专利权人许可，都不得实施其专利，即不得为生产经营目的制造、许诺销售、销售、进口其外观设计专利产品。

（二）不视为侵犯专利权的行为

1．专利权用尽

专利权用尽，是指专利权人在销售含有其专利权的产品后，其专利权在这些产品上用尽了。我国《专利法》规定，专利权人制造、进口或者经专利权人许可而制造、进口的专利产品或者依照专利方法直接获得的产品售出后，使用、许诺销售或者销售该产品的，不视为侵犯专利权的行为。这表明专利权人对于合法投放市场的专利产品的进一步使用、许诺销售或者销售均无权干涉。

2．先用权人的使用

先用权人的使用，是指在专利申请日前已经制造相同产品、使用相同方法或者已经做好制造、使用的必要准备，并且仅在原有范围内继续制造、使用（已经形成的生产能力）的情况。这里需要注意以下 3 点：一是先用权人必须证明他的发明创造是在申请日之前由他自己研究出来的，他的这项发明创造与专利权人无关；二是先用权人必须已经在制造相同产品或者在使用相同方法，或者已经作好制造、使用的必要准备，如建造厂房、购置设备等；三是先用权人的使用权仅限于原有的范围，即继续制造原有的相同产品或者使用相同的方法，而且产品一般不得超过专利权人提出专利申请时原有设备可以达到的生产能力，也无权许可他人使用。

3．临时过境

临时过境，是指临时通过中国领陆、领水、领空的外国运输工具，依照其所属国同中国签订的协议或者共同参加的国际条约，或者依照互惠原则，为运输工具自身需要而在其装置和设备中使用有关专利的情况。这里需要注意以下 3 点：一是为运输工具自身需要，而不是在运输工具上制造或装运这种产品；二是只限于临时或者偶尔进入中国领土、领水或领空的运输工具；三是只适于与中国订有条约或者互惠关系的国家的运输工具。

4．专为科学研究和实验

这里所说的专为科学研究和实验而使用专利，是指非工业方式的使用或者非营利目的的使用，其中还可能包括出于教学的目的以及为了个人和家庭的兴趣而利用了具有专利权的发明创造等。这种利用，无非是为了发展科学技术、教育培养人才，对公共利益有利，又不损害专利权人的利益。

5．为提供行政审批所需信息

为提供行政审批所需要的信息，制造、使用、进口专利药品或者专利医疗器械的，以及专门为其制造、进口专利药品或者专利医疗器械的，不视为侵犯专利权的行为。

6．善意使用或销售未经许可而制造出售的专利产品

我国《专利法》规定，出于生产经营目的使用或者销售不知道是未经专利权人许可而制造并售出的专利产品或者依照专利方法直接获得的产品，能证明其产品合法来源的，不承担赔偿责任。不承担赔偿责任的条件有两个：一是善意的，即使用或者销售不知道是未经专利权人许可而制造并出售的专利产品；对于有意的，即明知道是未经专利权人许可而制造并出售的专利产品，而使用和销售的，不在此列。二是使用或销售而不包括制造。

（三）专利侵权行为的处理

1．专利侵权纠纷的解决途径

未经专利权人许可，实施其专利，即侵犯其专利权，引起纠纷的，由当事人协商解决；不愿协商或者协商不成的，专利权人或者利害关系人可以向人民法院起诉，也可以请求管理专利工作的部门处理。管理专利工作的部门处理时，认定侵权行为成立的，可以责令侵权人立即停止侵权行为，当事人不服的，可以自收到处理通知之日起 15 日内依照《中华人

民共和国行政诉讼法》向人民法院起诉；侵权人期满不起诉又不停止侵权行为的，管理专利工作的部门可以申请人民法院强制执行。进行处理的管理专利工作的部门应当事人的请求，可以就侵犯专利权的赔偿数额进行调解；调解不成的，当事人可以依照《中华人民共和国民事诉讼法》向人民法院起诉。

2．诉前临时措施

专利权人或者利害关系人有证据证明他人正在实施或者即将实施侵犯专利权的行为，如不及时制止将会使其合法权益受到难以弥补的损害的，可以在起诉前向人民法院申请采取责令停止有关行为的措施。申请人提出申请时，应当提供担保；不提供担保的，驳回申请。人民法院应当自接受申请之时起 48 小时内做出裁定；有特殊情况需要延长的，可以延长 48 小时。裁定责令停止有关行为的，应当立即执行。当事人对裁定不服的，可以申请复议一次；复议期间不停止裁定的执行。申请人自人民法院采取责令停止有关行为的措施之日起 15 日内不起诉的，人民法院应当解除该措施。申请有错误的，申请人应当赔偿被申请人因停止有关行为所遭受的损失。

为了制止专利侵权行为，在证据可能灭失或者以后难以取得的情况下，专利权人或者利害关系人可以在起诉前向人民法院申请保全证据。人民法院采取保全措施，可以责令申请人提供担保；申请人不提供担保的，驳回申请。人民法院应当自接受申请之时起 48 小时内做出裁定；裁定采取保全措施的，应当立即执行。申请人自人民法院采取保全措施之日起 15 日内不起诉的，人民法院应当解除该措施。

3．侵犯专利权的赔偿数额

侵犯专利权的赔偿数额按照权利人因被侵权所受到的实际损失确定；实际损失难以确定的，可以按照侵权人因侵权所获得的利益确定。权利人的损失或者侵权人获得的利益难以确定的，参照该专利许可使用费的倍数合理确定。赔偿数额还应当包括权利人为制止侵权行为所支付的合理开支。权利人的损失、侵权人获得的利益和专利许可使用费均难以确定的，人民法院可以根据专利权的类型、侵权行为的性质和情节等因素，确定给予 1 万元以上 100 万元以下的赔偿。

4．侵犯专利权的诉讼时效

侵犯专利权的诉讼时效为 2 年，自专利权人或者利害关系人得知或者应当得知侵权行为之日起计算。发明专利申请公布后至专利权授予前使用该发明未支付适当使用费的，专利权人要求支付使用费的诉讼时效为 2 年，自专利权人得知或者应当得知他人使用其发明之日起计算，但是，专利权人于专利权授予之日前即已得知或者应当得知的，自专利权授予之日起计算。

案例分析

郭某于 2014 年 4 月 10 日获得了名称为“一种组合拼板”的实用新型专利权，随后开始建厂实施该专利，专利产品的名称为“欢乐插板”。一年后，郭某发现儿童文化用品商店在销售一种由 A 公司生产的“欢乐童年”插板，除包装和产品名称略有区别外，与郭某的“欢乐插板”完全一致，郭某遂以侵犯专利权为由将儿童文化用品商店和 A 公司告上法庭。儿童文化用品商店辩称不知道其销售的“欢乐童年”插板是侵权产品，并且是经合法渠道从 A 公司进货的，该产品的包装上也标有 A 公司的名称和地址，故不构成侵权。

请问：儿童文化用品商店与A公司是否侵犯了郭某的专利权？为什么？

解析：儿童文化用品商店不侵犯郭某的专利权。因为为生产经营目的使用或者销售不知道是未经专利权人许可而制造并售出的专利产品或者依照专利方法直接获得的产品，能证明其产品合法来源的，不承担赔偿责任。A公司的行为侵犯了郭某的专利权。A公司生产的“欢乐童年”插板，除包装和产品名称略有区别外与郭某的“欢乐插板”完全一致，说明A公司在未经专利权人同意的情况下以生产经营为目的实施了郭某的专利，所以构成侵犯专利权的行为。

任务3　企业商标法律制度与实务

【任务导入】

雷茨饭店有限公司成立于1896年，是全球著名的酒店经营公司。该公司的“LE RITZ”和“RITZ”商标经我国商标局核准注册，核定服务项目包括饭店、酒吧、美容美发沙龙等。上海H公司在其桑拿、按摩、美容美发等服务为主要经营项目的经营场所内以“RITS”、“RITS”与“丽池”组合以及“丽池 RITS”及图组合等方式使用了“RITS”标识。（案例来源：中国法院网）

请问：上海H公司是否侵犯雷茨饭店有限公司的商标专用权？

相关知识

一、商标

（一）商标的概念

商标是指经营者用以标明自己所经营的商品或提供的服务与其他经营者经营的商品或提供的服务有所区别的一种专用识别标志。商标与人们生活密切相关，人人都要购买商品，而商标能使购买者把商品与特定的经营者及其信誉相联系。有了商标，人们就能识别商品的来源，知道商品的生产者或经销者，并能借助商标判断商品的质量，在众多的商品中选购自己所喜爱的商品。它从表面上看虽然仅是一种标志，一种符号，但其实质所反映的是经营某商品的特定企业状况，代表和象征着该企业所拥有的生产技术、管理水平、经营特色和市场信誉。一个久负盛名的商标，意味着使用该商标的商品具有较强的市场竞争力和较高的市场占有率，能给特定经营者带来可观的利润。商标的选择、设计和创牌，凝聚着经营者的艰辛劳动。因此，商标被视为企业的无形资产和宝贵财富。而保护商标最好的方法就是申请注册商标，获得注册商标专用权的保护。

我国《商标法》规定，任何能够将自然人、法人或者其他组织的商品与他人的商品区别开的标志，包括文字、图形、字母、数字、三维标志、颜色组合和声音等，以及上述要素的组合，均可以作为商标申请注册。

（二）商标的种类

根据不同的标准，商标可分为：

1．平面商标和立体商标。前者是指以文字、图形或者文字、图形组合而成的标志。后者是指以商品形状或者其容器、包装的形状构成的三维标志。

2．商品商标和服务商标。服务商标是提供服务的经营者在其向社会提供的服务项目上使用的标记，也称为服务标记。

3．集体商标和证明商标。集体商标，是指以团体、协会或者其他组织名义注册，供该组织成员在商事活动中使用，以表明使用者在该组织中的成员资格的标志。如行业协会可以申请注册集体商标，核准之后由协会会员共同使用。证明商标，是指由对某种商品或者服务具有监督能力的组织所控制，而由该组织以外的单位或者个人使用于其商品或者服务，用以证明该商品或者服务的原产地、原料、制造方法、质量或者其他特定品质的标志。如“纯羊毛”标志、“绿色食品”标志等。

4．联合商标和防御商标。联合商标是指商标权人在同种或类似商品上注册若干个相近似的商标。如乐口福生产厂家可以在产品上注册“乐口福”、“福乐口”、“口福乐”、“乐福口”等若干个近似商标，其作用就是商标权人构建起立体的商标保护体系，保护自己的知名品牌。我国《商标法》允许同意商标所有人取得多个近似商标的注册，但是没有明确规定联合商标。防御商标是指商标权人在不同商品或服务上注册相同商标。如海尔公司可以将“海尔”商标注册在除家电以外的其他商品或服务上。对防御商标，我国《商标法》允许商标注册申请人在不同类别的商品上申请注册同一商标的，但是对注册后长期搁置不用的情况，法律却没有给出一个明确的说法。

5．注册商标和非注册商标。注册商标是指经过商标注册管理机关依法核准注册的商标；非注册商标是指未履行商标注册手续而直接使用的商标。尽管法律允许使用未注册商标，但未注册商标不享有专用权，未注册商标的使用，一旦与他人注册商标构成混同，即可能构成侵权。

二、商标权的内容

商标权，又叫商标专用权，是指注册商标权人对其注册商标所享有的专用权。但驰名商标不管是否在我国注册，均可依法获得一定的保护。

（一）商标权人的权利

1．商标专用权

商标专用权是指商标权人在核准的商品或服务项目上有使用注册商标的排他权，它是商标权人最重要、最基本的权利。除驰名商标外，普通注册商标的排他使用均限定于核准商品或服务上。可见，商标专用权的权利内容包括两个方面：一是商标权人对自己的注册商标有完全的所有权，他可以依法占有、使用和处分其商标，有权获得根据行使商标权而获得的收益。二是商标权人有权禁止他人未经自己许可使用与自己注册商标相同或相似的商标；有权禁止他人假冒自己的注册商标；有权禁止他人在相同或近似商品上注册与自己已注册商标相同或相似的商标。但是，注册商标中含有的本商品的通用名称、图形、型号，或者直接表示商品的质量、主要原料、功能、用途、重量、数量及其他特点，或者含有地名，注册商标专用权人无权禁止他人正当使用。

2．转让权

转让权，是指商标注册人将其所有的注册商标的专用权，依照法定程序移转给他人的权利。转让注册商标的，转让人和受让人应当签订转让协议，并共同向商标局提出申请。受让人应当保证使用该注册商标的商品质量。转让注册商标的，商标注册人对其在同一种商品上注册的近似的商标，或者在类似商品上注册的相同或者近似的商标，应当一并转让。对容易导致混淆或者有其他不良影响的转让，商标局不予核准，书面通知申请人并说明理由。

转让注册商标经核准后，予以公告。受让人自公告之日起享有商标专用权。

3．许可使用权

许可使用权又称为许可权，是指商标权人依法按照书面商标权使用许可合同，许可他人使用其注册商标的权利。我国《商标法》规定，商标注册人可以通过签订商标使用许可合同，许可他人使用其注册商标。许可人应当监督被许可人使用其注册商标的商品质量。被许可人应当保证使用该注册商标的商品质量。经许可使用他人注册商标的，必须在使用该注册商标的商品上标明被许可人的名称和商品产地。许可他人使用其注册商标的，许可人应当将其商标使用许可报商标局备案，由商标局公告。商标使用许可未经备案不得对抗善意第三人。

注册商标使用许可包括三类：（1）独占使用许可，是指商标注册人在约定的期间、地域和以约定的方式，将该注册商标仅许可一个被许可人使用，商标注册人依约定不得使用该注册商标；（2）排他使用许可，是指商标注册人在约定的期间、地域和以约定的方式，将该注册商标仅许可一个被许可人使用，商标注册人依约定可以使用该注册商标但不得另行许可他人使用该注册商标；（3）普通使用许可，是指商标注册人在约定的期间、地域和以约定的方式，许可他人使用其注册商标，并可自行使用该注册商标和许可他人使用其注册商标。在发生注册商标专用权被侵害时，独占使用许可合同的被许可人可以向人民法院提起诉讼；排他使用许可合同的被许可人可以和商标注册人共同起诉，也可以在商标注册人不起诉的情况下，自行提起诉讼；普通使用许可合同的被许可人经商标注册人明确授权，可以提起诉讼。

（二）商标权人的义务

1．使用注册商标的义务

如果商标注册后不使用，不但无法实现商标的基本功能和经济目的，而且还会挤占本来可以为社会上其他人可以享用的有限资源。因此，我国《商标法》规定，商标权人连续3年停止使用注册商标的，任何人都可以向商标局申请撤销该商标。

2．对使用注册商标的商品质量负责的义务

如果商标权人不认真履行这一义务，对使用注册商标的商品粗制滥造，以次充好，欺骗消费者，将会受到法律的制裁。为此，各级工商行政管理部门对商标的使用应当加强管理，监督商品质量，制止欺骗消费者的行为。

三、商标权的取得

商标注册，是指商标使用人将其使用的商标依照《商标法》及其《实施细则》规定的注册条件、程序，向商标管理机关提出注册申请，经商标局依法审核批准，在商标注册簿上登记，发给商标注册证，并予以公告，授予注册人以商标专用权的法律活动。

（一）申请商标注册的主体

1．自然人、法人或者其他组织

自然人、法人或者其他组织在生产经营活动中，对其商品或者服务需要取得商标专用权的，应当向商标局申请商标注册。

2．共同申请人

两个以上的自然人、法人或者其他组织可以共同向商标局申请注册同一商标，共同享有和行使该商标专用权。

3．外国人或者外国企业

外国人或者外国企业在中国申请商标注册的，应当按其所属国和中华人民共和国签订的协议或者共同参加的国际条约办理，或者按对等原则办理。外国人或者外国企业在中国申请商标注册和办理其他商标事宜的，应当委托国家认可的具有商标代理资格的组织代理。外国人或者外国企业，是指在中国没有经常居所或者营业所的外国人或者外国企业。

（二）商标注册的原则

1．一件商标一份申请的原则

一份申请只能请求注册一件商标，不能在一份申请中提出注册两件或两件以上的商标，但允许申请注册的同一商标使用于不同类别的商品上。

2．自愿注册与强制注册相结合的原则

在通常情况下，商标使用人可自行决定其使用的商标是否申请注册。不注册的商标可以使用，只是不享有专用权，也不得与他人的注册商标相冲突。但是法律、行政法规规定必须使用注册商标的商品，必须申请商标注册，未经核准注册的，不得在市场销售,如人用药品和烟草制品。

3．申请在先原则

两个或者两个以上的商标注册申请人，在同一种商品或者类似商品上，以相同或者近似的商标申请注册的，初步审定并公告申请在先的商标；同一天申请的，初步审定并公告使用在先的商标，驳回其他人的申请，不予公告。

4．优先权原则

商标注册申请人自其商标在外国第一次提出商标注册申请之日起六个月内，又在中国就相同商品以同一商标提出商标注册申请的，依照该外国同中国签订的协议或者共同参加的国际条约，或者按照相互承认优先权的原则，可以享有优先权。

商标在中国政府主办的或者承认的国际展览会展出的商品上首次使用的，自该商品展出之日起 6 个月内，该商标的注册申请人可以享有优先权。

（三）商标的构成条件

1．不得作为商标使用的标志：

（1）同中华人民共和国的国家名称、国旗、国徽、国歌、军旗、军徽、军歌、勋章等相同或者近似的，以及同中央国家机关的名称、标志、所在地特定地点的名称或者标志性建筑物的名称、图形相同的；

（2）同外国的国家名称、国旗、国徽、军旗等相同或者近似的，但经该国政府同意的除外；

（3）同政府间国际组织的名称、旗帜、徽记等相同或者近似的，但经该组织同意或者不易误导公众的除外；

（4）与表明实施控制、予以保证的官方标志、检验印记相同或者近似的，但经授权的除外；

（5）同“红十字”、“红新月”的名称、标志相同或者近似的；

（6）带有民族歧视性的；

（7）带有欺骗性，容易使公众对商品的质量等特点或者产地产生误认的；

（8）有害于社会主义道德风尚或者有其他不良影响的。

县级以上行政区划的地名或者公众知晓的外国地名，不得作为商标。但是，地名具有其他含义或者作为集体商标、证明商标组成部分的除外；已经注册的使用地名的商标继续有效。

2．不得作为商标注册的标志

（1）仅有本商品的通用名称、图形、型号的。商品的通用名称，是指商品的种类物的名称，如“咖啡”牌咖啡、“珍珠”牌珍珠霜等，也包括本国现代语言中或者在善意和公认的商务实践中已成为惯例而使用的商品的别称、简称、雅称、俗称，如“铁牛”牌拖拉机、“生抽王”牌酱油等。商品的通用图形，是指商品外形构成的公用图案，如“咖啡豆”图形用于咖啡，“自行车”速写图用于自行车，也包括种类商品的通用标志，如红白相间的“外”字图用于外用药品。在商标等同于本商品的通用名称或者图形的情况下，缺乏显著特征。商品的通用名称和图形可以为同类商品的生产或者经营者通用，因此不能申请商标注册。

（2）仅直接表示商品的质量、主要原料、功能、用途、重量、数量及其他特点的。商标可以通过借喻、隐喻、象征等手法反映商品特点，传达商品信息；但是，不得直接描述商品的特点，把共性当成个性，否则将被认为缺乏显著特征而不能申请商标注册。

（3）其他缺乏显著特征的。

上述所列标志经过使用取得显著特征，并便于识别的，可以作为商标注册。

以三维标志申请注册商标的，仅由商品自身的性质产生的形状、为获得技术效果而需有的商品形状或者使商品具有实质性价值的形状，不得注册。

3．不予注册并禁止使用的情形

（1）对驰名商标的保护。驰名商标是指在市场上享有较高声誉并为公众所熟知的注册商标。驰名商标应当根据当事人的请求，作为处理涉及商标案件需要认定的事实进行认定。认定驰名商标应当考虑下列因素：相关公众对该商标的知晓程度；该商标使用的持续时间；该商标的任何宣传工作的持续时间、程度和地理范围；该商标作为驰名商标受保护的记录；该商标驰名的其他因素。相关公众，是指与商标所标识的某类商品或者服务有关的消费者和与前述商品或者服务的营销有密切关系的其他经营者。由于驰名商标是企业重要的无形资产，它的含金量远远高于普通商标，因此对驰名商标的保护不受地域性的限制。为相关公众所熟知的商标，持有人认为其权利受到侵害时，可以依照《商标法》规定请求驰名商标保护。我国《商标法》规定：就相同或者类似商品申请注册的商标是复制、模仿或者翻译他人未在中国注册的驰名商标，容易导致混淆的，不予注册并禁止使用；就不相同或者不相类似商品申请注册的商标是复制、模仿或者翻译他人已经在中国注册的驰名商标，误导公众，致使该驰名商标注册人的利益可能受到损害的，不予注册并禁止使用。生产、经营者不得将“驰名商标”字样用于商品、商品包装或者容器上，或者用于广告宣传、展览以及其他商业活动中。

（2）对被代理人或被代表人的保护。未经授权，代理人或者代表人以自己的名义将被代理人或者被代表人的商标进行注册，被代理人或者被代表人提出异议的，不予注册并禁止使用。就同一种商品或者类似商品申请注册的商标与他人在先使用的未注册商标相同或者近似，申请人与该他人具有上述规定以外的合同、业务往来关系或者其他关系而明知该他人商标存在，该他人提出异议的，不予注册。

（3）对地理标志的保护。商标中有商品的地理标志，而该商品并非来源于该标志所标示的地区，误导公众的，不予注册并禁止使用；但是，已经善意取得注册的继续有效。地理标志，是指标示某商品来源于某地区，该商品的特定质量、信誉或者其他特征，主要由该地区的自然因素或者人文因素所决定的标志。地理标志，可以依照《商标法》和《商标法实施条例》的规定，作为证明商标或者集体商标申请注册。以地理标志作为证明商标注册的，其商品符合使用该地理标志条件的自然人、法人或者其他组织可以要求使用该证明商标，控制该证明商标的组织应当允许。以地理标志作为集体商标注册的，其商品符合使用该地理标志条件的自然人、法人或者其他组织，可以要求参加以该地理标志作为集体商标注册的团体、协会或者其他组织，该团体、协会或者其他组织应当依据其章程接纳为会员；不要求参加以该地理标志作为集体商标注册的团体、协会或者其他组织的，也可以正当使用该地理标志，该团体、协会或者其他组织无权禁止。

（四）商标的注册程序

1．申请

商标注册申请人应当按规定的商品分类表填报使用商标的商品类别和商品名称，提出注册申请。商标注册申请人可以通过一份申请就多个类别的商品申请注册同一商标。商标注册申请等有关文件，可以以书面方式或者数据电文方式提出。为申请商标注册所申报的事项和所提供的材料应当真实、准确、完整。

申请商标注册，应当按照公布的商品和服务分类表填报。每一件商标注册申请应当向商标局提交《商标注册申请书》1 份、商标图样 1 份；以颜色组合或者着色图样申请商标注册的，应当提交着色图样，并提交黑白稿 1 份；不指定颜色的，应当提交黑白图样。

商标图样应当清晰，便于粘贴，用光洁耐用的纸张印制或者用照片代替，长和宽应当不大于 10 厘米，不小于 5 厘米。以三维标志申请商标注册的，应当在申请书中予以声明，说明商标的使用方式，并提交能够确定三维形状的图样，提交的商标图样应当至少包含三面视图。以颜色组合申请商标注册的，应当在申请书中予以声明，说明商标的使用方式。以声音标志申请商标注册的，应当在申请书中予以声明，提交符合要求的声音样本，对申请注册的声音商标进行描述，说明商标的使用方式。对声音商标进行描述，应当以五线谱或者简谱对申请用作商标的声音加以描述并附加文字说明；无法以五线谱或者简谱描述的，应当以文字加以描述；商标描述与声音样本应当一致。

申请注册集体商标、证明商标的，应当在申请书中予以声明，并提交主体资格证明文件和使用管理规则。商标为外文或者包含外文的，应当说明含义。

2．初步审定，予以公告

对申请注册的商标，商标局应当自收到商标注册申请文件之日起九个月内审查完毕，符合《商标法》有关规定的，予以初步审定公告。在审查过程中，商标局认为商标注册申请内容需要说明或者修正的，可以要求申请人做出说明或者修正。申请人未做出说明或者修正的，不影响商标局做出审查决定。申请注册的商标，凡不符合《商标法》有关规定或者同他人在同一种商品或者类似商品上已经注册的或者初步审定的商标相同或者近似的，由商标局驳回申请，不予公告。

两个或者两个以上的商标注册申请人，在同一种商品或者类似商品上，以相同或者近似的商标申请注册的，初步审定并公告申请在先的商标；同一天申请的，初步审定并公告使用在先的商标，驳回其他人的申请，不予公告。

3．核准注册，再予公告

对初步审定公告的商标，自公告之日起 3 个月内，在先权利人、利害关系人认为违反《商标法》第 13 条第二款和第三款、第 15 条、第 16 条第一款、第 30 条、第 31 条、第 32 条规定的，或者任何人认为违反《商标法》第 10 条、第 11 条、第 12 条规定的，可以向商标局提出异议。公告期满无异议的，予以核准注册，发给商标注册证，并予公告。

对驳回申请、不予公告的商标，商标局应当书面通知商标注册申请人。商标注册申请人不服的，可以自收到通知之日起 15 日内向商标评审委员会申请复审。商标评审委员会应当自收到申请之日起九个月内做出决定，并书面通知申请人。有特殊情况需要延长的，经国务院工商行政管理部门批准，可以延长 3 个月。当事人对商标评审委员会的决定不服的，可以自收到通知之日起 30 日内向人民法院起诉。

对初步审定公告的商标提出异议的，商标局应当听取异议人和被异议人陈述事实和理由，经调查核实后，自公告期满之日起 12 个月内做出是否准予注册的决定，并书面通知异议人和被异议人。有特殊情况需要延长的，经国务院工商行政管理部门批准，可以延长 6 个月。商标局做出准予注册决定的，发给商标注册证，并予公告。异议人不服的，可以依照《商标法》第 44 条、第 45 条的规定向商标评审委员会请求宣告该注册商标无效。商标局做出不予注册决定，被异议人不服的，可以自收到通知之日起 15 日内向商标评审委员会申请复审。商标评审委员会应当自收到申请之日起 12 个月内做出复审决定，并书面通知异议人和被异议人。有特殊情况需要延长的，经国务院工商行政管理部门批准，可以延长 6 个月。被异议人对商标评审委员会的决定不服的，可以自收到通知之日起 30 日内向人民法院起诉。人民法院应当通知异议人作为第三人参加诉讼。商标评审委员会在依照上述规定进行复审的过程中，所涉及的在先权利的确定必须以人民法院正在审理或者行政机关正在处理的另一案件的结果为依据的，可以中止审查。中止原因消除后，应当恢复审查程序。

四、注册商标的期限与续展

注册商标的有效期为 10 年，自核准注册之日起计算。

注册商标的续展，是指在注册商标有效期满时，需要继续使用该注册商标的，经过法定手续延长商标专用权的有效期。每次续展注册的有效期为 10 年。续展注册经核准后，予以公告。续展的次数法律不作限制。续展注册商标有效期自该商标上一届有效期满次日起计算。因此，只要商标注册人愿意，其注册商标专用权可以一直延续下去。

注册商标有效期满，需要继续使用的，商标注册人应当在期满前 12 个月内按照规定办理续展手续；在此期间未能办理的，可以给予 6 个月的宽展期。宽展期的规定是为了使商标注册人不能轻易地丢失其商标专用权，这是慎重保护注册商标的一项规定。宽展期满仍未提出申请的，注销其注册商标。注册商标期满不再续展的，自注销之日起 1 年内，商标局对与该商标相同或者近似的商标注册申请，不予核准。这一规定主要是为了保护公众利益，避免消费者在认购商品时造成混淆。

五、商标使用的管理

（一）对违法取得注册商标的管理

已经注册的商标，违反本法第 10 条、第 11 条、第 12 条规定的，或者是以欺骗手段或者其他不正当手段取得注册的，由商标局宣告该注册商标无效；其他单位或者个人可以请求商标评审委员会宣告该注册商标无效。

已经注册的商标，违反《商标法》第 13 条第二款和第三款、第 15 条、第 16 条第一款、第 30 条、第 31 条、第 32 条规定的，自商标注册之日起 5 年内，在先权利人或者利害关系人可以请求商标评审委员会宣告该注册商标无效。对恶意注册的，驰名商标所有人不受 5 年的时间限制。

（二）对使用注册商标的管理

《商标法》所称商标的使用，是指将商标用于商品、商品包装或者容器以及商品交易文书上，或者将商标用于广告宣传、展览以及其他商业活动中，用于识别商品来源的行为。

商标注册人在使用注册商标的过程中，自行改变注册商标、注册人名义、地址或者其他注册事项的，由地方工商行政管理部门责令限期改正；期满不改正的，由商标局撤销其注册商标。注册商标成为其核定使用的商品的通用名称或者没有正当理由连续 3 年不使用的，任何单位或者个人可以向商标局申请撤销该注册商标。商标局应当自收到申请之日起 9 个月内做出决定。有特殊情况需要延长的，经国务院工商行政管理部门批准，可以延长 3 个月。

将未注册商标冒充注册商标使用的，或者使用未注册商标违反《商标法》关于不得作为商标使用标志规定的，由地方工商行政管理部门予以制止，限期改正，并可以予以通报，并处以相应罚款。

（三）对使用未注册商标的管理

将未注册商标冒充注册商标使用的，或者使用未注册商标违反《商标法》第十条规定的，由地方工商行政管理部门予以制止，限期改正，并可以予以通报，违法经营额 5 万元以上的，可以处违法经营额 20%以下的罚款，没有违法经营额或者违法经营额不足 5 万元的，可以处 1 万元以下的罚款。

六、注册商标专用权的保护

（一）商标侵权行为的表现形式

商标侵权行为就是指侵害他人注册商标权的行为。在判断商标侵权时，首先应明确注册商标专用权的权利范围，应当核准注册的商标和核定使用的商品进行确认。在此前提下，考虑是否构成侵犯商标专用权，在原则上应以是否存在造成公众误认、混淆的可能性为基础做出判断。具体而言，有以下几种表现形式。

1. 未经商标注册人的许可，在同一种商品上使用与其注册商标相同的商标的。在同一种商品上使用与他人注册商标相同的商标，这是一种最明显、最直接，也最容易认定的一种侵权行为。认定商标相同按照以下原则进行：（1）以相关公众的一般注意力为标准；（2）既要进行对商标的整体比对，又要进行对商标主要部分的比对，比对应当在比对对象隔离的状态下分别进行；（3）判断商标是否近似，应当考虑请求保护注册商标的显著性和知名度。

2．未经商标注册人的许可，在同一种商品上使用与其注册商标近似的商标，或者在类似商品上使用与其注册商标相同或者近似的商标，容易导致混淆的。在同一种商品或者类似商品上将与他人注册商标相同或者近似的标志作为商品名称或者商品装潢使用，误导公众的，也属于这种商标侵权行为。类似商品，是指在功能、用途、生产部门、销售渠道、消费对象等方面相同，或者相关公众一般认为其存在特定联系、容易造成混淆的商品。认定商品是否类似，应当以相关公众对商品或者服务的一般认识综合判断；《商标注册用商品和服务国际分类表》、《类似商品和服务区分表》可以作为判断类似商品或者服务的参考。一般情况下，在商品分类表中属于同类同组的商品即为类似商品，同类不同组的商品或不同类的商品就不是类似商品。但是在实践中，商品分类表并不能解决所有问题。

3．销售侵犯注册商标专用权的商品的。侵犯他人注册商标专用权商品的生产者，其商品往往要通过销售商才能达到消费者之手，以实现其牟取非法利润的目的。因此，在商品流通环节销售侵犯他人注册商标专用权的商品，是一种不容忽视的商标侵权行为。

4．伪造、擅自制造他人注册商标标识或者销售伪造、擅自制造的注册商标标识的。这种行为直接混淆商标权人产品的不正当竞争行为制造条件，是其他商标侵权行为的基础和源头。伪造是指没有合法取得印制商标资格的单位和个人，未经注册商标合法使用人委托，非法制造他人注册商标标识的行为。擅自制造是指取得商标印制资格的经营者，未经注册商标合法使用人委托或超出委托权限，非法制造他人注册商标标识的行为。

5．未经商标注册人同意，更换其注册商标并将该更换商标的商品又投入市场的。这种行为侵犯了消费者的知情权，使消费者对商品来源，对生产者、提供者产生误认，对注册商标有效地发挥其功能和商标注册人的商品争创名牌也造成了妨碍，因此被认定为侵犯注册商标专用权的行为。

6．故意为侵犯他人商标专用权行为提供便利条件，帮助他人实施侵犯商标专用权行为的。这里所指的提供便利条件,包括为侵犯他人商标专用权提供仓储、运输、邮寄、印制、隐匿、经营场所、网络商品交易平台等便利条件。

7．给他人的注册商标专用权造成其他损害的。

（二）商标侵权行为的处理

1．商标侵权纠纷的解决途径

有上述所列侵犯注册商标专用权行为之一，引起纠纷的，由当事人协商解决；不愿协商或者协商不成的，商标注册人或者利害关系人可以向人民法院起诉，也可以请求工商行政管理部门处理。

工商行政管理部门处理时，认定侵权行为成立的，责令立即停止侵权行为，没收、销毁侵权商品和主要用于制造侵权商品、伪造注册商标标识的工具，违法经营额 5 万元以上的，可以处违法经营额五倍以下的罚款，没有违法经营额或者违法经营额不足 5 万元的，可以处 25 万元以下的罚款。对五年内实施两次以上商标侵权行为或者有其他严重情节的，应当从重处罚。销售不知道是侵犯注册商标专用权的商品，能证明该商品是自己合法取得并说明提供者的，由工商行政管理部门责令停止销售。对侵犯商标专用权的赔偿数额的争议，当事人可以请求进行处理的工商行政管理部门调解，也可以依照《中华人民共和国民事诉讼法》向人民法院起诉。经工商行政管理部门调解，当事人未达成协议或者调解书生效后不履行的，当事人可以依照《中华人民共和国民事诉讼法》向人民法院起诉。

对侵犯注册商标专用权的行为，工商行政管理部门有权依法查处；涉嫌犯罪的，应当及时移送司法机关依法处理。

县级以上工商行政管理部门根据已经取得的违法嫌疑证据或者举报，对涉嫌侵犯他人注册商标专用权的行为进行查处时，可以行使下列职权：询问有关当事人，调查与侵犯他人注册商标专用权有关的情况；查阅、复制当事人与侵权活动有关的合同、发票、账簿以及其他有关资料；对当事人涉嫌从事侵犯他人注册商标专用权活动的场所实施现场检查；检查与侵权活动有关的物品；对有证据证明是侵犯他人注册商标专用权的物品，可以查封或者扣押。工商行政管理部门依法行使前款规定的职权时，当事人应当予以协助、配合，不得拒绝、阻挠。在查处商标侵权案件过程中，对商标权属存在争议或者权利人同时向人民法院提起商标侵权诉讼的，工商行政管理部门可以中止案件的查处。中止原因消除后，应当恢复或者终结案件查处程序。

2．诉前临时措施

商标注册人或者利害关系人有证据证明他人正在实施或者即将实施侵犯其注册商标专用权的行为，如不及时制止将会使其合法权益受到难以弥补的损害的，可以依法在起诉前向人民法院申请采取责令停止有关行为和财产保全的措施。

为制止侵权行为，在证据可能灭失或者以后难以取得的情况下，商标注册人或者利害关系人可以依法在起诉前向人民法院申请保全证据。

3．侵犯商标专用权的赔偿数额的计算

侵犯商标专用权的赔偿数额，按照权利人因被侵权所受到的实际损失确定；实际损失难以确定的，可以按照侵权人因侵权所获得的利益确定；权利人的损失或者侵权人获得的利益难以确定的，参照该商标许可使用费的倍数合理确定。对恶意侵犯商标专用权，情节严重的，可以在按照上述方法确定数额的一倍以上三倍以下确定赔偿数额。赔偿数额应当包括权利人为制止侵权行为所支付的合理开支。

人民法院为确定赔偿数额，在权利人已经尽力举证，而与侵权行为相关的账簿、资料主要由侵权人掌握的情况下，可以责令侵权人提供与侵权行为相关的账簿、资料；侵权人不提供或者提供虚假的账簿、资料的，人民法院可以参考权利人的主张和提供的证据判定赔偿数额。

权利人因被侵权所受到的实际损失、侵权人因侵权所获得的利益、注册商标许可使用费难以确定的，由人民法院根据侵权行为的情节判决给予300万元以下的赔偿。

注册商标专用权人请求赔偿，被控侵权人以注册商标专用权人未使用注册商标提出抗辩的，人民法院可以要求注册商标专用权人提供此前三年内实际使用该注册商标的证据。注册商标专用权人不能证明此前三年内实际使用过该注册商标，也不能证明因侵权行为受到其他损失的，被控侵权人不承担赔偿责任。

销售不知道是侵犯注册商标专用权的商品，能证明该商品是自己合法取得并说明提供者的，不承担赔偿责任。

案例分析

原告山东鲁锦实业有限公司于1999年申请注册了“鲁锦”文字商标，核定使用商品为第25类服装、鞋、帽类。被告鄄城县鲁锦工艺品有限责任公司生产、济宁礼之邦家纺有限公司销售了在显著位置标有“鲁锦”字样的床上用品。原告认为被告上述行为侵犯了其注册商标专用权并构成不正当竞争，诉请判令被告停止生产、销售带有“鲁锦”字样的侵权产品，责令被告变更企业名称并不得使用“鲁锦”两字，赔偿经济损失50万元。（“鲁锦”已被山东地区纺织业普遍使用并为相关公众所接受，“鲁锦”织造技艺已被确定为国家级非物质文化遗产，“鲁锦”代表的纯棉手工纺织品的生产原料是由山东不特定地区广泛种植。）（案例来源：中国法院网）

请问：被告是否侵犯了原告的注册商标专用权并构成不正当竞争？

解析：本案提出了具有地域性特点的商品通用名称的判断标准。商品通用名称应当具有广泛性、规范性。对于具有地域性特点的商品通用名称，在判断其是否具有广泛性时，应以特定产区及相关公众的接受程度为标准，而不应以是否在全国范围内广泛使用为标准；在判断其是否具有规范性时，应以相关公众的一般认识及其指代是否明确为标准。对于约定俗成、已为相关公众认可的名称，即使其不尽符合相关科学原理，亦不影响将其认定为通用名称。本案中，由于“鲁锦”已被山东地区纺织业普遍使用并为相关公众所接受，“鲁锦”织造技艺已被确定为国家级非物质文化遗产，“鲁锦”代表的纯棉手工纺织品的生产原料是由山东不特定地区广泛种植等事实的存在，可以认定“鲁锦”在1999年原告将其注册为商标之前已成为山东民间手工棉纺织品的通用名称，进而可以认定被告的使用行为属于对“鲁锦”商标的正当使用，不构成对“鲁锦”商标专用权的侵犯，也不构成不正当竞争。

模块小结

工业产权是知识产权的重要内容，具有专有性、时间性、地域性的特点，包括专利权和商标权。专利权通常被称为专利，专利权的取得要符合一定的条件，同时其申请、审批程序也应当遵守法律规定。商标是商品和商业服务项目的标记，在我国，商标只有注册才具有专用权。商标注册的条件和程序都要遵守法律规定；任何人侵犯注册商标专用权的行为都应当依法承担法律责任。

完成检验

一、单项选择题

1．某人于2013年1月1日向专利局提出一份发明专利申请，经初步审查后，2014年7月1日予以公布。2015年4月1日申请人请求进行实质审查，2015年8月1日被授予发明专利权。该发明专利权的保护期限自（　　）起计算。

A．2013年1月1日　　　　B．2014年7月1日

C．2015 年 4 月 1 日　　　　D．2015 年 8 月 1 日

2．某研究所的研究员王某利用本单位的物质技术条件完成了一项发明，之前王某与研究所就该项发明有一份协议，约定了专利申请权和专利权归王某。根据《专利法》的规定，以下关于该项发明专利申请权和专利权归属的说法，正确的是（　　）。

A．专利申请权和专利权归研究所

B．专利申请权归研究所，专利权归王某

C．专利申请权和专利权归王某

D．专利申请权归王某，专利权归研究所

3．2014 年 6 月 2 日，国家知识产权局收到了甲公司递交的一项发明专利申请，6 月 5 日收到乙公司相同发明专利申请，乙公司的申请是邮寄的，邮戳日为 6 月 1 日。根据专利法律制度的规定，该项专利应授予（　　）。

A．首先完成该方法的当事人　　　　B．首先使用该方法的当事人

C．甲公司　　　　D．乙公司

4．根据专利法律制度的规定，当事人甲于 2013 年 1 月 1 日首次向美国专利部门提出外观设计专利申请，如果甲在（　　）之前在中国就相同主题提出专利申请的，可以享有优先权。

A．2013 年 7 月 1 日　　　　B．2014 年 1 月 1 日

C．2015 年 1 月 1 日　　　　D．2016 年 1 月 1 日

5．根据我国《专利法》的规定，非职务发明创造，申请专利的权利属于（　　）。

A．发明人或设计人所在单位　　　　B．发明人或设计人

C．国家　　　　D．发明人或设计人及所在单位

6．甲食品厂将已经使用 2 年的“茂宇”文字商标向商标局提出注册申请，但同日提出相同商标申请的还有乙服装厂，乙服装厂未使用过该商标。根据我国《商标法》规定，商标局将初步审定并公告的商标申请人是（　　）。

A．乙厂　　　　B．甲厂

C．甲厂和乙厂　　　　D．两厂都不予考虑

7．经许可使用他人注册商标的，必须在使用该注册商标的商品上标明（　　）。

A．被许可人的名称　　　　B．商品产地

C．被许可人的名称和商品产地　　　　D．被许可人的名称或商品产地

8．下列申请注册的商标，将依法被驳回的是（　　）。

A．在家具上申请注册“纯木”商标　　　　B．在商品房上申请注册“高宏”商标

C．在药品上申请注册“娥眉山”商标　　　　D．在电扇上申请注册“飞飞”商标

9．下列选项中关于未注册商标的表述正确的是（　　）。

A．未注册商标的构成要素法律不作禁止性的规定

B．未注册商标与注册商标的法律地位相同

C．未注册商标的使用人也享有法律赋予的专有使用权

D．未注册的驰名商标将得到法律的特殊保护

10．依我国《商标法》规定，就不相同或者不相类似商品申请注册的商标是复制、模仿或者翻译他人已经在中国注册的驰名商标，误导公众，致使该驰名商标注册人的利益可

能受到损害的，（　　）。

A．不得作为商标使用

B．不得作为商标注册

C．经过使用取得显著特征，可作为商标注册

D．不予注册并禁止使用

二、多项选择题

1．授予专利权的发明和实用新型，应当具备（　　）。

A．新颖性　　B．创造性　　C．实用性　　D．美观性

2．根据专利法律制度的规定，下列各项中，不授予专利权的是（　　）。

A．甲发明了仿真伪钞机　　B．乙发明了对糖尿病特有的治疗方法

C．丙发现了某植物新品种　　D．丁发明了某植物新品种的生产方法

3．甲拥有一节能热水器的发明专利权，乙对此加以改进后获得重大技术进步，并取得新的专利权，但是专利之实施有赖于甲的专利之实施，双方又未能达成实施许可协议。根据专利法律制度的规定，下列表述中，正确的是（　　）。

A．甲可以申请实施乙之专利的强制许可

B．乙可以申请实施甲之专利的强制许可

C．乙在取得实施强制许可后，无须给付甲使用费

D．任何一方在取得实施强制许可后即享有独占的实施权

4．工程师张某发明了一种食品的制造方法并获得专利。下列行为中，构成侵害工程师张某专利权的行为有（　　）。

A．某企业未经允许为了经营以该方法制造该食品

B．某企业未经允许为了经营销售以该方法制造的该食品

C．某企业未经允许为了经营进口以该方法制造的该食品

D．某研究所为了试验使用该方法制造少量该食品

5．我国《专利法》所称的发明创造，包括（　　）。

A．发现　　B．发明　　C．实用新型　　D．外观设计

6．某奶业公司在一起商标侵权纠纷中请求法院认定其涉案商标为驰名商标，为此奶业公司可以提交下列哪些证据证明其商标已经为驰名商标（　　）？

A．相关公众对该商标的知晓程度

B．该商标的持续使用时间

C．该商标的任何宣传工作的持续时间、程度和地理范围

D．该商标作为驰名商标受保护的记录

7．某地工商局查处了一起组装假冒“永久”牌自行车的黑窝点。在下列行为中，构成商标侵权的有（　　）。

A．甲伙同他人组装“永久”牌自行车

B．乙制造“永久”牌商标标识

C．丙窝藏待出售的“永久”牌自行车

D．丁五金商店怀疑“永久”牌自行车为假冒货仍代为销售

8．下列情形中，商标局可以撤销其注册商标的有（　　）。

A．自行改变注册商标的　　B．自行改变注册商标的注册人名称的
C．自行转让注册商标的　　D．连续三年停止使用的

9．根据我国商标法的规定，侵犯商标专用权的赔偿数额为（　　）。
A．按照权利人因被侵权所受到的实际损失确定
B．实际损失难以确定的，可以按照侵权人因侵权所获得的利益确定
C．权利人的损失或者侵权人获得的利益难以确定的，参照该商标许可使用费的倍数合理确定
D．权利人因被侵权所受到的实际损失、侵权人因侵权所获得的利益、注册商标许可使用费难以确定的，由人民法院根据侵权行为的情节判决给予 300 万元以下的赔偿

10．专利权提前终止的情况有（　　）。
A．未按规定缴纳专利费　　B．法院判决其终止
C．专利权人书面声明放弃　　D．专利权期限届满

三、判断题

1．在完成发明创造过程中，只为物质条件的利用提供方便的人或者从事其他辅助工作的人，都不应当被认为是发明人或者设计人。（　　）

2．发明专利申请的实质性审查只有应申请人请求才能进行。（　　）

3．取得实施强制许可的单位或者个人应当付给专利权人合理的使用费，其数额由双方商定。双方不能达成协议的，由国务院专利行政部门裁决。（　　）

4．使用或者销售不知道是未经专利权人许可而制造并售出的专利产品的，仍视为侵犯专利权的行为。（　　）

5．实用新型专利经过初步审查后，认为符合《专利法》要求的，自申请之日起 18 个月内予以公布。（　　）

6．对侵犯注册商标专用权的，被侵犯人应先向侵权人所在地或侵权行为地县级以上工商管理机关控告或检举，不能直接向人民法院起诉。（　　）

7．凡投放市场的药品均必须使用注册商标。（　　）

8．两个或两个以上的申请人，在同一种商品上，以相同或近似的商标申请注册的，商标局初步审定并公告使用在先的商标。（　　）

9．注册商标的专用权，以核准注册的商标和核定使用的商品为限。（　　）

10．甲明知乙厂产品侵犯丙公司注册商标专用权，而承揽产品的运输行为，不应视为侵犯注册商标专用权的行为。（　　）

四、案例分析题

1．某医院护士长王某，根据自己多年的护理经验，利用业余时间，完成了一项关于医院病人用床的实用新型技术方案。当王某请医院为自己出具非职务发明证明时，医院院长认为该项实用新型技术是她在履行自己的本职工作中完成的，应为职务发明，而拒绝出具证明。因此，王某与院方发生纠纷。

请问：王某完成的该项实用新型技术是否为职务发明？为什么？

2．产品甲的发明人张某于 2011 年 7 月 10 日向我国专利局提交了发明专利申请文件。之后，专利局按照法律规定，进行审查，并最终于 2014 年 11 月 6 日公告授权。王某在 2011

年7月10日前已做好了产品甲的生产准备工作，并于2013年2月正式生产。

请问：王某是否构成侵权？为什么？

3．甲厂自2010年起在其生产的衬衫上使用“飞天”商标；2011年，乙服装厂也开始使用“飞天”商标。2013年5月，乙厂的“飞天”商标经国家商标局核准注册，其核定使用的商品为服装等。2014年1月乙厂发现甲厂在衬衫上使用“飞天”商标，很容易引起消费者的误认，因此甲乙双方发生纠纷。

请问：甲、乙两个厂谁构成侵权？为什么？

4．某针织厂于2012年5月1日就其生产销售的彩条毛巾开始使用“月季花”图形注册商标。同年6月15日，某服装厂就其生产销售的女式衬衣使用“月季花”图形商标。该当地工商行政管理部门以服装厂侵犯某针织厂注册商标专用权为由，责令某服装厂立即停止使用“月季花”图形商标，并处以罚款。

请问：某工商行政管理部门的处理是否正确？为什么？

实践活动

1．申请发明专利

活动名称	申请发明专利
活动目的	通过模拟申请发明专利的过程，让学生进一步熟悉专利申请程序，明确专利申请的相关法律规定，掌握专利申请的注意事项。
活动要求	发明专利申请的文件要齐备；发明专利申请的审批过程中申请人的行为要符合法律规定。
活动安排	给定发明专利材料，将学生进行分组，各组学生按照活动要求完成专利申请工作及审批阶段的后续工作。
活动考核	根据各组学生准备的发明专利申请材料及模拟申请的过程，教师和学生代表对其规范性和合法性进行考核。

2．申请注册商标

活动名称	申请注册商标
活动目的	通过模拟申请注册商标的过程，让学生进一步熟悉注册商标的申请程序，明确注册商标申请的相关法律规定，掌握申请注册商标的注意事项。
活动要求	选择合适的标志作为商标进行注册；准备完善的注册商标申请文件；注册商标申请的程序要符合法律规定。
活动安排	给定商标材料，将学生进行分组，一组充当商标申请人的角色，一组充当异议人的角色，然后角色对换。
活动考核	各组学生根据商标注册的法律规定扮演自身角色；教师和学生代表根据各组的实际表现进行考核。

课外阅读

1．曲三强．知识产权法原理．北京：中国检察出版社，2004

2．田力普．影响中国的100个知识产权案例．北京：知识产权出版社，2009

3．叶建华. 谈知识产权. 北京：知识产权出版社，2008
4．找法网：http://china.findlaw.cn
5．中国知识产权法网站：http://www.cnipr.com
6．中国法院网：http://www.chinacourt.org

模块七　企业公平交易与权益保护法律制度与实务

市场经济是竞争经济，在经济利益的驱动下，一些企业采取了生产和销售假冒伪劣产品、散布虚假广告、实施价格欺诈等违背商业道德的不正当竞争行为，这些行为不仅损害了国家和人民群众的根本利益，也不利于企业的长远发展。“诚信对于企业，就如同生命对于个人，没有了诚信，肯定不能获得长远发展”。企业在经营活动中，应当遵守《反不正当竞争法》、《产品质量法》、《广告法》、《价格法》、《消费者权益保护法》等法律制度。通过本模块的学习，要达到以下目标：

知识目标

1. 熟悉和理解不正当竞争行为概念和表现形式；
2. 理解产品质量监督管理制度的内容；
3. 熟悉生产者、经营者的产品质量责任和义务；
4. 掌握产品质量责任的构成要件和免责条件；
5. 熟悉广告准则和掌握广告活动主体的义务；
6. 了解价格形式，熟悉价格违法行为；
7. 理解消费者消费的含义，熟悉消费者的权利和经营者的义务。

能力目标

能够识别和分析当前社会中的竞争行为是否正当；识别和分析生产者、销售者的产品质量责任；识别和分析广告宣传是否合法；识别和分析是否会存在价格欺诈；识别和分析是否侵犯消费者合法权益并能够进行合法维权。

案例导读

俗话说“民以食为天、食以安为先”，近些年来，随着市场经济的深入发展和社会的日益复杂化，出现了诸如“二恶英”、“疯牛病”和“苏丹红”等侵犯公众利益的重大事件。2008 年 6 月 28 日，位于兰州市的解放军第一医院收治了首例患“肾结石”病症的幼儿，据家长们反映，孩子从出生起就一直食用河北石家庄三鹿集团所产的三鹿婴幼儿奶粉。7 月中旬，甘肃省卫生厅接到医院婴儿泌尿结石病例报告后，随即展开了调查，并报告卫生部。随后短短两个多月，该医院收治的患婴人数就迅速扩大到 14 名。9 月 11 日晚，石家庄三鹿集团股份有限公司发布产品召回声明称，经公司自检发现2008年8月6日前出厂的部分批次三鹿牌婴幼儿奶粉受到三聚氰胺的污染，市场上大约有700吨。为对消费者负责，该公司决定立即对该批次奶粉全部召回。9月13日，卫生部党组书记高强在“三鹿牌婴幼儿配方奶粉”重大安全事故情况发布会上指出，“三鹿牌婴幼儿配方奶粉”事故是一起重大的食品安全事故。三鹿牌部分批次奶粉中含有的三聚氰胺，是不法分子为增加原料奶或奶粉的蛋白含量而人为加入的。紧接着，包括蒙牛、伊利、光明等国内22家驰名的奶粉企业也被相继查出奶粉中含有三聚氰胺，全球舆论一片哗然，消费者信心大受打击，食品安全再度成为社会热点问题。

2009年2月，有着60多年历史的知名企业石家庄三鹿集团公司宣告破产，造假者得到了应有的下场。

【案例启示】 如此严重的产品质量问题发生在品牌价值达149.07亿元的三鹿身上，其震撼烈度更为显著，最终结果是直接导致了“三鹿”破产，企业为此付出惨痛代价。实际上，因产品质量导致倒闭的国内外知名企业已为数不少，如美国知名企业霍尔马克/韦斯特兰肉品加工公司、马应龙控股的精方医药化工公司等，远不止“三鹿”一家。希望我们的企业能以这次的“三鹿奶粉事件”为戒，切实把好质量关和诚信经营，促进企业又好又快发展。

任务1 反不正当竞争法律制度与实务

【任务导入】

某年8月，春花纸厂推出“玫瑰”牌餐巾纸，每箱价格为30元。该品牌投放市场以后，以其低廉的价格，良好的质量赢得广大消费者的青睐。与此同时，云兰纸厂的“沙龙”牌餐巾纸在市场上却无人问津。云兰纸厂面对严峻的市场形式，做出战略调整，以每箱28元的价格投放市场。因云兰纸厂的产品质量也不错，很快就赢得了一定的市场份额。次年3月，春花纸厂将产品价格降为25元每箱。于是，双方打起了价格大战。次年7月，云兰纸厂为了彻底击垮对手，做出了大胆决定，以低于成本价的每箱18元的价格投放市场，并同时优化纸质。1999年2月，云兰纸厂凭借其雄厚的实力终于将对手击垮。1999年2月19日，春花纸厂因产品滞销、财政困难而停产。1999年3月13日，春花纸厂向人民法院提起诉讼，状告云兰纸厂的不正当竞争行为，并要求赔偿损失。

请问：法院该如何判处该案？

相关知识

一、反不正当竞争法概述

（一）不正当竞争的概念

根据我国《反不正当竞争法》的规定：所谓“不正当竞争”是指经营者违反本法的规定，损害其他经营者的合法权益，扰乱社会经济秩序的行为。“不正当竞争”这个术语一般认为出自1883年的《保护工业产权巴黎公约》。该公约规定，凡在工商活动中违反诚实经营的竞争行为即构成不正当的竞争行为。此后，许多西方国家从不同的角度概括了不正当竞争的内涵，都把违反诚实信用原则和公平竞争原则的行为作为不正当竞争概念的核心内容。为了准确把握不正当竞争的概念，我们应当明确以下几点：

第一，不正当竞争行为的主体是经营者。

我国《反不正当竞争法》第 2 条第 3 款明确规定："本法所指的经营者，是指从事商品经营或者营利性服务（以下所称商品包括服务）的法人、其他经济组织和个人"。非经营者不能成为不正当竞争行为的主体。

第二，不正当竞争行为侵犯的客体是其他经营者的合法权益和社会经济秩序。

任何通过不正当手段获取竞争优势，相对于市场中的其他诚实经营者都是不公平的，其应得的商业利益无不因此受到损害。而每一个具体的不正当竞争行为都意味着损害或可能损害其他某一特定经营者的利益，如假冒他人注册商标，侵犯他人商业秘密，都构成对他人合法权利的侵犯。因此，不正当竞争行为损害了其他经营者的利益。

不正当竞争行为除了损害其他经营者的合法权益之外，还制造市场混乱，破坏竞争的公平性，扰乱社会经济秩序。如使商品混淆，引入误解的不正当竞争行为，不仅损害了特定经营者的合法权益，同时还造成市场失去透明度，其他同业经营者失去客户，消费者无法正确地选择购买商品。

第三，不正当竞争行为必须发生在竞争领域，亦即发生在有竞争的市场交易中。

（二）反不正当竞争法概述及原则

在我国，反不正当竞争法有广义和狭义之分。广义的反不正当竞争法是指由国家制定并由国家强制力保证实施的，旨在调整国家在反对不正当竞争，维护公平、自由和有效竞争，保护其他竞争者和消费者合法权益的活动中所产生的社会关系的法律规范的总称。狭义的反不正当竞争法特指 1993 年 9 月 2 日第八届全国人大常委会第三会议通过的《中华人民共和国反不正当竞争法》，该法于 1993 年 12 月 1 日起正式实施。

根据《反不正当竞争法》第 2 条第 1 款规定："经营者在市场交易中，应当遵循自愿、平等、公平、诚实信用的原则，遵守公认的商业道德。"具体内容为：

（1）自愿原则

自愿原则是指公民、法人等任何民事主体在市场交易和民事活动中都必须遵守自愿协商的原则，都有权按照自己的真实意愿独立自主地选择、决定交易对象和交易条件，建立和变更民事法律关系，并同时尊重对方的意愿和社会公共利益，不能将自己的意志强加给对方或任何第三方。只要进行交易或其他民事活动等行为不违反法律规定，其他任何机关、团体、个人等第三方都不能干涉。以欺诈、强迫、威胁等违背交易主体意志的不正当竞争行为，都为法律所禁止。

（2）平等与公平原则

平等原则是指当事人之间在从事市场交易等民事活动中的法律地位平等，不论交易主体的财产所有制形式是个体、私营、国营、集体等，以及规模大小、强弱等，都不受歧视地平等参与市场竞争。公平原则强调在市场经济中，对任何经营者都只能以市场交易规则为准则，公平合理地对待，任何人既不享有特权，也不履行任何不公平的义务。

（3）诚实信用原则

诚实信用原则，是指经营者在经营活动中，应当以诚待人，恪守信用，不得弄虚作假、为所欲为。

（4）遵守公认的商业道德

遵守公认的商业道德要求经营者应当遵守市场经济公认的商业道德进行经营运作，任何违反商业道德，违反约定俗成的行业规则和国际惯例的行为都会导致侵害社会公共利益和社会经济秩序的结果。社会公认的商业道德，一般是指忠于职守、诚信无欺、公平竞争、文明经商、礼貌待客等。

二、不正当竞争行为的表现

不正当竞争行为的表现形式是多种多样、纷繁复杂的。根据我国《反不正当竞争法》的规定，为法律所反对和禁止的不正当竞争行为主要有以下几种：

（一）假冒行为

假冒行为也叫欺骗性交易行为，是指经营者不正当地从事市场交易，使自己的商品或服务与他人的商品或服务相混淆，造成或足以造成购买者误认误购的不正当竞争行为。属于这类不正当竞争行为的有：

（1）假冒他人的注册商标。

（2）擅自使用知名商品特有的名称、包装、装潢，或者使用与知名商品近似的名称、包装、装潢，造成和他人的知名商品相混淆，使购买者误认为是该知名商品。

（3）擅自使用他人的企业名称或姓名，引人误认为是他人的商品。

（4）在商品上伪造或冒用认证标志、名优标志等质量标志，伪造产地，对商品质量作引人误解的虚假表示。

（二）限购排挤行为

限购排挤行为是关于公用企业限制竞争行为的规定。《反不正当竞争法》第 6 条规定："公用企业或者其他依法具有独占地位的经营者，不得限定他人购买其指定的经营者的商品，以排挤其他经营者的公平竞争。"由此可见，实施此类不正当竞争行为的主体有两类，一是公用企业，包括供水、供电、供热、供气、电信、公共交通等行业的经营者；一是其他具有独占地位的经营者，具体是指在特定市场上，处于无人与之进行竞争的地位的经营者，如专营专卖行业、为国民经济运行提供金融、保险等基础性经济条件的行业以及其他由国家进行特殊管制的行业。从其行为方式来看，表现为利用自己所具有的近似垄断的地位，胁迫他人与自己进行强制性交易，购买其指定的经营者的商品。

（三）滥用政府权力限制竞争行为

滥用政府权力限制竞争行为是指地方政府、政府经济主管部门或其他政府职能部门凭借行政权力排斥限制或妨碍市场竞争的行为。我国《反不正当竞争法》第 7 条规定："政府及其所属部门不得滥用行政权力，限定他人购买其指定的经营者的商品，限制其他经营者正当的经营活动。政府及其所属部门不得滥用行政权力，限制外地商品进入本地市场，或者本地商品流向外地市场"。可见，实施此类不正当竞争行为的主体是政府及其所属部门，具体表现为两类：一是权力经商行为，二是地区封锁行为。

（四）商业贿赂行为

商业贿赂是指在经营者为销售或者购买商品而采用财物或者其他手段贿赂对方单位或个人的行为。所谓财物，是指现金和实物，包括经营者为销售或者购买商品，假借促销费、赞助费、科研费、劳务费、咨询费、佣金等名义，或者以报销各种费用等方式，给付对方单位或个人的财物；其他手段是指提供国内外各种名义的旅游、考察等给付财物以外的其他利益的手段。

回扣在当今社会经济生活中已成为一个突出问题。《反不正当竞争法》第 8 条对回扣等问题作了明确的规定："在账外暗中给予对方单位或者个人回扣的，以行贿论处；对方单位或者个人在账外暗中收受回扣的，以受贿论处。"该条明确规定"经营者销售或者购买商品，可以以明示方式给对方折扣，可以给中间人佣金。经营者给对方折扣、给中间人佣金的，必须如实入账。接受折扣、佣金的经营者必须如实入账。"这就明确了折扣和佣金都应该是以公开明示的方式给付，属于正当的商业行为，受法律保护。

（五）虚假宣传行为

虚假宣传行为是指在市场交易中，经营者利用广告或其他方法对商品或服务的质量、制作成分、性能、用途、生产者、有效期限、产地等做与实际情况不符的公开宣传，导致或足以导致购买者对商品或服务产生错误认识的不正当竞争行为。

《反不正当竞争法》第 9 条规定："经营者不得利用广告或者其他方法，对商品的质量、制作成分、性能、用途、生产者、有效期限、产地等作引人误解的虚假宣传。"虚假宣传的方法，除了广告之外，还包括利用广播、电视、电影、路牌、标语、橱窗、霓虹灯等进行宣传。为了从源头制止虚假广告宣传，《反不正当竞争法》还规定："广告的经营者不得在明知或者应知的情况下，代理、设计、制作、发布虚假广告。"

（六）侵犯商业秘密行为

商业秘密是指"不为公众所知悉、能为权利人带来经济利益、具有实用性并经权利人采取保密措施的技术信息和经营信息"。可见，商业秘密的范围包括技术信息和经营信息。技术信息有工艺流程、技术秘诀、设计图纸、配方等；经营信息有管理方法、产销策略、客户名单、货源情报等。商业秘密必须具备秘密性、实用性和保密性，否则不成为商业秘密。尤其是保密性，即权利人应采取保密措施，以防止外人获取这些信息。权利人未采取必要的保密措施的，其"秘密"不能得到法律的保护。

根据《反不正当竞争法》第 10 条的规定，侵犯商业秘密的行为包括以下几种：

（1）以盗窃、利诱、胁迫或者其他不正当手段获取权利人的商业秘密。例如，用高薪聘请的方法"挖人才"，从而获得商业秘密，或者是用重金收买企业技术人员，诱使其泄露商业秘密。

（2）披露、使用或者允许他人使用以前项手段获取的权利人的商业秘密。

（3）违反约定或者违反权利人有关保守商业秘密的要求，披露、使用或者允许他人使用其所掌握的商业秘密。

（4）第三人明知或者应知上述违法行为，仍获取、使用或者披露他人的商业秘密，视为侵犯商业秘密。

（七）低价竞销排挤竞争对手行为

低价竞销排挤竞争对手行为是指经营者以排挤竞争对手为目的，以低于成本的价格销售商品或提供服务的不正当竞争行为。这种不正当竞争行为的构成要件是：第一，经营者实施的行为在主观上是故意的，即"以排挤竞争对手为目的"；第二，以低于成本的价格销售商品。

当然，并非所有的降价销售行为都构成不正当竞争。《反不正当竞争法》第 11 条规定：

有下列行为之一的，不属于不正当竞争行为：①销售鲜活商品；②处理有效期限即将到期的商品或者其他积压的商品；③季节性降价；④因清偿债务、转产、歇业降价销售商品。

（八）搭售与附加其他不合理条件而销售商品的行为

搭售，是指经营者利用其在经济、技术等方面的优势地位，在销售某种产品或者提供某种服务时强迫相对交易人购买其不需要、不愿意购买的商品。《反不正当竞争法》第 12 条规定：经营者销售商品，不得违背购买者的意愿搭售商品或者附加其他不合理的条件。

这种不正当竞争行为的构成要件是：①经营者是否具有并滥用了市场优势。要求搭售商品或者附加其他不合理条件而销售商品的，一般都是具有并滥用市场优势的经营者；②是否违背购买者意愿；③在进行搭售时，是否有排挤其他经营者竞争的意图。

（九）不正当有奖销售行为

有奖销售是指经营者销售商品或者提供服务，附带性的向购买者提供物品、金钱或者其他经济上的利益的行为，包括附赠式有奖销售和抽奖式有奖销售两种。

根据《反不正当竞争法》第 13 条规定，不正当有奖销售行为包括以下三种类型：①采用谎称有奖或者故意让内定人员中奖的欺骗方式进行有奖销售；②利用有奖销售的手段推销质次价高的商品；③抽奖式的有奖销售，最高奖的金额超过 5 000 元。

（十）诋毁商业信誉行为

诋毁商业信誉行为是指经营者捏造、散布虚伪事实，损害竞争对手的商业信誉、商品声誉。诋毁他人商业信誉将会削弱竞争对手对顾客的吸引力，从而争夺和扩大自己的市场。

此类不正当竞争行为的构成要件是：①捏造、散布的是虚伪事实；②将捏造的虚伪事实加以散布；③有特定的诋誉对象。

（十一）串通招标投标行为

串通招标投标行为是指招标者与投标者之间或者投标者与投标者之间采用不正当手段，对招标投标事项串通，以排挤竞争对手或者损害招标者利益的行为。它有两种表现形式：一是投标者之间相互串通，其目的在于采取联合行动以限制竞争。二是投标者与招标者相互勾结行为，其目的是排挤作为竞争对手的其他投标者。我国《反不正当竞争法》第 15 条规定："投标者不得串通投标，抬高标价或者压低标价。投标者和招标者不得相互勾结，以排挤竞争对手的公平竞争。"

三、对不正当竞争行为的监督检查

（一）监督检查机关

监督检查，是指法定机关依照法定程序，对涉嫌违法行为的经营者采取的了解、取证、督促措施以及必要的行政强制措施。根据《反不正当竞争法》第 3 条第 2 款的规定："县级以上人民政府工商行政管理部门对不正当竞争行为进行监督检查；法律、行政法规规定由其他部门监督检查的，依照其规定。"可见，县级以上人民政府工商行政管理部门是反不正当竞争行为的主要执法机关。

《反不正当竞争法》第 4 条第 1 款规定，"国家鼓励、支持和保护一切组织和个人对不正当竞争行为进行社会监督。"这项规定体现了《反不正当竞争法》的社会监督功能。任何组织和个人均有权根据《反不正当竞争法》的规定，对不正当竞争行为进行举报、控告、申诉、社会舆论监督及其他各种形式的社会监督。国家对社会监督予以鼓励和支持。

（二）监督检查机关的职权和义务

1．监督检查机关的职权

根据《反不正当竞争法》的规定，监督检查部门在监督检查不正当竞争行为时有权行使下列职权：

（1）询问权。监督检查部门有权按照规定程序询问被检查的经营者、利害关系人、证明人，并要求提供证明材料或者与不正当竞争行为有关的其他资料。

（2）查询复制权。监督检查部门有权查询、复制与不正当竞争行为有关的协议、账册、单据、文件、记录、业务函电和其他资料。

（3）检查权。监督检查部门有权对与各种不正当竞争行为有关的财物进行检查，必要时可以责令被检查的经营者说明该商品的来源和数量，暂停销售，听候检查，不得转移、隐匿、销毁该财物。

2．监督检查机关的义务

监督检查的工作人员监督检查不正当竞争行为，应当遵循法定程序，这是监督检查部门工作人员应履行的义务。监督检查部门的工作人员在监督检查不正当竞争行为时，应当出示检查证件；在对被检查者、利害关系人、证明人进行询问，以及要求后者提供证明材料或者与不正当竞争行为有关的其他材料时，应按照规定的程序进行。

案例分析

报喜鸟集团有限公司（以下简称“报喜鸟集团”）系国家工商行政管理局核准的全国无区域跨行业集团，注册资本人民币 7 780 万元，经营范围为生产销售服装、皮鞋等。其子公司浙江报喜鸟服饰股份有限公司（以下简称“报喜鸟公司”），注册资本人民币 60 010 万元，经营范围为服装、皮鞋等。经永嘉县报喜鸟制衣公司（以下简称“永嘉报喜鸟”）、浙江报喜鸟服饰集团公司（以下简称“报喜鸟服饰”）申请，国家商标局分别于 1997 年 1 月 7 日、7 月 28 日、1 月 7 日核准注册“报喜鸟”文字、图形、汉语拼音商标（注册证号分别为第 925206 号、第 1064365 号、第 925218 号），核准使用范围均为服装、鞋、领带等第 25 类商品，注册有效期限分别为 1997 年 1 月 7 日至 2007 年 1 月 6 日、1997 年 7 月 28 日至 2007 年 7 月 27 日、1997 年 1 月 7 日至 2007 年 1 月 6 日。1999 年 1 月 28 日、1 月 7 日、1 月 28 日，国家商标局分别核准永嘉报喜鸟、报喜鸟服饰、永嘉报喜鸟将“报喜鸟”文字、图形、汉语拼音注册商标转让给报喜鸟集团所有。1999 年 5 月 31 日，报喜鸟集团将“报喜鸟”文字、图形、汉语拼音组合商标在香港特别行政区进行了注册。2001 年 7 月 15 日，报喜鸟集团与报喜鸟公司订立注册商标使用许可合同，约定：报喜鸟集团排他许可报喜鸟公司于 2001 年 7 月 15 日至 2007 年 1 月 6 日在商标核准使用商品上，排他使用“报喜鸟”文字、图形、汉语拼音注册商标。1998 年 8 月 18 日，“报喜鸟”商标获浙江省著名商标称号。2002 年 3 月 12 日，“报喜鸟”文字、图形、汉语拼音组合商标被国家商标局认定为驰名商标。

2000 年 8 月 9 日，浙江省乐清市人黄锦楼、黄小琴在香港注册了香港报喜鸟股份有限公司（以下简称“香港报喜鸟”），注册资本港币 1 万元。乐清市大东方制衣有限公司系坐落于浙江省乐清市盘石镇生产销售服装的企业，注册资本人民币 118 万元。“德派”商标原系山东省临沂市兰山区金将西服店（以下简称“金将西服店”）向国家商标局申请，于2000年6月7日被核准注册（注册证号第1405203号），核准使用范围为西服、衬衣等第25类商品，注册有效期限为2000年6月7日至2010年6月6日。2000年10月28日，国家商标局核准“德派”注册商标转让给大东方公司所有。同年9月25日起，大东方公司为搭“报喜鸟”注册商标声誉的便车，以香港报喜鸟授权其公司负责人朱巧敏、朱琴汉全权代表其公司在乐清市开展有关业务事项，委托制作、加工、销售系列“德派”西服为名，生产香港报喜鸟“德派”西服，香港报喜鸟“德派”西服的外套、水洗唛、商标吊粒、商标挂牌上均标印“香港报喜鸟股份有限公司”或“香港报喜鸟”字样。并授权他人在报喜鸟集团、报喜鸟公司设“报喜鸟”西服专卖店的昆明、鄂尔多斯、安阳、张家口以香港报喜鸟名义销售“德派”西服。报喜鸟集团、报喜鸟公司为消除大东方公司销售香港报喜鸟“德派”西服、误导消费者的影响，于2002年4月22日在《中国经营报》刊登严正声明：“报喜鸟”驰名商标为报喜鸟集团所有，报喜鸟集团子公司（报喜鸟公司）对“报喜鸟”驰名商标享有使用权，“香港报喜鸟股份有限公司”、“报喜鸟服饰集团（香港）有限公司”、“法国报喜鸟（国际）有限公司”与报喜鸟集团没有任何关联。2002年6月7日、6月8日、6月19日，安阳、张家口、鄂尔多斯购物中心的香港报喜鸟“德派”西服店仍在销售香港报喜鸟“德派”西服。大东方公司除生产“德派”西服外，还生产、加工其他品牌服装，2000年西服销售额为人民币833 853.22元，2001年1月至11月的西服销售额为人民币1 518 058.52元。报喜鸟集团、报喜鸟公司因未能举证证明大东方公司、香港报喜鸟侵权所获得的利润及其在侵权期间因被侵权所受到的损失，而向法院请求对本案适用定额赔偿的方法确定损失。为消除大东方公司、香港报喜鸟的侵权影响，报喜鸟集团、报喜鸟公司刊登上述声明支出了广告费人民币68 800元；为调查大东方公司、香港报喜鸟侵害其合法权益的不正当行为所支付的合理费用为人民币45 370元、港币4 000元。2001年11月19日，报喜鸟集团、报喜鸟公司向原审法院起诉，认为大东方公司、香港报喜鸟的行为构成不正当竞争，并造成其巨大经济损失。请求判令：一、香港报喜鸟停止在其企业名称中使用“报喜鸟”字号；二、香港报喜鸟立即停止授权大东方公司使用其企业名称和“报喜鸟”商业标识；三、大东方公司立即停止以香港报喜鸟名义销售西服；四、大东方公司、香港报喜鸟在国家级报纸上向其赔礼道歉；五、大东方公司、香港报喜鸟共同赔偿报喜鸟集团商誉、经济损失人民币500万元，报喜鸟公司商誉、经济损失人民币200万元及其为调查和诉讼所支出的合理费用人民币10万元。

解析：“报喜鸟”作为报喜鸟集团、报喜鸟公司的字号及注册商标，于1998年被评为浙江省著名商标，2002年3月12日，其组合商标被评为驰名商标。这些事实表明，报喜鸟集团、报喜鸟公司通过采取有独创风格的营销、广告宣传以及提高、保障产品本身的品质等手段，使其生产的“报喜鸟”西服已为消费者逐渐认知，并在相关公众中获得了较高的知名度。该品牌所具有的较高市场声誉和较大的市场潜力，能够为生产商带来较大的利润。因此，本案中报喜鸟集团、报喜鸟公司的权利不仅受我国《民法通则》、《反不正当竞争法》保护，而且还受我国《商标法》保护。

民事活动应当遵循自愿、公平、等价有偿、诚实信用的原则。反映在市场交易和竞争中，经营者应当遵循公平和诚实信用的原则，遵守公认的商业道德。本案中，黄锦楼、黄小琴与报喜鸟集团、报喜鸟公司同属温州市行政区域，明知“报喜鸟”品牌的知名度，为规避法律，以“报喜鸟”为字号到香港注册公司。大东方公司作为也生产西服的企业，明知“报喜鸟”品牌的知名度，为追求高额利润，接受香港报喜鸟的委托，生产并销售或授权他人销售香港报喜鸟“德派”西服。同时，大东方公司、香港报喜鸟亦明知上述行为客观上会造成消费者对其中“报喜鸟”三个字的关注，易使相关消费者误以为“香港报喜鸟股份有限公司”为报喜鸟集团、报喜鸟公司的关联企业，该产品系报喜鸟集团、报喜鸟公司制造或授权制造，而积极追求该结果的发生，其搭名牌便车、“傍名牌”的故意是明显的。并且，上述行为在事实上已经使消费者产生了混淆，造成了消费者的误购误认，并导致了“报喜鸟”商标功能的淡化。大东方公司、香港报喜鸟利用了权利人的竞争优势，抢占了权利人的市场份额，显然违背了我国《民法通则》第 4 条规定的诚实信用原则，违反了市场交易中公认的商业道德，构成了不正当竞争。

任务 2　产品质量法律制度与实务

【任务导入】

2007 年 7 月 25 日，原告张某在魏某经营的商店购买被告某啤酒有限公司生产的啤酒四瓶，当日饮用三瓶，剩余一瓶放置家中。2007 年 7 月 27 日晚，剩余的一瓶啤酒发生爆炸，导致原告张某右眼受伤，经医院检查确认为“右眼球破裂”。事故发生后，原告张某先后去多家医院住院治疗。后经法医鉴定，原告的伤情构成 7 级伤残。另查明，爆炸啤酒瓶生产日期是 2002 年，国家建议啤酒瓶回收使用年限是两年，但涉案啤酒瓶使用年限达五年之久，已远超出建议使用年限。

请问：法院依法应如何判处该案？

相关知识

一、产品及产品质量法概述

（一）产品概述

根据《产品质量法》的规定，所谓产品，是指经过加工、制作，用于销售的物品。军工产品质量监督管理办法，由国务院、中央军事委员会另行规定，建设工程不适用该法规定。可见我国产品质量法所指“产品”，排除了初级农产品，未经加工的天然形成的产品，由建筑工程形成的房屋、桥梁、其他建筑物等不动产，以及军工产品。根据上述法律规定，我国产品质量法所称的产品必须具备下列条件：

（1）必须是人们的劳动产品。

（2）必须是经过加工、制作的制成品。零部件是制成品，因而是《产品质量法》所称产品。半成品或在制品不是《产品质量法》所称的产品。

（3）必须是动产。建设工程，如房屋、桥梁、铁路、公路等，都不适用《产品质量法》的规定，但是，建筑工程使用的建筑材料、建筑构配件和设备，则属于该法规定的产品范围。

（4）必须是用于销售的产品构成产品。那些非用于销售的产品，不在《产品质量法》调整的范围之内。

（二）产品质量

产品质量，是指产品满足需要的可用性、工效性、可靠性、维修性、安全性和经济性等所具有的特征和特性的总和。产品质量具有相对性，往往因时、因地、因人而异，对同一种产品的质量要求也很不相同。在我国，产品质量要求是指国家有关法规、质量标准以及合同规定的对产品适用、安全和其他特性的要求。

（三）产品质量法

1．含义及立法概况

产品质量法，是调整产品生产者、销售者和消费者之间在产品生产、流通、交换、消费领域中因产品质量而产生的社会关系的法律规范的总称。1993 年 2 月 22 日第七届全国人民代表大会常务委员会第三十次会议讨论通过了《中华人民共和国产品质量法》，自 1993 年 9 月 1 日起正式实施。2000 年 7 月 8 日第九届全国人民代表大会常务委员会第十六次会议对其进行了修订。

2．适用范围

《产品质量法》的适用范围，包括适用的产品范围、活动范围和地域范围。

（1）适用的产品范围

《产品质量法》适用的产品，是指经过加工、制作，用于销售的产品。根据法律规定，建筑工程不适用本法规定。建筑工程产品投资大，建筑工期长，有特殊的质量要求，难与经过加工、制作的工业产品共同进行规范，需要由专门的法律调整。《建筑法》是调整建筑工程质量的法律。但是，建筑工程使用的建筑材料、建筑构配件和设备，属于加工、制作并用于销售的产品的，适用本法规定。

（2）适用的活动范围

“从事产品生产、销售活动，必须遵守本法”。这是对产品经营活动范围的规定。产品的生产经营活动一般包括生产、运输、保管、仓储、销售等几个环节，《产品质量法》主要调整其中的生产和销售环节。《产品质量法》调整发生在运输、保管、仓储环节中的质量问题，仅限于运输人、保管人、仓储人故意为法律禁止生产销售的产品提供运输、保管、仓储等便利条件的行为，对这些行为要给予行政处罚。另外，《产品质量法》也调整经营性服务环节的产品质量问题。

（3）适用的地域范围

“在中华人民共和国境内”是对适用的地域范围的规定。根据这个规定，在中华人民共和国境外从事产品生产、销售活动的，不适用本法。

二、产品质量的监督管理制度

（一）产品质量监督的管理机关

《产品质量法》第 8 条规定，国务院产品质量监督部门主管全国产品质量监督工作。国务院有关部门在各自的职责范围内负责产品质量监督工作。县级以上地方产品质量监督部门主管本行政区域内的产品质量监督工作。县级以上地方人民政府有关部门在各自的职责范围内负责产品质量监督工作。法律对产品质量的监督部门另有规定的，依照有关法律的规定执行。《产品质量法》第 18 条规定了县级以上产品质量监督部门在执法过程中享有的各项职权：

（1）现场检查权

产品质量监督部门在对涉嫌违反《产品质量法》规定的行为进行查处时，有权对当事人涉嫌从事违反法律的生产、销售活动的场所实行现场检查。

（2）调查了解权

产品质量监督部门在对涉嫌违反《产品质量法》规定的行为进行查处时，有权向当事人的法定代表人、主要负责人和其他有关人员，调查、了解与涉嫌从事违反《产品质量法》的生产、销售活动有关的情况。

（3）查阅、复制权

产品质量监督部门在对涉嫌违反《产品质量法》规定的行为进行查处时，有权查阅、复制与当事人有关的合同、发票、账簿以及其他有关资料。

（4）封存、扣押权

产品质量监督部门在对涉嫌违反《产品质量法》规定的行为进行查处时，对有根据认为不符合保障人体健康和人身、财产安全的国家标准、行业标准的产品或者有其他严重质量问题的产品，以及直接用于生产、销售该项产品的原辅材料、包装物、生产工具，予以封存或者扣押。

（二）产品质量监督的主要制度

1．产品质量检验制度

（1）产品质量检验机构

产品质量检验机构，是指承担产品质量监督检验、仲裁检验等公证检验工作的技术机构。按照《中华人民共和国标准化法》的规定，产品质量检验机构分为两类，一类是县级以上人民政府产品质量监督部门根据需要依法设置的检验机构；另一类是县级以上人民政府产品质量监督部门授权的其他单位的产品质量检验机构。此外，还有一类检验机构属于社会中介组织性质的，它们不隶属于任何政府部门和事业单位，依法设立，经有关部门考核合格后，依法独立承担产品质量检验任务。

（2）产品质量检验机构设立的条件

① 必须具备相应的检测条件和能力。产品质量检验机构必须具备相应的检测条件和能力，是指国家有关部门规定的产品质量检验机构应当具备的与其承担的检验任务相适应的条件和能力，包括组织机构条件，检验技术人员条件，技术设备条件，以及质量体系、工作环境、管理制度等方面的条件。

② 必须经考核合格。产品质量检验机构必须经省级以上人民政府产品质量监督部门或者其授权的部门依照有关规定，对检验机构所具备的检验测试能力进行考核，对考核合格的申请人，发给合格证书后，方可承担产品质量检验工作，其出具的检验数据才具有法律效力。

2．标准化管理制度

产品质量的标准分为国家标准、行业标准和国际标准。行业标准和国家标准是我国国内的标准，由国务院有关主管部门依法制定；国际标准是指由国际标准化组织（ISO）和国际电工委员会（IEC）所制定的标准，以及国际标准化组织确认并公布的其他国际组织制定的标准。对可能危及人体健康和人身、财产安全的工业产品，必须符合保障人体健康和人身、财产安全的国家标准、行业标准；未制定国家标准、行业标准的，必须符合保障人体健康和人身、财产安全的要求。

3．企业质量体系认证制度

企业质量体系认证，是指国家认可的质量认证机构，根据企业的申请，按照国际通用的质量管理和质量保证系列标准，对企业的质量体系进行审核，并对符合国际通用的质量管理标准的企业颁发质量体系认证证书，证明企业的质量体系和质量保证能力符合相应要求的活动。《产品质量法》第 14 条规定：“国家根据国际通用的质量管理标准，推行企业质量体系认证制度。企业根据自愿原则可以向国务院产品质量监督部门认可的或者国务院产品质量监督部门授权的部门认可的认证机构中申请企业质量体系认证。经认证合格的，由认证机构颁发企业质量体系认证证书。”认证证书不得擅自制作或者复制。

国际通用的“质量管理和质量保证”系列标准，是由国际标准化组织/质量管理和质量保证技术委员会（ISO/TC176）编写的国际化通用质量管理准则 ISO 9000 族标准。根据国际标准化的有关规则和管理，国际标准需要由各国转化为本国的国家标准加以实施。ISO 9000 国际标准在中国就是 GB/T19000—ISO 9000 国家标准，由国家质量技术监督局于 1994 年修订发布，是我国开展企业质量体系认证的证据。

4．产品质量认证制度

产品质量认证，是由依法取得产品质量认证资格的认证机构，依据有关的产品标准和要求，按照规定的程序，对申请认证的产品进行工厂审查和产品检验，对符合条件要求的，通过颁发认证证书和认证标志以证明该项产品符合相应标准要求的活动。依照《产品质量法》的规定，国家参照国际先进的产品标准和技术要求，推行产品质量认证制度。企业根据自愿原则可以向国务院产品质量监督部门认可的或者国务院产品质量监督部门授权的部门认可的认证机构申请产品质量认证。经认证合格的，由认证机构颁发产品质量认证证书，准许企业在产品或者其包装上使用产品质量认证标志。对于我国的名、特、优产品，当没有国家标准、行业标准的时候，可以依据国家质量技术监督局确认的标准和技术要求开展产品质量认证。

5．产品质量监督检查制度

产品质量监督检查，是指国务院产品质量监督管理部门和各级地方人民政府产品质量监督管理部门以及法律规定的其他部门，根据法律、行政法规赋予的职责，代表人民政府履行职责，执行公务，对流通领域的产品质量实施监督的一种行政行为。产品质量监督检查，是国家对产品质量实施的一项强制性行政管理措施。

根据《产品质量法》第 15 条的规定，国家对产品质量实行以抽查为主要方式的监督检查制度，对可能危及人体健康和人身、财产安全的产品，影响国计民生的重要工业产品以及消费者、有关组织反映有质量问题的产品进行抽查。除抽查方式外，国家对产品质量的监督检查方式还包括产品质量统一监督检查、产品质量定期监督检验等其他方式。

根据监督检查的需要，可以对产品进行检验。检验抽取样品的数量不得超过检验的合理需要，并不得向被检查人收取检验费用。监督检查的费用按照国务院规定列支。《产品质量法》特别规定国家监督抽查的产品，地方不得另行重复抽查；上级监督抽查的产品，下级不得另行重复抽查。《产品质量法》规定，生产者、销售者对抽查检验的结果有异议的，可以自收到检验结果之日起 15 日内向实施监督抽查的产品质量监督部门或者其上级产品质量监督部门申请复检，由受理复检的产品质量监督部门做出复检结果。

《产品质量法》第 17 条规定，依照本法规定进行监督抽查的产品质量不合格的，由实施监督抽查的产品质量监督部门责令其生产者、销售者限期改正。逾期不改正的，由省级以上人民政府产品质量监督部门予以公告；公告后经复查仍不合格的，责令停业，限期整顿；整顿期满后经复查产品质量仍不合格的，吊销营业执照。监督抽查的产品有严重质量问题的，依照本法有关规定处罚。

6．产品质量社会监督制度

产品质量社会监督，是指用户、消费者以及其他社会组织对产品质量进行监督的制度。《产品质量法》规定，用户、消费者有权就产品质量问题，向产品的生产者、销售者查询；向产品质量监督部门、工商行政管理部门及有关部门申诉，接受申诉的部门应当负责处理。保护消费者权益的社会组织可以就消费者反映的产品质量问题建议有关部门负责处理，支持消费者对因产品质量造成的损害向人民法院起诉。

任何单位和个人有权对违反《产品质量法》规定的行为，向产品质量监督部门或者其他有关部门检举。产品质量监督部门和有关部门应当为检举人保密，并按照省、自治区、直辖市人民政府的规定给予奖励。

三、生产者、销售者的产品质量责任和义务

生产者、销售者的产品质量义务，是指法律、法规规定的生产者、销售者在产品质量方面应当承担的作为和不作为的责任。

（一）生产者的产品质量责任和义务

《产品质量法》对生产者的产品质量责任与义务作了如下规定：

1．保证产品的内在质量

产品质量应当符合下列三方面的要求：

（1）产品不存在危及人身、财产安全的不合理危险。有保障人体健康、人身财产安全的国家标准、行业标准的，应当符合该标准。

（2）产品质量应当具备的使用性能，但是，对产品存在使用性能上的瑕疵做出说明的除外。

（3）产品质量符合在产品或者包装上注明采用的产品标准，符合以产品说明等方式表明的质量状况。

产品的内在质量应当与生产者对自身产品做出的说明一致，与该产品的国家、行业标准一致，与实物样品一致。

2．遵守质量标识制度

生产者所提供的产品或者其包装上的标识应当符合下列要求：

（1）有产品质量检验合格证明。

（2）有中文标明的产品名称、生产厂厂名和厂址。根据需要，也可以附以中国民族文字、外国语言文字。

（3）根据产品的特点和使用要求，需要标明产品规格、等级、所含主要成分的名称和含量的，相应予以标明；需要事先让消费者知晓的，应当在外包装上标明，或者预先向消费者提供有关资料。

（4）限期使用的产品，标明生产日期和安全使用期或者失效日期。

（5）使用不当，容易造成产品本身损坏或者有可能危及人身、财产安全的产品，有警示标志或者中文警示说明。另外，如果生产者生产的产品是裸装的食品和其他根据产品的特点难以附加标识的裸装产品的，可以不附加产品标识。

3．符合产品包装的要求

生产者的产品包装，法律没有明确规定。但是对于特殊产品的包装，《产品质量法》第16条规定：剧毒、危险、易碎、储运中不能倒置以及有其他特殊要求的产品，其包装必须符合相应要求，有警示标志或者中文警示说明，标明储运注意事项等。

4．不得违反禁止性规定

《产品质量法》规定，生产者不得生产国家明令淘汰的产品；不得伪造产地；不得伪造或者冒用他人的厂名、厂址；不得伪造或者冒用认证标志、名优标志等质量标志；生产者不得掺杂、掺假，不得以假充真、以次充好，不得以不合格产品冒充合格产品。

（二）销售者的产品质量责任和义务

销售者是产品流转过程中的重要主体，在保证产品质量方面具有重要地位。因此，法律规定销售者应承担以下产品质量责任和义务：

（1）执行进货验收制度。

（2）采取措施，保证销售产品的质量。

（2）销售产品标志符合法定要求。

（4）不得违反禁止性规定：①不得销售国家明令淘汰并停止销售的产品和失效、变质的产品；②不得伪造产地，伪造或冒用他人厂名、厂址；不得伪造或冒用认证标志、名优标志等质量标志；③不得掺杂、掺假，不得以假充真、以次充好，不得以不合格产品冒充合格产品。

四、产品质量责任

产品质量责任，是指产品的生产者或销售者因生产或者销售的产品质量不合格，使消费者受损失时应承担的责任，在性质上属于侵权责任。

（一）产品质量责任的归责原则

根据《产品质量法》的规定，因产品存在缺陷，造成人身、缺陷产品以外的其他财产损害的，生产者应当承担赔偿责任。因此，生产者因其生产的缺陷产品致他人人身、财产损害的，应当承担无过错责任。无过错责任又称严格责任，即是说生产者对于生产的缺陷产品无论有无过错，只要造成了他人的人身或财产损害，都应承担民事责任。但无过错责任并非绝对责任，并不意味着产品的生产者没有抗辩理由，他可以依据法律规定的条款免除责任。

销售者因过错使产品存在缺陷，造成人身、他人财产损害的，应当承担赔偿责任；销售者不能指明缺陷产品的生产者也不能指明缺陷产品的供货者的，应当承担赔偿责任。因此，销售者在进货时应当依照法律的要求执行检查验收制度，验明产品合格证明和其他标识，包括生产厂名和厂址。如果销售者不能指明该缺陷产品的生产者和供货者，销售者就不能以证明自己没有过错而主张免责。

（二）构成要件

（1）产品存在缺陷。产品缺陷也称产品瑕疵，是指产品存在可能危及人身、财产安全的不合理的危险；产品有保障人体健康和人身、财产安全的国家标准、行业标准的，是指不符合该标准。产品缺陷可分为三类：①设计上的缺陷，是指产品在设计上存在着不安全、不合理的因素。例如结构设置不合理等；②制造上的缺陷，是指产品在加工、制作、装配等制造过程中，不符合设计规范，或者不符合加工工艺要求，没有完善的控制和检验手段，致使产品存在不安全的因素；③指示上的缺陷，就是指在产品的警示说明上或在产品的使用指示标志上未能清楚地告知使用人应当注意的使用方法，以及应当引起警惕的注意事项；或者产品使用了不真实、不适当的甚至是虚假的说明，致使使用人遭受损害。

（2）产品已经造成了人身伤害或财产损害。

（3）产品缺陷与损害事实之间有因果关系，即损害事实是由产品缺陷直接造成的。

（三）生产者的免责条件

《产品质量法》第 41 条第 2 款规定，生产者如果能证明有下列情形之一的，不承担赔偿责任：

（1）未将产品投入流通的。

（2）产品投入流通时引起的缺陷尚不存在的。

（3）将产品投入流通时的科学技术水平尚不能发现缺陷的存在的。这种情况又称为开发风险或发展风险。

（四）损害赔偿责任

1．赔偿请求权的行使

受害人因产品存在缺陷遭受人身伤害、财产损失后，可以向缺陷产品的生产者和销售者中的任何一方提出损害赔偿请求。《产品质量法》规定，属于产品的生产者的责任，产品的销售者赔偿的，产品的销售者有权向产品的生产者追偿。属于产品的销售者的责任，产品的生产者赔偿的，产品的生产者有权向产品的销售者追偿，这是在产品责任诉讼中，造成损害的缺陷产品的生产者或销售者先行承担损害赔偿后，先行赔偿的一方有权向负有责任的人追还所先行支付的赔偿费用。也就是说，受害人享有选择赔偿人的权利，先行赔偿人也可以向产品质量责任人行使追偿权。

2．损害赔偿范围

《产品质量法》第 44 条规定：因产品存在缺陷造成受害人人身伤害的，侵害人应当赔偿医疗费、治疗期间的护理费和因误工减少的收入等费用；造成残疾的，还应当支付残疾者生活自助具费、生活补助费、残疾赔偿金以及由其扶养的人所必需的生活费等费用；造成受害人死亡的，应当赔偿丧葬费、死亡赔偿金以及死者生前扶养的人所必需的生活费等费用；因产品缺陷造成受害人财产损失的，侵害人应当恢复原状或者折价赔偿；受害人因此遭受其他重大损失的，侵害人应当赔偿损失。

（五）产品质量纠纷解决和诉讼

《产品质量法》第 47 条规定，因产品质量问题发生民事纠纷时，当事人可以通过协商或者调解解决。当事人不愿意通过协商、调解解决或者协商、调解不成的，可以根据当事人各方的协议向仲裁机构申请仲裁；当事人各方没有达成仲裁协议或者仲裁协议无效的，可以直接向人民法院起诉。

对于存在《产品质量法》第 40 条规定的一般产品质量责任的，消费者可以依据《民法通则》第 136 条的规定，向人民法院申请保护其合法权益，诉讼时效期限为 1 年。同时，《产品质量法》明确规定，因产品存在缺陷造成损害要求赔偿的诉讼时效期间为 2 年。

《产品质量法》第 45 条第 2 款规定，因产品存在缺陷造成损害要求赔偿的请求权，在造成损害的缺陷产品交付最初消费者满 10 年丧失，但是，尚未超过明示的安全使用期的除外。这一规定参照了国际惯例。根据法律规定，请求权自“缺陷产品交付最初消费者满 10 年丧失”。据此，交付最初消费者之日就是请求权期间的起算日。

案例分析

某企业为了表示慰问，过年前将自产经检验合格但未投入流通的一批洗衣机作为福利分给职工。职工甲拿到厂里分的洗衣机后非常高兴，将洗衣机拉回家。恰逢妻子乙在，便让其帮忙用该洗衣机把家里的沙发罩等洗一下。结果，因洗衣机漏电，乙被当场电死，于是，甲向人民法院提起诉讼。

请问：甲若起诉该企业承担产品责任，能否胜诉？为什么？

解析：根据我国《产品质量法》的规定：因产品存在缺陷造成受害人人身、财产损害的，生产者应承担赔偿责任。生产者能证明有下列情形之一的，不承担赔偿责任：

（1）未将产品投入流通的。

（2）产品投入流通时，引起损害的缺陷尚不存在的。

（3）将产品投入流通时的科学技术水平尚不能发现缺陷存在的。

本案中，产品尚未投入流通，因此生产者不承担赔偿责任，但甲、乙均没有过错，因而人民法院可以根据《民法》中的公平原则，判决该企业适当给甲以补偿。

任务 3 广告法律制度与实务

【任务导入】

翻开北京欧典木业有限公司提供的印制精美的宣传册，可以清楚地看到这样的方案：“德国欧典创建于 1903 年。如今，在欧洲拥有一个研发中心、5 个生产基地，产品行销全球 80 多个国家。”此外，“欧典在德国巴伐利亚州罗森海姆市拥有占地超过 50 万平方米的办公和生产厂区”，欧典（德国）企业有两位名为 Peter. Hamberger 和 Peter. M. Hamberger 的总经理，欧典的德国身世不由让人深信不疑。2001 年 7 月，中国消费者协会经过对欧典地板市场销售状况、服务质量、投诉与消费者反应的严格审核，确认北京欧德装饰材料有限公司是同行业中的骨干企业，产品质量优秀，品牌信誉度高，服务规范，企业的管理水平与生产水平较高，符合国家质量、安全、卫生、环保等标准要求，授予欧典地板建材行业首个“3 · 15 标志”。

2006 年，“欧典地板”涉嫌“虚假宣传”被央视“3 · 15”晚会曝光。工商部门通过调查发现，北京欧德装饰材料有限公司的子公司——欧典木业有限公司所属的德国总部，其实是德国当地的一家木产品生产企业汉姆贝格公司。但这家公司声明，他们公司并非欧典的生产基地和研发中心，与欧典也没有任何产权隶属关系。欧典宣传册中宣称的欧典德国企业的两位总经理，其真实身份是汉姆贝格公司的负责人，而他们从未担任过所谓欧典企业的总经理。

不仅德国欧典不存在，被欧典公司在网站和宣传材料上频频使用的“欧典（中国）有限公司”也根本没有注册过。查询得知，欧典这个商标2000年才正式注册，注册人是1998年成立的北京欧德装饰材料有限公司。

因为负责发布“德国出身”的虚假宣传品，北京市工商局确定了欧典地板“德国造”是虚假宣传，对北京欧德装饰材料有限公司做出了行政处罚决定，责令其立即停止违法行为，并处以20万元的罚款。同时，北京市丰台区工商分局对北京欧德装饰材料有限公司也做出了行政处罚决定，因虚假宣传，责令该公司停止发布违法广告，并处以广告费1 494 755.2元5倍共计7 473 766元罚款。

请问：该案中工商局的处罚是否正确？

相关知识

一、广告与广告法

（一）广告

广告源于拉丁语（adventure），有“注意”、“诱导”、“大喊大叫”和“广而告之”之义。广告作为一种信息传递活动，广泛存在于现代企业宣传之中。《广告法》第2条规定：广告是指商品经营者或者服务提供者承担费用，通过一定媒介和形式直接或者间接地介绍自己所推销的商品或者所提供的服务的商业广告。可见，广告的构成需要具备四方面要素：

（1）广告主。广告主是指为推销商品或者提供服务，自行或者委托他人设计、制作、发布广告的自然人、法人或者其他经济组织。广告主是广告的主人，没有他们的需求，也就没有了广告活动。

（2）广告信息。即广告的内容，包括商品、劳务、服务及其他信息。任何广告都要通过传递特定的信息来实现广告发布的目的。

（3）广告媒介或形式。广告信息的传递需要借助一定的载体，即借助于一定的媒介或形式才能实现。目前，广告媒介主要包括广播、电视、报纸、网络等大众媒介和路牌、张贴、直邮等传播媒介。另外，广告还可通过体育比赛、文艺演出等形式传播。

（4）广告费用。即设计、制作、发布广告的费用。广告活动是一种经济活动，付费是其主要标志。广告的经营者和发布者属于提供劳务的生产性企业，他们对广告的设计、制作、发布的劳动能为广告主带来收益，因此这部分劳动的补偿需要广告主承担。

（二）广告法

1．广告法的概念

关于广告法的概念，我国法学界还没有一个权威的定义，通说认为广告法有广义和狭义之分。狭义的广告法是国家立法机关依照一定的法律程序所制定的专门调整广告活动的法律，即《中华人民共和国广告法》。1994年10月27日，中华人民共和国第八届全国人民代表大会第十次会议审议通过了《中华人民共和国广告法》（以下简称《广告法》），并于1995年2月1日起施行；2015年4月24日，第十二届全国人民代表大会常务委员会第十四次会议修订，自2015年9月1日起施行，共6章75条。广义的广告法是指用来调整广告管理、广告活动的强制性行为规范的总称，除了《广告法》以外，还包括国务院及有关主管部门制定和颁布的广告管理的行政法规和规章，以及地方性法规、规章等，如《广告管理条例》、《酒类广告管理办法》等都属于广义广告法的范畴。

2．广告法的调整对象

广告法作为一个独立的法律部门，有着其特定的调整范围和调整对象。从广告形式而言，只调整商业广告（包括商品广告、服务广告、企业形象广告等），而公益广告、政府广告及分类广告等其他类型的广告应当由《民法通则》、《合同法》等法律来调整。

二、广告准则

广告准则是指发布广告的基本标准和要求，是一切广告都应当遵守的发布标准，也是判断广告能否发布的依据，包括所有广告都应当遵守的一般准则和对特殊商品适用的特殊准则。

（一）广告的一般准则

《广告法》第3条规定："广告应当真实、合法，以健康的表现形式表达广告内容，符合社会主义精神文明建设和弘扬中华民族优秀传统文化的要求。"由此可以确定广告的基本准则包括：

1．真实、准确

广告的真实性是指广告的内容必须真实，其对商品、服务的介绍必须客观、真实、准确，不能含有虚假不实或含混不清、引人误解的内容，不能欺骗或误导消费者。广告中对商品的性能、产地、用途、质量、价格、生产者、有效期限、允诺或者对服务的内容、形式、质量、价格、允诺的表示应当真实、准确、清楚、明白。对此，《广告法》第4条规定："广告不得含有虚假的内容，不得欺骗和误导消费者。"第10条规定："广告使用数据、统计资料、调查结果、文摘、引用语，应当真实、准确，并表明出处。引证内容有适用范围和有效期限的，应当明确表示。"第11条规定："广告中涉及专利产品或者专利方法的，应当标明专利号和专利种类。未取得专利权的，不得在广告中谎称取得专利权。禁止使用未授予专利权的专利申请和已经终止、撤销、无效的专利做广告。"

2．合法

广告的合法性，是指广告的内容和形式都必须在法律许可的范围内，不得违背社会公共秩序和损害社会公共利益。

广告主、广告经营者、广告发布者从事广告活动，应当遵守法律、法规，诚实信用，公平竞争。广告内容合法性的规定主要体现在《广告法》第9条的规定上，该条规定了广告不得有下列情形：

（1）使用或者变相使用中华人民共和国的国旗、国歌、国徽，军旗、军歌、军徽；

（2）使用或者变相使用国家机关、国家机关工作人员的名义或者形象；

（3）使用"国家级"、"最高级"、"最佳"等用语；

（4）损害国家的尊严或者利益，泄露国家秘密；

（5）妨碍社会安定，损害社会公共利益；

（6）危害人身、财产安全，泄露个人隐私；

（7）妨碍社会公共秩序或者违背社会良好风尚；

（8）含有淫秽、色情、赌博、迷信、恐怖、暴力的内容；

（9）含有民族、种族、宗教、性别歧视的内容；

（10）妨碍环境、自然资源或者文化遗产保护；

（11）法律、行政法规规定禁止的其他情形。

广告形式的合法性主要表现在广告发布的程序必须合法，应当有广告标记等。对此，《广告法》第 14 条规定："广告应当具有可识别性，能够使消费者辨明其为广告。大众传播媒介不得以新闻报道形式发布广告。通过大众传播媒介发布的广告应当显著标明'广告'，与其他非广告信息相区别，不得使消费者产生误解。"

（二）特殊商品广告的特殊准则

所谓特殊商品的广告，主要是指药品广告、医疗器械广告、农药广告、烟草广告、食品广告、酒类广告、化妆品广告等。这类广告所涉及的商品，往往与人的生命健康有直接关系。对此，《广告法》要求这些商品的广告除遵守广告的一般准则外，还要遵循相应的特殊要求。

1．药品、医疗器械广告的特殊准则

药品，是指用于预防、治疗、诊断人的疾病，有目的地调节人的生理机能并规定适应症、用法和用量的物质，包括中药材、中药饮片、中成药、化学原料药及其制剂、抗生素、生化药品、放射性药品、血清疫苗、血液制品和诊断药品等。医疗器械是指用于疾病诊断、治疗、预防，调节人体生理功能或替代人体器官的仪器、设备、器具、植入物、材料及其相关物品。《广告法》第 16 条规定：药品、医疗器械广告不得有下列内容：

（1）表示功效、安全性的断言或者保证；

（2）说明治愈率或者有效率；

（3）与其他药品、医疗器械的功效和安全性或者其他医疗机构比较；

（4）利用广告代言人作推荐、证明；

（5）法律、行政法规规定禁止的其他内容。

同时，该条规定："药品广告的内容不得与国务院药品监督管理部门批准的说明书不一致，并应当显著标明禁忌、不良反应。处方药广告应当显著标明"本广告仅供医学药学专业人士阅读"，非处方药广告应当显著标明"请按药品说明书或者在药师指导下购买和使用"。推荐给个人自用的医疗器械的广告，应当显著标明"请仔细阅读产品说明书或者在医务人员的指导下购买和使用"。医疗器械产品注册证明文件中有禁忌内容、注意事项的，广告中应当显著标明"禁忌内容或者注意事项详见说明书"。《广告法》第 17 条规定："除医疗、药品、医疗器械广告外，禁止其他任何广告涉及疾病治疗功能，并不得使用医疗用语或者易使推销的商品与药品、医疗器械相混淆的用语。"

2．农药广告的特殊准则

农药，是指用于防治农、林、牧业的病、虫、杂草和其他有害生物以及调节植物生产的农药品种。《广告法》第 20 条规定，农药、兽药、饲料和饲料添加剂广告不得含有下列内容：

（1）表示功效、安全性的断言或者保证；

（2）利用科研单位、学术机构、技术推广机构、行业协会或者专业人士、用户的名义或者形象作推荐、证明；

（3）说明有效率；

（4）违反安全使用规程的文字、语言或者画面；

（5）法律、行政法规规定禁止的其他内容。

3．烟草广告的特殊准则

烟草广告是指烟草制品的生产者、经营者有偿地通过一定的媒介和形式直接或者间接地介绍自己所生产或经营的烟草制品的广告。烟草制品主要是指卷烟、雪茄烟、烟线、烟叶。目前，吸烟有害健康已成为社会公众普遍达成的共识，但全面禁止烟草广告尚难以实现，因此《广告法》第 22 条对烟草广告做出了限制性规定，即禁止在大众传播媒介或者公共场所、公共交通工具、户外发布烟草广告；禁止向未成年人发送任何形式的烟草广告；禁止利用其他商品或者服务的广告、公益广告，宣传烟草制品名称、商标、包装、装潢以及类似内容。烟草制品生产者或者销售者发布的迁址、更名、招聘等启事中，不得含有烟草制品名称、商标、包装、装潢以及类似内容。

4．酒类广告的特殊准则

《广告法》第 23 条规定，酒类广告不得含有下列内容：

（1）诱导、怂恿饮酒或者宣传无节制饮酒；

（2）出现饮酒的动作；

（3）表现驾驶车、船、飞机等活动；

（4）明示或者暗示饮酒有消除紧张和焦虑、增加体力等功效。

5．教育、培训广告的特殊准则

《广告法》第 24 条规定，教育、培训广告不得含有下列内容：

（1）对升学、通过考试、获得学位学历或者合格证书，或者对教育、培训的效果做出明示或者暗示的保证性承诺；

（2）明示或者暗示有相关考试机构或者其工作人员、考试命题人员参与教育、培训；

（3）利用科研单位、学术机构、教育机构、行业协会、专业人士、受益者的名义或者形象作推荐、证明。

6．房地产广告的特殊准则

《广告法》第 26 条规定，房地产广告，房源信息应当真实，面积应当表明为建筑面积或者套内建筑面积，并不得含有下列内容：

（1）升值或者投资回报的承诺；

（2）以项目到达某一具体参照物的所需时间表示项目位置；

（3）违反国家有关价格管理的规定；

（4）对规划或者建设中的交通、商业、文化教育设施以及其他市政条件作误导宣传。

三、广告活动

（一）广告活动主体

广告活动是指广告主、广告经营者、广告发布者设计、制作、发布广告的行为。可见，广告活动的主体包括广告主、广告经营者、广告发布者。

1．广告主

《广告法》所称广告主，是指为推销商品或者提供服务，自行或者委托他人设计、制作、发布广告的自然人、法人或者其他组织。简单地说，广告主就是借助广告向公众推销商品或者提供服务，树立自己形象的单位或者个人。

2．广告经营者

广告经营者，是指受委托提供广告设计、制作、代理、服务的法人、其他组织或个人。广告经营者具体包括：综合性广告公司、广告设计制作公司、兼营广告业务的企业和个体广告经营户。

3．广告发布者

广告发布者，是指为广告主或广告主委托的广告经营者发布广告的法人或者其他组织，也就是拥有广告媒体的单位。

（二）广告活动的一般规定

1．广告活动必须订立书面合同

《广告法》第 30 条规定：广告主、广告经营者、广告发布者之间在广告活动中应当依法订立书面合同。按照广告活动中的广告设计、制作、发布、代理等环节来划分，广告合同有广告设计和制作合同、广告发布合同、广告代理合同等。

2．广告活动不得进行不正当竞争

《广告法》第 31 条规定：广告主、广告经营者、广告发布者不得在广告活动中进行任何形式的不正当竞争。

（三）广告活动主体的义务

1．广告主的义务

广告主从事广告活动，除了符合上述一般规定外，还必须遵守下列规定：

（1）主体具有合法的经营资格。《广告法》第 32 条规定：广告主委托设计、制作、发布广告，应当委托具有合法经营资格的广告经营者、广告发布者。

（2）确保广告活动的真实、合法、有效。《广告法》第 47 条规定：广告主申请广告审查，应当依照法律、行政法规向广告审查机关提交有关证明文件。广告审查机关应当依照法律、行政法规规定做出审查决定，并应当将审查批准文件抄送同级工商行政管理部门。广告审查机关应当及时向社会公布批准的广告。

（3）不得在广告中擅自使用他人的名义和形象。《广告法》第 33 条规定：广告主或者广告经营者在广告中使用他人名义、形象的，应当事先取得他人的书面同意；使用无民事行为能力人、限制民事行为能力人的名义、形象的，应当事先取得其监护人的书面同意。

2．广告经营者、广告发布者的义务

广告经营者、广告发布者从事广告活动，除了符合一般规定外，还须遵循以下规定：

（1）具有合法的经营资格。《广告法》第 29 条规定：广播电台、电视台、报刊出版单位从事广告发布业务的，应当设有专门从事广告业务的机构，配备必要的人员，具有与发布广告相适应的场所、设备，并向县级以上地方工商行政管理部门办理广告发布登记。

（2）核实广告内容，确保广告的真实、合法、有效。《广告法》第 34 条规定：广告经营者、广告发布者应当按照国家有关规定，建立、健全广告业务的承接登记、审核、档案管理制度。广告经营者、广告发布者依据法律、行政法规查验有关证明文件，核对广告内容。对内容不符或者证明文件不全的广告，广告经营者不得提供设计、制作、代理服务，广告发布者不得发布。同时《广告法》第 38 条还规定：广告代言人在广告中对商品、服务作推荐、证明，应当依据事实，符合本法和有关法律、行政法规规定，并不得为其未使用过的商品或者未接受过的服务作推荐、证明。不得利用不满十周岁的未成年人作为广告代言人。

（3）广告收费公开、合理。《广告法》第 35 条规定：广告经营者、广告发布者应当公布其收费标准和收费办法。

（4）提供的资料应当真实。《广告法》第 36 条规定：广告发布者向广告主、广告经营者提供的覆盖率、收视率、点击率、发行量等资料应当真实。

（四）禁止发布广告的商品和服务

《广告法》对设计广告、制作广告、发布广告作了两项禁止性规定：

（1）法律、行政法规规定禁止生产、销售的商品或者提供的服务，不得设计、制作、发布广告。

（2）法律、行政法规规定禁止发布广告的商品或者服务，不得设计、制作、发布广告。

（五）户外广告的规定

户外广告，是指一切在露天场所或公共空间设置的广告。《广告法》第 41 条规定：县级以上地方人民政府应当组织有关部门加强对利用户外场所、空间、设施等发布户外广告的监督管理，制定户外广告设置规划和安全要求。户外广告的管理办法，由地方性法规、地方政府规章规定。虽然我国《广告法》对户外广告范围未予以明确规定，但在其第 42 条规定了不得设置户外广告的情形有。

（1）利用交通安全设施、交通标志的；

（2）影响市政公共设施、交通安全设施、交通标志、消防设施、消防安全标志使用的；

（3）妨碍生产或者人民生活，损害市容市貌的；

（4）在国家机关、文物保护单位、风景名胜区等的建筑控制地带，或者县级以上地方人民政府禁止设置户外广告的区域设置的。

四、广告审查

（一）广告审查的含义与形式

广告审查，是指广告在发布前，由广告经营者、发布者、广告审查机关对广告内容的合法性、真实性依照有关法律的规定，查验证明文件、核实广告内容、认可广告内容所进行的审核活动。我国广告审查的形式主要有两种：

（1）广告经营者、广告发布者对自己所设计、制作、代理、发布的广告自我审查。

（2）行政机关对特殊商品的行政审查。《广告法》第 46 条规定：发布医疗、药品、医疗器械、农药、兽药和保健食品广告，以及法律、行政法规规定应当进行审查的其他广告，应当在发布前由有关部门（以下称广告审查机关）对广告内容进行审查；未经审查，不得发布。

（二）特殊商品广告审查的程序

《广告法》第 47 条规定：广告主申请广告审查，应当依照法律、行政法规向广告审查机关提交有关证明文件。广告审查机关应当依照法律、行政法规规定做出审查决定，并应当将审查批准文件抄送同级工商行政管理部门。广告审查机关应当及时向社会公布批准的广告。

案例分析

某市工商局分局的执法人员在网上进行企业巡查时发现：A 公司在阿里巴巴网站上宣传自己时称：本公司注册资本金 5 000 万元，已通过 ISO 9001 质量管理体系认证，公司员工人数为 100～200 人，年营业额为 2 000 万～5 000 万元，产品主要销往中国港澳台、北美、南美、西欧、东欧、东亚、中东等国家或地区。后经执法人员调查核实：A 公司实有注册资本 50 万元，从未取得 ISO 9001 质量管理体系认证，员工人数也只有 10 人，年营业额仅有 200 万元左右，公司本身并无进出口经营权，根本未对外出口过产品。据此某工商分局决定对这起案件进行立案查处。

经过办案单位多次的调查取证，并与有关业务科室多次探讨，最终认定当事人在阿里巴巴网站上，谎称通过 ISO 9001 质量管理体系认证，将原来只有 10 人、年营业额 200 万元的经营规模，加以数十倍的夸大，通过网络广告在全世界范围内进行虚假宣传，来达到提高公司社会形象的目的。

解析：《广告法》规定：广告应当真实、合法，符合社会主义精神文明建设的要求；广告不得含有虚假的内容，不得欺骗和误导消费者。《广告管理条例》规定：广告内容必须真实、健康、清晰、明白，不得以任何形式欺骗用户和消费者。本案中，A 公司谎称通过 ISO 9001 质量管理体系认证，将原来只有 10 人、年营业额 200 万元的经营规模，加以数十倍的夸大，通过网络广告在全世界范围内进行虚假宣传，来达到提高公司社会形象的目的。很显然，广告内容是不真实的，含有大量虚假的内容，严重欺骗和误导了用户和消费者，损害了其他经营者的合法权益，扰乱了正常的市场经济秩序。

任务 4　价格法律制度与实务

【任务导入】

2001 年 8 月 1 日，国家有关部门放开黄金饰品价格后，某市黄金饰品市场开始了激烈的价格竞争。原先由政府定价的千足金价格从每克 103 元迅速跌落，分别降至每克 86 元、85 元不等。

8 月 2 日，为了避免因竞争引起的价格下跌，该市 13 家黄金饰品企业通过协商达成口头协议：从 8 月 6 日起，本市市场千足金的“基准价”确定为每克 96 元。于是，自 8 月 6 日起，这 13 家金饰品企业都亮出了不低于每克 96 元的价格。这 13 家企业都是各自独立的法人，在市场竞争中属于竞争对手，而且它们的黄金销量占该市 80%的市场份额。

请问：这 13 家黄金饰品企业的行为是否合法？

相关知识

一、价格和价格法概述

（一）价格概述

价格是商品价值的货币表现，价值是价格的本质。价格有广义和狭义之分。广义的价格包括商品价格、服务价格和生产要素价格；狭义的价格是指生产要素价格之外的商品价格和服务价格。我国《价格法》调整的是狭义的价格。

目前，我国除极少数不宜在市场竞争中形成价格的商品和服务实行政府定价及政府指导价外，大多数商品和服务的价格已由市场调节，由经营者自主制定。

（二）价格法概述

价格法是调整价格的制定、执行、监督、检查而发生各种经济关系的法律规范的总称。经第八届全国人民代表大会常务委员会第二十九次会议审议通过，自 1998 年 5 月 1 日起施行的《中华人民共和国价格法》，是调整我国价格关系的基本法律。

价格关系是价格法的调整对象。具体来讲，价格关系包括以下几种价格关系：

（1）各级人民政府价格主管部门，其他有关部门在制定、调整和执行商品价格和服务价格中所发生的价格关系。

（2）经营者在自主定价过程中与政府价格主管部门、其他有关部门，行业组织在价格指导、监督检查过程中所发生的价格关系。

（3）各级人民政府价格主管部门，其他有关部门和经营者之间因执行或违反价格法律、法规和政策而发生的价格关系。

二、经营者的价格行为

《价格法》规定了经营者定价的基本原则和定价依据，明确指出：经营者定价，应当遵循公平、合法和诚实信用的原则，定价的基本依据是生产经营成本和市场供求状况。

经营者进行价格活动，享有下列权利：自主制定属于市场调节的价格；在政府指导价规定的幅度内制定价格；制定属于政府指导价、政府定价产品范围内的新产品的试销价格，特定产品除外；检举、控告侵犯其依法自主定价权利的行为。

经营者应当努力改进生产经营管理，降低生产经营成本，为消费者提供价格合理的商品和服务，并在市场竞争中获取合法利润；经营者应当根据其经营条件建立、健全内部价格管理制度，准确记录与核定商品和服务的生产经营成本，不得弄虚作假；经营者进行价格活动，应当遵守法律、法规，执行依法制定的政府指导价、政府定价和法定的价格干预措施、紧急措施；经营者销售、收购商品和提供服务，应当按照政府价格主管部门的规定明码标价，注明商品的品名、产地、规格、等级、计价单位、价格或者服务的项目、收费标准等有关情况；经营者不得在标价之外加价出售商品，不得收取任何未予标明的费用。

经营者不得有下列不正当价格行为：

（1）相互串通，操纵市场价格，损害其他经营者或者消费者的合法权益。

（2）在依法降价处理鲜活商品、季节性商品、积压商品等商品外，为了排挤竞争对手或者独占市场，以低于成本的价格倾销，扰乱正常的市场经营秩序，损害国家利益或者其他经营者的合法权益。

（3）捏造、散布涨价信息，哄抬价格，推动商品价格过高上涨的。

（4）利用虚假的或者使人误解的价格手段，诱骗消费者或者其他经营者与其进行交易。

（5）提供相同商品或者服务，对具有同等交易条件的其他经营者实行价格歧视。

（6）采取抬高等级或者压低等级等手段收购、销售商品或者提供服务，变相提高或者压低价格。

（7）违反法律、法规的规定牟取暴利。

（8）法律、行政法规禁止的其他不正当价格行为。

此外，《价格法》还规定各类中介机构提供有偿服务收取费用，经营者销售进口商品、收购出口商品，行业组织的经济活动，均应当遵守价格法律、法规，加强价格自律，接受政府价格主管部门的工作指导。

三、价格监督检查

价格监督检查，是指价格主管部门依法对价格管理相对人遵守价格法律、法规、规章、政策情况所进行的监督检查活动。

价格监督检查的主体是县级以上人民政府的价格主管部门。

根据《价格法》，政府价格主管部门进行价格监督检查时，可以行使下列职权：

（1）询问当事人或者有关人员，并要求其提供说明材料和与价格违法行为有关的其他资料。

（2）查询、复制与价格违法行为有关的账簿、单据、凭证、文件及其他资料，核对与价格违法行为有关的银行资料。

（3）检查与价格违法行为有关的财物，必要时可责令当事人暂停相关营业。

（4）在证据可能灭失或者以后难以取得的情况下，可以依法先行登记保存，当事人或者有关人员不得转移、隐匿或者销毁。

此外，在价格监督检查中，经营者和工作人员有下列义务：

（1）经营者接受政府价格主管部门的监督检查时，应当如实提供价格监督检查所必需的账簿、单据、凭证、文件以及其他资料。

（2）政府部门价格人员不得将依法取得的资料或者了解的情况用于依法进行价格管理以外的任何其他目的，不得泄露当事人的商业秘密。

案例分析

2014 年 3 月 29 日，郑州某中专两名女生到某美容美发公司理发。两人选择了每人 38 元的“洗剪吹”，不料结账时却被告知，她们一共消费了 1.2 万元。两名女生不得不向 35 名同学借钱，凑够 9 800 元办了张该店的“钻石卡”，才得以脱身。

请问：该公司的行为属于何种不正当价格行为？

解析：该公司的行为属于价格欺诈行为。《价格法》第 14 条第 4 款规定经营者不得有“利用虚假的或者使人误解的价格手段，诱骗消费者或者其他经营者与其进行交易”的不正当价格行为。

任务 5　消费者权益保护法律制度与实务

【任务导入】

2014 年 3 月，刘某在某商场购买了“某牌净白洁面乳一支”，价款为人民币 39 元。从商品包装上可得知该产品具有“减淡皮肤色素、淡化色斑、防止色素沉着”等功效。但刘某事后在卫生部网站上查找得知“具有特殊用途的化妆品，必须经国务院卫生行政部门批准，取得特种化妆品批准文号后方可销售。特殊化妆品是指用于育发、烫发、祛斑、防晒的化妆品”。而在刘某购买的产品上没有标注特殊用途产品证号，在卫生部网站上也查找不到该商品生产证号，所以可以证实该商品声称能“减淡色素、淡化色斑”是没有合法依据的。

请问：刘某应如何保护自己的合法权益？

相关知识

一、消费者和消费者权益保护法概述

（一）消费者概述

消费者为生活消费需要购买、使用商品或者接受服务的，适用《消费者保护法》。所谓消费者，是指为个人生活消费需要购买、使用商品和接受服务的自然人。这与国际上的通说是一致的。国际标准化组织消费者政策委员会将消费者定义为“为了个人目的购买或者使用商品和接受服务的个体社会成员”。因为，分散的、单个的自然人，在市场中处于弱者地位，需要法律的特殊保护。所以，从事消费活动的社会组织、企事业单位不属于《消费者保护法》意义上的“消费者”。

农民购买、使用直接用于农业生产的生产资料时，参照《消费者保护法》执行。消费者保护法的宗旨在于保护作为经营者对立面的特殊群体——消费者的合法权益。农民购买直接用于农业生产的生产资料，虽然不是为个人生活消费，但是作为经营者的相对方，其弱者地位是不言而喻的。所以，《消费者保护法》第 62 条将农民购买、使用直接用于农业生产的生产资料行为纳入该法的保护范围。

经营者为消费者提供其生产、销售的商品或者提供服务，适用《消费者保护法》。《消费者保护法》以保护消费者利益为核心，在处理经营者与消费者的关系时，经营者首先应当遵守该法的有关规定；该法未做规定的，应当遵守其他有关法律、行政法规的规定。

（二）消费者权益保护法概述

消费者权益保护法是指调整在保护消费者权益过程中所发生的社会关系的法律规范的总称。

1993 年 10 月 31 日第八届全国人民代表大会常务委员会第四次会议通过，自 1994 年 1 月 1 日起施行的《中华人民共和国消费者权益保护法》，是我国保护消费者权益的基本法律。此后，2009 年 8 月 27 日第十一届全国人民代表大会常务委员会第十次会议进行了第一次修正，2013 年 10 月 25 日第十二届全国人民代表大会常务委员会第五次会议进行第二次修正。修正后的法律明确提出国家倡导文明、健康、节约资源和保护环境的消费方式，反对浪费。该法具有以下特点：以专章规定消费者的权利，表明该法以保护消费者权益为宗旨；规定经营者与消费者进行交易时应当遵循自愿、平等、公平、诚实信用的原则，特别强调经营者的义务；鼓励、动员全社会为保护消费者合法权益共同承担责任，对损害消费者权益的不法行为进行全方位监督；重视对消费者的群体性保护，规定了消费者组织的法律地位。

二、消费者的权利与经营者的义务

（一）消费者的权利

消费者的权利，是指在生活消费活动中，消费者依法享有的各项权利。《消费者权益保护法》为消费者设立了九项权利。

1．安全保障权

消费者在购买、使用商品和接受服务时享有人身、财产安全不受损害的权利。

2．知悉真情权

消费者享有知悉其购买、使用的商品或者接受的服务的真实情况的权利。消费者有权根据商品或者服务的不同情况，要求经营者提供商品的价格、产地、生产者、用途、性能、规格、等级、主要成分、生产日期、有效期限、检验合格证明、使用方法说明书、售后服务，或者服务的内容、规格、费用等有关情况。

3．自主选择权

消费者享有自主选择商品和服务的权利，包括：①有权自主选择提供商品或者服务的经营者；②有权自主选择商品品种或者服务方式；③有权自主决定是否购买任何一种商品或是否接受任何一项服务；④有权对商品或服务进行比较，鉴别和选择。经营者不得以任何方式干涉消费者行使自主选择权。

4．公平交易权

公平交易是指经营者与消费者之间的交易应在平等的基础上达到公正的结果。公平交易权体现在两个方面：一是交易条件公平，即消费者在购买商品或接受服务时，有权获得质量保证、价格合理、计量正确等公平交易条件；二是不得强制交易，消费者有权按照真实意愿从事交易活动，对经营者的强制交易行为有权拒绝。

5．获取赔偿权

获取赔偿权也称消费者的求偿权，消费者因购买、使用商品或者接受服务受到人身、财产损害的，享有依法获得赔偿的权利。享有求偿权的主体包括：商品的购买者、使用者；服务的接受者；第三人，指消费者之外的因某种原因在事故发生现场而受到损害的人。求偿的内容包括：人身损害的赔偿，无论是生命健康还是精神方面的损害均可要求赔偿；财产损害的赔偿，依照《消费者权益保护法》及《合同法》等相关法律的规定，包括直接损失及可得利益的损失。

6．结社权

消费者享有依法成立维护自身合法权益的社会团体的权利。目前，中国消费者协会及地方各级消费者协会已经成立。实践证明，消费者组织的工作对推动我国消费者运动的健康发展，沟通政府与消费者的联系，解决经营者与消费者的矛盾，更加充分地保护消费者权益，起到了积极的作用。

7．获得相关知识权

消费者享有获得有关消费和消费者权益保护方面的知识的权利。消费知识主要指有关商品和服务的知识；消费者权益保护知识主要指有关消费者权益保护方面及权益受到损害时如何有效解决方面的法律知识。消费者应当努力掌握所需商品或者服务的知识和使用技能，正确使用商品，提高自我保护意识。

8．受尊重权

消费者在购买、使用商品和接受服务时，享有其人格尊严、民族风俗习惯得到尊重的权利。人格权是消费者人身权的主要组成部分。尊重他人的人格尊严和不同民族的风俗习惯，是一个国家和社会文明进步的重要标志，也是法律对人权保障的基本要求。我国是一个多民族国家，尊重各个民族尤其是少数民族的风俗习惯，关系到全国的安定团结，关系到各民族的长久和睦。《消费者权益保护法》将人格尊严和民族风俗习惯专条加以规定，是对消费者精神权利的有力保障，也是党和国家民族政策在法律上的体现。

9．监督批评权

消费者享有对商品和服务以及保护消费者权益工作进行监督的权利。监督权是上述各项权利的必然延伸，对消费者权利的切实实现至关重要。这种监督权的表现，一是有权对经营者的商品和服务进行监督，在权利受到侵害时有权提出检举或控告；二是有权对国家机关及工作人员的监督，对其在保护消费者权益工作中的违法失职行为进行检举、控告；三是表现为对消费者权益工作的批评、建议权。

（二）经营者的义务

在消费法律关系中，消费者的权利就是经营者的义务。为了有效地保护消费者的权益，约束经营者的经营行为，《消费者权益保护法》不仅专章规定了消费者的权利，还专章规定了经营者的义务。

1．履行法定义务及约定义务

经营者向消费者提供商品和服务，应依照法律、法规的规定履行义务。双方有约定的，应按照约定履行义务，但双方的约定不得违法。

2．接受监督的义务

经营者应当听取消费者对其提供的商品或服务的意见，接受消费者的监督。

3．保证商品和服务安全的义务

经营者应当保证其提供的商品或服务符合保障人身、财产安全的要求。经营者应当对可能危及人身、财产安全的商品和服务，做出真实说明和明确的警示，标明正确使用及防止危害发生的方法。经营者发现其提供的商品或者服务存在严重缺陷，即使正确使用或接受服务仍然可能对人身、财产造成危害的，应立即向政府有关部门报告和告知消费者，并采取相应的防范措施。宾馆、商场、餐馆、银行、机场、车站、港口、影剧院等经营场所的经营者，应当对消费者尽到安全保障义务。

4．提供真实信息的义务

经营者应当向消费者提供有关商品和服务的真实信息，不得作引人误解的虚假宣传。真实的信息是消费者自主选择商品或服务的前提和基础，经营者不得以虚假宣传误导甚至欺骗消费者。对消费者关于质量、使用方法等问题的询问，经营者应做出明确的、完备的、符合实际的答复。此外，商店提供商品应明码标价，即明确单位数量的价格，以便于消费者选择，同时防止经营者在单位数量或重量价格上随意更改。

5．标明真实名称和标记的义务

经营者应当标明其真实名称和标记。租赁他人柜台或者场地的经营者，应当标明其真实名称和标记。经营者的名称和标记，其主要功能是区别商品和服务的来源。如果名称和标记不实，就会使消费者误认，无法正确选择喜欢或信任的经营者。在发生纠纷时，则无法准确地确定求偿主体。对租赁柜台或场地的行为，该条强调承租方有义务标明自己的真实名称和标记，目的在于区分承租方和出租方，一旦发生责任问题，便于确定责任承担者。

6．出具凭证或单据的义务

经营者提供商品或者服务，应按照国家规定或商业惯例向消费者出具购货凭证或者服务单据；消费者索要购货凭证或者单据的，经营者必须出具。

7．保证质量的义务

经营者有义务保证商品和服务的质量。该义务体现在两个方面：第一，经营者应当保证在正常使用商品或者接受服务的情况下其提供的商品或者服务应当具有的质量、性能、用途和有效期限；但消费者在购买该商品或者接受服务前已经知道其存在瑕疵的除外。第二，经营者以广告、产品说明、实物样品或者其他方式表明商品或者服务的质量状况的，应当保证提供的商品或者服务的实际质量与表明的质量状况相符。

8．履行“三包”或其他责任的义务

经营者提供的商品或者服务不符合质量要求的，消费者可以依照国家规定、当事人约定退货，或者要求经营者履行更换、修理等义务。没有国家规定和当事人约定的，消费者可以自收到商品之日起七日内退货;七日后符合法定解除合同条件的，消费者可以及时退货，不符合法定解除合同条件的，可以要求经营者履行更换、修理等义务。依照前款规定进行退货、更换、修理的，经营者应当承担运输等必要费用。

9．不得单方做出对消费者不利规定的义务

经营者不得以格式合同、通知、声明、店堂告示等方式做出对消费者不公平、不合理的规定，或者减轻、免除其损害消费者合法权益应当承担的民事责任。格式合同是经营者单方拟定的，消费者或者只能接受，而无改变其内容的机会；或者只能拒绝，但却无法实现或难以实现消费需求，当该经营者处于独家垄断时更是如此。经营者做出的通知、声明、店堂告示等亦属于单方意思表示，侧重于保护经营者的利益。因此，在上述情况下，经营者的格式合同、通知、声明、店堂告示等含有对消费者不公平、不合理规定的，或者减轻、免除其损害消费者合法权益应当承担的民事责任的，其内容无效。

10．不得侵犯消费者人格权的义务

消费者的人格尊严和人身自由理应依法获得保障。经营者不得对消费者进行侮辱、诽谤，不得搜查消费者的身体及其携带的物品，不得侵犯消费者的人身自由。

11．网络等方式经营者及金融服务经营者的信息提供义务

采用网络、电视、电话、邮购等方式提供商品或者服务的经营者，以及提供证券、保险、银行等金融服务的经营者，应当向消费者提供经营地址、联系方式、商品或者服务的数量和质量、价款或者费用、履行期限和方式、安全注意事项和风险警示、售后服务、民事责任等信息。

12．保护消费者个人信息的义务

经营者应当按照合法、正当、必要、公开及明示的原则收集和使用消费者的个人信息，确保个人信息安全，未经同意不得发送商业信息。该项义务主要包括：（1）经营者收集、使用消费者个人信息，应当遵循合法、正当、必要的原则，明示收集、使用信息的目的、方式和范围，并经消费者同意。（2）经营者收集、使用消费者个人信息，应当公开其收集、使用规则，不得违反法律、法规的规定和双方的约定收集、使用信息。（3）经营者及其工

作人员对收集的消费者个人信息必须严格保密，不得泄露、出售或者非法向他人提供。(4) 经营者应当采取技术措施和其他必要措施，确保信息安全，防止消费者个人信息泄露、丢失。在发生或者可能发生信息泄露、丢失的情况时，应当立即采取补救措施。(5) 经营者未经消费者同意或者请求，或者消费者明确表示拒绝的，不得向其发送商业性信息。

三、消费争议的解决

（一）争议解决的途径

消费者和经营者发生权益争议的，可以通过下列途径解决。

1．与经营者协商和解

当消费者和经营者因商品或服务发生争议时，协商和解应作为首选方式，特别是因误解产生的争议，通过解释、谦让及其他补救措施，便可化解矛盾，平息争议。协商和解必须在自愿平等的基础上进行。重大纠纷，双方立场对立严重，要求相去甚远的，可寻求其他解决方式。

2．请求消费者协会或者依法设立的其他调解组织调解

消费者协会是依法成立的对商品和服务进行社会监督的保护消费者合法权益的社会团体。《消费者权益保护法》明确消费者协会具有七项职能，其中之一是对消费者的投诉事项进行调查、调解。消费者协会作为保护消费者权益的社会团体，调解经营者和消费者之间的争议，应依照法律、行政法规及公认的商业道德从事，并由双方自愿接受和执行。

3．向有关行政部门投诉

政府有关行政部门依法具有规范经营者的经营行为，维护消费者合法权益和市场经济秩序的职能。消费者权益争议涉及的领域很广，当权益受到侵害时，消费者可根据具体情况，向不同的行政职能部门，如物价部门、工商行政管理部门、技术质量监督部门等提出申诉，求得行政救济。

4．根据与经营者达成的仲裁协议提请仲裁机构仲裁

消费权益争议亦可通过仲裁途径予以解决。争议的双方可以在他们的合同中订立仲裁条款，也可以在争议发生后达成仲裁的书面协议，提交仲裁机构仲裁。

5．向人民法院提起诉讼

诉讼是最强有力的争议解决方法，通过其他方法解决不了的消费争议，都可以通过诉讼得到解决。

（二）解决争议的几项特定规则

（1）消费者在购买、使用商品时，其合法权益受到损害的，可以向销售者要求赔偿。销售者赔偿后，属于生产者的责任或者属于向销售者提供商品的其他销售者的责任的，销售者有权向生产者或者其他销售者追偿。

（2）消费者或者其他受害人因商品缺陷造成人身、财产损害的，可以向销售者要求赔偿，也可以向生产者要求赔偿。属于生产者责任的，销售者赔偿后。有权向生产者追偿。属于销售者责任的，生产者赔偿后，有权向销售者追偿。此时，销售者与生产者被看做一个整体，对消费者承担连带责任。

（3）消费者在接受服务时，其合法权益受到损害时，可以向服务者要求赔偿。

（4）消费者在购买、使用商品或者接受服务时，其合法权益受到损害，因原企业分立、

合并的可以向变更后承受其权利义务的企业要求赔偿。

（5）出租、出借营业执照或租用、借用他人营业执照是违反工商行政管理法规的行为。《消费者权益保护法》规定：使用他人营业执照的违法经营者提供商品或者服务，损害消费者合法权益的，消费者可向其要求赔偿，也可以向营业执照的持有人要求赔偿。

（6）消费者在展销会、租赁柜台购买商品或者接受服务，其合法权益受到损害的，可以向销售者或服务者要求赔偿。展销会结束或者柜台租赁期满后，也可以向展销会的举办者、柜台的出租者要求赔偿。展销会的举办者、柜台的出租者赔偿后，有权向销售者或者服务者追偿。

（7）消费者通过网络交易平台购买商品或者接受服务，其合法权益受到损害的，可以向销售者或者服务者要求赔偿。网络交易平台提供者不能提供销售者或者服务者的真实名称、地址和有效联系方式的，消费者也可以向网络交易平台提供者要求赔偿；网络交易平台提供者做出更有利于消费者的承诺的，应当履行承诺。网络交易平台提供者赔偿后，有权向销售者或者服务者追偿。网络交易平台提供者明知或者应知销售者或者服务者利用其平台侵害消费者合法权益，未采取必要措施的，依法与该销售者或者服务者承担连带责任。

（8）当消费者因虚假广告而购买、使用商品或者接受服务时，若合法权益受到损害，可以向利用虚假广告提供商品或服务的经营者要求赔偿。广告的经营者发布虚假广告的，消费者可以请求行政主管部门予以惩处。广告的经营者不能提供经营者的真实名称、地址的，应当承担赔偿责任。

四、法律责任

《消费者权益保护法》以其独特的价值尺度，规定消费者享有九项权利，经营者负有十项义务，使原本强弱悬殊的利益群体之间趋于平衡。当消费者的权益因经营者的原因无法行使或受到损害时，《消费者权益保护法》规定可采取相应的措施对违法者予以制裁。《消费者权益保护法》第七章对侵害消费者合法权益的行为进行了区分，根据不同情况，规定经营者应分别或者同时承担民事责任、行政责任和刑事责任。

（一）民事责任

1．一般规定

经营者提供商品或者服务有下列情形之一的，除本法另有规定外，应当依照《产品质量法》和其他有关法律、法规的规定，承担民事责任：①商品存在缺陷的；②不具备商品应当具备的使用性能而出售时未作说明的；③不符合在商品或者其包装上注明采用的商品标准的；④不符合商品说明、实物样品等方式表明的质量状况的；⑤生产国家明令淘汰的商品或者销售失效、变质的商品的；⑥销售的商品数量不足的；⑦服务的内容和费用违反约定的；⑧对消费者提出的修理、重作、更换、退货、补足商品数量、退还货款和服务费用或者赔偿损失的要求，故意拖延或者无理拒绝的；⑨法律、法规规定的其他损害消费者权益的情形。

当侵犯消费者权益的行为同时符合《消费者权益保护法》和《民法通则》、《合同法》等普通民事法律的民事责任要件时，消费者有权选择适用《消费者权益保护法》请求保护。

2．特殊规定

（1）“三包”责任。《消费者权益保护法》第24条明确规定，对国家规定或者经营者与消费者约定包修、包换、包退的商品，经营者应当负责修理、更换或者退货。在保修期内两次修理仍不能正常使用的，经营者应当负责更换或者退货。对于“三包”的大件商品，消费者要求经营者修理、更换、退货的，经营者应当承担运输等合理费用。

（2）邮购商品的民事责任。以邮购方式买卖商品是现代社会商品销售的一种手段。由于买卖双方并不直接见面，作为购买方的消费者又无力调查经营方的资信和实力，往往货款寄出，却得不到满意的商品，甚至根本得不到商品。为此，《消费者权益保护法》规定，经营者以邮购方式提供商品的，应当按照约定提供。未按照约定提供的，应当按照消费者的要求履行约定或者退回货款；并应当承担消费者必须支付的合理费用。

（3）预收款方式提供商品或服务的责任。在某些情况下，经营者先预收部分款项，提供商品或服务后再与消费者进行结算。《消费者权益保护法》第 53 条规定，经营者以预收款方式提供商品或服务的，应当按照约定提供。未按照约定提供的，应依照消费者的要求履行约定或者退回预付款；并应当承担预付款的利息、消费者必须支付的合理费用。

（4）消费者购买的商品，依法经有关行政部门认定为不合格的，消费者可以要求退货，经营者应当负责退货，而不得无理拒绝。根据这一规定，一般商品，发现问题后应经过修理、更换，仍无法使用的再予以退货；对不合格商品，只要消费者要求退货，经营者即应负责办理，不得以修理、更换或者其他借口延迟或者拒绝消费者退货要求。

3．因提供商品或服务造成人身伤害、人格受损、财产损失的民事责任及赔偿范围

（1）人身伤害的民事责任。经营者提供商品或服务，造成消费者或其他人受伤、残疾、死亡的，应承担下列责任：①造成消费者或者其他受害人人身伤害的，应当支付医疗费、治疗期间的护理费、因误工减少的收入等费用；②造成残疾的，除上述费用外，还应支付残疾者生活自助具费、生活补助费、残疾赔偿金以及由其扶养的人所必需的生活费等费用；③造成消费者或其他受害人死亡的，应当支付丧葬费、死亡赔偿金以及由死者生前扶养的人所必需的生活费用。

（2）侵犯消费者人格尊严、人身自由的民事责任。《消费者权益保护法》第 14 条规定消费者享有人格尊严，第 27 条规定经营者不得对消费者侮辱、诽谤，不得侵犯消费者的人身自由。违反上述规定的，经营者应当停止侵害、恢复名誉、消除影响、赔礼道歉，并赔偿损失。

（3）财产损害的民事责任。经营者提供商品或者服务，造成消费者财产损害的，应当以修理、重作、更换、退货、补足商品数量、退还货款和服务费用或者赔偿损失等方式承担民事责任。同时《消费者权益保护法》承认并尊重消费者与经营者的自由订约权。当双方对财产损害的补偿有约定的，可按照约定履行。

4．对欺诈行为的惩罚性规定。《消费者权益保护法》第 55 条规定：经营者提供商品或者服务有欺诈行为的，应当按照消费者的要求增加赔偿其受到的损失，增加赔偿的金额为消费者购买商品的价款或者接受服务的费用的三倍；增加赔偿的金额不足五百元的，为五百元。

（二）行政责任

经营者有下列情形之一，《中华人民共和国质量法》和其他有关法律、法规对处罚机关和处罚方式有规定的，仿照法律、法规的规定执行；法律、法规未作规定的，由工商行政管理部门责令改正，可以根据情节单处或者并处警告、没收违法所得、处以违法所得 1

倍以上5倍以下的罚款，没收违法所得的，处以1万元以下的罚款；情节严重的，责令停业整顿、吊销营业执照：①生产、销售的商品不符合保障人身、财产安全要求的；②在商品中掺杂、掺假，以假充真，以次充好，或者以不合格商品冒充合格商品的；③生产国家明令淘汰的商品或者销售失效、变质的商品的；④伪造商品的产地，伪造或者冒用他人的厂名、厂址，伪造或者冒用认证标志、名优标志等质量标志的；⑤销售的商品应当检验、检疫而未检验、检疫或者伪造检验、检疫结果的；⑥对商品或者服务作引人误解的虚假宣传的；⑦对消费者提出的修理、重作、更换、退货、补足商品数量、退还货款和服务费用或者赔偿损失的要求故意拖延或者无理拒绝的；⑧侵犯消费者人格尊严或者侵犯消费者人身自由的；⑨法律、法规规定的对损害消费者权益应当予以处罚的其他情形。

（三）刑事责任

违反《消费者权益保护法》，构成犯罪的行为包括：①经营者提供商品或者服务，造成消费者或其他受害人受伤、残疾、死亡的；②以暴力、威胁等方法阻碍有关行政部门工作人员依法执行职务的；③国家机关工作人员玩忽职守或者包庇经营者侵害消费者合法权益的。对这些行为应根据情节依法追究刑事责任。

案例分析

2010年4月21日，武汉餐饮行业协会、武汉市消费者协会和武汉市个体私营企业协会共同发布了《武汉市餐饮行业经营规范》。该《规范》明确规定，餐饮企业有权接受或谢绝餐饮消费者自带酒水和食品进入餐厅享用，有权对消费者自带的酒水和食品收取相应的服务费。“谢绝自带酒水”因此从潜规则变身“行业规范”。

请问：“谢绝自带酒水”这一行规侵犯了《消费者权益保护法》赋予消费者的什么权利？

解析：这一行规侵犯了《消费者权益保护法》赋予消费者的自由选择权和公平交易权。《消费者权益保护法》规定：“消费者享有自主选择商品或者服务的权利。消费者有权自主选择提供商品或者服务的经营者，自主选择商品品种或者服务方式，自主决定购买或者不购买任何一种商品、接受或者不接受任何一项服务。消费者在自主选择商品或者服务时，有权进行比较、鉴别和挑选。”“消费者享有公平交易的权利。消费者在购买商品或者接受服务时，有权获得质量保障、价格合理、计量正确等公平交易条件，有权拒绝经营者的强制交易行为。”

模块小结

反不正当竞争法是国家制定的旨在制止不正当竞争行为的法律，主要规定了经营者不得从事的各种不正当竞争行为，包括假冒行为、限购排挤行为、滥用政府权力限制竞争行为、商业贿赂行为、虚假宣传行为、侵犯商业秘密行为、低价竞销排挤竞争对手行为、搭售与附加其他不合理条件而销售商品的行为、不正当有奖销售行为、诋毁商业信誉行为、串通招标投标行为；为保证产品质量，国家实行产品质量检验制度、标准化制度、企业质量体系认证制度、产品质量认证制度、产品质量监督制度等，同时规定了产品的生产者、销售者的产品质量责任和义务；广告活动必须依法进行，广告法主要介绍了广告准则、广告活动、广告审查应遵守的法律规定；在市场经济条件下，企业可以自主决定产品的价格，实施自己的价格策略，但企业的价格行为必须合法，否则要承担相应的法律责任；消费者权益保护法主要规定了消费者的权利和经营者的义务，消费争议解决的途径以及生产者、经营者的侵权行为的法律责任等。

完成检验

一、单项选择题

1. 下列属于我国产品质量法所称产品的是（　　）。

A．初级农产品　　B．天然形成的物品　　C．房屋　　D．电

2. 某厂开发一种新型节能炉具，先后制造出 10 件样品，后样品有 6 件丢失。当年某户居民的燃气罐发生爆炸，查明原因是使用了某厂丢失的 6 件样品炉具中的一件，而该炉具存在重大缺陷。该户居民要求某厂赔偿损失，某厂不同意赔偿，下列理由中哪一个最能支持某厂立场？（　　）

A．该炉具尚未投入流通

B．该户居民如何得到炉具的事实不清

C．该户居民偷盗样品，由此造成的损失应由其自负

D．该户居民应向提供给其炉具的人索赔

3. 我国《反不正当竞争法》规定的不正当竞争行为的主体是（　　）。

A．所有者　　B．使用者　　C．经营者　　D．消费者

4. 根据《反不正当竞争法》规定，抽奖式的有奖销售，最高奖的金额不得超过（　　）元。

A．1 000　　B．3 000　　C．5 000　　D．1 000

5. 我国《反不正当竞争法》规定的经营者的“三包”义务不包括（　　）。

A．包修　　B．包退　　C．包送　　D．包换

6.《消费者权益保护法》的调整对象为（　　）。

A．所有消费　　B．生活消费　　C．生产消费　　D．企业消费

7. 某消费者因啤酒瓶爆炸造成身体上的伤害，他的（　　）受到侵犯。

A．保障安全权　　B．知悉真情权　　C．公平交易权　　D．自主选择权

8. 某女士因面容奇丑，去某酒家消费，被酒家保安阻拦不让进入，则该酒家侵犯了该女士的（　　）。

A．自主选择权　　B．保障安全权　　C．公平交易权　　D．获得尊重权

9. 下列药品，不得发布广告的是（　　）。

A．中药饮片　　B．中成药　　C．中药　　D．放射性药品

10.《价格法》规定经营者定价的基本依据是（　　）。

A．生产经营成本和市场供求状况　　B．社会平均成本

C．市场供求状况　　D．平均利润率

二、多项选择题

1. 下列产品中存在《产品质量法》所称的“缺陷”的有（　　）？
   A. 致人中毒的假酒
   B. 口感不佳的劣酒
   C. 易醉人的高度酒
   D. 突然爆炸炸坏家具的汽酒（爆炸原因为气压过高）
2. 下列产品中应有警示标志或中文警示说明的有（　　）？
   A. 有副作用的药品　　B. 需稀释方可使用的农药
   C. 易燃易爆物　　D. 书籍
3. 根据《消费者权益保护法》的规定，可以确定为消费者行为的是（　　）？
   A. 某高校购买50万元的百货产品分发给教职员工
   B. 农民刘某买农膜为砖窑遮雨
   C. 某食品加工厂购买50斤榨菜
   D. 小波抽奖免费参加招商旅行社组织的赴黑龙江亚布力观雪景活动
4. 下列属于不正当竞争行为的是（　　）。
   A. 季节性降价行为
   B. 商业贿赂行为
   C. 最高奖额为3 000元的有奖销售行为
   D. 侵犯他人商业秘密的行为
5. 依照我国《消费者权益保护法》的规定，以下不属于经营者义务的有（　　）。
   A. 提供样品的义务　　B. 出具凭证的义务
   C. 帮助挑选商品的义务　　D. 标明名称、标志的义务
6. 消费者的权利有（　　）。
   A. 保障安全权　　B. 依法求偿权　　C. 公平交易权　　D. 知悉真情权
7. 下列各项中，不属于《广告法》调整范围的是（　　）。
   A. 公益广告　　B. 商业广告　　C. 婚介广告　　D. 非商业广告
8. （　　）等特殊药品不得做广告。
   A. 麻醉药品　　B. 精神药品　　C. 毒性药品　　D. 放射性药品
9. 我国《价格法》规定的价格形式有（　　）。
   A. 政府定价　　B. 政府调节价　　C. 市场调节价　　D. 政府指导价
10. 生产者能够证明（　　）的，可免除产品责任。
    A. 未将产品投入流通
    B. 将产品投入流通时的科学技术水平尚不能发现缺陷存在的
    C. 产品投入流通时，引起损害的缺陷尚不存在的
    D. 由于销售者的过错使产品存在缺陷的

三、判断题

1. 顾客购买两条毛巾索要发票，经营者可以以“小额商品，不开发票”为由予以拒绝。（　　）
2.《消费者权益保护法》所称的消费，既包括生产消费，也包括生活消费。（　　）

3．经营者不得采取抬高等级或者压低等级等手段收购、销售商品或者提供服务，变相提高或者压低价格。（　　）

4．经营者不得搜查消费者的身体及其携带的物品。（　　）

5．消费者在购买、使用商品时，其合法权益受到损害的、只能向生产者要求赔偿，不得向销售者要求赔偿。（　　）

6．任何情况下，以低于成本的价格销售商品均违反《反不正当竞争法》的规定。（　　）

7．“买一赠一”活动中，如果赠品存在质量问题，则商家不用承担法律责任，因为赠品是消费者无偿取得的。（　　）

8．商业贿赂属于不正当竞争行为。（　　）

9．商场在节假日举办的所有有奖销售活动都属于不正当竞争行为。（　　）

10．根据《产品质量法》的规定，因产品存在缺陷造成损害要求赔偿的诉讼时效期间为 2 年。（　　）

四、案例分析题

1．某市东方商场时装部为了盘活资金，加速流通，决定于 2014 年 5 月 1 日起举行为期 15 天的皮服降价有奖销售活动。商场的公告中宣称：从 5 月 1 日到 5 月 15 日，时装柜台的皮服原价 2 200 元一件的降价为 500 元一件，原价 1 800 元一件的降价为 320 元一件，凡购买本商场的皮衣一件的可得奖券一张，每张可参加抽奖一次，设特等奖一名，奖金 8 000 元；一等奖二名，奖金人民币 3 000 元……在东方商场有奖销售过程中，邻近的天龙商场向市工商行政管理机关投诉称东方商场的皮服降价有奖销售行为是不正当竞争。工商行政管理机关调查中发现：东方商场皮服降价后低于其成本价。请问：

（1）东方商场降价销售行为是否构成低价倾销行为？为什么？

（2）东方商场的有奖销售活动是否合法？为什么？

2．江苏的一个保温瓶厂在新闻发布会上，公布了一条“惊世骇俗”的消息，他们说我国百姓几十年来一直使用的保温瓶胆存在着砒霜渗透的问题。他们为了弥补这一缺陷，经过几年的研制，生产出无毒的“金胆”，安全、可靠，是保温瓶生产的一次革命。这一消息引起广大消费者的关注，很多商场也开始关心这一问题，大家纷纷打听如何购买所谓的“金胆”。这家企业又及时地发出广告，开展“金胆”换“银胆”的销售活动，消费者只要交两元钱就可以用一个“银胆”换一个“金胆”，厂家大发其财。但是，与此同时，全国各地的“银胆”销售受到影响，厂家大量积压产品。另外，很多外国商人闻及此讯，也纷纷发出退货、解除合同等电文和传真。江苏某保温瓶厂“金胆”产品的宣传、广告及销售方法，冲击了其他生产保温瓶厂家的生产、经营，给这些企业造了巨大的经济损失，触怒了许多生产“银胆”的厂家，纷纷要求工商行政管理部门、各级技术监督管理部门调查有关事实真相，为“银胆”平反。经过江苏省技术监督部门的技术鉴定，做出如下结论：一、普通的保温瓶所使用的“银胆”根本不存在砒霜渗透的问题；二、所谓的“金胆”和普通保温瓶使用的“银胆”在原材料、设计方法、外形、制造工艺等方面都完全一样。当地的工商行政部门经过调查也发现该保温瓶厂生产的所谓“金胆”实际上就是用换来的“银胆”冒充的；鉴于此，有关部门做出了如下处罚：一、责令该厂立即停止违法行为；二、在全国性的报纸杂志上登报一个月，澄清事实的真相，消除影响；三、赔偿“银瓶”生产厂家的经济损失；四、处以20万元的罚款。请问：该案涉及经营者的虚假宣传行为是否构成不正当竞争？应如何承担法律责任？

3．1995年6月2日，石家庄有线电视台广告部与重庆含羞草科技实业公司签订播出“含羞草雨水靓肤露” 化妆品广告合同，随后该台从6月5日至7月7日在《电视导购》栏目中播出该化妆品广告，宣传该化妆品为“纯中药制作，对黄褐斑、老年斑有特效”，收取广告费12 000元。石家庄有线电视台广告部工作人员在承接该化妆品广告时，只查看了广告主——重庆含羞草科技实业公司的《营业执照》，未按有关规定查验卫生行政部门核发的卫生许可证明及相关证明文件，就按照客户的要求发布了“含羞草雨水靓肤露”化妆品广告，广告中宣传该产品对黄褐斑、老年斑有治疗效能。请问：上述广告是否违反了《广告法》的规定？广告监督管理机关应如何处理？

4．2003年3月某金店开展“开业酬宾”的降价销售活动。该店宣称：在酬宾销售期间，将纯金饰品以每克118元进行销售。消费者知悉后，纷纷踊跃购买，金店的销售额直线上升。

当地的物价部门得知此情况后，多次要求该金店纠正其降价销售行为，但均遭到该金店的拒绝。市物价局经过调查发现，金店委托进行加工的黄金饰品的无税成本为每克90.26元，包括消费税在内的商品流通费用为每克12.9元，实际成本合计每克103.16元。该金店以每克118元销售纯金饰品，其中每克黄金的增值税为17.15元，扣除掉增值税，则实际销售价为100.85元。与纯金制品的实际成本相比，该金店纯金饰品的实际销售价每克比其实际成本低2.31元。市物价局认定：该金店以低于成本的价格销售纯金饰品，以排挤同行业其他经营者，扰乱了黄金饰品的市场秩序，决定对该金店处以3万元的罚款。请问：该案中某金店是否违反了《广告法》的规定？应如何承担法律责任？

5．张某在某超市购物时，看了几瓶化妆品，觉得不太满意，又放到货架上。在离开超市时，超市的保安人员怀疑张某拿了化妆品而没有结账，拦住张某并强行对张某进行搜身，并打开张某的包进行检查，因没有发现化妆品，保安人员当即对张某道歉，并解释说：“我们商店有规定，因超市采取开架售货方式，免不了要丢东西，因此要求保安人员加强管理，对有偷窃嫌疑的人，保安人员有权进行搜查，这个规定在商场门口贴了告示。”张某认为商场侵犯了她的人身权利和名誉，向人民法院提起诉讼，要求超市赔礼道歉，赔偿损失。请问：

（1）超市是否侵犯了张某的权益？

（2）超市的保安人员当即对张某道歉后，超市还是否对张某负赔偿责任？

实践活动

1．辨别不正当竞争行为

活动名称	辨别不正当竞争行为
活动目的	通过本活动的实践，让学生学会辨别企业之间竞争是否正当，树立维护企业权益的意识。
活动要求	要求学生能将调查资料整理成调查报告，并具备正确分析竞争行为是否正当的能力。

续表

活动名称	辨别不正当竞争行为
活动安排	将学生进行分组，安排他们利用节假日或周末时间对本地各大商场的促销和一些相关宣传活动进行调查，形成调查分析报告，分析企业的竞争行为是否正当。
活动考核	教师根据各组学生完成的调查分析报告的规范性和准确性进行考核。

2．产品质量状况调研

活动名称	产品质量状况调研
活动目的	通过本活动的实践，让学生对当地产品质量状况有一个基本认识，并能从法律角度给出提高当地产品质量的建议。
活动要求	要求学生对当地市场产品质量进行调查，将调查资料整理成调查报告，并从法律角度提出建议。
活动安排	将学生进行分组，安排他们到当地质量技术监督部门，调研产品质量现状，并适当利用节假日或周末时间对本地农贸市场等的产品质量状况进行随机调查，形成调查分析报告，提出完善产品质量的建议。
活动考核	教师根据各组学生实训过程中的表现和完成的调查分析报告进行考核。

3．消费者维权活动

活动名称	消费者维权活动
活动目的	通过本活动的实践，让学生树立消费者维权意识，具备运用《消费者权益保护法》维权的能力。
活动要求	要求学生跟当地的工商管理部门或社区或学校有关部门等联系，策划一场“3·15”消费者维权活动，活动结束形成总结报告。
活动安排	将学生进行分组，帮助他们联系当地工商行政管理部门或有关社区等，策划一场 “3·15”消费者维权活动，准备好相关活动材料。
活动考核	教师根据各组学生的策划方案、宣传活动过程中的表现及最终的总结报告进行考核。

4．不合法广告的搜集和整理分析

活动名称	不合法广告的收集和整理分析
活动目的	通过本活动的实践，让学生学会区分合法广告与不合法广告。
活动要求	要求学生通过收集当地报纸或其他媒体上的广告，对一些不合法广告进行整理和分析，并从法律角度提出建议，形成调研报告。
活动安排	将学生进行分组，通过外出调查和平时收集，在规定的时间内整理不合法广告，并提出规范措施，形成报告。
活动考核	教师根据各组学生在整个实践活动中的表现及完成的总结报告进行考核，并可以选出优秀的报告进行交流。

课外阅读

1．王众孚．广告法理解与适用．北京：工商出版社，2000
2．王众孚．反不正当竞争法律理解与适用．北京：工商出版社，2000
3．王众孚．消费者权益保护法律理解与适用．北京：工商出版社，2000
4．卞耀武．产品质量法诠释．北京：人民法院出版社，2000

5．中国法院网：http://www.chinacourt.org/

6．中国民商法律网：http://www.civillaw.com.cn/

7．《反不正当竞争法》、《产品质量法》、《广告法》、《价格法》、《消费者权益保护法》全文等

模块八　企业经济纠纷解决法律制度与实务

市场经济是法治经济，在法治逐步健全的当今社会，当企业之间发生纠纷时，就需要用合适的方法来解决纠纷，维护自身的合法权益。通常企业之间纠纷的解决方式有协商、调解、仲裁和诉讼四种。要解决企业经济纠纷，只要事实清楚，证据确凿，适用法律得当，程序合法，就能确保企业的合法权益。由于仲裁和诉讼涉及法律问题较多，因此需要企业对仲裁和诉讼的程序、规则等有所了解，这样才能更好地维护企业自身的合法权益。通过本模块学习，应该达到以下目标:

知识目标

1. 熟悉仲裁的含义和仲裁法的适用范围;
2. 理解仲裁的原则与制度，了解仲裁的程序;
3. 熟悉诉讼的含义和掌握经济诉讼的基本原则;
4. 熟悉经济纠纷案例的管辖规定和了解诉讼的程序;
5. 了解企业法律文书的含义和书写要求;
6. 熟悉民事起诉状、仲裁申请书等几种常见企业法律文书。

能力目标

能够区分仲裁和诉讼，从而选择适当的方式来解决企业之间的经济纠纷；具备起草和完成简单企业法律文书的能力。

案例导读

2009 年 4 月 15 日，正泰集团和施耐德电气低压（天津）有限公司专利侵权纠纷案尘埃落定：在浙江省高院即将宣判的最后一刻前，施耐德电气低压（天津）有限公司及其母公司施耐德电气公司和正泰集团出人意料地宣布达成一揽子全球和解协议。这项全球和解协议目前已公开的内容为两项：施耐德电气低压（天津）有限公司在调解生效之日起 15 天内，向正泰集团支付补偿金 1.575 亿元，如 15 日内未能全额支付，正泰将申请温州中院按原判决强制执行；一审案件受理费，由施耐德电气低压（天津）有限公司承担，二审案件受理费，由双方共担，其余内容两公司严格保密。

尽管1.575亿元补偿金比一审判决的3.3亿余元赔偿额要少得多，但省高院主要负责人认为，这样的补偿额仍为国内罕见。

在此之前，正泰和施耐德是法院上常见的一对“冤家”：从1994年起，施耐德以侵犯其知识产权为由，在德国、意大利、法国等多个国家对正泰发起了数十次诉讼，甚至有的国外法院还宣布了销售禁令，正泰产品因此无法在当地销售。

正泰集团于1997年11月向国家知识产权局申请了名称为“一种高分断小型断路器”的新型专利，1999年3月11日获得授权及颁证。2006年7月，正泰发现施耐德电气低压（天津）有限公司生产、销售的5个型号产品侵犯其ZL97248479.5号实用新型专利权后，一改其一直被动应诉的状态。2006年8月2日，正泰集团以侵犯其知识产权为由，向温州市中院起诉施耐德电气低压（天津）有限公司侵权，并索赔3.3亿余元，从而揭开了正泰和施耐德的法律拉锯战的大幕。

经过一年多的法院审理，温州市中院认定施耐德公司构成侵权，并于2007年9月26日判决施耐德公司赔偿正泰集团损失3.3亿余元。施耐德公司不服一审判决，向省高院提起上诉，要求撤销原判。

施耐德总部在法国，是一家输配电领域的跨国企业，名列全球五百强；正泰集团是中国输配电行业的龙头企业之一，名列中国民企十强。为此，浙江高院2007年11月12日立案后高度重视，民三庭庭长周根才担任审判长，组织人员认真分析案情，充分考虑双方当事人利益，在分清是非的基础上，力求双方握手言和。但由于双方积怨已久，存在众多历史遗留问题，文化、法律观念上也存在巨大差异，调解工作甚为艰难。2009年3月30日、4月8日、4月14日，浙江高院3次进行庭前证据交换和质证并主持调解，经过不懈努力，最终在4月15日开庭时达成调解协议。随后在省高院参与下，双方同意调解，并展开谈判。在达成和解协议之前，双方谈判已经长达20多天，正泰集团和施耐德电气公司的主要负责人都曾参与谈判。

2009年4月15日上午，省高院进行公开审理时，双方律师却出人意料地表示已在庭外达成全球和解协议，省高院因而中止了诉讼程序。在法庭中，代表正泰集团方的北京汉鼎联合律师事务所律师刘道臣表示，庭外和解是这一案件的最佳结果，也代表了双方当事人的意愿。在法院随后制作的民事调解书中，正泰集团和施耐德电气低压（天津）有限公司也承诺，在协议签署并履行后，双方就这一案件将不存在任何争议。

“全球和解协议的达成，将使双方今后能够处于良性竞争的状态。”省高院主要负责人认为，这一案件的圆满解决，是国内企业自主创新能力不断提高的标志性事件。

【案例启示】 当企业认为自身合法权益被其他主体侵犯后，通过诉讼的方式来解决是一件无可厚非的事，然而通过诉讼容易伤害到当事人之间的感情，甚至可能引起一系列问题。本案最终以国内最高的补偿数额调解结案，不仅解决了双方长期存在的知识产权争议，而且为双方创造良性竞争的市场环境和国内企业的诉讼提供丰富的经验，也有助于改变境外媒体对中国法院地方保护主义的偏见，并为中法关系的缓解起到积极作用。

相关知识

任务1 仲裁法律制度与实务

【任务导入】

甲商厦与乙鞋厂签订了棉鞋购销合同，合同规定10月交货。双方在合同签订后又补签了一份仲裁协议。协议规定：如果双方就合同发生争议，任何一方有权提请仲裁。后来合同履行中双方发生了纠纷。乙鞋厂向人民法院起诉。开庭前，甲商厦向法院提交了仲裁协议，请求法院驳回鞋厂的起诉。

请问：法院依法应如何处理？

一、仲裁概述

（一）仲裁的概念和特征

仲裁也称“公断”，是指纠纷当事人之间自愿达成协议，将纠纷提交仲裁机构进行审理，并做出对争议各方均有约束力的裁决的活动。仲裁具有以下特征：

1．自愿性

经济纠纷仲裁活动以双方当事人自愿为前提，任何一方当事人仅凭自己单方面的意愿是无法将争议提交仲裁解决的。而且，双方当事人对仲裁机构的选择、仲裁庭组织人员的产生、仲裁事项等都可以由当事人协议确定，体现了自愿性。

2．约束性

虽然仲裁机构是一种民间性的组织，但如果双方当事人协议选择仲裁方式解决其经济纠纷，仲裁机构做出的决定即具有终局的法律效力，且不能另行起诉或上诉。任何一方当事人不履行裁决所确定的义务的，另一方当事人有权向人民法院申请强制执行。

3．灵活性

仲裁一般按照不公开开庭的原则进行，仲裁规则、仲裁形式等与经济诉讼相比，具有很大的灵活性。

（二）仲裁法的适用范围

仲裁法是指国家制定或认可的，调整在仲裁过程中发生的各种关系的法律规范的总称。所谓仲裁法的适用范围，是指仲裁作为解决纠纷的一种方式，可以适用哪些人，哪些经济纠纷，以及在什么时间、空间上适用的问题。

1．对人的适用范围

凡在中华人民共和国境内的仲裁机构进行仲裁活动的双方当事人，都必须遵守《仲裁法》的规定。可见，《仲裁法》不仅适用于中国公民、法人和其他组织，而且也适用于外国人、无国籍人以及外国的企业和组织。

2．对事的适用范围

根据我国《仲裁法》第2条的规定：平等主体的公民、法人和其他组织之间发生的合同纠纷和其他财产权益纠纷，可以仲裁。但是，《仲裁法》第3条规定，下列纠纷不能仲裁：

①婚姻、收养、监护、扶养、继承纠纷；②依法应当由行政机关处理的行政争议。另外，劳动争议和农业集体经济组织内容的农业承包合同纠纷的仲裁也不适用。

3．时间上的适用范围

我国《仲裁法》自 1995 年 9 月 1 日起生效。

4．空间上的适用范围

凡在中华人民共和国境内的仲裁机构进行仲裁活动，都适用我国《仲裁法》。

二、仲裁的基本原则和工作制度

（一）仲裁的基本原则

仲裁的基本原则是指经济纠纷仲裁活动中，仲裁机构以及双方当事人及其参与人必须遵循的准则，贯穿于整个仲裁过程。主要包括：

1．意思自治原则

意思自治原则也称自愿原则，是《仲裁法》最基本的原则。包括以下几个方面的内容：纠纷发生后，是否选择仲裁作为解决纠纷的方式以双方当事人的自愿为前提；选择哪家仲裁机构仲裁由当事人双方自愿决定；仲裁员由双方当事人协议选择；采取哪种形式的仲裁庭，甚至仲裁时间、仲裁地点等，当事人都可以选择。这一原则在《仲裁法》第 4 条和第 6 条中均有体现。如第 4 条规定：“当事人采用仲裁方式解决纠纷，应当双方自愿，达成仲裁协议。没有仲裁协议，一方申请仲裁的，仲裁委员会不予受理。”

2．以事实为根据，符合法律规定，公平合理解决纠纷的原则

《仲裁法》第 7 条规定：“仲裁应当根据事实，符合法律规定，公平合理地解决纠纷。”这就要求仲裁庭在审理经济纠纷过程中，要全面、深入、客观地查清与案例有关的事实情况，在查清事实的基础上，在符合法律规定的前提下，公平合理地确定各方当事人的权利和义务。

3．仲裁独立原则

仲裁独立是指从仲裁机构的设置到解决纠纷的整个过程，都具有法定的独立性，具体体现在：一是仲裁独立于行政机关，不受行政机关的干涉。《仲裁法》第 8 条规定：“仲裁依法独立进行，不受行政机关、社会团体和个人的干涉。”二是仲裁不实行级别管辖和地域管辖，仲裁协会、仲裁委员会和仲裁庭三者之间相对独立，相互之间没有隶属关系；三是仲裁独立于审判。法院对仲裁裁决虽然有着必要的监督，但并不意味着仲裁附属法院。

（二）仲裁的工作制度

仲裁的工作制度，是指规范仲裁机构受理、审理、裁决纠纷案件活动的准则，是仲裁庭进行仲裁审理的基本规程。我国《仲裁法》确立的基本工作制度有：

1．协议仲裁制度

当事人采用仲裁方式解决纠纷，应当由双方自愿达成仲裁协议。没有仲裁协议，一方申请仲裁的，仲裁委员会不予受理。

2．或裁或审制度

仲裁和诉讼是当事人解决争议纠纷的两种途径，但当事人发生争议只能在仲裁和诉讼中选择一种解决方式。如果当事人达成仲裁协议的，应当向仲裁机构申请仲裁，不能向法院起诉。一方向法院起诉的，人民法院不予受理。只有在没有仲裁协议或者仲裁协议无效，

或者当事人放弃仲裁协议的情况下，法院才可行使管辖权。

3．一裁终局制度

仲裁机构的仲裁决定一经做出，即发生法律效力。当事人如果就同一纠纷再申请仲裁或者向人民法院起诉的，仲裁机构和人民法院不予受理。我国《仲裁法》第9条规定：“仲裁实行一裁终局的制度。裁决做出后，当事人就同一纠纷再申请仲裁或者向人民法院起诉的，仲裁委员会或者人民法院不予受理。”但有两种情形例外：一是仲裁裁决被人民法院撤销；二是人民法院不予执行仲裁裁决。

4．回避制度

回避是指仲裁员具有可能影响案件公正裁决的情形时，自行申请退出仲裁或者根据当事人申请退出仲裁。我国《仲裁法》第34条规定：“仲裁员有下列情形之一的，必须回避，当事人也有权提出回避申请：①是本案当事人或者当事人、代理人的近亲属；②与本案有利害关系；③与本案当事人、代理人有其他关系，可能影响公正仲裁的；④私自会见当事人、代理人，或者接受当事人、代理人的请客送礼的。”当事人提出回避申请，应当说明理由，在首次开庭前提出。回避事由在首次开庭后知道的，可以在最后一次开庭终结前提出。仲裁员是否回避，由仲裁委员会主任决定；仲裁委员会主任担任仲裁员时，由仲裁委员会集体决定。

三、仲裁机构

仲裁机构包括仲裁委员会和仲裁协会。

（一）仲裁委员会

1．仲裁委员会的设置

仲裁委员会可以在直辖市和省、自治区人民政府所在地的市设立，也可以根据需要在其他设区的市设立，不按行政区划层层设立。仲裁委员会由上述规定的市的人民政府组织有关部门和商会统一组建。设立仲裁委员会，应当经省、自治区、直辖市的司法行政部门登记。《仲裁法》第11条规定，仲裁委员会应当具备下列条件：①有自己的名称、住所和章程；②有必要的财产；③有该委员会的组成人员；④有聘任的仲裁员。

《仲裁法》第14条规定：“仲裁委员会独立于行政机关，与行政机关没有隶属关系。仲裁委员会之间也没有隶属关系。”

2．仲裁委员会的人员组成

仲裁委员会由主任一人、副主任二人至四人和委员七至十一人组成。仲裁委员会的主任、副主任和委员由法律、经济贸易专家和有实际工作经验的人员担任。仲裁委员会的组成人员中，法律、经济贸易专家不得少于2/3。同时，《仲裁法》第13条规定：仲裁委员会应当从公道正派的人员中聘任仲裁员。仲裁员应当符合下列条件之一：①从事仲裁工作满八年的；②从事律师工作满八年的；③曾任审判员满八年的；④从事法律研究、教学工作并具有高级职称的；⑤具有法律知识、从事经济贸易等专业工作并具有高级职称或者具有同等专业水平的。

仲裁委员会按照不同专业设仲裁员名册。

（二）仲裁协会

中国仲裁协会是社会团体法人，实行会员制，其章程由全国会员大会制定。仲裁委员会是中国仲裁协会的会员。中国仲裁协会是仲裁委员会的自律性组织，根据章程对仲裁委员会及其组成人员、仲裁员的违纪行为进行监督。中国仲裁协会依照《仲裁法》和《民事诉讼法》的有关规定制定仲裁规则。

四、仲裁协议

（一）仲裁协议的含义和形式

仲裁协议是指双方当事人自愿将他们之间已经发生或者可能发生的争议提交仲裁解决的书面约定。我国《仲裁法》第 16 条规定："仲裁协议包括合同中订立的仲裁条款和以其他书面方式在纠纷发生前或者纠纷发生后达成的请求仲裁的协议。"可见仲裁协议应当以书面形式订立，口头达成仲裁的意思表示无效。

（二）仲裁协议的内容

我国《仲裁法》第 16 条规定，仲裁协议应当具有下列内容：①请求仲裁的意思表示；②仲裁事项；③选定的仲裁委员会。

（三）仲裁协议的效力

仲裁协议依法成立，即具有法律约束力。仲裁协议独立存在，合同的变更、解除、终止或者无效，不影响仲裁协议的效力。其效力主要表现在：

1．对双方当事人的法律效力

仲裁协议一经有效成立，即约束了双方当事人解决纠纷的方式。发生纠纷后，当事人只能通过向仲裁协议中所确定的仲裁机构申请仲裁，丧失了就该纠纷向人民法院提起诉讼的权利。如果一方当事人违背仲裁协议向人民法院起诉，另一方当事人有权在首次开庭前依据仲裁协议要求法院停止诉讼程序，法院也应当驳回当事人的起诉。

2．对人民法院的法律效力

仲裁协议具有排除人民法院司法管辖权的作用。《仲裁法》第 5 条规定："当事人达成仲裁协议，一方向人民法院起诉的，人民法院不予受理，但仲裁协议无效的除外。"

3．对仲裁机构的法律效力

仲裁协议是仲裁委员会受理案件的依据，也是其行使管辖权的前提。有了仲裁协议，仲裁机构就取得了管辖权；没有仲裁协议，一方申请仲裁的，仲裁委员会不予受理。

（四）仲裁协议无效的法定情形

我国《仲裁法》第 17 条规定，有下列情形之一的，仲裁协议无效：

① 约定的仲裁事项越出法律规定的仲裁范围的；

② 无民事行为能力人或者限制民事行为能力人订立仲裁协议的；

③ 一方采取胁迫手段，迫使对方订立仲裁协议的。

同时，《仲裁法》第 18 条还规定：仲裁协议对仲裁事项或者仲裁委员会没有约定或者约定不明确的，当事人可以补充协议；达不成补充协议的，仲裁协议无效。

五、仲裁程序

（一）申请与受理

1．申请

当事人可以向双方约定的仲裁机构申请仲裁，当事人申请仲裁应当符合下列条件：①

有仲裁协议；②有具体的仲裁请求和事实、理由；③属于仲裁委员会的受理范围。此外，根据《仲裁法》第 22 条的规定，还应当向仲裁委员会递交仲裁协议、仲裁申请书及副本。仲裁申请书应当载明下列事项：①当事人的姓名、性别、年龄、职业、工作单位和住所，法人或者其他组织的名称、住所和法定代表人或者主要负责人的姓名、职务；②仲裁请求和所根据的事实、理由；③证据和证据来源、证人的姓名和住所。

2．受理

仲裁委员会收到仲裁申请书之日起五日内，认为符合受理条件的，应当受理，并通知当事人；认为不符合受理条件的，应当书面通知当事人不予受理，并说明理由。

仲裁委员会受理仲裁申请后，应当在仲裁规则规定的期限内将仲裁规则和仲裁员名册送达申请人，并将仲裁申请书副本和仲裁规则、仲裁员名册送达被申请人。被申请人收到仲裁申请书副本后，应当在仲裁规则规定的期限内向仲裁委员会提交答辩书。仲裁委员会收到答辩书后，应当在仲裁规则规定的期限内将答辩书副本送达申请人。被申请人未提交答辩书的，不影响仲裁程序的进行。

（二）仲裁庭的组成

仲裁庭可以由三名仲裁员或者一名仲裁员组成。由三名仲裁员组成的，设首席仲裁员。当事人约定由三名仲裁员组成仲裁庭的，应当各自选定或者各自委托仲裁委员会主任指定一名仲裁员，第三名仲裁员由当事人共同选定或者共同委托仲裁委员会主任指定。第三名仲裁员是首席仲裁员。当事人约定由一名仲裁员成立仲裁庭的，应当由当事人共同选定或者共同委托仲裁委员会主任指定仲裁员。当事人没有在仲裁规则规定的限期内约定仲裁庭的组成方式或者选定仲裁员的，由仲裁委员会主任指定。仲裁庭组成后，仲裁委员会应当将仲裁庭的组成情况书面通知当事人。

（三）开庭与裁决

1．开庭

仲裁应当开庭进行。当事人协议不开庭的，仲裁庭可以根据仲裁申请书、答辩书以及其他材料做出裁决。仲裁不公开进行。当事人协议公开的，可以公开进行，但涉及国家秘密的除外。仲裁委员会应当在仲裁规则规定的期限内将开庭日期通知双方当事人。当事人有正当理由的，可以在仲裁规则规定的期限内请求延期开庭。是否延期，由仲裁庭决定。申请人经书面通知，无正当理由不到庭或者未经仲裁庭许可中途退庭的，可以视为撤回仲裁申请。被申请人经书面通知，无正当理由不到庭或者未经仲裁庭许可中途退庭的，可以缺席裁决。

当事人应当对自己的主张提供证据。仲裁庭认为有必要收集的证据，可以自行收集。当事人在仲裁过程中有权进行辩论。辩论终结时，首席仲裁员或者独任仲裁员应当征询当事人的最后意见。当事人申请仲裁后，可以自行和解。达成和解协议的，可以请求仲裁庭根据和解协议做出裁决书，也可以撤回仲裁申请。当事人达成和解协议，撤回仲裁申请后反悔的，可以根据仲裁协议申请仲裁。

2．裁决

仲裁庭在做出裁决前，可以先行调解。当事人自愿调解的，仲裁庭应当调解。调解不成的，应当及时做出裁决。调解达成协议的，仲裁庭应当制作调解书或者根据协议的结果制作裁决书。调解书与裁决书具有同等法律效力，经双方当事人签收后，即发生法律效力。在调解书签收前当事人反悔的，仲裁庭应当及时做出裁决。裁决应当按照多数仲裁员的意见做出，少数仲裁员的不同意见可以记入笔录。仲裁庭不能形成多数意见时，裁决应当按照首席仲裁员的意见做出。裁决书应当写明仲裁请求、争议事实、裁决理由、裁决结果、仲裁费用的负担和裁决日期。当事人协议不愿写明争议事实和裁决理由的，可以不写。裁决书由仲裁员签名，加盖仲裁委员会印章。对裁决持不同意见的仲裁员，可以签名，也可不签名。仲裁庭仲裁纠纷时，其中一部分事实已经清楚，可以就该部分先行裁决。对裁决书中的文字、计算错误或者仲裁庭已经裁决但在裁决书中遗漏的事项，仲裁庭应当补正；当事人自收到裁决书之日起 30 日内，可以请求仲裁补正。裁决书自做出之日起发生法律效力。

六、仲裁裁决的撤销与执行

（一）仲裁裁决的撤销

根据我国《仲裁法》的规定，当事人提出证据证明裁决有下列情形之一的，可以向仲裁委员会所在地的中级人民法院申请撤销裁决：

（1）没有仲裁协议的。

（2）裁决的事项不属于仲裁协议的范围或者仲裁委员会无权仲裁的。

（3）仲裁庭的组成或者仲裁的程序违反法定程序的。

（4）裁决所根据的证据是伪造的。

（5）对方当事人隐瞒了足以影响公正裁决的证据的。

（6）仲裁员在仲裁该案时有索贿受贿，徇私舞弊，枉法裁决行为的。

人民法院经组成合议庭审查核实裁决上述规定情形之一的，应当裁定撤销。人民法院认定该裁决违背社会公共利益的，应当裁定撤销。当事人申请撤销裁决的，应当自收到裁决书之日起六个月内提出。人民法院应当在受理撤销裁决申请之日起两个月内做出撤销裁决或者驳回申请的裁定。

（二）仲裁裁决的执行

当事人应当履行裁决。一方当事人不履行的，另一方当事人可以依照民事诉讼法的有关规定向人民法院申请执行。受申请的人民法院应当执行。被申请人提出证据证明裁决有《民事诉讼法》第 217 条第 2 款规定的情形之一的，经人民法院组成合议庭审查核实，裁定不予执行。一方当事人申请执行裁决，另一方当事人申请撤销裁决的，人民法院应当裁定中止执行。人民法院裁定撤销裁决的，应当裁定终结执行。撤销裁决的申请被裁定驳回的，人民法院应当裁定恢复执行。

案例分析

1996 年 7 月，石家庄市奥龙健身房与广州市健身器械公司签订了一份购销合同。合同中的仲裁条款规定：“因履行合同发生的争议，由双方协商解决；无法协商解决的，由仲裁机构仲裁。”1996 年 9 月，双方发生争议，奥龙健身房向其所在地的石家庄市仲裁委员会递交了仲裁申请书，但健身器械公司拒绝答辩。同年 11 月，双方经过协商，重新签订了一份仲裁协议，并商定将此合同争议提交该健身器械公司所在地的广州市仲裁委员会仲裁。事后奥龙健身房担心广州市仲裁委员会实行地方保护主义，偏袒健身器械公司，故未申请仲裁，遂向合同履行地人民法院提起诉讼，且起诉时说明此前两次约定仲裁的情况，法院受理此案，并向健身器械公司送达了起诉状副本，该器械公司向法院提交了答辩状。法院经审理判决被告某健身器械公司败诉，被告不服，理由是双方事先有仲裁协议，法院判决无效。

请问：

（1）购销合同中的仲裁条款是否有效？请说明理由。

（2）争议发生后，双方签订的协议是否有效？为什么？

（3）原告奥龙健身房向法院提起诉讼正确与否？为什么？

（4）人民法院审理本案是否正确，为什么？

解析：

（1）仲裁条款无效。因为《仲裁法》规定，仲裁协议中应当有选定的仲裁委员会，而该案中的仲裁条款未指明具体的仲裁委员会，致使无法履行而无效。

（2）双方重新签订的仲裁协议有效。因为该协议是经双方当事人协商一致的，而且采取了书面形式，指明了具体的仲裁委员会。

（3）起诉不正确。因为双方的仲裁协议有效，排除了人民法院的管辖权。

（4）人民法院的审理合法。因为原告起诉后，被告未提出管辖权异议，视为人民法院有管辖权。

任务2 民事诉讼法律制度与实务

【任务导入】

某机器公司将其所有的营业用房出租给某商贸公司使用，双方租赁合同到期后，机器公司要求商贸公司将该房屋腾空，由其收回自用。因双方协商未果，机器公司将商贸公司诉至法院，要求其腾房。

法院受理机器公司的起诉后，依法向商贸公司送达了机器公司的起诉状，并通知商贸公司开庭，商贸公司则在答辩期内向法院提交一份“管辖权异议申请书”，提出因商贸公司与机器公司曾就双方纠纷的解决方式进行协商，并确定由某仲裁委员会进行仲裁，所以法院对于双方的纠纷无权管辖，应当将该案移送仲裁委员会。对于商贸公司提出的异议申请，机器公司并不认可，商贸公司也没有向法院提交相应证据证明双方存在仲裁协议的事实。

请问：该案中法院是否应继续审理？

一、诉讼概述

（一）诉讼含义及其特征

诉讼，俗称“打官司”，是指司法机关和案件当事人在其他诉讼参与人的配合下，为了正确处理案件，依照法定程序所进行的全部活动。作为企业之间经济纠纷解决的重要一种有效途径，诉讼具有以下特征：

1．强制性

一方面在案件的审理上，只要一方当事人依法向人民法院起诉，另一方必须应诉，否则法院有权采取强制措施；另一方面在裁判的执行上，只要是在人民法院主持下双方达成的调解协议或判决、裁定，一旦生效，就具有强制执行的效力。

2．规范性

企业经济纠纷诉讼的程序具有严格的规范性，不管是人民法院还是其他诉讼参与人，都必须严格按法定程序进行。

3．公权性

诉讼是以司法方式解决企业之间的经济纠纷，是由人民法院代表国家行使审判权解决纠纷的一种方式，具有国家公权性。

（二）诉讼法

诉讼法指的是规定诉讼程序的法律的总称，是打官司时所应遵循的行为规范。诉讼法是典型的法律程序法。目前我国主要有三大诉讼法，它们分别是《民事诉讼法》、《刑事诉讼法》和《行政诉讼法》。本任务所介绍的诉讼主要是指用来解决企业之间经济纠纷的民事诉讼，不涉及行政诉讼和刑事诉讼。我国的《民事诉讼法》于 1991 年 4 月 9 日第七届全国人民代表大会第四次会议通过，并根据 2007 年 10 月 28 日第十届全国人民代表大会常务委员会第三十次会议《关于修改〈中华人民共和国民事诉讼法〉的决定》进行了修正。

二、诉讼的基本原则和工作制度

（一）诉讼的基本原则

民事诉讼的基本原则，是指在民事诉讼的整个过程中起指导作用的准则。根据我国法律规定，结合企业案件特点，诉讼应坚持的原则主要有：

1．法制原则

《民事诉讼法》第 7 条规定："人民法院审理民事案件，必须以事实为根据，以法律为准绳。"这为人民法院的审判活动指明了方向，要求人民法院在审理案件时，必须查清事实真相，严格依法处理案件，体现了严格依法办事的社会主义法制原则。

2．平等原则

《民事诉讼法》第 8 条规定："民事诉讼当事人有平等的诉讼权利。人民法院审理民事案件，应当保障和便利当事人行使诉讼权利，对当事人在适用法律上一律平等。"该条规定充分体现了当事人的诉讼权利平等和适用法律上一律平等，从而确保了当事人合法权益的实现。

3．着重调解原则

《民事诉讼法》第 9 条规定："人民法院审理民事案件，应当根据自愿和合法的原则进行调解；调解不成的，应当及时判决。"这一原则告诉我们，人民法院受理案件后，应当重视调解解决，但要在合法和自愿的基础上进行。事实也告诉我们，当企业之间发生经济纠纷时，他们绝大多数长期存在着业务往来，如果在审理这类案件时，能够达成调解协议，就更有利于企业之间经济关系的维系。

4．辩论和正当处分原则

《民事诉讼法》第 12 条规定："人民法院审理民事案件时，当事人有权进行辩论。"第 13 条规定："当事人有权在法律规定的范围内处分自己的民事权利和诉讼权利。"在起诉时，当事人可以自由确定请求司法机关保护的范围和方法；诉讼开始后，可以变更诉讼请求，并可以在诉讼中就事实和争议互相进行反驳和答辩等，甚至可以放弃诉讼，体现了正当处分的权利。

5．支持起诉原则

《民事诉讼法》第 15 条规定："机关、社会团体、企业事业单位对损害国家、集体或者个人民事权益的行为，可以支持受损害的单位或者个人向人民法院起诉。"该规定充分体现了有关单位应该对不便或不敢诉诸法院的受损害者的起诉给予支持的原则。

（二）诉讼的工作制度

民事诉讼的基本制度，是指在民事诉讼活动过程中某个阶段或几个阶段对人民法院的民事审判起重要作用的行为准则。《民事诉讼法》第 10 条规定："人民法院审理民事案件，依照法律规定实行合议、回避、公开审判和两审终审制度。"

1．合议制度

合议制度是指由若干名审判人员组成合议庭对民事案件进行审理的制度。根据《民事诉讼法》的规定，人民法院在审查案件时，除案情简单可以由审判员独任审判之外，都应当依法组成合议庭进行审理。合议庭由 3 个以上的单数的审判人员组成。

2．回避制度

回避制度是指为了保证案件的公正审判，而要求与案件有一定的利害关系的审判人员或其他有关人员，不得参与本案的审理活动或诉讼活动的审理制度。根据《民事诉讼法》第 44 条的规定，审判人员有下列情形之一的，应当自行回避，当事人有权用口头或者书面方式申请他们回避：①是本案当事人或者当事人、诉讼代理人的近亲属；②与本案有利害关系；③与本案当事人、诉讼代理人有其他关系，可能影响对案件公正审理的。审判人员接受当事人、诉讼代理人请客送礼，或者违反规定会见当事人、诉讼代理人的，当事人有权要求他们回避。同样，书记员、翻译人员、鉴定人、勘验人等有上述情形之一的，也应当回避。

当事人提出回避申请，应当说明理由，在案件开始审理时提出；回避事由在案件开始审理后知道的，也可以在法庭辩论终结前提出。被申请回避的人员在人民法院做出是否回避的决定前，应当暂停参与本案的工作，但案件需要采取紧急措施的除外。人民法院对当事人提出的回避申请，应当在申请提出的三日内，以口头或者书面形式做出决定。申请人对决定不服的，可以在接到决定时申请复议一次。复议期间，被申请回避的人员，不停止参与本案的工作。人民法院对复议申请，应当在三日内做出复议决定，并通知复议申请人。

3．公开审判制度

公开审判制度是指人民法院审理民事案件，除涉及国家秘密、个人隐私及商业秘密等的案件之外，审判过程及结果应当向群众、社会公开。根据法律规定不公开审理的案件，审判时一律公开。

4．两审终审制度

两审终审制度是指一个民事案件经过两级人民法院审判后即告终结的制度。也就是说，当事人对一审人民法院做出的判决和裁定不服的，可以依法在规定的期限内向上一级人民法院上诉，进行二审；二审人民法院对案件所做出的判决或裁定，就是终局的判决或裁定，当事人不得再进行上诉。但是，对于最高人民法院所作的一审判决、裁定，当事人不得上诉。另外，对于《民事诉讼法》规定适用特别程序、督促程序、公示催告程序和破产还债程序审查的案件，均实行一审终审。

三、民事诉讼管辖

民事诉讼中的管辖，是指各级人民法院之间和同级人民法院之间受理第一审民事案件的分工和权限，它是在人民法院内部具体落实民事审判权的一项制度。根据《民事诉讼法》的规定，管辖包括级别管辖、地域管辖、移送管辖和指定管辖四大类。

（一）级别管辖

级别管辖，是指各级人民法院之间受理第一审案件的分工和权限。我国法院分为四级：基层人民法院、中级人民法院、高级人民法院和最高人民法院。基层人民法院管辖除上级人民法院管辖外的所有第一审民事案件；中级人民法院管辖重大涉外案件、在本辖区有重大影响的案件以及最高人民法院确定由中级人民法院管辖的案件；高级人民法院管辖在本辖区有重大影响的第一审民事案件；最高人民法院管辖在全国有重大影响的案件和认为应当由本院审理的案件。

（二）地域管辖

地域管辖是指同级人民法院之间受理第一审民事案件的分工和权限。它的特点是按照行政区域来划分法院管辖案件的权限。具体分为：

1．一般地域管辖

一般地域管辖，是指以当事人的所在地与人民法院的隶属关系来确定诉讼管辖。通常采取“原告就被告”的原则。《民事诉讼法》第 21 条规定：对公民提起的民事诉讼，由被告住所地人民法院管辖；被告住所地与经常居住地不一致的，由经常居住地人民法院管辖。对法人或者其他组织提起的民事诉讼，由被告住所地人民法院管辖。同一诉讼的几个被告住所地、经常居住地在两个以上人民法院辖区的，各该人民法院都有管辖权。但是，《民事诉讼法》第 22 条规定，下列民事诉讼，由原告住所地人民法院管辖；原告住所地与经常居住地不一致的，由原告经常居住地人民法院管辖：对不在中华人民共和国领域内居住的人提起的有关身份关系的诉讼；对下落不明或者宣告失踪的人提起的有关身份关系的诉讼；对被采取强制性教育措施的人提起的诉讼；对被监禁的人提起的诉讼。可见，我国《民事诉讼法》的一般地域管辖以原告所在地管辖为例外。

2．特殊地域管辖

特殊地域管辖是指不以被告所在地，而是以引起诉讼的法律事实的所在地、诉讼标的所在地来确定诉讼的管辖法院。《民事诉讼法》从第 23 条至第 32 条规定了 10 种属于特殊地域管辖的诉讼。

（1）因合同纠纷提起的诉讼，由被告住所地或者合同履行地人民法院管辖。

（2）因保险合同纠纷提起的诉讼，由被告住所地或者保险标的物所在地人民法院管辖。

（3）因票据纠纷提起的诉讼，由票据支付地或者被告住所地人民法院管辖。

（4）因公司设立、解散等纠纷提起的诉讼，由公司住所地人民法院管辖。

（5）因铁路、公路、水上、航空运输和联合运输合同纠纷提起的诉讼，由运输始发地、目的地或者被告住所地人民法院管辖。

（6）因侵权行为提起的诉讼，由侵权行为地或者被告住所地人民法院管辖。

（7）因铁路、公路、水上和航空事故请求损害赔偿提起的诉讼，由事故发生地或者车辆、船舶最先到达地、航空器最先降落地或者被告住所地人民法院管辖。

(8) 因船舶碰撞或者其他海事损害事故请求损害赔偿提起的诉讼，由碰撞发生地、碰撞船舶最先到达地、加害船舶被扣留地或者被告住所地人民法院管辖。

(9) 因海难救助费用提起的诉讼，由救助地或者被救助船舶最先到达地人民法院管辖。

(10) 因共同海损提起的诉讼，由船舶最先到达地、共同海损理算地或者航程终止地的人民法院管辖。

3．协议地域管辖

协议地域管辖是指当事人在纠纷发生前或诉讼发生后，以协议方式确定第一审民事案件的管辖法院。《民事诉讼法》第 34 条规定："合同或者其他财产权益纠纷的当事人可以书面协议选择被告住所地、合同履行地、合同签订地、原告住所地、标的物所在地等与争议有实际联系的地点的人民法院管辖，但不得违反本法对级别管辖和专属管辖的规定。"

4．专属地域管辖

专属管辖是指法律规定某些特殊类型的案件，必须由特定法院管辖。这类案件其他法院无权受理，当事人也不得协议变更受理法院。根据我国《民事诉讼法》第 33 条的规定，下列案件，采取专属管辖：

(1) 因不动产纠纷提起的诉讼，由不动产所在地人民法院管辖。

(2) 因港口作业中发生纠纷提起的诉讼，由港口所在地人民法院管辖。

(3) 因继承遗产纠纷提起的诉讼，由被继承人死亡时住所地或者主要遗产所在地人民法院管辖。

5．共同地域管辖

共同管辖是指法律规定两个以上的法院对某类诉讼都有管辖权的，当事人可以选择其中一个提起诉讼。《民事诉讼法》第 35 条规定："两个以上人民法院都有管辖权的诉讼，原告可以向其中一个人民法院起诉；原告向两个以上有管辖权的人民法院起诉的，由最先立案的人民法院管辖。"但要注意的是，原告在向某一法院提起诉讼后，管辖就因其选择而确定，人民法院不得重复立案。

（三）移送管辖和指定管辖

移送管辖是指人民法院发现受理的案件不属于本院管辖的，应当移送有管辖权的人民法院，受移送的人民法院应当受理。受移送的人民法院认为受移送的案件依照规定不属于本院管辖的，应当报请上级人民法院指定管辖，不得再自行移送。同时，上级人民法院有权审理下级人民法院管辖的第一审民事案件；确有必要将本院管辖的第一审民事案件交下级人民法院审理的，应当报请其上级人民法院批准。下级人民法院对它所管辖的第一审民事案件，认为需要由上级人民法院审理的，可以报请上级人民法院审理。

指定管辖是指有管辖权的人民法院由于特殊原因，不能行使管辖权的，由上级人民法院指定管辖；或者人民法院之间因管辖权发生争议，协商解决不了的，报请它们的共同上级人民法院指定管辖。

人民法院受理案件后，当事人对管辖权有异议的，应当在提交答辩状期间提出。人民法院对当事人提出的异议，应当审查。异议成立的，裁定将案件移送有管辖权的人民法院；异议不成立的，裁定驳回。

四、民事诉讼参加人

（一）当事人

当事人是指因民事、经济纠纷以自己的名义进行诉讼，案件审理结果与其有法律上的利益关系，并受人民法院裁判约束的人。狭义的当事人仅仅指导原告和被告，而广义的当事人包括原告、被告、共同诉讼人和第三人，公民、法人和其他组织可以作为民事诉讼的当事人。当事人必须依法行使诉讼权利，遵守诉讼秩序，履行发生法律效力的判决书、裁定书和调解书。

（二）诉讼代理人

诉讼代理人是指在一定权限范围内代替或协助当事人进行诉讼的人。被代替或被协助的当事人称为被代理人，诉讼代理人要在代理权限内，以被代理人的名义进行诉讼活动，由此所产生的法律后果直接由被代理人承担。诉讼代理人分法定诉讼代理人和委托诉讼代理人两类。法定诉讼代理人权利产生的基础是监护权；而律师、基层法律服务工作者、当事人的近亲属或者工作人员或者当事人所在社区、单位以及有关社会团体推荐的公民都可以被委托为诉讼代理人。

五、民事诉讼证据

民事诉讼证据，是指在民事诉讼中能够证明案件真实情况的各种资料。《民事诉讼法》第 64 条规定："当事人对自己提出的主张，有责任提供证据。"证据不仅是当事人证明自己主张的证据材料，也是法院认定案件事实做出裁判的根据。根据《民事诉讼法》第 63 条的规定证据有下列几种：①当事人的陈述；②书证；③物证；④视听资料；⑤电子数据；⑥证人证言；⑦鉴定意见；⑧勘验笔录。

以上证据必须查证属实，才能作为认定事实的根据。

六、民事诉讼程序

（一）第一审程序

第一审程序是《民事诉讼法》规定的人民法院审理第一审民事案件时的程序，是其他程序开启的前提，包括第一审普通程序和简易程序。

1. 普通程序

第一审普通程序是我国《民事诉讼法》规定的人民法院审理第一审民事案件通常所适用的程序，也是民事案件的当事人进行第一审民事诉讼通常所遵循的程序。包括以下几个阶段：

（1）起诉与受理

起诉是指公民、法人和其他组织在民事权益受到侵害或与他人发生争议时，向人民法院提起诉讼，请求人民法院通过审判予以司法保护的行为。所以起诉是当事人获得司法保护的手段，也是人民法院对民事案件行使审判权的前提。根据《民事诉讼法》第 108 条的规定，起诉必须符合下列条件：①原告是与本案有直接利害关系的公民、法人和其他组织；②有明确的被告；③有具体的诉讼请求和事实、理由；④属于人民法院受理民事诉讼的范围和受诉人民法院管辖。

起诉应当向人民法院递交起诉状，并按照被告人数提出副本。

受理是指人民法院通过对当事人的起诉进行审查，对符合法律规定条件的，决定立案审理的行为。《民事诉讼法》第 123 条的规定，人民法院对符合本法第 119 条的起诉，必须受理。符合起诉条件的，应当在七日内立案，并通知当事人；不符合起诉条件的，应当在七日内做出裁定书，不予受理；原告对裁定不服的，可以提起上诉。

（2）审理前的准备

审理前的准备是指人民法院接受原告起诉并决定立案受理后，在开庭审理之前，由承办案件的审判员依法所做的各项准备工作。根据《民事诉讼法》的有关规定，这些准备工作主要包括：人民法院应当在立案之日起 5 日内将起诉状副本发送被告，被告应当在收到之日起 15 日内提出答辩状；人民法院应当在收到答辩状之日起 5 日内将答辩状副本发送原告，但被告不提出答辩状的，不影响人民法院审理；人民法院对决定受理的案件，应当在受理案件通知书和应诉通知书中向当事人告知有关的诉讼权利义务，或者口头告知；合议庭组成人员确定后，应当在 3 日内告知当事人；审判人员必须认真审核诉讼材料，调查搜集必要的证据；必须共同进行诉讼的当事人没有参加诉讼的，人民法院应当通知其参加诉讼等。

（3）开庭审理

开庭审理是指在人民法院审判人员的主持下，在当事人和其他诉讼参与人的参加下，在法院固定的法庭上或法律允许设置的法庭上，依照法定程序，对案件进行实体审理，从而查清事实，并在此基础上对案件做出裁判的全部过程。人民法院审理民事案件，除涉及国家秘密、个人隐私或者法律另有规定的以外，应当公开进行。人民法院适用普通程序审理的案件，应当在立案之日起 6 个月内审结。有特殊情况需要延长的，由本院院长批准，可以延长 6 个月；还需要延长的，报请上级人民法院批准。开庭审理是审判工作的中心环节，大致可分以下几个阶段：

① 开庭审理前的准备。人民法院审理民事案件，应当在开庭 3 日前通知当事人和其他诉讼参与人。公开审理的，应当公告当事人姓名、案由和开庭的时间、地点。

② 开庭审理。开庭审理前，书记员应当查明当事人和其他诉讼参与人是否到庭，宣布法庭纪律；开庭审理时，由审判长核对当事人，宣布案由，宣布审判人员、书记员名单，告知当事人有关的诉讼权利义务，询问当事人是否提出回避申请。

③ 法庭调查。法庭调查按照下列顺序进行：当事人陈述；告知证人的权利义务，证人作证，宣读未到庭的证人证言；出示书证、物证和视听资料和电子数据；宣读鉴定意见；宣读勘验笔录。

④ 法庭辩论。法庭辩论按照下列顺序进行：原告及其诉讼代理人发言；被告及其诉讼代理人答辩；第三人及其诉讼代理人发言或者答辩；互相辩论。法庭辩论终结，由审判长按照原告、被告、第三人的先后顺序征询各方最后意见。

⑤ 评议和宣判。法庭辩论终结，应当依法做出判决。判决前能够调解的，还可以进行调解，调解不成的，应当及时判决。人民法院对公开审理或者不公开审理的案件，一律公开宣告判决。原告经传票传唤，无正当理由拒不到庭的，或者未经法庭许可中途退庭的，可以按撤诉处理；被告反诉的，可以缺席判决。被告经传票传唤，无正当理由拒不到庭的，或者未经法庭许可中途退庭的，可以缺席判决。宣判前，原告申请撤诉的，是否准许，由

人民法院裁定。人民法院裁定不准许撤诉的，原告经传票传唤，无正当理由拒不到庭的，可以缺席判决。

当庭宣判的，应当在10日内发送判决书；定期宣判的，宣判后立即发给判决书。宣告判决时，必须告知当事人上诉权利、上诉期限和上诉的法院。

2．简易程序

简易程序是指基层人民法院和它派出的法庭审理事实清楚、权利义务关系明确、争议不大的简单的民事案件所适用的程序。此外，当事人双方也可以约定适用简易程序。对于这类民事案件，原告可以口头起诉，可以由审判员一人独任审理，应当在立案之日起三个月内审结。如果发现案情复杂，3个月内不能结案的，转为普通程序。

（二）第二审程序

第二审程序是指上一级人民法院根据当事人的上诉，就下级人民法院的一审判决和裁定，在其发生法律效力前，对案件进行重新审理的程序。第二审程序并不是民事诉讼的必经程序，而是因当事人的上诉才启动的程序。

1．提起上诉

根据《民事诉讼法》第164条的规定："当事人不服地方人民法院第一审判决的，有权在判决书送达之日起15日内向上一级人民法院提起上诉。当事人不服地方人民法院第一审裁定的，有权在裁定书送达之日起十日内向上一级人民法院提起上诉。"上诉应当递交上诉状。上诉状应当通过原审人民法院提出，并按照对方当事人或者代表人的人数提出副本。当事人直接向第二审人民法院上诉的，第二审人民法院应当在五日内将上诉状移交原审人民法院。原审人民法院收到上诉状，应当在五日内将上诉状副本送达对方当事人，对方当事人在收到之日起15日内提出答辩状。人民法院应当在收到答辩状之日起五日内将副本送达上诉人。对方当事人不提出答辩状的，不影响人民法院审理。原审人民法院收到上诉状、答辩状，应当在五日内连同全部案卷和证据，报送第二审人民法院。第二审人民法院应当对上诉请求的有关事实和适用法律进行审查。

2．上诉案件的审理

第二审人民法院对上诉案件，应当组成合议庭，开庭审理。经过阅卷和调查，询问当事人，对没有提出新的事实、证据或者理由，合议庭认为不需要开庭审理的，可以不开庭审理。第二审人民法院审理上诉案件，可以在本院进行，也可以到案件发生地或者原审人民法院所在地进行。

3．上诉案件的处理

第二审人民法院对上诉案件，经过审理，按照下列情形，分别处理：

（1）原判决、裁定认定事实清楚，适用法律正确的，以判决、裁定方式驳回上诉，维持原判决、裁定。

（2）原判决、裁定认定事实错误或者适用法律错误的，以判决、裁定方式依法改判、撤销或者变更。

（3）原判决认定基本事实不清的，裁定撤销原判决，发回原审人民法院重审，或者查清事实后改判。

（4）原判决遗漏当事人或者违法缺席判决等严重违反法定程序的，裁定撤销原判决，发回原审人民法院重审。

原审人民法院对发回重审的案件做出判决后，当事人提起上诉的，第二审人民法院不得再次发回重审。

（三）审判监督程序

审判监督程序，是指人民法院对已经发生法律效力的判决、裁定、调解书，认为在事实认定或者适用法律上确有错误，对案件依法进行重审的一种审判程序，又称“再审程序”。

各级人民法院院长对本院已经发生法律效力的判决、裁定，发现确有错误，认为需要再审的，应当提交审判委员会讨论决定。最高人民法院对地方各级人民法院已经发生法律效力的判决、裁定、调解书，上级人民法院对下级人民法院已经发生法律效力的判决、裁定、调解书，发现确有错误的，有权提审或者指令下级人民法院再审。当事人的申请符合下列情形之一的，人民法院应当再审：①有新的证据，足以推翻原判决、裁定的；②原判决、裁定认定的基本事实缺乏证据证明的；③原判决、裁定认定事实的主要证据是伪造的；④原判决、裁定认定事实的主要证据未经质证的；⑤对审理案件需要的主要证据，当事人因客观原因不能自行收集，书面申请人民法院调查收集，人民法院未调查收集的；⑥原判决、裁定适用法律确有错误的；⑦审判组织的组成不合法或者依法应当回避的审判人员没有回避的；⑧无诉讼行为能力人未经法定代理人代为诉讼或者应当参加诉讼的当事人，因不能归责于本人或者其诉讼代理人的事由，未参加诉讼的；⑨违反法律规定，剥夺当事人辩论权利的；⑩未经传票传唤，缺席判决的；⑪原判决、裁定遗漏或者超出诉讼请求的；⑫据以做出原判决、裁定的法律文书被撤销或者变更的；⑬审判人员审理该案件时有贪污受贿，徇私舞弊，枉法裁判行为的。

人民法院审理再审案件，应当另行组成合议庭。人民法院按照审判监督程序再审的案件，发生法律效力的判决、裁定是由第一审法院做出的，按照第一审程序审理，所作的判决、裁定，当事人可以上诉；发生法律效力的判决、裁定是由第二审法院做出的，按照第二审程序审理，所作的判决、裁定，是发生法律效力的判决、裁定；上级人民法院按照审判监督程序提审的，按照第二审程序审理，所作的判决、裁定是发生法律效力的判决、裁定。

（四）其他经济审判程序

1．督促程序

督促程序，是指对于给付一定金钱或有价证券为内容的债务，人民法院根据债权人的申请，向债务人发出支付令，催促债务人限期履行义务的特殊程序。债权人提出申请支付令后，人民法院应当在五日内通知债权人是否受理。人民法院受理申请后，经审查债权人提供的事实、证据，对债权债务关系明确、合法的，应当在受理之日起 15 日内向债务人发出支付令；申请不成立的，裁定予以驳回。

2．公示催告程序

公示催告程序，是指人民法院根据可以背书转让的票据持有人因票据被盗、遗失或者灭失，可以向票据支付地的基层人民法院提出申请，以公示方式，催告不明确的利害关系人在法定期间申报权利，逾期无人申请，经申请人的申请，做出除权判决的程序。公示催告的期间，由人民法院根据情况决定，但不得少于 60 日。

（五）执行程序

执行程序是人民法院依法对已经发生法律效力的判决、裁定及其他法律文书的规定，以国家的强制力为后盾，迫使义务人履行义务的行为。申请执行的期间为 2 年，从法律文书规定履行期间的最后一日起计算；法律文书规定分期履行的，从规定的每次履行期间的最后一日起计算；法律文书未规定履行期间的，从法律文书生效之日起计算。

被执行人未按执行通知履行法律文书确定的义务，人民法院有权向银行、信用合作社和其他有储蓄业务的单位查询被执行人的存款情况，有权冻结、划拨被执行人的存款，但查询、冻结、划拨存款不得超出被执行人应当履行义务的范围。被执行人未按执行通知履行法律文书确定的义务，人民法院有权查封、扣押、冻结、拍卖、变卖被执行人应当履行义务部分的财产。但应当保留被执行人及其所扶养家属的生活必需品。

案例分析

四川省甲市A公司与云南省乙市B公司于2014年5月在丙市签订了一份购销合同。合同中约定："B公司售给A公司高级云腿月饼2 000盒，单价50元。A公司预付货款2万元，预付款支付后，由B公司派车将月饼运至甲市，运杂费由A公司负担。"2014年6月，B公司所售月饼的包装盒上未印明"高级云腿月饼"字样，将严重影响销售为由，拒绝收货、拒付货款和运杂费，并且还要求B公司退回预付款和赔偿经济损失。双方各执己见，致使货物滞留甲市某露天货场。为了解决纠纷，B公司在乙市法院对A公司提起诉讼，并请求法院采取财产保全措施，以免月饼霉变。

请问：

（1）乙市法院对本案有无管辖权？为什么？

（2）A公司可否以反诉的形式请求法院判令B公司退回预付款和赔偿损失？为什么？

（3）有管辖权的法院对原告提出的财产保全请求应如何处理？

解析：

（1）乙市法院对该案有管辖权。因为虽然本案是由乙市的B公司将货物送往甲市的A公司，但运费由A公司负担，即实际上是A公司提货。乙市作为提货地应当确定为合同的履行地。《民事诉讼法》规定，合同纠纷由合同履行地或者被告住所地人民法院管辖。

（2）A公司可以以反诉的形式请求判令B公司退回预付款和赔偿损失。因为，作为本诉的A公司以本诉的原告B公司为被告，提出了与本诉有牵连的诉讼请求。受理本诉的人民法院可以将本诉和反诉一并受理。

（3）人民法院对原告提出的财产保全的请求应当受理，因情况紧急，应当在48小时内做出裁定，裁定采取保全措施的，立即执行。在采取保全时，由于被保全的标的是易变质的鲜活商品，人民法院可以采取拍卖或者变卖保存价金的方式进行保全。

任务3　企业常用法律文书

【任务导入】

企业是社会经济的细胞，是社会经济活动的主体。企业在设立、变更、终止及整个生产经营过程中，与其有关的法律文书达1 000余种。这1 000多种法律文书，涉及工商管理、税务管理、金融财务管理、票据管理、合同管理、劳动人事管理、知识产权管理、仲裁、

诉讼等各个领域。本任务主要介绍几种最实用的企业常用法律文书，

相关知识

一、企业法律文书概述

（一）企业法律文书的含义和特征

法律文书，是指法律关系主体在参与各类诉讼案件或其他非诉法律事务的过程中，依法制作的具有法律效力或法律意义的各种文书总称。法律文书制作主体的范围十分广泛，可以是国家司法、执法机关，也可以是当事人及其代理人，还可以是其他参与诉讼或非诉法律事务的主体等。法律文书的适用范围也非常广泛，只要是与企业运行或组织管理相关的法律文书，都可以称为企业法律文书。法律文书的特征主要有：

1．法律性

法律文书是应用法律的具体体现，具有很强的法律性。所谓法律性，是指法律文书必须十分准确地体现法律的精神，不论是处理实体问题，还是处理程序问题，都必须严格依照法律的规定，不允许有丝毫违反法律的现象存在。

2．客观性

法律文书的制作一定要以客观事实为基础，本着实事求是的原则，准确无误地弄清事实的前因后果和来龙去脉。

3．强制性

法律文书是法律实施的重要手段，昭示着法律的适用。法律文书的强制性主要表现在：首先，法律文书一经公布或由法律关系主体签署，便产生了约束力，非经法定程序不得变更或撤销；其次，已经生效的法律文书具有形式上与实质上的确定力，其所涉及的法律关系因之而被确定下来，有关主体必须以此为据，不得随意中断其效力；最后，已经生效的法律文书必须得到认可与执行，具有实施的强制力。所以，法律文书一旦发生法律效力，任何法人和公民或其他组织都不得抗拒或违反，否则就要承担相应的法律责任。

4．规范性

法律文书是处理法律事务的依据和工具，不仅内容要合法，同时形式也要规范。如在形式规格方面，关于法律文书制作主体的名称、文书种类名称、文书的签署和盖印等事项，相关的规范性文件中皆已指明，在制作时必须一一遵从这些要求。为此，有关部门对企业常用的一些法律文书的格式都作了比较统一的规定，这种规定不仅给制作带来方便，而且也有利于付诸实施。所以在技术规范方面，对于法律文书的用纸、字体、字号，文书中必须言及的数字、人名、地名、符号怎样表达，专业术语如何运用，乃至于内容固定的词组、语句、段落到底包括哪些等，亦应与相关的国家机关或有关机构的规范性或指导性意见相吻合，而不能任意改变。

（二）企业法律文书的写作要求

法律文书在写作上一般应遵循以下基本要求：

1．格式要规范

法律文书有相对固定的格式，内容安排上有比较固定的顺序。目前大多数法律文书都

有统一的格式和要求，写作时应该按照其标准格式来进行。

2. 主旨要明确

制作法律文书时，反映的问题要观点鲜明，一目了然，紧紧围绕其目的，阐明事实，正确运用法言法语和引用法律依据。

3. 理由要充分

理由是法律文书的核心部分，是整个文书主旨的集中体现，在法律文书中起着统率全局的作用。在法律文书中，理由分别为事实理由和法律理由两部分，事实理由一定要真实可信，法律理由必须要准确具体。

4. 事实要清楚

法律文书中事件的叙述，线索要清楚，记叙要有序、详细得当，重点突出。对影响案件性质的关键情节、事实，则要详细地记叙。对于双方有争议的事实，也要重点把握。

二、企业合同文书

（一）格式要领

1. 首部

标题、合同编号、当事人概况。标题应该标明“××合同”字样，一般在右上角标明合同编号。当事人是个人的，应当写明姓名、工作单位和住址等；当事人是法人或其他组织的，分项写明法人或其他组织的名称、住所地，法定代表人或主要负责人的姓名、职务和电话等内容。

2. 正文

签订合同的缘由或目的、合同条款，这是合同的核心部分内容。具体包括当事人名称或姓名、标的、数量、质量、价款或者报酬、履行期限、地点和方式、违约责任、解决争议的办法等。其中，当事人名称或姓名、标的和数量是合同成立与否的关键因素。

3. 尾部

注明合同的文本数量及其效力、合同的保管、存放及抄送机构、合同的有效期限、合同是否要公证或鉴证、署名、合同签订的日期地点及合同附件等。

（二）基本要求

（1）订立合同的内容要合法。

（2）各种合同的格式要规范。

（3）条款要完备、具体。

（4）表达要准确、简明。

（5）字迹要清楚，文面要整洁。

（三）买卖合同参考范例

买卖合同

合同编号：

甲方（卖方）：（个人写明姓名、性别、年龄、住址，单位写明名称、法定代表人、住所）

乙方（买方）：（个人写明姓名、性别、年龄、住址，单位写明名称、法定代表人、住所）

买卖双方依据国家有关法律的规定，经过平等协商，就×××（合同的名称）达成协议：

第一条　（顺序可以用条文格式，也可以用一、二、三、……）卖方向买方提供×××（买卖合同的标的，可以用列表形式，把出卖物的名称、数量、质量、单价、总价款等写清楚），总价值××元。

第二条　交提货方式。（应明确是买方自提货，还是卖方送货上门；是车板交货，还是卖方仓库交付。不同的交付方式，其责任是不一样的）

第三条　质量标准。（要明确依据什么标准验收货物的质量，有国家标准的，应当用国家标准；没有国家标准，可以由双方商定质量标准）

第四条　卖方应当提供××部门（有的买卖物需经主管部门批准，这个条款是必要的，否则买卖物所有权转让可能无效）出具的证明文件（或者批准证书），因文件不全而导致物的所有权不能及时转移给买方的，卖方应承担违约责任。

第五条　价格条款。（要明确货物的价值及其货款的支付方式）

第六条　数量多少。（写明数量多少，必须用通用的计算方式）

第七条　验收方式条款。（可以明确卖方应当提供据以验收的必要的技术资料或者样品。验收后，对标的物质量有异议的，应当明确在什么时间向对方提出，方为有效）

第八条　合同履行期限。

第九条　担保条款。（双方可以依据《担保法》的规定，要求对方提供相应的担保。例如，质量保证金、保证人保证、抵押等）

第十条　包装条款。（要明确包装的条件，包装物是否回收，包装物价款由谁承担等内容）

第十一条　质量异议条款。（要规定在什么时间内对买卖的货物质量提出异议才是合适有效的）

第十二条　变更和解除合同条款。（要明确在什么条件下一方可以向对方提出变更或者解除合同的要求，对方应当在多少日内回复，不回复的是否就是默认对方的要求等）

第十三条　违约责任条款。（明确不履行合同规定义务应承担何种责任）

第十四条　本合同一式××份，甲乙双方各执×份。本合同自签订之日起生效。

甲方：　　　（签字或者盖章）　　　　　　　　　　乙方：　　　（签字或者盖章）

三、民事起诉状

（一）格式要领

1．首部

居中标明“民事诉讼状”字样；当事人的基本情况，一般应先写原告，后写被告，再写第三人。当事人是个人的，应当写明姓名、性别、年龄、民族、籍贯、工作单位、住址和原告的联系方式；当事人是法人或其他组织的，分项写明法人或其他组织的名称、住所地、法定代表人或主要负责人的姓名、性别和职务等内容。当事人有代理人的，还要写明代理人的姓名和基本情况，并注明是法定代理人、委托代理人，还是指定代理人。

2．正文

包括诉讼请求、事实与理由、证据（注：在实践操作中该部分一般只要列出证据清单与证据，不在诉状中直接列明）三部分。诉讼请求是原告希望通过诉讼所要达到的目的。诉讼请求包括实体权利的请求和程序权利的请求，如有多项，应分项列写。事实与理由的陈述要与诉讼请求的目的相一致，不能相互矛盾，也不能脱离诉讼请求毫无边际地漫谈。事实的叙述应具体、清晰、详略得当，明确关键环节，并应实事求是。证据是证明所诉事实真实可靠的依据，书写时需要另起一段，列写证据清单及各证据来源、证明内容，如有证人需出庭作证，则要向法院递交“证人出庭申请书”。原告起诉时提交证据复印件，开庭时出示证件原件，以供被告、第三人质证。

3．尾部

写明诉讼法院名称、起诉人签名或盖章、制作年月日、附项等。附项部分通常包括这样一些事项：本状副本__份；证据清单及证据材料__份。附于起诉状正本的依据，如用抄件或复制件，应注明：“经查对，抄件与原件无误。正本在开庭时递交”等字样。

（二）基本要求

（1）格式规范，事项齐全。

（2）主旨鲜明，阐述准确。

（3）事实清楚，材料真实。

（4）语言规范，结构严谨。

（三）民事起诉状范例

民事起诉状

原告名称：____

所在地址：____

法定代表人（或代表人）姓名：________职务：________电话：________

被告名称：____

所在地址：________________________电话：____________

诉讼请求

事实与理由

此致

×××人民法院

附：1．本诉讼状副本____份

2．证据清单及证据____份

起诉人：

年　　月　　日

四、授权委托书

（一）格式要领

（1）首先要说明委托、受托双方的基本情况，委托的事由和委托原因。

（2）具体交代委托事项和代理权限，代理权限必须注明一般代理或特别授权。

（3）委托人签名盖章并注明成文日期。

（二）授权委托书范例

授机委托书

委托人：（公司名称）　　　　　　　　　　或（自然人姓名）

受托人姓名：

我（公司/自然人）委托上述受托人办理　　　　　　　　　　　　　事项，特此授权。

代理权限：　　　　　　　　　　　　　　　　　　　　　　　　　　　　。

（委托人签字或盖章）

年　　月　　日

受托人身份证复印件：

（粘贴）

五、仲裁申请书

（一）格式要领

1．首部

标题居中要写明“仲裁申请书”字样；当事人的基本情况，包括申请人和被申请人，当事人是个人的，应当写明姓名、性别、年龄、民族、籍贯、工作单位和住址；当事人是法人或其他组织的，分项写明法人或其他组织的名称、住所地、邮政编码、法定代表人或主要负责人的姓名、性别和职务、电话等内容。当事人委托了律师或者其他代理人参加仲裁活动的，还应交代清楚委托代理人的情况。

2．正文

由请求仲裁的事项，申请人提出的如何解决争议的权利主张，其所依据的事实和理由等内容组成。仲裁的依据主要是提出仲裁所依据的仲裁协议。仲裁请求是请求仲裁机构所要解决的具体争议的类别以及要达到的目的或要求等。仲裁请求应明确、具体、可行。事实和理由是仲裁申请书的核心部分，要进行清晰而完整的表述，并援引具体的法律条款来阐明仲裁请求的正当与合法。

3．尾部

写明致送的仲裁委员会名称；申请人签名或盖章；提出仲裁申请的日期；附项等。

（二）重点提示

（1）写作时要做到事实清楚、具体。

（2）理由要充分，力求具有说明力。

（3）评议要平缓。

（4）注意仲裁时效。

（三）仲裁申请书范例

仲裁申请书

申请人名称：＿＿＿＿＿

地址：＿＿＿＿＿＿＿＿＿

法定代表人姓名：＿＿＿　职务：＿＿＿＿＿＿＿

住址：＿＿＿＿＿＿＿＿＿　电话：＿＿＿＿＿＿＿

委托代理人姓名：＿＿＿　性别：＿＿＿　年龄：＿＿＿

工作单位：＿＿＿＿＿＿＿　职务：＿＿

住址：＿＿＿＿＿＿＿＿＿　电话：＿＿＿＿＿＿＿＿＿　被诉人：＿＿＿＿＿＿＿＿＿

被申请人名称：＿＿＿＿＿　地址：＿＿＿＿＿＿＿＿＿

法定代表人姓名：＿＿＿＿＿　职务：＿＿＿＿＿＿＿＿＿

请求事项：________________________________（写明申请仲裁所要达到的目的）

申请事实与理由：__________________________（写明申请仲裁或提出主张的事实依据和法律依据，包括证据情况和证人姓名及联系地址。特别要注意写明申请仲裁所依据的仲裁协议）

此致

______仲裁委员会

申请人：（签名或盖章）

____年____月____日

附：

1. 申请书副本___份（按被申请人人数确定份数）；
2. 合同副本___份；
3. 仲裁协议书___份；
4. 其他有关材料___份。（可写证据清单、证据____份）

模块小结

仲裁和诉讼，是解决企业经济纠纷的两条有效途径。仲裁是指纠纷当事人之间自愿达成协议，将纠纷提交仲裁机构进行审理，并做出对争议各方均有约束力的裁决的活动。仲裁的基本工作制度包括协议仲裁制度、或裁或审制度、一裁终局制度和回避制度。在我国，仲裁协议应当采用书面形式，而且符合法定条件才能有效。仲裁的机构是仲裁委员会，它不按行政区划层层设立。仲裁程序主要包括申请和受理、组成仲裁庭、开庭与裁决等阶段。诉讼，是指司法机关和案件当事人在其他诉讼参与人的配合下，为了正确处理案件，依照法定程序所进行的全部活动。诉讼的基本制度包括合议制度、回避制度、公开审判制度、两审终审制度。受理诉讼的机关是人民法院，各级人民法院之间和同级人民法院之间在受理第一审民事案件时有着分工和各自的权限。诉讼必须严格按程序进行，这些程序包括一审程序、二审程序、审判监督程序、其他程序和执行程序等。企业的常用法律文书有 1 000 余种，主要介绍了合同书、民事起诉状、授权委托书、仲裁申请书等几种。

完成检验

一、单项选择题

1. 经济纠纷仲裁实行（　　）。

   A. 一次裁决，裁决即为终局的制度

   B. 二次裁决，裁决即为终局的制度

   C. 裁决后向人民法院起诉的制度

   D. 裁决经复议后向人民法院起诉的制度

2. 申请执行的期限是（　　），从法律文书规定履行的最后 1 日起计算。

   A. 1 年　　B. 2 年　　C. 6 个月　　D. 3 个月

3．甲、乙两公司因合同发生争议，依据合同中的仲裁条款申请仲裁，本案仲裁庭应如何组成？（ ）

A．只能有 3 名仲裁员组成仲裁庭

B．只能由 1 名仲裁员组成仲裁庭

C．由仲裁委员会决定由 3 名或由 1 名仲裁员组成仲裁庭

D．由双方当事人约定由 3 名或 1 名仲裁员组成仲裁庭，如没有在仲裁规则规定的期限内达成协议，则由仲裁委员会主任指定

4．人民法院收到原告的起诉后，经审查核实认为符合条件的，在（ ）日内做出受理决定。

A．3 B．5 C．7 D．10

5．采用简易程序审判的经济纠纷案件，其审理期限为立案之日起（ ）个月。

A．1 B．2 C．3 D．4

6．当事人不服地方人民法院一审判决的，有权在（ ）日内向上一级人民法院提起上诉。

A．10 B．15 C．30 D．60

7．在民事诉讼中，书记员的回避由（ ）决定。

A．院长 B．审判委员会 C．审判长 D．自己

8．人民法院在庭审过程中，原告李某未经法庭许可中途退庭，法院可以（ ）。

A．驳回起诉 B．适用拘传 C．按撤诉处理 D．缺席判决

9. 某仲裁机构对甲公司与乙公司之间的合同纠纷进行裁决后，乙公司不履行仲裁裁决。甲公司向法院申请强制执行，乙公司申请法院裁定不予执行。经审查，法院认为乙公司的申请理由成立，裁定不予执行该仲裁裁决。对此，下列哪一种说法是正确的？（ ）

A．甲公司可以就法院的裁定提请复议一次

B．甲公司与乙公司可以重新达成仲裁协议申请仲裁

C．甲公司与乙公司可以按仲裁协议重新申请仲裁

D．当事人不可以就该纠纷重新达成仲裁协议，此案只能向法院起诉

10．关于民事案件的级别管辖，下列哪一选项是正确的？（ ）

A．第一审民事案件原则上由基层法院管辖

B．涉外案件的管辖权全部属于中级法院

C．高级法院管辖的一审民事案件包括在本辖区内有重大影响的民事案件和它认为应当由自己审理的案件

D．最高法院仅管辖在全国有重大影响的民事案件

二、多项选择题

1．有资格被仲裁委员会聘任为仲裁员的是（ ）。

A．从事仲裁工作满 8 年的

B．从事律师工作满 8 年的

C．曾任审判员满 8 年的

D．从事法律研究、教学工作并具有高级职称的

2．下列纠纷，属于仲裁机构受理案件范围的是（　　）。

A．买卖合同纠纷　　B．技术合同纠纷

C．收养关系纠纷　　D．监护关系纠纷

3．仲裁协议的内容应当包括（　　）。

A．请求仲裁的意思表示　　B．仲裁事项

C．选定的仲裁委员会　　D．选定的法律法规

4．仲裁应当遵循的原则有（　　）。

A．一裁终局原则

B．自愿原则

C．以事实为根据，以法律为准绳，公平合理地解决纠纷原则

D．仲裁组织依法独立行使仲裁权原则

5．诉讼当事人包括（　　）。

A．原告　　B．被告　　C．第三人　　D．证人

6．下列属于我国民事审判基本制度的有（　　）。

A．合议制度　　B．公开审判制度

C．回避制度　　D．两审终审制度

7．二审法院对上诉案件进行审理后，应分别不同情况，做出如下判决（　　）。

A．驳回上诉、维持原判　　B．依法改判

C．启动再审　　D．发回重审

8．下列情形下，法院通过适用哪些程序对案件实行一审终审？（　　）

A．一审普通程序　　B．督促程序

C．公示催告程序　　D．企业法人破产还债程序

9．甲市 A 工厂与乙市 B 公司发生购销合同纠纷后，此案根据合同仲裁条款由丙市的仲裁委员会做出了裁决。根据 B 公司的申请，丙市人民法院裁定撤销了该裁决。对此案，双方当事人可选择下列哪种程序做进一步处理？（　　）

A．根据原仲裁条款，申请丙市的仲裁委员会重新仲裁

B．向有管辖权的人民法院起诉

C．重新达成仲裁协议并申请仲裁

D．无须达成新的仲裁协议，即可申请对方所在的仲裁委员会仲裁

10．《仲裁法》适用于（　　）案件。

A．技术合同争议　　B．继承纠纷

C．财产权益纠纷　　D．合同纠纷

三、判断题

1．地域管辖的一般原则是：“被告就原告”。（　　）

2．因不动产纠纷提起的诉讼，由不动产所在地人民法院管辖。（　　）

3．经济纠纷案件当事人不服第一审判决的上诉期限为 10 日。（　　）

4．仲裁机构处理经济纠纷案件，依法独立进行仲裁，不受行政机关、社会团体和个人的干涉。（　　）

5．甲公司和乙公司解除合同关系，但合同中的仲裁条款还是有效的。（ ）

6．在经济纠纷案件中，解决纠纷的唯一途径是仲裁。（ ）

7. 当事人认为仲裁裁决具有可撤销情形的，可以向有关法院申请撤销仲裁裁决。（ ）

8．除涉及国家秘密的外，仲裁应当公开进行。（ ）

9．当事人不服仲裁裁决的，可以到法院另行起诉。（ ）

10．人民法院采用简易程序审理案件，如果发现案情复杂，3 个月内不能结案的，应转为普通程序。（ ）

四、案例分析题

1．中国河南亚光贸易公司与山东鲁西公司签订一份 500 吨花生米的购销合同。合同中规定与合同有关的一切争议均提交仲裁庭解决。后双方对产品质量问题发生纠纷，于是双方决定仲裁。河南方坚持在郑州仲裁委员会仲裁，山东方坚持在济南仲裁委员会仲裁。双方达不成协议。河南方遂向郑州仲裁委员会申请仲裁，山东方则向郑州市有关法院起诉。

请问：

（1）本案合同中仲裁条款是否有效？

（2）本案应由仲裁委员会还是法院受理？

2．海南省天南公司与海北公司于 1998 年 6 月签订了一份租赁合同，约定由天南公司进口一套化工生产设备，租给海北公司使用，海北公司按年交付租金。海南省 A 银行出具担保函，为海北公司提供担保。后来天南公司与海北公司因履行合同发生争议。

请根据以下设问所给的假设条件回答问题：

（1）如果天南公司与海北公司签订的合同中约定了以下仲裁条款：“因本合同的履行所发生的一切争议，均提交珠海仲裁”，天南公司因海北公司无力支付租金，向珠海仲裁委员申请仲裁，将海北公司和 A 银行作为被申请人，请求裁决被申请人给付拖欠的租金。天南公司的行为是否正确？为什么？

（2）如果存在上问中所说的仲裁条款，天南公司能否向人民法院起诉海北公司和 A 银行，请求支付拖欠的租金？为什么？

（3）如果本案通过仲裁程序处理，天南公司申请仲裁委员会对海北公司的财产采取保全措施，仲裁委员会应当如何处理？

（4）如果本案通过仲裁程序处理后，在对仲裁裁决执行的过程中，法院裁定对裁决不予执行，在此情况下，天南公司可以通过什么法律程序解决争议？

3．甲公司和乙公司发生合同纠纷，甲公司于 2012 年 7 月 5 日起诉到人民法院。法院经审查于 7 月 20 日立案，8 月 1 日法院将起诉书副本送达乙公司。法院 9 月 15 日开庭。经过开庭审理，判决甲公司败诉，于 9 月 20 日将判决书送达甲公司。此时，甲公司法定代表人正在国外，等他回来已是 10 月中旬，此时早已过了上诉期。

请问：

（1）法院在审判程序上存在哪些错误？

（2）若甲公司不服一审判决，应采取何种措施维护自己的合法权益？

（3）若一审判决错误，还可以通过什么途径纠正？

实践活动

1．拟订一份民事起诉状

活动名称	拟订一份民事起诉状
活动目的	通过实训，让学生了解民事起诉状的结构、内容和书写方法，学会初步拟订民事起诉状。
活动要求	要求完成的民事起诉状在结构、内容及书写格式上要符合规范要求。
活动安排	给定背景案例材料或由学生自己准备案例，根据案例的民事纠纷，拟订一份民事起诉状。
活动考核	根据每位学生完成的民事起诉状的合法性、规范性、正确性来进行综合考核。

2．模拟法庭或旁听诉讼过程

活动名称	模拟法庭或旁听诉讼过程
活动目的	通过模拟法庭或到法院进行实地旁听庭审过程的实训，让学生进一步了解经济诉讼活动的全过程，对诉讼过程有个感性的认识，增强运用各种实体法解决企业在经济活动中的实际法律问题的能力。
活动要求	模拟法庭要求学生通过角色扮演参考诉讼活动的全过程要模拟真实庭审过程；诉讼旁听要求先向学生交代旁听的注意事项和旁听纪律，注意整个庭审的程序，并在庭审结束后完成一份实训报告。
活动安排	给定背景材料，将学生进行分组，由各组学生进行角色扮演，模拟开庭审理案件；或者联系当地一家人民法院，向其申请让学生参加企业经济纠纷诉讼旁听并获核准。
活动考核	根据各组学生在模拟开庭过程中的表现及运用法律能力等来综合进行考核；或者根据学生在旁听过程中的纪律、最后完成的实训报告来进行考核。

课外阅读

1．潘剑锋. 民事诉讼法. 北京：清华大学出版社，2008
2．江伟. 仲裁法. 北京：中国人民大学出版社，2009
3．孙林等. 企业常用法律文书范本. 北京：法律出版社，2006
4．徐寒. 现代法律文书写作. 广州：广州出版社，2005
5．中国法院网：http://www.chinacourt.org
6．中国民商法律网：http://www.civillaw.com.cn
7．《仲裁法》、《民事诉讼法》全文等

附　　录

模块一完成检验参考答案

一、单项选择题

1. A　2. A　3. C　4. B　5. C　6. D　7. A　8. D　9. A　10. C

二、多项选择题

1. BD　2. AC　3. ACD　4. BC　5. ABC　6. ABCD　7. ABCD　8. AB　9. CD　10. ACD

三、判断题

1. ×　2. √　3. √　4. ×　5. ×　6. ×　7. √　8. ×　9. √　10. √

四、案例分析题

1. 某厂还能要回货款。因为在诉讼时效期间，某厂在电扇厂一直未付款的情况下，已多次派人催讨，而且该厂也已经于2014年7月出具了一张保证书，同意履行付款义务，因此诉讼时效应从这时重新计算。显然到2015年1月再次提出时没有超过法定的2年时间，所以某厂还能要回货款。

2. 该案中丙的代理行为无效。因为该案中甲只是让丙帮他看管一下店，并未实际授权给丙，所以丙向乙出售西服的行为是无权代理行为。当甲得知丙代替其以1 800元售出西服后，立即找到乙要求退款并取回西服，这表明甲对丙的无权代理行为不予追认，因此丙的代理行为无效。

模块二完成检验参考答案

一、单项选择题

1. C　2. B　3. A　4. B　5. A　6. D　7. A　8. C　9. D　10. C

二、多项选择题

1. AB　2. AD　3. ACD　4. BCD　5. AB　6. ABC　7. ACD　8. AC　9. ABCD　10. BCD

三、判断题

1. √　2. ×　3. √　4. ×　5. ×　6. ×　7. ×　8. √　9. ×　10. √

四、案例分析题

1.（1）张某2014年3月2日提交的设立申请书中有以下不符合法律规定之处：

① 以劳务出资不符合规定。（普通合伙人才能以劳务出资，个人独资企业投资人是不能以劳务出资的）

② 企业名称不符合规定。（根据规定，个人独资企业名称中不得使用“有限”、“有限责任”或者“公司”字样）

（2）A企业的成立日期为2014年3月20日。根据规定，个人独资企业营业执照的签发日期，为个人独资企业成立日期。本题中，工商机关的签发日期为2014年3月20日，因此该日为个人独资企业的成立日期。

（3）B企业主张合同有效的理由是不正确的。根据规定，投资人对受托人或者被聘用的人员职权的限制，不得对抗善意第三人。本题中，B企业为知情的、非善意的第三人，因此不适用该规定，此时投资人是可以对抗B企业的，B企业的主张是没有法律依据的。

2.（1）合伙协议可以约定每月支付甲 3000 元的报酬。根据《合伙企业法》规定，有限合伙企业由普通合伙人执行合伙事务。执行事务合伙人可以要求在合伙协议中确定执行事务的报酬及报酬提取方式。本题中，甲为普通合伙人，合伙协议约定甲执行合伙事务并向其支付报酬是符合规定的。

（2）不视为乙在执行合伙企业事务。根据《合伙企业法》规定，有限合伙人的下列行为，不视为执行合伙事务：①参与决定普通合伙人入伙、退伙；②对企业的经营管理提出建议；③参与选择承办有限合伙企业审计业务的会计师事务所；④获取经审计的有限合伙企业财务会计报告；⑤对涉及自身利益的情况，查阅有限合伙企业财务会计账簿等财务资料；⑥在有限合伙企业中的利益受到侵害时，向有责任的合伙人主张权利或者提起诉讼；⑦执行事务合伙人怠于行使权利时，督促其行使权利或者为了本企业的利益以自己的名义提起诉讼；⑧依法为本企业提供担保。本题中，乙参与选定承办审计业务的会计师事务所，不视为执行合伙企业事务。

（3）合伙协议可以约定 A 企业的利润全部分配给甲和乙。根据规定，有限合伙企业不得将全部利润分配给部分合伙人；但是，合伙协议另有约定的除外。

3.（1）公司发生经营亏损后，在股东请求时，应当召开临时股东大会。召开的理由是，该公司的未弥补亏损 7 000 万元已超过注册资本 1.8 亿元的 1/3。

（2）该公司在临时股东大会的召集、召开过程中，存在以下与法律不符的地方：

召开股东大会应提前 30 日通知股东，该公司通知股东的时间少于 30 日；

选举更换董事长，不属于股东大会的职权，应由董事会选举更换董事长；

股东大会不能选举、更换全部监事，因其中有公司职工选出的监事，股东大会只能选举更换由股东代表出任的监事；

更换聘任公司经理，是董事会的职权，不是股东大会的职权；

公司合并决议应经出席股东大会的股东所持表决权的 2/3，而不是半数以上通过。

4.（1）人民法院裁定受理该破产案件的时间、受理裁定送达的时间以及通知债权人和公告的时间均符合规定。根据规定，债务人提出破产申请的，人民法院应当自收到破产申请之日起 15 日内裁定是否受理破产申请。人民法院受理破产案件的，应当自裁定做出之日起 5 日内送达申请人，25 日内通知已知的债权人并予以公告。本题中，人民法院做出以上行为的时间均符合规定。

（2）该人民法院确定的债权申报期限符合规定。根据规定，债权申报期限自人民法院发布受理破产申请公告之日起计算，最短不少于 30 日，最长不超过 3 个月。本题中，从发布受理申请公告之日至债权期限届满的时间超过了 30 日，短于 3 个月，是符合规定的。

（3）第一次债权人会议的召开时间符合规定。根据规定，第一次债权人会议由人民法院召集，自债权申报期限届满之日起 15 日内召开，由人民法院主持。本题中，债权申报期限届满之日为 9 月 15 日，第一次债权人会议在 9 月 25 日召开，因此是符合规定的。

（4）乙企业有权要求管理人提供担保。根据规定，对于破产申请受理前成立而债务人和对方当事人均未履行完毕的合同，管理人决定继续履行的，对方当事人应当履行，但有权要求管理人提供担保。本题中，管理人决定继续履行与乙企业的合同，因此乙企业有权要求管理人提供一定的担保。

（5）管理人决定解除与丙服装厂的合同后，对于造成的违约金不再予以支付；对于造成其 5 万元损失，可以由丙厂依法申报债权。根据规定，管理人解除合同的，对方当事人以因合同解除所产生的损害赔偿请求权申报债权。可申报的债权以实际损失为限，违约金不作为破产债权。

（6）人民法院受理了贸易公司的破产案件后，税务机关对该批货物的扣押应当解除。根据规定，人民法院受理破产案件后，有关债务人财产的保全措施应当解除，执行程序应当中止。

（7）工商银行和丁公司共同申报债权的方式不符合规定。根据规定，债务人的保证人或者其他连带债务人尚未代替债务人清偿债务的，以其对债务人的将来求偿权申报债权。但是，债权人已经向管理人申报全部债权的除外。本题中，工商银行已经向管理人申报了全部债权，因此，丁公司就不能再以将来求偿权申报。

（8）对于甲公司无偿转让的150万元财产，管理人的做法是符合规定的。根据规定，人民法院受理破产申请前1年内，破产企业无偿转让财产的行为，管理人有权请求人民法院予以撤销。本题中，贸易公司在2006年11月1日无偿转让财产，在人民法院受理破产申请的前1年内，因此管理人是有权依法撤销的。

（9）破产费用=15+30=45（万元）；共益债务=100+12+20=132（万元）。

（10）① 贸易公司财产变现价值总额=150+132+120+150+1 500+500=2 552（万元）

② 优先清偿有财产担保的债权后的财产额=2 552−1 000=1 552（万元）

③ 清偿破产费用和共益债务后的财产额=1 552−45−132=1 375（万元）

④ 清偿工资和法定社会保险费后的财产额=1 375−200=1 175（万元）

⑤ 清偿税款后的财产额=1 175−100=1 075（万元）

该剩余财产额用于支付普通债权。

（11）① 普通债权额=5+1 200+1 530=2 735（万元）

② 清偿率=1 075/2 735×100%=39.31%

③ A 企业可以获得的清偿额=525×39.31%=206.38（万元）

模块三完成检验参考答案

一、单项选择题

1．D　2．A　3．B　4．D　5．A　6．B　7．C　8．B　9．C　10．B

二、多项选择题

1．ABCD　2．ABD　3．ABC　4．ABCD　5．ABD　6．ABCD　7．ABD　8．ABC　9．BD　10．AD

三、判断题

1．×　2．×　3．√　4．×　5．×　6．√　7．√　8．×　9．×　10．×

四、案例分析题

1．（1）甲、乙公司订立的买卖合同成立。根据《合同法》的规定，采用合同书形式订立合同，在签字或盖章之前，当事人一方已经履行主要义务，对方接受的，该合同成立。本案中，甲、乙双方虽然没有在合同书上签字盖章，但甲公司已将70台精密仪器交付了乙公司，乙公司也接受并付款，所以合同成立。

（2）甲公司8月20日中止履行合同的行为合法。根据《合同法》的规定，应当先履行债务的当事人，有确切证据证明对方有转移财产、逃避债务的情形，可以中止履行合同，即可以行使不安抗辩权。当事人依法中止履行的，应当及时通知对方。对方提供适当担保时，应当恢复履行。中止履行后，如果对方当事人在合理期限内未恢复履行能力并且未提供适当担保的，中止履行的一方可以解除合同。本案中，甲公司掌握了乙公司转移财产、逃避债务的确切证据，并通知乙公司中止交货，要求乙公司提供担保。因此，甲公司中止履行合同的行为合法。

（3）乙公司9月5日要求甲公司承担违约责任的行为合法。根据《合同法》的规定，当事人一方因第三人的原因造成违约的，应当向对方承担违约责任。

2．（1）万方公司有权解除合同。根据《合同法》的规定，因不可抗力致使不能实现合同目的的，当事人可以解除合同。案中绿岛家禽养殖场因当地发生禽流感，家禽全部被捕杀，已无法履行合同，因此万方公司有权解除合同。

（2）养殖场可以免除违约责任。根据《合同法》的规定，因不可抗力不能履行合同的，可免除责任。案中因当地发生禽流感，养殖场的家禽全部被捕杀，这属于不可抗力造成不能履行合同。

（3）养殖场应返还预付款。根据《合同法》的规定，合同解除后，已经履行的，根据履行情况和合同性质，当事人可以要求恢复原状、采取其他措施等。

3.（1）双方约定的定金担保自 4 月 5 日起生效。因为根据《担保法》的规定，定金合同自实际交付定金之日起生效，定金数额不得超过主合同标的额的 20%。

（2）乙公司拒绝发出第二批货物的理由成立。因为根据《合同法》的规定，双方当事人互负债务，有先后履行顺序的，先履行一方未履行或者履行不符合约定的，后履行一方有权拒绝其履行要求。

（3）不能。因为根据《合同法》的规定，如果在同一合同中,当事人既约定违约金，又约定定金的，一方违约时，对方可以选择适用违约金或者定金条款，所以甲不能没收定金并要求支付违约金。

4.（1）大名农场向果品加工企业发出价目表的行为属于要约邀请，即希望他人向自己发出要约的意思表示。

（2）本案中，甲企业向大名农场发出的回电，内容清楚、具体，属于要约，具有法律上的约束力；而大名农场接电后立即装车发货，并在约定时间运至指定地点，是以实际履行合同的行为进行了承诺。根据我国《合同法》的规定，承诺应当以通知的形式做出，但根据交易习惯或者要约表明可以通过行为做出承诺的除外。因此，双方的合同已经成立，合同自承诺生效时成立。

模块四完成检验参考答案

一、单项选择题

1. D　2. A　3. D　4. D　5. C　6. B　7. D　8. A　9. A　10. D

二、多项选择题

1. AC　2. ABC　3. CD　4. ABD　5. AD　6. BCD　7. BCD　8. BCD　9. ABCD　10. AB

三、判断题

1. ×　2. √　3. √　4. √　5. √　6. ×　7. ×　8. ×　9. ×　10. √

四、案例分析题

1.（1）试用期长达 8 个月，超过了法定的 6 个月限制。

（2）不正确。因为饭店的行为违反了劳动合同，应承担违约责任。

（3）不合法。因为饭店不具备单方面解除劳动合同的合法理由。

（4）甲某如被解雇，他可以向本单位劳动争议调解委员会申请调解；调解不成，还可以向劳动争议仲裁委员会申请仲裁。甲某也可以直接向劳动争议仲裁委员会申请仲裁；对仲裁裁决不服的，还可以向人民法院提起诉讼，要求其承担违法解除劳动合同的赔偿责任。

2.（1）有。招用尚未与原单位解除劳动合同的劳动者。

（2）有。没有与劳动者平等协商。

（3）不符合。表现：婚丧假期间不支付工资，应支付工资；每月延长工作时间不得超过 40 小时，不得超过 36 小时；职工一方要求提前解除合同需 60 天以前通知用人单位，提前 30 天；职工可以自愿参加失业保险和养老保险，需强制。

3.（1）劳动合同无效。因为以欺诈的手段使对方在违背真实意思的情况下订立或者变更劳动合同的，劳动合同无效。

（2）违反缔约告知义务。应当返还补偿金。

4.（1）朱某有权要求与公司签订无固定期限劳动合同。因为《劳动合同法》规定，劳动者在该用人单位连续工作满 10 年的，除劳动者提出订立固定期限劳动合同外，用人单位应当与劳动者订立无固定期限劳动合同。案中朱某在该公司工作已满 10 年，所以有权要求签订无固定期限劳动合同。

（2）应当受理。因为根据《劳动争议调解仲裁法》的规定，用人单位未给朱某缴纳社会保险费用，涉及社会保险福利的争议，属于仲裁庭的受理范围。

模块五完成检验参考答案

一、单项选择题

1. B　2. D　3. C　4. C　5. A　6. C　7. B　8. D　9. B　10. B

二、多项选择题

1. ABCD　2. BCD　3. ABCD　4. AB　5. ABD　6. BD　7. ABD　8. BD　9. AC　10. ABCD

三、判断题

1. √　2. ×　3. √　4. ×　5. ×　6. √　7. √　8. √　9. ×　10. √

四、案例分析题

1.（1）新厂长马某将其战友的女儿王某调入该厂会计科任出纳，兼管会计档案保管工作的行为不符合规定。根据《会计法》和《会计从业资格管理办法》的规定，各单位从事会计工作的人员，必须取得会计从业资格，持有会计从业资格证书。此外，根据《会计工作规范》的规定，出纳人员不得兼管稽核、会计档案保管和收入、费用、债权债务账目的登记工作。

（2）会计刘某没有办清会计工作交接手续即办理调动手续的行为不符合规定。根据《会计法》的规定，会计人员工作调动或者因故离职，必须将本人所经管的会计工作全部移交接管人员。没有办理交接手续的不得调动或者离职。

（3）该厂从现金收入中直接支取 5 万元用于职工开销的行为不符合规定。根据《现金管理暂行条例》的规定，开户单位支付现金，可以从本单位库存现金限额中支付或者从开户银行提取，不得从本单位的现金收入中直接支付（即坐支）。

（4）销毁保管期满但未结清债权、债务的原始凭证的行为不符合规定。根据《会计档案管理办法》的规定，对于保管期满但未结算债权债务的原始凭证和涉及其他未了事项的原始凭证，不得销毁，而应当单独抽出立卷，保管到未了事项完结时为止。

2.（1）付款人不能以 C 公司的欺诈行为为由拒绝向 D 公司付款。根据《票据法》的规定，凡是善意的、已付对价的正当持票人可以向票据上的一切债务人请求付款，不受前手权利瑕疵和前手相互间抗辩的影响。在本案中，D 公司不知道 C 公司以欺诈方式从 B 公司取得票据，并已付对价，因此 D 公司属于善意的、已付对价的正当持票人，票据债务人不能以持票人 D 公司的前手存在权利瑕疵而对抗持票人。

（2）A 公司开出的汇票未记载付款日期，不属于无效票据。根据《票据法》的规定，汇票的付款日期属于相对应记载事项，如果汇票上未记载付款日期的，并不必然导致票据的无效，根据规定视为见票即付。

（3）D 公司的付款请求权得不到实现时，在做出拒绝证明后，可以向本案中的出票人 A 公司、背书人 B 公司、C 公司以及付款人中的一人、数人或者全部行使追索权。

3.（1）甲超市销售给张女士粉底液的增值税销项税额$=400\div(1+17\%)\times17\%=58.12$(元)

（2）甲超市销售给张女士白酒的增值税销项税额$=640\div(1+17\%)\times17\%=92.99$(元)

（3）甲超市销售给张女士食品的增值税销项税额

$=400\div(1+13\%)\times13\%+10\div(1+17\%)\times17\%=47.47$(元)

（4）张女士购买粉底液支出包含的消费税税额=300×30%=90(元)

消费税的纳税人是 B 市化妆品厂，纳税地点是 B 市化妆品厂机构所在地的主管税务机关。

（5）张女士购买白酒支出中包含的消费税税额=260×2×20%+2×0.5=105(元)

消费税的纳税人是 B 市白酒厂，纳税地点是 B 市白酒厂机构所在地的主管税务机关。

4.（1）以下项目计算错误，应予调整：

① 固定资产全额扣除错误

本年允许扣除的折旧额=(80−4)÷(5×12)×10=12.67（万元）

调增应纳税所得额=80−12.67=67.33（万元）

② 财政拨款并入应纳税所得额错误

财政拨款为不征税的收入，调减应纳税所得额 60 万元。

③ 赞助支出扣除错误

赞助支出为不得扣除项目，调增应纳税所得额 120 万元。

（2）调整后应纳税所得额=1 050+67.33−60+120=1 177.33（万元）

全年应缴纳所得税=1 177.33×25%=294.33（万元）

年终应补缴所得税=294.33−262.5=31.83（万元）

模块六完成检验参考答案

一、单项选择题

1. A 2. C 3. D 4. A 5. B 6. B 7. C 8. A 9. D 10. D

二、多项选择题

1. ABC 2. ABC 3. AB 4. ABC 5. BCD 6. ABCD 7. ABCD 8. ABCD 9. ABCD 10. AC

三、判断题

1. √ 2. × 3. √ 4. × 5. × 6. × 7. × 8. √ 9. √ 10. ×

四、案例分析题

1．为非职务发明。根据我国《专利法》的规定，执行本单位的任务或主要是利用本单位的物质技术条件所完成的发明创造为职务发明创造。而王某是在自己的本职工作之外，利用自己的业余时间，且并未利用医院的物质条件完成的，因此应当是非职务发明创造。

2．王某不构成侵权。因为在专利申请日前已经制造相同产品、使用相同方法或者已经做好制造、使用的必要准备，并且仅在原有范围内继续制造、使用的，不视为侵犯专利权。

3．甲厂侵犯了乙的商标专用权。因为，在我国，只有注册商标才享有专用权，乙厂的“飞天”商标被核准注册后，乙厂便对该商标享有排除他人未经许可使用的专用权。

4．不正确。因根据《商标法》的规定，只有在同一种商品或类似商品上使用与他人注册商标相同或近似的商标，才构成侵犯商标专用权。本案中，尽管服装厂在其生产销售的女式衬衣上使用“月季花”图形商标与某针织厂在其生产的毛巾上的“月季花”商标相同，但两厂所生产的产品，既非同一商品，又非类似商品，故而某服装厂的行为不属于侵犯商标专用权的范畴。

模块七完成检验参考答案

一、单项选择题

1. D 2. A 3. C 4. C 5. C 6. B 7. A 8. D 9. D 10. A

二、多项选择题

1. AD 2. ABC 3. AD 4. BD 5. AC 6. ABCD 7. ACD 8. ABCD 9. ACD 10. ABC

三、判断题

1. × 2. × 3. √ 4. √ 5. × 6. × 7. × 8. √ 9. × 10. √

四、案例分析题

1.（1）东方商场的行为并没有构成低价倾销行为。因为我国的《反不正当竞争法》规定，季节性降价销售商品即使以低于成本的价格进行销售也不构成低价倾销的不正当竞争。本案中东方商场为盘活资金，加速资本流通在夏季来临前降价销售冬季皮服的行为属于季节性降价，因此，这种行为并不违反法律。

（2）东方商场的有奖销售行为是违法的。因为东方商场的最高奖金为 8 000 元，超过了法定的 5 000 元，因此违法。

2. 保温瓶厂的虚假宣传行为已构成不正当竞争。按照我国《反不正当竞争法》第 9 条规定，经营者不得利用广告或其他方法，对商品的质量、制作成分、性能、用途、生产者、有效期、产地等作引人误解的虚假宣传的。广告的经营者不得在明知或者应知的情况下，代理、设计、制作、发布虚假广告。本案保温瓶厂宣传其他保温瓶存在着砒霜渗透的问题，并声称自己所生产的保温瓶已经克服了该缺陷，实际上就是对其产品的性能作引人误解的虚假宣传，已经构成了不正当竞争。根据《中华人民共和国反不正当竞争法》第 24 条的规定，监督检查部门应当责令保温瓶厂停止违法行为，消除影响，并根据其情节处以 1 万元以上 20 万元以下的罚款。

3. 上述广告违反了《广告法》第 19 条关于"食品、酒类、化妆品广告的内容必须符合卫生许可的事项，并不得使用医疗用语或者易与药品混淆的用语"的规定。应依照《广告法》第 41 条，对负有审查责任的石家庄有线电视台广告部做出以下处理：①停止发布"含羞草雨水靓肤露"化妆品广告；②没收广告部收取的 12 000 元广告费；③处以广告费 3 倍罚款 36 000 元，两项合计 48 000 元，上缴国库。

4. 本案中某金店违反了《价格法》的规定。根据《价格法》第 14 条第（2）项规定，经营者不得在依法降价处理鲜活商品、季节性商品、积压商品等商品外，为了排挤竞争对手或者独占市场，以低于成本的价格倾销，扰乱正常的市场经营秩序，损害国家利益或者其他经营者的合法权益。本案中，该金店为了制造商业影响，吸引顾客，排挤同行竞争，以低于其实际成本的价格进行黄金饰品的销售，既严重损害了同行业其他经营者的利益，也扰乱了正常的市场竞争秩序，已构成价格违法行为。实际上该案还构成了不正当竞争行为。根据《价格法》第 40 条规定，对于经营者的此种价格违法行为，价格主管部门有权责令其改正，没收违法所得，可以并处违法所得 5 倍以下的罚款；没有违法所得的，予以警告，可以并处罚款；情节严重的，责令停业整顿，或者由工商行政管理机关吊销营业执照。有关法律对处罚及处罚机关另有规定的，可以依照有关法律的规定执行。

5.（1）根据《消费者权益保护法》的规定，消费者在购买、使用商品或接受服务时享有人身、财产安全不受损害的权利，享有其人格尊严、民族风俗习惯得到尊重的权利。对经营者来说，经营者不得以格式合同、通知、声明、店堂告示等方式做出对消费者不公平、不合理的规定，或者减轻、免除其损害消费者合法权益应当承担的民事责任。根据以上规定，该商场没有权利搜查张某的物品，尽管该超市有告示在先，该告示没有法律依据，并不受法律保护。因此该超市侵犯了张某的人身权利和名誉权、维护安全权和保障安全权。

（2）虽然超市的保安人员当即对张某进行了道歉，但这并不能改变超市对张某权利侵犯的事实。根据《消费者权益保护法》的规定，该超市应停止侵害、恢复名誉、消除影响、赔礼道歉，并赔偿损失。

模块八完成检验参考答案

一、单项选择题

1. A 2. B 3. D 4. C 5. C 6. B 7. C 8. D 9. B 10. A

二、多项选择题

1. ABCD 2. AB 3. ABC 4. ABCD 5. ABC 6. ABCD 7. ABCD 8. BCD 9. BC 10. ACD

三、判断题

1. × 2. √ 3. × 4. √ 5. √ 6. × 7. × 8. × 9. × 10. √

四、案例分析题

1.（1）我国《仲裁法》第16条规定，仲裁协议包括合同中订立的仲裁条款和以其他书面方式在纠纷发生前或者纠纷发生后达成的仲裁协议。应当包括下列内容：①请求仲裁的意思表示；②仲裁事项；③选定的仲裁委员会。《仲裁法》第18条规定，仲裁协议对仲裁事项或者仲裁委员会约定不明确的，当事人可以协议补充；达不成协议的，仲裁协议无效。本案合同中有仲裁条款，但对仲裁委员会约定不明确。而且当事人在仲裁委员会确定问题上各抒己见，未能达成协议。所以合同中的仲裁条款无效。

（2）《仲裁法》第5条规定，当事人达成仲裁协议的，一方向人民法院起诉的，人民法院不应受理，但仲裁协议无效的除外。本案中一方当事人向仲裁委员会申请仲裁，因缺乏有效的仲裁协议，仲裁委员会无权受理。另一方当事人向被告所在地人民法院起诉，人民法院应该受理。

2.（1）天南公司可以海北公司作为被申请人向珠海仲裁委员会申请仲裁，但不能以A银行作为被申请人向珠海仲裁委员会申请仲裁。因为天南公司与海北公司之间存在仲裁条款，但是天南公司与A银行之间并不存在仲裁条款，主合同的仲裁条款并不能约束担保人。

（2）天南公司不能向法院起诉海北公司。《仲裁法》规定："当事人达成仲裁协议，一方向人民法院起诉的，人民法院不予受理，但仲裁协议无效的除外。"天南公司与海北公司之间存在有效的仲裁条款，依法排除了法院的司法管辖权；但天南公司可以向法院起诉A银行，因为他们之间没有仲裁协议，法院对此具有司法管辖权。

（3）仲裁委员会应当将当事人的申请依照《民事诉讼法》的有关规定提交给人民法院。《仲裁法》规定：一方当事人因另一方当事人的行为或者其他原因，可能使裁决不能执行或者难以执行的，可以申请财产保全。当事人申请财产保全的，仲裁委员会应当将当事人的申请依照《民事诉讼法》的有关规定提交人民法院。申请有错误的，申请人应当赔偿被申请人因财产保全所遭受的损失。

（4）人民法院裁定不予执行仲裁裁决，天南公司可以就该争议根据双方重新达成的仲裁协议申请仲裁，也可以向人民法院起诉。

3.（1）法院在审判程序上存在如下错误：第一，人民法院立案时间不合法。《民事诉讼法》规定，人民法院收到起诉状经审查认为符合起诉条件，应当在7日内立法。本案中法院的立案时间超过了这个期限。第二，人民法院送达起诉状副本时间不合法。《民事诉讼法》规定，人民法院应当在立案之日起5日内将起诉状副本送达被告，本案中法院送达副本的时间超过了这个期限。

（2）若甲公司不服一审判决，应申请再审。《民事诉讼法》规定，当事人对已经发生法律效力的判决、裁定认为有错误的，可以在判决、裁定发生法律效力后两年内，向原审人民法院或上一级人民法院申请再审。本案虽已过了上诉期，但当事人可以申请再审。

（3）若一审判决错误，还可以通过审判监督程序纠正。